GERALD REISCHL

INTERNET OF CRIMES

GERALD REISCHL

INTERNET OF CRIMES

WARUM WIR ALLE ANGST VOR HACKERN HABEN SOLLTEN

REDLINE | VERLAG

Bibliografische Information der Deutschen Nationalbibliothek
Die Deutsche Nationalbibliothek verzeichnet diese Publikation in der Deutschen Nationalbibliografie. Detaillierte bibliografische Daten sind im Internet über http://dnb.d-nb.de abrufbar.

Für Fragen und Anregungen:
info@redline-verlag.de

1. Auflage 2020

Nymphenburger Straße 86
D-80636 München
Tel.: 089 651285-0
Fax: 089 652096

Redaktion: Katharina Maier, München
Umschlaggestaltung: Marc Fischer, München
Umschlagabbildung: Shutterstock/ The7Dew_Einzigartiger, abstrakter digitaler Pixel-Lärm-Fehler-Grafikschaden
Satz: Daniel Förster, Belgern
Druck: GGP Media GmbH, Pößneck
Printed in Germany

ISBN Print 978-3-86881-778-2
ISBN E-Book (PDF) 978-3-96267-184-6
ISBN E-Book (EPUB, Mobi) 978-3-96267-185-3

Meinen Kindern Emil, Leni und Leo gewidmet –
sie mögen in einer sicheren Welt aufwachsen und erkennen,
dass Technologie, die sie nutzen und ihr Leben erleichtert,
auch gegen sie verwendet werden kann.

INHALT

VORWORT 9
PROLOG 17
Cybercrime im Schatten von Covid-19 17

KAPITEL 1
FAKEWORLD 31
Social Media liefert das Futter 34
Deepfakes – aus bestehendem Content wird neuer Content 38
Wie fake ist die Wahrheit? 51

KAPITEL 2
DAS DARKNET 59
Die Infrastruktur für das Gute und Böse 60
Die Welt der verborgenen Dienste 62
Mein Marktplatz im Darknet 68
Drop-Gang-Services oder die Jagd nach illegalen »Schnitzeln« 73
Bulletproof-Hosting-Services 74
Telegram – das Darknet ist mobil geworden 76

KAPITEL 3
IT'S A HACKER'S WORLD:
DIE GUTEN UND DIE BÖSEN 81
@try_to_hack und seine 350 000 Mitstreiter 82
Motivation – digitale Sadisten 86
Das globale Schachspiel 87

KAPITEL 4
WAFFEN DER HACKER UND GEHEIMDIENSTWELT 95
Schwachstellen im Programmcode 96
Zero Days und Zero Day Exploit Attacks 97
Wenn KI Sicherheitslücken entdeckt 106

KAPITEL 5
INTERNET OF HEALTH 107
Panikmache oder reale Gefahr? 109
»Break my heart« 110
Die Digitalisierung des Gesundheitssystems 113
Der Klinikhack: Pionierarbeit im medizinischen Bereich 122
Das »Internet of Bodies« (IoB) 129

KAPITEL 6
DIGITALE ASSISTENTEN – WIE SIRI, ALEXA & CO. UNS AUSSPIONIEREN 133
Alexa, Siri und ihre neugierigen Freundinnen 136
Eine Frage des Datenschutzes 141

KAPITEL 7
FOLLOW THE MONEY – ATTACKEN AUF UNSER GELD 147
Am Anfang war das Kriegerdenkmal 148
Der Cutlet-Maker 149
Der Taschendieb 2.0 klaut drahtlos 153
Der Banküberfall 2.0 154
»Folge dem Geld ...« 163

KAPITEL 8
SOCIAL ENGINEERING 171
Von Menschenkennern und Hochstaplern 172
Schwachstelle »Mensch« 174
Open Source Intelligence 191

KAPITEL 9
CONNECTED CARS – SELBSTFAHREND, AUTONOM UND DATENUNSICHER 199
Vom kabelgebundenen zum kabellosen Hack 200
Autohersteller verkennen die Problematik 202
Kill Switch 205
Fernsteuerung und Service-Manipulationen 206
Relay Attacks 211
Selbstfahrende Zukunft 213

KAPITEL 10
»PLANE HACKING« UND PIRATERIE 4.0 – SO VERWUNDBAR SIND DIE LUFT- UND SCHIFFFAHRT 217
Viren-Warnsysteme für Flugobjekte 222
Leichtes Spiel auf hoher See 223
Leichte Beute 226
Training für den Ernstfall 231

KAPITEL 11
DAS INTERNET DER GEHACKTEN DINGE 233
»Everything hacked« – nichts ist sicher in der vernetzten Welt ... 234
»Machine-to-Machine« 237
Die Suchmaschinen des IoT 238
»Hall of Shame« 245
Das Schloss im Browser heisst »sicher« – oder etwa nicht? 251

KAPITEL 12
CYBERHACKER IM AEROSPACE 255
Das All ist kein Hindernis 258
Erfolgreiche Satelliten-Hacks 261
Die Bedeutung sicherer Satelliten-Designs 264
Warum Gesetzesreformen dringend notwendig sind 268

KAPITEL 13
INTERNET OF FOOD 271
Urban Farming und Indoor-Gardening 273
Die Schadufs des 21. Jahrhunderts 274
Attacken auf die Nahrungskette 278
Von Spekulationshackern bis Hacktivisten 281

ÜBER DEN AUTOR 283
ENDNOTENVERZEICHNIS 285
STICHWORTVERZEICHNIS 313

VORWORT

Es wird jeden treffen. Jede Familie, jedes Unternehmen, jede Organisation, jede Behörde, jede Regierung. Cyberkriminalität ist eine der größten Herausforderungen der nächsten Jahrzehnte.

Sie wird die Welt ab dem Jahr 2021 jährlich 5,5 Billionen Euro kosten – das entspricht etwas weniger als dem Finanzvermögen aller deutschen Staatsbürger, beziehungsweise etwa einem Viertel des Finanzvermögens von China; oder dem Neunfachen des Finanzvermögens von Österreich.[1] Bereits jetzt steht fest, dass dies der größte Transfer wirtschaftlichen Reichtums in der Geschichte der Menschheit sein wird.[2] Selbst wenn die Wirtschaft am Boden liegt, das Coronavirus die Börsen auf Talfahrt schickt, Wirtschaftskrisen debattiert und medial heraufbeschworen werden – es gibt einen Wirtschaftszweig, der weiter florieren wird: Cybercrime. Dieses Business trotzt jedem Konjunkturabschwung.

5,5 Billionen Euro sind eine gigantische Summe. Unvorstellbar eigentlich – nicht nur die Höhe, sondern auch die Art, wie diese Summe zustande kommt: Einerseits werden Daten zerstört oder beschädigt; Geld, Informationen und Identitäten gestohlen; Produktionen von Unternehmen lahmgelegt; Produkte verändert; Menschen, Firmen und Regierungen erpresst; illegale Waren gehandelt … Auf der anderen Seite verschlingen Maßnahmen zur Wiederbeschaffung von gelöschten oder verschlüsselten Daten, forensische Untersuchungen sowie erforderliche Imagereparaturen nach Cyberattacken enorme Mittel.

Die Anzahl der Unternehmen, die auf Cybercrimeangriffe nicht vorbereitet sind, ist hoch, weil sich niemand vorstellen kann, selbst Opfer zu werden. Meist muss erst etwas passieren, ehe erkannt wird, dass man auch selbst zur Zielscheibe werden kann. Ähnlich sorglos handeln auch Privatpersonen. Viele können einfach nicht abschätzen, was passiert, wenn sie leichtfertig einen falschen Link anklicken.

Hacker verschlüsseln mit Schadprogrammen unsere Computer und erpressen uns – zahlen wir nicht, zerstören sie unsere Daten. Sie attackieren Bezahlsysteme, greifen Bankomaten an oder schleusen ihre Viren ein, um an unser Geld zu gelangen. Sie analysieren unser Verhalten in den sozialen Medien und »loggen« sich auf Basis dieses Wissens in unsere Gedankenwelt ein, geben sich als Firmenchefs aus und schöpfen so, wie die vielen Fälle von CEO-Fraud zeigen, Millionen ab. Sie stehlen Identitäten und lassen Menschen in der digitalen **und** analogen Welt verschwinden. Sie beeinflussen Wahlen und bringen Demokratien ins Wanken. Hacker attackieren Herzschrittmacher, Babymonitore oder Computersysteme in Krankenhäusern. Sie legen die Infrastruktur – ganz gleich ob Stromnetz, Verkehrsnetz oder Verkehrsmittel – lahm, manipulieren Überwachungssysteme oder Kommunikationssatelliten und beeinträchtigen die Funktionalität selbstfahrender Automobile.

Hacker verfolgen unterschiedliche Motive. Manche wollen Ruhm erlangen, indem sie Systeme und Unternehmen zerstören oder Politik und Wahlen beeinflussen, andere hacken, um an Geld zu kommen.

Cybercrime betrifft jeden, nicht nur Konzerne und Internet- und Technologie-Granden wie Facebook & Co., sondern auch Kleinunternehmer und jeden einzelnen Bürger – denn praktisch jeder ist im Internet unterwegs und nützt die Tools der digitalen Welt. Selbst in Entwicklungsländern ist die Digitalisierung auf dem Vormarsch.

Die Anfänge

Am 12. März 1989 stellte Tim Berners-Lee das World Wide Web vor und am 20. Dezember 1990 ging mit Info.cern.ch die erste Webseite online.[3, 4] Gegenwärtig gibt es etwa 1,75 Milliarden Webseiten. 4,6 Milliarden Menschen nutzen das Internet. Pro Tag werden allein auf Google etwa 10 Milliarden Suchanfragen gestellt. Aber – und das ist aufschlussreich und alarmierend zugleich – 56 Prozent des gesamten Internetverkehrs laufen automatisch ab, dafür sorgen Bots, Hackingtools und andere automatisierte Software.[5]

Smarte Anwendungen und Künstliche Intelligenz (KI) werden künftig Unmengen an Daten generieren. Wurde im Jahr 2018 ein Volumen von 33 Zettabyte digitaler Daten global generiert, so geht man davon aus, dass die im Jahr 2025 jährlich generierte digitale Datenmenge weltweit bei 175 Zettabyte liegen wird.[6] Zur Erklärung: 1 Zettabyte sind 1 Billion Gigabyte. Diese Daten müssen einerseits erzeugt, andererseits aber auch entsprechend verarbeitet und gespeichert werden.

Attacken auf das Internet der Dinge

Im Jahr 2017 wurden 310 Millionen Wearables wie Smartwatches oder Headsets verkauft.[7] Die Analysten von Gartner gehen davon aus, dass im Jahr 2021 bereits für umgerechnet 58 Milliarden Euro Wearables gekauft werden. Die Menschheit wird immer »digitaler« und die Welt wird von einem Netzwerk »digitaler Dinge« umhüllt sein. Wir stehen erst am Anfang der digitalen Informationsgesellschaft. 99 Prozent der Welt sind laut des US-Konzerns Cisco noch nicht vernetzt. Erst ein Prozent dessen, was digitalisiert werden kann, wurde bis dato überhaupt digitalisiert.[8]

Die Digitalisierung des Menschen ist bereits in vollem Gange. In absehbarer Zeit wird ein implantierter Chip, der beispielsweise die Gesundheit überwacht oder als Haustürschlüssel genutzt wird, selbstverständlich sein. Parallel dazu werden nicht nur Tiere und Pflanzen von der Digitalisierung erfasst, sondern auch Gegenstände des Alltags wie Küchengeräte, Kleidung, Straßenlaternen, Kanaldeckel oder auch Mülltonnen. Im »Internet der Dinge«[*] (IoT), das schon lange zum »Internet of everything«[9] (IoE) geworden ist, wird alles – und ich meine wirklich alles – vernetzt und mit Sensoren oder Chips auf die nächste Stufe gehoben. Und diese Welt des IoE wächst in atemberaubendem Tempo. Von zwei Milliarden vernetzten Objekten im Jahr 2006 auf voraussichtlich 200 Milliarden im Jahr 2021 – das sind, rein statistisch

---

* Bezeichnet die Vernetzung von Gegenständen des Alltags oder von Maschinen im industriellen Umfeld per Internet.

betrachtet, etwa 26 »smarte« Objekte, die auf einen Erdenbürger kommen. Und dieses IoE ist die künftige Spielwiese der Cyberkriminellen; nicht nur, weil es Milliarden an verschiedenen Geräten geben wird, sondern auch, weil viele dieser Geräte zu wenig abgesichert und daher anfällig für Attacken sein werden. Allein im ersten Halbjahr 2019 gab es laut IT-Sicherheitsforschungsunternehmen Kaspersky 100 Millionen Cyberangriffe auf IoT-Geräte.[10]

Die positiven Auswirkungen des Internets liegen aber ebenso klar auf der Hand: Informationen, die für jedermann (mit Internet) abrufbar und frei verfügbar sind. Lexika, für die man früher viel Geld ausgeben musste, wurden durch Wikipedia obsolet, das Wissen wird dort ständig up-to-date gehalten. Ob man eine Sprache lernen, oder sich Texte übersetzen lassen will, wer ein Rezept oder Reparaturanleitungen braucht oder andere »Do-it-yourself«- Tutorials sucht – man wird auf YouTube fündig. Daneben gibt es unzählige fundierte Seiten, auf denen Fortbildungskurse angeboten werden – ob Khan Academy[11] oder Coursera[12]. Wir haben Zugriff auf praktisch alles, was jemals komponiert wurde, können uns Musikbibliotheken nach Lust und Laune zusammenstellen, Filme kurz nach dem Release auf dem Smart-TV zu Hause oder am Smartphone unterwegs sehen, und die Welt auch am (digitalen) Spieleabend zu einem Dorf machen. Zum Beispiel dann, wenn ein Deutscher bei Fifa 20 mit einem Brasilianer zockt oder sich eine Neuseeländerin mit einer Isländerin bei Mario Kart 8 Deluxe duelliert.

Ein Arzt in den USA kann das CT eines Patienten im Norden Thailands befunden, der Urlauber auf dem Kreuzfahrtschiff kann sich mit seinem Smartphone in die Überwachungskamera daheim einloggen oder die Heizung einschalten, der Landwirt von heute kann mit seinem iPad den Mais auf seinen Feldern im Auge behalten. Technologie und Innovation kann im Informationszeitalter die »Global Grand Challenges« lösen.[13]

Die Digitalisierung hat aber auch ihre Schattenseiten. Mit jedem Tag, an dem wir mehr und mehr Dinge miteinander vernetzen, steigt die Gefahr, dass dieses Netzwerk gestört wird. Haben wir einen Plan, wie wir darauf reagieren? Wie käme die Gesellschaft mit einem Ereignis zurecht, das uns wieder ins analoge Zeitalter zurückkatapultieren würde? Wir haben ein weltweites Netzwerk an Computern geschaffen, das wir kaum mehr kontrollieren können und das die meisten auch nicht verstehen*. Cybersicherheitsexperten einschlägiger Unternehmen, von McAfee über Symantec bis hin zu Kaspersky, warnen, dass vor allem durch die 5G-Technologie und das IoT nicht nur exponentiell steigende Datenmengen anfallen, sondern auch die Attacken exponentiell steigen werden.[14, 15] Daten werden in der 5G-Ära bis zu zehnmal schneller übertragen, die Latenzzeiten werden praktisch bei null liegen. Hacker werden deshalb, unbeobachtet und anonym, in nicht ausreichend gesicherte Systeme eindringen können, weil man ihre Attacken nicht erkennen wird. Wenn man sie entdeckt, ist es bereits zu spät und die Kriminellen sind bereits wieder in die Untiefen des Internets abgetaucht. Das ist die große Herausforderung im Internet der Dinge. Denn es gilt inzwischen als Fakt, dass alles, was gehackt werden kann, gehackt werden wird. Das IoT wird die Welt verändern, aber auch die Attacken auf Systeme aller Art werden exponentiell ansteigen.

Cybersecurity ist das nächste große Ding

Cybersecurity ist ein großes Business. Die weltweiten Ausgaben für Produkte und Dienstleistungen im Bereich der Informationssicherheit lagen im Jahr 2019 bei 124 Milliarden US-Dollar.[16] Und diese Kosten werden jedes Jahr um etwa zehn Prozent steigen. Gleichzeitig steigt die Nachfrage nach Cybersecurityexperten. »IT-Sicherheitsexperte« ist jetzt schon ein gefragter Beruf, künftig werden Fachleute in dieser Sparte eine noch viel größere Rolle spielen. Bis zum Jahr 2021 wird es laut Palo Alto Networks Research Center weltweit 3,5 Millionen unbesetzte Cybersicherheitsstellen geben.[17] Wobei sich die Frage stellt, ob künftig nicht ohnehin jede IT-Position in einem Unternehmen gleichzeitig auch eine Cybersicherheitsposition ist, da sich jeder IT-Mitarbeiter mit dem Schutz der Tech-Infrastruktur und den dazugehörigen Menschen befassen werden muss. Ohne diese allumfassende Herangehensweise kann der Kampf gegen die Cyberkriminalität nicht gewonnen werden. Bisher beschäftigen viele Unternehmen nur einen CIO, einen Chief Information Officer, der für die gesamte IT-Infrastruktur verantwortlich ist. An-

* Deshalb verstehen wir übrigens auch die Updates nicht, die wir installieren müssen, damit unsere Geräte in diesem System weiterhin funktionieren können.

gesichts der steigenden Zahl von Attacken wird in vielen Firmen nun auch ein CISO installiert, ein Chief Information Security Officer. Doch im Grunde sollte jeder CIO auch ein CISO sein. Denn sie werden sich künftig vor Arbeit kaum mehr retten können.

»Cybersecurity ist die Grundlage für eine erfolgreiche und nachhaltige Digitalisierung«, sagt Andreas Tomek, Partner bei KPMG-Österreich und dort für den Bereich Cybersecurity verantwortlich. Tomek ist darüber hinaus Initiator und Organisator des europäischen Sicherheits-Start-up-Wettbewerbs Security Rockstars. »Unternehmen müssen sich so aufstellen, dass Cybersicherheit und Digitalisierungsinitiativen stets miteinander gedacht werden – nur so kann ein stabiles Wachstum gelingen.« Das scheint derzeit nicht wirklich der Fall zu sein, wie die Cyber Security Studie 2020 ergeben hat, bei der mehr als 600 Unternehmen teilgenommen haben.

Auf der einen Seite hat Cybersicherheit nach wie vor für ein Drittel der befragten Firmen noch nicht den Stellenwert, den das Thema haben sollte – es fehlt hier an dedizierten und gut ausgebildeten Experten. Das Unternehmen vor Angriffen zu schützen, spielt – Ransomware hin und Phishing-Kampagne her – für sie noch nicht wirklich eine Rolle; mit Phishing werden Unternehmen übrigens am häufigsten konfrontiert.

Auf der anderen Seite hat ein Drittel der Unternehmen mittlerweile aber erkannt, welche langfristigen finanziellen Folgen Cyberattacken haben können. »Dieses Drittel hat entweder eine Cyberversicherung abgeschlossen oder spezifische Rückstellungen gebildet«, bestätigt Tomek. Denn, und das zeigt auf, wie dramatisch Hackerattacken gesehen werden – jeder dritte Unternehmer glaubt, dass es mehr als einen Monat dauern kann, um einen Angreifer aus dem System zu werfen und die Probleme, die die Cyberattacke verursacht hat, zu lösen. Als »besonders interessant« bezeichnet Tomek die Tatsache, dass drei von vier Unternehmen sich mehr Unterstützung vom Staat wünschen würden. Trotz NIS-Gesetz (Netz- und Informationssystemsicherheitsgesetz) und Datenschutzgrundverordnung fehlt es hier vor allem an praktischer Unterstützung, Förderung europäischer Technologien und Wissensvermittlung seitens des Staates.

Denn die Waffen der Cyberkriminellen werden nicht nur raffinierter und heimtückischer, sondern auch immer zugänglicher. Cyberwaffen kann man in Darknet-Shops fast so einfach kaufen wie ein Tetrapak Milch im Supermarkt. Das Darknet ist ein Umschlagplatz für Drogen, Falschgeld, Waffen und all diejenigen Tools und Programme, die Hacker dafür nutzen, um in unsere Computer, Smartphones oder auch in Systeme von Regierungen einzudringen. Das wurde sowohl bei den Hackerangriffen auf den Deutschen Bundestag 2015[18] als auch auf das österreichische Außenministerium Anfang 2020[19] offensichtlich. Sind die Zugänge und Passwörter erst einmal geknackt, können Unternehmen und andere Internet-User – Stichwort »Ransomware«[20] – damit erpresst werden

Derzeit heftig diskutierte Technologien, wie 5G, Artificial Intelligence (AI), Big Data, Blockchain und Kryptowährungen, wie beispielsweise Bitcoin oder Monero, eröffnen nicht nur Menschen mit guten Absichten neue Chancen und Möglichkeiten. Sie beflügeln ebenso die Kreativität »der Bösen«, die immer neue Methoden und Tricks entwickeln, um den Ermittlungsbehörden stets einen Schritt voraus zu sein.

Cybercrime ist die am schnellsten wachsende Kriminalitätssparte.[21] Anders als bei analogen Verbrechen müssen Kriminelle nicht »vor Ort« sein. Eine Attacke kann von überall aus gestartet werden – ein Internetanschluss reicht aus. Gegenwärtig sind 4,6 Milliarden Menschen im Web, 2022 werden 6 Milliarden Menschen das Web nutzen, 2030 sollen es bereits 7,5 Milliarden sein.[22, 23] Es gibt heute also bereits 4,6 Milliarden Ziele – sowie dementsprechend 4,6 Milliarden potenzielle Täter.

PROLOG

CYBERCRIME IM SCHATTEN VON COVID-19

Wer war »Patient Zero«, also der erste dokumentierte Träger des Sars-CoV-2-Erregers, der als Covid-19 in die Geschichte eingehen wird?[1] War es jener 55-jährige Bewohner der chinesischen Provinz Hubei, bei dem am 17. November 2019 eine Infektion diagnostiziert wurde, aus der Monate später eine Pandemie entstand, die den gesamten Globus in ein gesellschaftliches und wirtschaftliches Chaos stürzte?

Wurde das »Coronavirus« in einem Labor gezüchtet, um andere Länder damit zu attackieren – Stichwort »Biowaffe«? Oder ist es einem Labor einfach »entwischt«? Wurde es von einem Tier auf den Menschen übertragen? Weil der Sars-CoV-2-Erreger einem Virus sehr ähnlich ist, den Fledermäuse und Schuppentiere in sich tragen?[2] Oder wurde das Virus aus einem anderen Land nach China eingeschleppt?

Im Internetzeitalter gibt es oft unzählige Erklärungen für ein und dasselbe Ereignis. Und für jede dieser Erklärungen werden »plausible« Argumente und logische »Beweise« geliefert. Woher Covid-19 tatsächlich stammt? – Das wird wohl für immer Spekulation bleiben. Selbst bei der im November des Jahres 2002 aufgetretenen Infektionskrankheit SARS sind sich die Wissenschaftler bis heute nicht hundertprozentig sicher: »Anhand der Gensequenzen wird vermutet, dass ein bekanntes Coronavirus entweder mutiert oder dass eine Virusart, die bisher nur Tiere befallen hat, auf den Menschen ›übergesprungen‹ ist.«[3] Doch bleiben wir bei Covid-19. Chinesische Wissenschaftler sollen, so berichtete die South China Morning Post am 13. März 2020,[4] im Januar dieses Jahrs exakt 266 Menschen ausfindig gemacht haben, die bereits im Jahr 2019 an Covid-19 erkrankt gewesen sein sollen. Die Experten hätten damals auch den »Patient Zero« gefunden, hieß es. Die Fallzahlen wären damals zwar gering gewesen, seien aber ab 17. November 2019 stetig gestiegen, bis dann bereits einen Monat später, am 15. Dezember 2019, 27 Fälle der neuartigen Krankheit dokumentiert werden konnten. Ab diesem Zeitpunkt dürfte sich die Zahl der Neuinfektionen praktisch täglich verdoppelt haben. Dass es sich bei diesem Virus um eine neuartige Infektionskrankheit handelte, soll den chinesischen Behörden erst Ende Dezember des Jahres 2019 bewusst geworden sein. Am 31. Dezember meldeten Chinas Behörden den ersten bestätigten Coronavirus-Fall an die Weltgesundheitsorganisation, die noch am selben Tag mit einer Aussendung an die Öffentlichkeit ging: »Pneumonia of unknown cause reported to WHO China Office«.[5]

»Made in China« oder »Made in the USA«?

Die Welt streitet über den Ursprung der neuartigen Infektionskrankheit: Ist die Wurzel allen Übels tatsächlich auf einem Markt in der 11-Millionen-Stadt Wuhan zu suchen? Nicht nur in den sozialen Medien wird heftig darüber diskutiert. Selbst renommierte Wissenschaftler und Experten sind sich uneinig und fallen sogar – teilweise abstrusen – Verschwörungstheorien zum Opfer. Eine Sammlung solcher Theorien hat der junge Telepolis-Journalist Bulgan Molor-Erdene in seinem Artikel »Coronavirus: ›Made in China‹ oder ›Made in the USA‹?« zusammengestellt.[6]

Die USA unterstellen China, den Ausbruch des Virus vertuscht zu haben. Sie bezeichnen Covid-19 auch als »Wuhan-Virus« oder »chinesisches Coronavirus«, und verpassen ihm damit ein »Made-in-China«-Label. In sämtlichen Medien wird behauptet, das Virus habe sich von einem Seafood-Market in Wuhan aus verbreitet, weil sich die Essgewohnheiten der Chinesen so grundsätzlich von denen der westlichen Welt unterscheiden würden. Videos, unter anderem auf YouTube, sollen beweisen, was alles an (teilweise noch lebenden) Tieren verzehrt würde und dass Covid-19 nur die logische Folge solcher

Ernährungsgewohnheiten sein könne. China wiederum versucht argumentativ entgegenzuhalten. Anfang März des Jahres 2020 behauptete der Sprecher des chinesischen Außenministeriums, Zhao Lijian, dass Covid-19 zwar zuerst in China entdeckt worden wäre, es aber nicht erwiesen sei, dass das Virus tatsächlich aus China stamme.[7]

Auf jedes chinesische Argument folgt ein amerikanischer Konter. Der republikanische US-Senator Tom Cotton (Arkansas) behauptete in einem Interview mit Fox News Mitte Februar[8], das Coronavirus sei in einem »Superlabor der Biosicherheitsstufe 4« entwickelt worden, das sich in der Nähe des Seafood-Markets von Wuhan befinden würde.

Obwohl zahlreiche Wissenschaftler diese Entstehungsgeschichte ins Reich der Märchen verwiesen haben, bleiben solche Verschwörungstheorien lebendig. Sie werden mitunter sogar von angesehenen, verdienstvollen Medizinern, wie dem österreichischen Virologen Wolfgang Graninger, weiterverbreitet. Der Infektiologe lehrte an der Medizinischen Universität Wien, war der Leiter der klinischen Abteilung für Infektionen und Tropenmedizin am Wiener Allgemeinen Krankenhaus und gilt bis heute als anerkannter Experte. Staatsoberhäupter aus der ganzen Welt ließen Graninger einfliegen, um sich von ihm behandeln zu lassen. Ab 1996 war er der behandelnde Arzt des damaligen österreichischen Bundespräsidenten Thomas Klestil, der an einer Autoimmunerkrankung litt und im Jahr 2004 verstarb. Doch mit einem Interview vom 15. März 2020 im *Kurier* sorgte Graninger für Aufsehen. Auf die Frage, wer das Virus seiner Ansicht nach »erfunden« habe, meinte er: »Die Chinesen (…) Es war nicht für China gedacht, sondern es sollte in den USA ausgesetzt werden, damit dort die Bevölkerung hysterisch wird und die Wirtschaft ordentlich kracht (…) das ist die Rache der Chinesen an den Amerikanern.« Auf Nachfrage, wie es angesichts dieser Theorie zu erklären sei, dass auch Chinesen infiziert wurden und starben, argumentierte Graninger: »Das war ein Unfall. Das Virus ist ihnen entwischt. Es hat ja das Militär sofort reagiert, indem es die Region abgeriegelt und Spitäler errichtet hat.«

Wenn selbst angesehene Mediziner derartige Theorien vertreten und unbelegte Behauptungen aufstellen, so ist es nicht verwunderlich, dass sich diese ebenfalls in den sozialen Medien rasch verbreiten. Am 12. März 2020 empfahl der bereits oben erwähnte Sprecher des chinesischen Außenministeriums,

Zhao Lijian, seinen Twitter-Followern einen Artikel des auf Verschwörungstheorien spezialisierten kanadischen Webportals GlobalResearch mit dem Titel »Covid-19: Evidence that Virus originated in the USA«.[9] Darin hieß es: Japanische und taiwanesische Epidemiologen und Pharmakologen hätten festgestellt, dass das neue Coronavirus in den USA entstanden sein könnte, weil in den USA alle fünf Coronavirus-Typen aufzufinden seien, in China jedoch nur einer. In den USA habe es bereits 2019 zahlreiche Fälle von Lungenentzündungen gegeben, die man dort auf Vaping zurückgeführt habe[10]. Der taiwanesische Mediziner unter den Experten habe laut GlobalResearch die USA darauf aufmerksam gemacht, dass er davon überzeugt sei, dass diese Todesfälle auf das Coronavirus zurückzuführen seien. Seine Warnungen seien jedoch ignoriert worden.

Im Juli des Jahres 2019 verfügte die Aufsichtsbehörde C.D.C. (Centers for Disease Control and Prevention) eine Teilschließung des wichtigsten Biolabors des US-Militärs in Fort Detrick, Maryland, USAMRIID (U.S. Army Medical Research Institute of Infectious Diseases). Als Begründung für die Einstellung wesentlicher Forschungsprojekte auf unbestimmte Zeit wurden mangelhafte Sicherheitsvorkehrungen gegen die Verbreitung von Krankheitserregern angeführt.[11] Im USAMRIID werden zum einen Abwehrmaßnahmen gegen biologische Kriegsführung entwickelt. Andererseits werden aber auch Impfstoffe gegen sowie Behandlungs- und Diagnosemöglichkeiten für die gefährlichsten Krankheitserreger der Welt erforscht. Eines der aktuellsten Projekte des USAMRIID ist ein Medikament gegen Ebola. In dem bereits erwähnten GlobalResearch-Artikel wird die Behauptung aufgestellt, das Virus habe sich aus dem Labor heraus »verselbstständigt«, und die Behörden hätten die daraus resultierenden tödlichen Lungeninfektionen mit dem Vaping der E-Zigaretten gerechtfertigt, obwohl die Symptome angeblich nie zu Vaping gepasst hätten. Im September 2019 wurde bekannt, dass Hunderte US-Bürger von einer (angeblich durch Vaping verursachten) Lungenkrankheit betroffen waren und 39 daran gestorben sind.[12]

Wie aber wäre das Virus dann nach China gelangt? Auch dafür liefert die Verschwörungstheorie die passende Erklärung: Im Oktober 2019 fanden im chinesischen Wuhan die Military Games statt, an denen auch die US-Army mit 300 Soldaten teilnahm. Die Spiele begannen am 19. Oktober und dauerten bis 27. Oktober. Drei Wochen später gab es in China unbestätigterweise »Patient Zero«. Die Theorie hinkt. Da die Inkubationszeit maximal 14 Tage beträgt, hätte es vor der Entdeckung dieses Patienten Null eigentlich einen oder viele andere geben müssen, die infiziert worden wären und andere angesteckt hätten. Doch darauf geht GlobalResearch nicht ein. Telepolis bringt die Absurdität dieser Theorie sehr treffend auf den Punkt: »Für Larry Romanoff von GlobalResearch[13] heißt das: Es könnte sein, dass sich einige Mitglieder des US-Teams durch einen zufälligen Ausbruch in Fort Detrick mit dem Virus infiziert haben, ihre Symptome aber bei einer langen anfänglichen Inkubationszeit unmerklich waren und dass diese Personen während ihres Aufenthalts bei den Militärspielen in Wuhan möglicherweise Tausende von Anwohnern an verschiedenen Orten infiziert haben, von denen viele später auf den Seafood-Markt gingen. Von dort aus hat sich das Virus dann wie ein Lauffeuer ausgebreitet.«[14]

Ob in einem Labor in Fort Detrick oder in einem Labor in Wuhan: Dass das Virus »gezüchtet« worden sei, daran glauben ernstzunehmende Wissenschaftler nicht. Man könne mit hoher Wahrscheinlichkeit bestätigen, dass das Virus kein Produkt der Gentechnik sei,[15] wird sowohl auf dem populären Diskussionsforum virological.org als auch auf der britischen Plattform fullfact.org betont, auf der Informationen auf ihren Wahrheitsgehalt hin geprüft werden.[16]

Fake News und Verschwörungstheorien zu Covid-19

Vor diesem Hintergrund ist es beinahe logisch, dass sich in den Medien Verschwörungstheorien, Fake News und unbelegbare Behauptungen verbreiten. Covid-19 beweist auf anschauliche Weise, wie rund um ein Ereignis Falschmeldungen entstehen, sich weiterentwickeln und immer weiterverbreiten. In einer Zeit, in der selbst Staatspräsidenten die Klimaerwärmung leugnen[17], in der es Zehntausende Menschen gibt, die daran glauben, dass die Erde flach ist*, darf man sich nicht wundern, wenn selbst die absurdesten Theorien plötzlich als »wahr« beurteilt und verbreitet werden.

---

* Einer von sechs Amerikanern ist sich nicht sicher, ob die Erde eine Kugel ist.

Doch die Covid-19-Fake-News hatten gar eine gesundheitsschädliche Facette. Da etwa in sozialen Medien immer wieder Rezepte für selbst zu produzierende Handdesinfektionsmittel auftauchten, die nach Analyse von Experten wenig bis gar nicht wirksam seien und zum Teil sogar gesundheitsschädlich wären, wurde seitens der WHO ein eigenes Team zusammengestellt, das die Verbreitung dieser Fake-Rezepte zu verhindern versuchte.

Doch Covid-19 hat nicht nur die Nachrichtenwelt mit zahllosen Fake News auf den Kopf gestellt. So hat die Krise auch die gesamte Cybercrimeszene auf den Plan gerufen und ihr gleichzeitig ebenfalls in einigen Bereichen kurzfristig geschadet. Denn ähnlich der Weltwirtschaft wurde teilweise auch das Business im Darknet durch die Pandemie und die damit verbundenen Eindämmungsmaßnahmen stark beeinträchtigt. Während das Geschäft in einigen Bereichen der Cyberkriminalität florierte, machten sich in anderen Teilen die strengen Auflagen der Regierungen bemerkbar.

Cybercrime in Zeiten der Krise

Kurze Flaute im Darknet

Ausgangsbeschränkungen, die Sperrung öffentlicher Einrichtungen, Veranstaltungsverbote und Social Distancing sorgten dafür, dass etwa der Drogenverkauf über das Darknet stagnierte. Die offiziellen Post- und Lieferdienste funktionierten zwar noch, persönliche Übergaben nach Bestellungen über Messengerdienste wie etwa Telegram oder – wie im Kapitel 2 beschrieben – Drop-Off-Gangs, waren kaum noch oder nur sehr eingeschränkt möglich.

Chainalysis, ein Unternehmen, das Blockchain-Analysen durchführt, stellte in einem Report im März des Jahres 2020 fest, dass im Darknet die Zahlungen per Blockchain rückläufig waren.[18] Wurden im vierten Quartal 2019 im Darknet für illegale Produkte wie Drogen, Ausweise, Kreditkartendaten etc. noch Bitcoins im Wert von umgerechnet etwa 550 Millionen Euro ausgegeben, so habe es seit dem Covid-19-Ausbruch einen kontinuierlichen Rückgang gegeben. »Vielleicht kaufen die Kunden im Darknet angesichts der Gesundheitskrise nicht so viele Drogen. Es ist aber auch möglich, dass Shops ihren Verkauf aufgrund des Preisverfalls eingeschränkt haben oder aus Angst, dass die Bitcoins, die sie an einem Tag akzeptieren, am nächsten Tag wertlos sein könnten. Es ist aber auch möglich, dass Covid-19 derzeit den Verkauf von Drogen erschwert.«

Ähnlich wie Industrieunternehmen auf funktionierende Lieferketten angewiesen sind, muss auch bei kriminellen Organisationen die Logistik reibungslos funktionieren. So soll etwa das mexikanische Drogenkartell unter dem Shutdown der chinesischen Provinz Hubei gelitten haben, weil die Mexikaner Zutaten, mit denen sie Fentanyl (ein Opiat) und Crystal Meth (ein Amphetamin) erzeugen, aus dieser Region beziehen und für ihr Business benötigen.[19]

Wie Cyberkriminelle Homeoffice für sich nutzen

Cyberkriminelle nutzten schon immer Großereignisse, Katastrophen oder globale Events vom Ausmaß einer Pandemie zu ihrem Zwecke, beispielsweise um im Windschatten der Ereignisse für Verwirrung zu sorgen, Desinformationen zu verbreiten, Unsicherheit auszulösen und in einer Zeit allgemeiner Verunsicherung viel Geld zu verdienen. Mit Methoden, die altbekannt und erprobt sind und lediglich der jeweiligen Situation angepasst werden müssen. Von gefakten »Spendenportalen« bis hin zu Computerviren.

Für Cyberkriminelle war beziehungsweise ist Covid-19 eine Art Lottogewinn. Durch die strengen Ausgangsbeschränkungen waren die Menschen zu Hause und verbrachten viel Zeit an ihren technischen Geräten, wie Smartphone, Tablet oder Notebook. Sie waren genau dort, wo Cyberkriminelle sie haben wollen: vor ihren Bildschirmen. Und sie waren in einer Stimmung, in der sie für Manipulation leicht empfänglich waren. Durch das verordnete analoge Social Distancing wurde das Digital Connecting verstärkt. Der Datenverkehr stieg in dieser Zeit während der Wochenenden um 50 Prozent, bei Games gab es ein 400-prozentiges Wachstum, der Anteil an Video-Konferenzen stieg allein in den USA um 300 Prozent.[20]

Im Februar 2020 warnte die WHO vor Betrügereien in Zusammenhang mit dem Covid-19-Ausbruch, die sich in drei Kategorien einteilen lassen: Phishing oder Social-Engineering-Betrug, der Handel mit gefälschter Ware sowie der Verbreitung von Desinformation. Die Wahrscheinlichkeit, Opfer einer Covid-19-Cyberattacke zu werden, war zu diesem Zeitpunkt vermutlich um ein Vielfaches höher, als sich tatsächlich mit dem Virus zu infizieren.

Cyberkriminelle geben sich gerne als WHO oder als Centers for Disease Control and Prevention (C.D.C.) aus, um im Schleier einer seriösen Institution perfide Tricks an unbedarften Internetnutzern auszuprobieren. Denn als vermeintliche Aufsichts- oder Kontrollbehörde wird man automatisch ernst genommen. Dieses Wissen nutzen sie beispielsweise in Phishing-Mails. Sie kündigten »safety measures regarding the spreading of corona virus« an und die entsprechenden Tipps konnten als Dokument heruntergeladen werden. Durch diesen Download schlich sich eine Schadsoftware auf dem Rechner ein, die als Trojaner unbemerkt Daten an den Absender versandte oder als Erpressersoftware (Ransomware) Dateien verschlüsselte und diese nur gegen Lösegeld wieder freigab.

Phishing: eine Covid-19-Ransomware für 200 Dollar

Im Februar des Jahres 2020 wurde auf dem russischen Darknet-Forum XSS.is eine Covid-19-Phishing-Betrugskampagne beworben. Für den Preis von 200 Dollar wurde eine digitale Weltkarte angeboten, auf der die Verbreitung des Virus nachzuverfolgen war und die der Kunde nach erfolgter Bezahlung an unbedarfte Internet-Nutzer versenden konnte. Die Grafik nutzte Echtzeitdaten der WHO und glich einer legitimen Version der John-Hopkins-University[21]. Wer sich jedoch die Daten der Phishing-Betrugskampagne downloadete, holte sich eine Schadsoftware auf seinen Rechner.[22]

Phishing-Kampagnen sind immer dann am erfolgreichsten, wenn sie in jenen Regionen »geschaltet« werden, in denen ein Ereignis seine größte Auswirkung hat. Waren das bei der Covid-19-Pandemie im Februar/März 2020 vor allem Italien und Spanien, so wurden die Kampagnen im März/April im Rest der Welt gestartet. In der Anfangsphase von Covid-19 hatten die Cyberkriminellen auch Nutzer in Asien im Visier, vor allem in Japan. Diesen schickte man Mails von vermeintlichen Sozialhilfediensten und Gesundheitsorganisationen. In den Attachments versteckte sich die laut Sicherheitsunternehmen Trendmicro die »gefährlichste Schadsoftware der Welt«: Emotet.[23] Dabei handelt es sich um einen Banking-Trojaner, den es in seiner ursprünglichen Form bereits seit dem Jahr 2014 gibt, der aber von Cyberkriminellen »upgedatet« wurde und seit Herbst 2019 wieder aktiv ist. Die Täter haben es vor allem auf eine Lücke in Windows-Betriebssystemen abgesehen. Dort fängt Emotet Online-Banking-Zugangsdaten ab.

Weltweit warnten Polizeibehörden bereits kurz nach dem Ausbruch von Covid-19 vor Cyberangriffen auf das Gesundheitssystem, weil Hacker häufig jene Branchen attackieren, die aufgrund einer Krise extremen Belastungen ausgesetzt sind. Während man noch die Attacken der Ransomware »WannaCry« (mehr dazu in Kapitel 4) auf Gesundheitseinrichtungen in lebhafter Erinnerung hatte, fürchtete man, dass Hacker auch im Zuge der Covid-19-Krise Krankenhäuser attackieren würden. Die Attacken ließen auch nicht lange auf sich warten.

Eine Cyberattacke auf die Covid-19-Klinik

Das US-Gesundheits- und Sozialministerium berichtete Mitte März 2020 von einem Cyberangriff auf sein Computersystem. Anfangs war nicht klar, ob es sich um ausländische Angreifer handelte oder ob US-Hacker die Coronavirus-Panik geschickt dafür ausnutzten, Chaos zu stiften. Die Attacke soll jedoch nicht erfolgreich gewesen sein, so das Statement der Verantwortlichen am Tag nach Bekanntgabe des Angriffs.[24]

Erfolgreich waren hingegen die Angreifer im tschechischen Brünn. Dort wurde die Universitätsklinik mit einer Ransomware infiziert. Mithilfe der Erpressersoftware gelang es den Hackern, das gesamte Krankenhaussystem lahmzulegen, alle Rechner mussten abgeschaltet werden. Der Chef der Klinik, Jaroslav Sterba, erklärte damals, dass es Wochen dauern werde, bis der Normalbetrieb wiederhergestellt sei. Operationen mussten verschoben und Patienten, die auf moderne Geräte und Systeme angewiesen waren, in andere Krankenhäuser verlegt werden. Die Attacke war auch insofern besonders heikel, als dass die Universitätsklinik von Brünn eines der größten Covid-19-Testlabore des Landes betrieben hatte und dort in der Folge wochenlang keine Tests durchgeführt werden konnten, was wegen der immer prekärer werdenden Gesundheitslage zu dieser Zeit extrem problematisch war. Welcher Ransomware die Universitätsklinik zum Opfer gefallen war, gab der Klinikchef nicht bekannt.

Die erpresserische Coronavirus-App

Ransomware gefährdete in Covid-19-Zeiten besonders Android-Smartphones. Sehr heimtückisch gingen die Programmierer im Falle der App »Covid-19 Tracker« vor, gab die Sicherheitsfirma DomainTools bekannt.[25] Mit der App sollte man Viruserkrankte in seiner Nähe über eine Heatmap verfolgen können: »Get Instant Notification when a Coronavirus Patient is near You, view local coronavirus outbreak status in an easy to navigate app with data pulled directly from the Centers for Disease Control and Prevention (C.D.C.) and the World Health Organization (WHO).*«

Sobald man die App heruntergeladen hatte, forderte sie den Code für den Sperrbildschirm. Tippte man diesen ein, sperrte die App den Zugang zum Smartphone. Hier wurde eine Ransomware namens »CovidLock« aktiv. DomainTools veröffentlichte auf seiner Seite eine ausführliche Analyse der Ransomware.[26] Wollte man den Zugang zu seinem Smartphone wiedererlangen, musste man 100 Dollar in Bitcoins innerhalb von 48 Stunden überweisen. Tat man das nicht, wurden sämtliche Daten auf dem Smartphone gelöscht. Besonders problematisch am »Covid-19 Tracker« war auch, dass die Website behauptete, die App sei sowohl von der Weltgesundheitsorganisation WHO als auch vom C.D.C. zertifiziert. Diese beiden angesehenen Institutionen hätten der App ein Zeugnis ausgestellt und damit eine Empfehlung ausgesprochen.[27] Mit dieser vorgetäuschten Empfehlung erschlich man sich das Vertrauen der Kunden.

Der »Covid-19 Tracker« war nicht die einzige App, in der eine Schadsoftware versteckt war. Am 21. März 2020 haben die Sicherheitsforscher von

---

* Übersetzung: »Lassen Sie sich sofort benachrichtigen, wenn sich ein Coronavirus-Patient in Ihrer Nähe befindet, und sehen Sie sich den lokalen Coronavirus-Ausbruchsstatus in einer einfach zu navigierenden Anwendung an. Die Daten werden direkt von den Centers for Disease Control and Prevention (C.D.C.) und der Weltgesundheitsorganisation (WHO) abgerufen.«

Kasperksy entdeckt, dass der Banking-Trojaner AndroidOS.Ginp um eine neue Funktionalität erweitert wurde, die sich die Pandemie zunutze macht. Der Trojaner versteckte sich in der App »Coronavirus Finder«. Sie versprach, dass sie mit dem Virus infizierte Personen anzeigt, die sich in der Nähe befinden. Die App kostete 75 Cent. Stimmte ein Smartphone-User (die App war für das Betriebssystem Android entwickelt worden) zu, wurde er auf eine Zahlungsseite weitergeleitet. Nach Eingabe der Zahlungsdaten wurde jedoch weder der Betrag in Rechnung gestellt, noch wurden die Informationen über Infizierte angezeigt. Stattdessen erhielten die Cyberkriminellen die Kreditkarteninformationen des Opfers.[28]

Gesteigerte Anzahl von Covid-19-Domains

Interessant ist außerdem, dass seit Ausbruch der Covid-19-Pandemie die Zahl der Domains mit Covid-19-Bezug gestiegen ist. Das britische IT-Sicherheitsunternehmen Digital Shadows, das auf Risikoanalysen spezialisiert ist, hat 1400 neue Domains identifiziert, die einen Covid-19-Bezug haben und in den ersten drei Monaten 2020 registriert worden sind. Freilich sind einige darunter, die tatsächlich brauchbare Informationen bereitstellen, allerdings sind die Experten von Digital Shadows überzeugt, dass hinter vielen Domains kriminelle Machenschaften stecken. Über diese wurden nicht nur Fake News, also Falschinformationen zu Covid-19, verbreitet, dahinter versteckten sich auch Fakeshops, auf denen etwa gefälschte Artikel wie Schutzmasken, Desinfektionsmittel oder Schutzanzüge angeboten wurden. Es musste per Vorauskasse bezahlt werden. Das Geld war weg, die Waren wurden nie geliefert. Und je knapper die Schutzartikel, aber auch Covid-19-Testsets wurden, desto stärker florierte das Geschäft der Fakeshops. Europol berichtete am 27. März 2020 von einem Fall, bei dem ein europäisches Unternehmen bei einer Firma in Singapur Desinfektionsgel und FFP2/FFP3-Schutzmasken orderte, gegen Vorauskasse von 6,6 Millionen Euro. Die bestellte Ware kam nie an.[29] Mitunter wurden aber auch gefälschte oder minderwertige Waren geliefert. Im Rahmen der jährlich durchgeführten Operation PANGEA, bei der Polizei, Zoll und Gesundheitsbehörden Jagd auf gefälschte Medikamente und medizinische Produkte machen, wurden zwischen 3. und 10. März

2020 mehr als 34000 gefälschte Masken sichergestellt. Daneben aber auch eine Menge gefälschter – und somit wirkungsloser – »Coronasprays« und »Coronapackages«.

Social Engineering und Onlinebetrug

Europol warnte übrigens auch vor sogenannten »menschlichen Fakes« – Experten, die keine sind, sich aber als solche ausgeben. Im Zuge von Social-Engineering-Kampagnen boten Betrüger als vermeintliche Vertreter von Behörden und Gesundheitsorganisationen medizinische Produkte sowie die Durchführung von Tests zur Feststellung von Covid-19 an. In Wahrheit handelte es sich um Einbrecher, die entweder die Häuser und Wohnungen ausspionierten oder die Menschen gleich ausraubten – eine Art »Covid-19-Enkeltrick« sozusagen.

Eine Studie der FINRA Investor Education Foundation, des BBB Institute for Marketplace Trust, des Stanford Center on Longevity und der Federal Trade Commission ergab, dass die wichtigsten Risikofaktoren dafür, Opfer von (Online-)Betrug zu werden, die soziale oder physische Isolation (social distancing), aktives Onlineengagement (social media) sowie finanzielle Verwundbarkeit (Kurzarbeit, Arbeitslosigkeit durch Covid-19) sind.[30] Hierbei handelt es sich um Faktoren, die im Rahmen der Covid-19-Maßnahmen, die die meisten Regierungen weltweit im Kampf gegen die Ausbreitung der Krankheit beschlossen hatten, allgegenwärtig anzutreffen sind. In Zeiten, in denen viele Menschen nicht nur emotional, sondern auch im Hinblick auf ihre Zukunft Unsicherheit verspürten, sei es extrem schwierig, Fakten von Fiktion trennen zu können. In dieser Situation wären Menschen leichter anfällig für Onlineinvestitionsbetrug.

Diese Gelegenheit nutzen Onlinebetrüger schamlos aus, indem sie versuchen, Märkte und Investoren zu manipulieren. Mit Bannern und Content-Marketing-Aktionen verweisen sie auf Websites und in sozialen Medien auf Produkte, Dienstleistungen und Innovationen börsennotierter Unternehmen, durch die eine weitere Covid-19-Ausbreitung verhindert oder gar eine Heilung der Krankheit in Aussicht gestellt werden könne. Die International Commercial Crime Services (ICC) warnten ebenso wie die European Banking Authority (EBA) davor, in Firmen zu investieren, die behaupteten, Rezepte, Methoden und Wundermittel entwickelt zu haben, mit denen man die Covid-19-Pandemie aufhalten könne. [31]

Im Rahmen solcher Aktionen werden sogenannte »Pennystocks«, also an sich wertlose Aktien, gepusht. Anhand von gefälschten Forschungsberichten will man Anleger davon überzeugen, in diese Unternehmen zu investieren. Da es aber in Wirklichkeit keinerlei Innovation gibt, fällt die Aktie wieder. Übrig bleibt Müll (Dump). Gewinner einer solchen Pump-and-Dump-Methode sind immer die Betrüger, weil sie, nachdem der Aktienkurs in die Höhe »gepumpt« wurde, ihre Aktien rasch verkaufen.[32]

KAPITEL 1

FAKEWORLD

»Es gibt Deepfakes von dir«,

stand in der Betreffzeile. Die Nachricht hätte auch ein Spam sein können, aber instinktiv googelte Noelle Martin nach dem Wort »Deepfake«, als sie 2019 das kryptische Mail von einem ihr unbekannten Absender erhielt. Ihr stockte der Atem, als sie las: »Deepfake ist die Verschmelzung der beiden Begriffe ›Deep Learning‹ und ›Fake‹. Ein Deepfake ist ein Video, bei dem das Gesicht eines Menschen auf das Original montiert wird. Die Technologie basiert auf künstlicher Intelligenz, die die Eigenheiten und Gesten eines bestimmten Gesichts lernt und sie daher überzeugend nachbilden kann, um jede Bewegung auszuführen.« [1, 2, 3]

Die junge australische Frauenrechtsaktivistin, die mittlerweile weit über die Grenzen Australiens hinaus bekannt ist, googelte weiter. Sie klickte auf das Symbol »Videos« – und sofort poppte eine Trefferliste von offensichtlich gefälschten Videos auf. Sie zeigten Politiker, TV-Moderatoren oder Schauspieler, in teils sehr diffamierenden Posen. So beispielsweise in Pornovideos – in den Hauptrollen bekannte Schauspielerinnen wie Megan Fox oder Scarlett Johansson. Es war zwar erkennbar, dass es sich um Fälschungen handelte, aber diese waren teilweise erschreckend gut gefakt.

Noelle Martin spürte, wie sich allmählich Panik in ihr breit machte. Sie antwortete auf die E-Mail: »*Kannst du sie mir senden*?« Es kam eine Antwort, die nichts weiter als einen Link zu einer Pornoseite enthielt. Martin klickte auf den Link und es startete ein elf Sekunden langer Clip, der eine Frau zeigte, die mit einem Mann Sex hatte.[4] Die Frau war in Ganzkörper-Nahaufnahme zu sehen, ihre Augen blickten direkt in die Kamera, in die Augen des Betrachters. Und die Betrachterin war in diesem Moment Noelle Martin selbst. Sie sah nicht in das Gesicht einer Fremden, sondern in ihr eigenes. Sie war die Hauptdarstellerin des Pornoclips. Noelle Martin wurde Opfer von »Face Swapping«, dem digitalen Gesichtstausch.

Betitelt wurde der Clip mit »Noelle Martin«. Das Video war mit den Hashtags #NoelleMartin, #Feminist, #Amateur, #BigTits, #Indisch versehen worden. In der Beschreibung wurde erläutert, dass es sich um ein echtes Video von Noelle Martin handeln würde. Und es war nicht das Einzige, wie sich später herausstellen sollte. Es gab ein weiteres Video, das sie über die Suchleiste fand, ebenfalls betitelt mit ihrem Vor- und Nachnamen. Diesmal war es ein Oralsex-Video. Überzeugend gut gefälscht. Noelle Martin geriet in Panik – warum sollten Menschen, die sie kennen, die Echtheit dieser täuschend real aussehenden Fälschungen anzweifeln? Wie konnte sie klarstellen, dass sie nicht die Person war, die in diesen Videos zu sehen ist? Sie klappte ihren Laptop zu und war verzweifelt. Noch verzweifelter als sieben Jahre zuvor. Denn es gab eine Vorgeschichte.

Bereits im Jahr 2012 erlebte Noelle Martin einen einschneidenden Moment, der ihr Leben völlig veränderte.[5] Zwar verdankte sie diesem Erlebnis auch ihre gegenwärtige Karriere als Frauenrechtsaktivistin und Kämpferin für den Schutz vor Missbrauch im Netz. Doch den Weg zu internationaler Bekanntheit hätte die junge Frau gerne mit weniger Hürden gemeistert.

Diese Erfahrung war auch der Grund dafür, dass Martin bei Erhalt der Deepfake-Mail des Fremden sofort in Panik geriet: Bei einer sogenannten Umkehrbildsuche im Web – man kann anhand eines Beispielbildes ähnliche oder gleiche Fotos finden – wollte die damals 18-jährige Rechtsstudentin herausfinden, ob jemand im Netz Fotos von ihr veröffentlicht habe. Für die Suche nutzte sie ein Foto, das sie irgendwann auf Facebook gepostet hatte – ein einfacher Schnappschuss, der sie in einem schwarzen Kleid zeigt, lächelnd, auf einer Party mit Freunden. Das Ergebnis ließ sie erstarren: Dutzende pornografische Bilder poppten auf, alle zeigten, vermeintlich, Noelle Martin bei verschiedensten Sexualpraktiken. Alle waren gefälscht. Um einige der Fotos »noch echter« aussehen zu lassen, hatten die Cyberkriminellen per Photoshop nachträglich Spermaspuren auf ihrem Gesicht platziert.

Im ersten Moment hoffte sie noch, dass die Frau auf den Fotos ihr nur zufällig ähnlich sah. Aber je genauer sie die Bilder betrachtete, desto deutlicher wurde es, dass sie zwar den Körper einer anderen sah, jedoch sehr wohl ihr eigenes Gesicht – extrahiert aus unterschiedlichen Aufnahmen, die sie selbst oder Freunde von ihr auf Social Media teilweise bereits vor Jahren teilten. Manche der bearbeiteten Fotos wurden nicht nur kommentiert, sie enthielten ausführliche und detaillierte Beschreibungen darüber, wer ihre Freunde seien oder was sie studiert habe. Selbst ihre Wohnadresse war auf diesen Seiten zu finden. Noelle Martin glaubte, ihr würde der Boden unter den Füßen weggezogen.

Zu dem Schock kam auch noch Kritik aus ihrem Umfeld sowie wenig hilfreiche Ratschläge von der Polizei, an die sie sich gewandt hatte: Hätte sie ihre Social-Media-Aktivitäten auf »privat« gestellt, wäre ihr das nicht passiert, bekam sie zu hören. Doch die Vorwürfe gingen ins Leere. Der Privatmodus war »an« gewesen, aber der oder die Angreifer hatten sich anhand von Fake-Profilen mit Facebook-Freunden von Noelle Martin angefreundet und konnten dadurch ebenfalls ihre Fotos sehen. Darüber hinaus verfolgten sie die junge Frau in öffentlich zugänglichen Bildergalerien, die oft nach Events erstellt werden.

Noelle Martin stellte sich immer wieder die Frage nach dem Warum. *Warum sie*? Und warum wird eine Frau, die keine Feinde hat und sich nie hat etwas zuschulden kommen lassen, Opfer eines derartigen Rufmords? Weil man sich in der Öffentlichkeit zeigt, mitunter auch Fotos davon postet oder auch die Art der Kleidung, die man trägt – das alles könne doch nicht als Einladung gewertet werden, jemanden auf so heimtückische Weise zu attackieren! Es müsse Tausende Frauen da draußen geben, die auf die gleiche Art verunglimpft würden, nur nichts davon wüssten. Davon war Noelle Martin nun überzeugt.

SOCIAL MEDIA LIEFERT DAS FUTTER

Social Media hat die Kommunikation revolutioniert. Menschen können sich vernetzen, über nationale und internationale Grenzen hinweg miteinander in Kontakt treten, Gemeinschaften bilden und Inhalte teilen. Allein auf Facebook, mit seinen etwa 2,5 Milliarden Nutzern eine der größten Plattformen im Web, werden pro Sekunde 4000 Fotos hochgeladen.[6] Das sind 350 Millionen Fotos pro Tag: Urlaubsbilder, Tierfotos, Schnappschüsse, Food-Porn, Selbstporträts mit Duckface oder ohne, aber auch sehr, sehr viele Kinderfotos.

Dazu muss man wissen: Fotos, die auf Social-Media-Plattformen gepostet werden, können für kriminelle Zwecke missbraucht werden, und das werden sie auch! Es beginnt beim kleinen Copyright-Verstoß – das Motiv wird geklaut und ohne Zustimmung des Fotografen weiterverwendet – und geht bis zu Identitätsdiebstahl.

Jeder, der Fotos von sich und seinen Kindern postet, muss sich der Tatsache bewusst sein, dass Bilder, sind sie erst einmal hochgeladen, nicht einfach zurückgeholt werden können. Was im Web ist, bleibt im Web. Angesichts der dramatischen Erfahrungen, wie sie etwa Noelle Martin gemacht hat, sollten vor allem Eltern überdenken, ob sie tatsächlich Fotos ihrer Kinder in den sozialen Medien posten oder ob sie diese Entscheidung nicht lieber ihren Kindern überlassen wollen, wenn diese ein Alter erreicht haben, in dem sie selbst abschätzen können, ob sie wollen, dass ein Foto von ihnen veröffentlicht wird. Grundsätzlich hat auch ein Kind ein Recht auf das eigene Bild. Auch seine Persönlichkeitsrechte müssen gewahrt werden. In einer Studie hat das Deutsche Kinderhilfswerk festgestellt, dass 34 Prozent der Eltern ihre Kinder nicht fragen, ehe sie Fotos posten. 30 Prozent informieren die Kinder darüber, dass ihr Foto gepostet wurde. Nur 31 Prozent fragen die Kinder vorher um deren Einverständnis.[7]

Oft sind die Privatsphäreneinstellungen in den Erwachsenenprofilen so gewählt, dass die Fotos nicht nur Familie und Freunde sehen können, sondern alle Internetnutzer, die Fotos via Google suchen. Dies kann zu Problemen führen, an die man gar nicht denkt, wenn man einen vermeintlich witzigen Schnappschuss oder ein amüsantes »Hoppala«-Video mit Zwinker-Emoji postet. Denn werden Aufnahmen von Kindern in peinlichen Situationen hochgeladen, so können diese beispielsweise auch von anderen Kindern für Cybermobbing oder Cyberbullying* genutzt werden. Und das geschieht leider immer häufiger.

Doch kommen wir zurück zum Fall von Noelle Martin. Die Australierin weihte vorerst nur ihre engsten Freunde in das erschütternde Geheimnis ein – zu groß waren die Scham und die Angst davor, dass ihre Geschichte bekannt werden könnte. Nicht einmal der eigenen Familie wollte sie davon erzählen. Da sie aus einem relativ konservativen indisch-katholischen Haushalt stammt, wollte sie ihren Eltern die Schmach ersparen. Martin ging zur Polizei, informierte die Behörden und hoffte, mit deren Unterstützung die Bilder aus der Welt schaffen zu können.

---

* Bezeichnet das gezielte Belästigen und Verfolgen auf praktisch allen digitalen Medien und Plattformen.

Sie befürchtete, die Montagen würden sonst ihren Ruf und ihr weiteres Leben zerstören sowie ihre angestrebte Laufbahn als Juristin von vornherein unmöglich machen. Doch im Jahr 2012 gab es in Australien noch keine rechtlichen Möglichkeiten, gegen den Missbrauch von Bildern vorzugehen. Dies wurde erst im Jahr 2018 durch das erste sogenannte »Racheporno-Verbotsgesetz« möglich.[8]

Der Fake-Skandal veränderte ihr Leben schließlich zur Gänze. Nach einem Jahr erzählte sie ihren Eltern davon. Dann begann ihr eigentlicher, öffentlicher Kampf. Sie konfrontierte all jene, die ihre Bilder und Videos kommentiert hatten. Sie versuchte, die Webmaster der Portale, die ihre Fotos und Videos online gestellt hatten, zum Löschen ihrer Daten zu bewegen. Einen nach dem anderen, teilweise mit Erfolg, teilweise nur in Teilerfolgen. Denn auf dem einen Portal gelöscht, poppten sie in einem anderen wieder auf. Mitunter machte sie dabei erneut traumatisierende Erfahrungen: Einer der Webmaster, die sie kontaktiert hatte, erklärte sich bereit, alle bestehenden Bilder von ihr zu löschen, wenn sie ihm Fotos ihrer Brüste übermittle. Erpressungsversuche dieser Art nagten an ihrem Selbstwert, auch wenn sie nicht darauf einging und sich nicht einschüchtern ließ. Doch der Kampf schien kein Ende zu nehmen. Martin fand immer mehr Seiten, auf denen ihre Bilder zu sehen waren.[9]

»*Ich hatte mein ganzes Erwachsenenleben damit verbracht, hilflos zuzusehen, wie mein Bild von Männern gegen mich verwendet wurde, denen ich niemals irgendeine Erlaubnis dazu gegeben hatte*«, sagt Noelle Martin. Fünf Jahre dauerte ihr Kampf an. Ein Kampf, der auch auf Social Media geführt wurde und in dem sie sich mit unzähligen schmutzigen und menschenverachtenden Postings konfrontiert sah. Sie hielt durch – um ihren Ruf und Ansehen wiederherzustellen und für die Durchsetzung eines neuen, 2018 beschlossenen Gesetzes, dem »Revenge Porn«. Dieses »Racheporno-Verbotsgesetz« wurde in Australien schließlich eingeführt. »*Ich musste sehr viel Schmerz erleiden in meinem Leben. Ich weiß nicht, wie viele Videos noch von mir existieren*«, sagt Martin. »*Ich sehe einfach nicht mehr nach.*«

Heute ist Noelle Martin anerkannte Frauenrechtsaktivistin und kämpft öffentlich für mehr Respekt für Frauen. Aber sie bleibt realistisch – das Internet sei eine Bestie, die man niemals ganz werde bändigen oder gar kontrollieren können.[10, 11]

Deepfakes und Kinderpornografie

Ein weiteres Problemfeld, das immer noch häufig unterschätzt wird, sind Pädophilie und Kinderpornografie. In Deutschland gilt etwa ein Prozent der männlichen Bevölkerung als pädophil im klinischen Sinne. Dies zeigen unter anderem die Ergebnisse der MiKADO-Studie* aus dem Jahr 2015.[12] Allein in Deutschland sind das 250 000 Männer. Eine pädophile Neigung zu haben, bedeutet nicht, dass man Täter ist oder zum Täter wird. Da aber eine solche Neigung nicht »heilbar« ist und ein Leben lang wirksam bleibt, kann nicht ausgeschlossen werden, dass Pädophile doch eines Tages zu Tätern werden. Am Institut für Sexualwissenschaft und Sexualmedizin der Charité – Universitätsmedizin Berlin, wurde bereits 2005 das Präventiv-Programm »Kein Täter werden« gestartet.[13] Etwa 11 000 Menschen haben sich an das Präventionsnetzwerk »kein Täter werden« gewandt, ungefähr ein Zehntel von ihnen hat eine Therapie begonnen.[14] Bei nahezu allen konnte dadurch eine »Verhaltenskontrolle« erreicht werden. Dies ist unter anderem deshalb so wichtig, weil soziale Medien verstärkend auf das Problem wirken. Wenn Menschen mit unterdrückter pädophiler Neigung dort etwa Fotos eines Kindes »sexy« finden, so steigt die Wahrscheinlichkeit, dass sie eine einschlägige Suche starten und so zu Tätern werden.

Man sollte außerdem stets bedenken, dass Fotos von Kindern nicht einfach nur abgespeichert und ungefragt verwendet, sondern auch weiterverarbeitet werden können. Und dabei geht es nicht mehr nur um die Bildbearbeitung per Photoshop, sondern auch um Deepfakes, bei denen Fotos vom Gesicht eines Kindes in kinderpornografisches Material geswappt, also täuschend echt hineinmontiert werden können. Dies muss allen Eltern bewusst sein, wenn sie Fotos von ihren Töchtern oder Söhnen posten.

* MIKADO steht für »Missbrauch von Kindern: Aetiologie, Dunkelfeld, Opfer«.

DEEPFAKES – AUS BESTEHENDEM CONTENT WIRD NEUER CONTENT

Gehen wir nun der Frage nach, was Deepfakes überhaupt sind. Konkret werden bei den verschiedensten Programmen Techniken verwendet, die auf dem sogenannten »Generative Adversarial Network« (GAN) basieren. GAN generiert aus bestehenden Datensätzen neue. Das heißt: Mithilfe von Machine Learning werden auf Basis von bestehenden Daten* neue Daten, etwa auditive oder visuelle Imitationen, kreiert. In Videos werden neue Elemente – etwa ein anderes Gesicht, täuschend echt in Mimik und Bewegung – integriert. Der Begriff GAN wurde im Jahr 2014 erstmals in zwei wissenschaftlichen Arbeiten erwähnt. 2016 – in dem Jahr, als die ersten auf GANs basierenden Apps vorgestellt wurden – stieg die Zahl der Publikationen auf 74, ein Jahr später waren es bereits 469. Im Jahr 2019 dokumentierte das Onlinearchiv der Cornell University arXiv gar 1207 wissenschaftliche Arbeiten, in denen GAN Erwähnung fand. Mit Ende März 2020 waren es bereits 2572 wissenschaftliche Paper.[15]

Nixon, Obama und Nancy Pelosi

Der Begriff Deepfake wurde ab dem Jahr 2017 populär, als auf der Plattform »Reddit« erstmals eine Software auf Basis von künstlicher Intelligenz vorgestellt wurde, mit deren Hilfe man die Bewegungen und Mimik eines Gesichts glaubhaft auf ein bestehendes Video übertragen konnte.

Ein Jahr zuvor hatten vier Forscher – der University Stanford, dem Max-Planck-Institut für Informatik und der Universität Erlangen-Nürnberg – ein System namens Face2Face vorgestellt: »Real-time Face Capture and Reenactment of RGB-Videos«. Auf dem 6:35 Minuten langen YouTube-Video zeigten die vier Experten, wie mittels Face2Face die Gesichtsbewegungen einer Person, in Echtzeit, auf das Gesicht einer anderen Person in einem Video übertragen werden können. Das Team demonstrierte seine Arbeit, indem es die Gesichtsbewegungen von George Bush in einem YouTube-Video manipulierte.[16] Alles was dafür nötig war, war ein 15-Sekunden-Clip, in dem die

* Das können beispielsweise digitale Fotos, Videos und Audioaufnahmen sein.

Zielperson eine Vielzahl von Gesichtsausdrücken zeigt. Von diesem kurzen Video erstellten die Forscher ein 3-D-Model und kartografierten sozusagen die Gesichtsbewegungen der Person auf das Model.

Mittlerweile gibt es einige Videos, in denen Filmemacher zeigen, wie leicht Fälschungen möglich sind. Jordan Peele etwa produzierte das Video, in dem Barack Obama Donald Trump als »Vollidiot« bezeichnet. Diese Fälschung mit dem Titel »You Won't Believe What Obama Says In This Video!«[17] ist ebenso auf YouTube zu finden wie das Deepfake von Richard Nixon »In Event of Moon Disaster – Nixon Deepfake Clips«[18]. Aufsehen erregte im Mai 2019 auch jenes gefakte Video, das die US-Demokratin und Sprecherin des Repräsentantenhauses, Nancy Pelosi, zeigt.[19] Es erweckte den Eindruck, Pelosi sei verwirrt, betrunken oder auf andere Weise beeinträchtigt. Das Video war ein erster Vorgeschmack darauf, was die Amerikaner im Wahlkampfjahr 2020 zu erwarten hatten. Besonders sehenswert ist auch der Clip »Nothing is real: How German scientists control Putin's face«.[20] In diesem Video erklären vier deutsche Wissenschaftler rund um Justus Thies, wie einfach Face2Face funktioniert.

Face2Face löste einen wahren Boom an Deepfake-Apps aus, wie beispielweise FaceApp, Zao, Doublicat oder MachineTube. Mit jeder dieser Apps kann man sich entweder optisch altern lassen, in die Rolle eines Stars schlüpfen, einfach digital jemand anderes sein oder aber jemand anderes ungefragt in eine nicht gewollte Rolle schlüpfen lassen.

Der Porno-Algorithmus

Wenig überraschend ist, dass sich die Pornoindustrie diese neue Technologie als Erste zunutze machte. Bereits im Jahr 2017 machte ein gefälschtes Pornovideo von Wonder-Woman-Darstellerin Gal Gadot die Runde.[21, *] Danach folgten Deepfakes mit der Schauspielerin Emma Watson oder der Unternehmerin Kim Kardashian in den Hauptrollen. Eines der größten Opfer von Porno-Deepfakes ist Megan Fox. Die Schauspielerin, die in *Transformers* die

---

* Auf weitere Quellenangaben wird hier bewusst verzichtet, da sie auf einschlägige Seiten führen würden. Diese Beispiele lassen sich leicht mittels Suchbegriffe »Deepfakes« und dem entsprechenden Namen der Schauspieler finden.

weibliche Hauptrolle gespielt hat, mutierte schnell zur Deepfake-Zielscheibe. Als Reddit sich im Jahr 2018 dazu entschloss, das Posten von sexuellen Deepfakes zu verbieten, da es sich hierbei um pornografisches Material handele, das unfreiwillig entstanden sei, da war es bereits zu spät. Die Deepfakes waren längst auf anderen Pornowebseiten gespeichert. Zwar hat Pornhub als erste Pornoseite im Web Fake-Pornos verboten, doch auf anderen Seiten sind sie nach wie vor zu finden. Problematisch ist die Deepfake-Technologie auch aus einem anderen Grund: Einige Deepfake-Nutzer setzen die Technologie ein, um sogenannte »Rachepornos« zu erstellen, um die Ex-PartnerInnen in Bedrängnis zu bringen.

Die Entwickler des Deepfake-Algorithmus sind damit nicht wirklich glücklich. Der Deepfake-Algorithmus wurde eigentlich nicht für die Pornoindustrie entwickelt. Diese Branche steht aber im Ruf, stets als »Early Adopter« die neuesten technologische Errungenschaften als Erste für sich zu nutzen. Deepfake findet daher am häufigsten als Porno-Algorithmus Verwendung: 96 Prozent der Deepfake-Videos im Web sind Pornoclips. Allein auf den vier bekanntesten Pornoplattformen erzeugten die Porno-Deepfakes im Jahr 2019 insgesamt fast 135 Millionen Aufrufe. In allen Deepfake-Pornofilmen wurden ausschließlich Rechte von Frauen verletzt. Im Top-Ten-Ranking jener Personen, die von den Kriminellen am häufigsten ins Visier genommen wurden, waren die meisten Opfer Schauspielerinnen aus westlichen Ländern. Die allermeisten Zugriffe aber wurden bei einem Fake-Video registriert, das eine südkoreanische K-Pop-Sängerin zeigt.[22]

Der Algorithmus kann aber beispielsweise in der seriösen Filmindustrie von Special-Effect-Experten genutzt werden. Bevor es Deepfakes gab, bedurfte es ganzer Heerscharen von Programmierern und Special-Effect-Experten, um in einem Film Gesichter oder Körper auszutauschen. Hollywood stand bereits mehrmals vor dem Problem, verstorbene Schauspieler digital wieder zum Leben erwecken zu müssen. So etwa Paul Walker, der im Jahr 2013 während der Dreharbeiten zu dem Actionfilm *Fast & Furious 7* bei einem Autounfall verstarb. Oder Oliver Reed, der in einer Drehpause zu *Gladiator* im Jahr 2000 überraschend im Urlaub verstarb. Man muss kein Prophet sein, um vorhersagen zu können, dass irgendwann in nächster Zukunft der Tag kommen wird, an dem es virtual actors geben wird. Einige Forscher sehen die Entwicklung allerdings kritisch, so etwa Ian Goodfellow. Der Informatiker arbeitete bei Google Brain und ist jetzt Teil der »Special Projects Group« bei Apple. Goodfellow ist einer der bekanntesten Forscher im Bereich Künstlicher Intelligenz und daher alles andere als ein KI-Gegner. Die Deepfake-Entwicklung in der Multimedia-Welt betrachtet er jedoch mit Skepsis. Es sei ein historischer Glückstreffer gewesen, dass wir uns in den vergangenen Jahrzehnten weitgehend auf die Echtheit von Videos hätten verlassen können. Man konnte sicher sein, dass das, was man sah, auch wirklich passiert ist. Mit den neuen Technologien könne man etwa jeden beliebigen Politiker irgendetwas sagen lassen, ohne dass dieser je ein Wort davon tatsächlich gesprochen hätte. Der Manipulation der Wahrheit sei somit Tür und Tor geöffnet.[23]

Fotos von Menschen, die nicht existieren

Wozu Künstliche Intelligenz außerdem fähig ist, zeigt das Projekt »Thispersondoesnotexist«. Hierbei handelt es sich um eine Datenbank mit Bildern von Menschen: Menschen jeder Altersgruppe, verfügbar mit allen erdenklichen mimischen Ausdrucksformen, vertreten in allen Haut- und Haarfarben. Der Haken daran: All diese Menschen haben nie existiert, sie wurden von Künstlicher Intelligenz erschaffen. Die KI-Forscher des Chip-Produzenten Nvidia bewiesen mit diesem Projekt, wozu Algorithmen gegenwärtig bereits fähig sind.[24] Die bereits erwähnten »Generative Adversarial Networks« (GANs) haben auf Basis vorhandener Daten (in diesem Falle anhand von Fotos) neue Fotos generiert. Fake-Bilder auf Knopfdruck sozusagen. Heute sind es Fotos, morgen bereits Videos.

Audio-Deepfakes – Die gefälschte Stimme

Noch einfacher zu erstellen – und oft auch überzeugender – sind Audio-Deepfakes. Aus vorhandenen Reden und Gesprächsmitschnitten kann eine neue, nie wirklich eingesprochene Audioaufnahme generiert werden. Ein Algorithmus entwickelt dabei aus dem realen Audio ein Fake-Audio. Da es etwa von Politikern und Wirtschaftsbossen zahllose Tonaufnahmen gibt, sehen sich diese beiden Zielgruppen am häufigsten mit Audio-Deepfakes konfrontiert.

Experten, wie der leitende wissenschaftliche Mitarbeiter des Text-to-Speech-Spezialisten CereProc, Matthew Aylett, sind überzeugt davon, dass das Gehörte wichtiger sei, also noch mehr Überzeugungskraft habe, als das, was wir sehen.[25] Audio-Deepfakes stellen seiner Einschätzung nach deshalb die weitaus größere Gefahr dar. Wenn bei einem Video die Tonspur nicht übereinstimmt, wird dies nicht nur als unangenehm empfunden, es wird auch die Echtheit des Gesehenen angezweifelt. Nicht nur die Lippen müssen sich synchron zum Gesehenen bewegen, auch die Gestik muss zum Inhalt des gesprochenen Wortes passen. Nur so kann ein Fake-Video überzeugend sein.

Das IT-Sicherheitsunternehmen Symantec berichtete 2019 von drei Fällen, bei denen Kriminelle durch Verwendung der Stimmen von CEOs mehrere Millionen Euro von Unternehmen erbeuten konnten. Die Finanzabteilungen der betroffenen Unternehmen wurden mit einem gefakten Audio des entsprechenden CEOs ausgetrickst. »Unternehmensvideos, Medienauftritte, Konferenz-Keynotes und Präsentationen sind nützlich für Kriminelle, die ein Modell der Stimme eines anderen Menschen aufbauen wollen«, sagt Symantec-Technologie-Vorstand Hugh Thompson. Und jene Silben und Worte, die das System noch nicht perfekt nachmachen konnte, haben die Kriminellen geschickt mit Hintergrundgeräuschen kaschiert. Es ist also schwer, sich von solchen Fälschungen nicht täuschen zu lassen.[26, 27]

Damit Deepfakes täuschend echt wirken, bedarf es zwar immens großer Rechenleistungen, doch diese sind mittlerweile allerorts verfügbar und werden – man denke etwa an »Moores Law«, wonach sich die Prozessorleistung für Computer alle zwei Jahre verdoppelt – in Zukunft noch leichter und vor allem für immer mehr Menschen zugänglich und nutzbar sein. Eine derart große Rechenleistung wird deshalb benötigt, weil sich der menschliche Hörapparat nicht so leicht täuschen lässt, wie man glauben könnte – oder wie es sich Kriminelle wünschen würden.

Die Stimme des CEOs

Es war ein eher kühler Freitagabend im März 2019, als das Telefon läutete. Der Managing Director eines britischen Energieunternehmens hatte seinen CEO in der Leitung. Um Bußgeld für eine verspätete Zahlung zu vermeiden, solle er eine Überweisung prompt erledigen. Noch während des Gesprächs übermittelte der CEO die Details per E-Mail. Respektvoll, wie es die Rolle eines Angestellten üblicherweise vorsieht, und ohne den geringsten Zweifel zu hegen, führte der Managing Director den vermeintlichen Auftrag seines Vorgesetzten aus und überwies 240 000 Dollar auf ein ungarisches Konto. Dabei tappte der Mann in eine Falle. Und zwar in eine, die – so ein Vertreter des französischen Versicherungsriesen Euler Hermes – damals eine Premiere darstellte. Die Stimme des CEOs war ein Fake-Audio gewesen, erstellt mithilfe einer Software, die nicht nur Audioteile aus diversen Quellen im Web gesammelt und daraus eine täuschend ähnliche CEO-Stimme fabriziert hatte, sondern auch in der Lage war, die Tonalität, die Interpunktion und sogar den deutschen Akzent zu imitieren. Als sich die Kriminellen einige Tage später erneut bei ihm meldeten, um eine weitere Zahlung zu initiieren, wurde der Mann skeptisch und rief seinen Vorgesetzten direkt an. Während er mit seinem echten CEO telefonierte, sprach er auf der zweiten Leitung mit dem synthetischen CEO.

Wenn Algorithmen unsere Sprache zerlegen

Die Erstellung synthetischer Stimmen gelingt schon etwa seit 30 Jahren. In den 90er-Jahren nutzten die meisten synthetischen Sprachsysteme noch eine Technik, die als »Unit Selection« bezeichnet wurde und bei der die Sprecher eine lange Zeit – etwa dreißig Stunden – in einem Aufnahmestudio verbringen mussten. »Ein Algorithmus zerlegte ihre Sprache in ihre einzelnen Einheiten, die dann wieder zu künstlicher Sprache zusammengesetzt und ›geglättet‹ wurden, sodass der Algorithmus fast jedes Wort aussprechen konnte«, erklärt Matthew Aylett, der wohl renommierteste Wissenschaftler der Welt, wenn es um Sprachtechnologie geht.[28]

Der Prozess der Unit Selection dauerte etwa drei Monate. Spätere Sprachsynthese-Technologien, wie etwa die »parametrische Modellierung«, versuchten, diesen Prozess zu beschleunigen und zu verbessern. Dabei wurden zunächst Phoneme* und deren Dauer aus einem Text erzeugt und dann »Merkmale« wie Frequenz, Rhythmus und Intonation auf sie angewendet. Bei den neueren Systemen auf Basis der Deep Neural Networks (DNN) verwenden neuronale Netze reale Audiodateien, um die einzelnen Elemente der synthetisierten Sprache auf die natürliche Sprache fein abzustimmen. Gegenwärtig werden von Sprachwissenschaftlern sogenannte WaveNet-Syntheseverfahren eingesetzt, die die künstliche Sprache noch echter und realitätsnäher klingen lassen.

Wie erkennt man ein Deepfake?

Ein Fake-Video als solches zu erkennen, ist derzeit nicht allzu schwierig – sofern man über einen gesunden Menschenverstand verfügt und gelernt hat, kritisch zu sein und Dinge oder Ereignisse zu hinterfragen. Im Falle eines manipulierten Fotos gestaltet sich das allerdings bereits um einiges schwieriger, da Bildfälschungen längst so gut gemacht sind, dass man sie nur mit technischen Hilfsmitteln analysieren kann. Am schwierigsten ist es, Deepfake-Audios zu erkennen, wenn die Fälschungen mit hohem technischem Aufwand und den neuesten technologischen Mitteln gemacht wurden.

Bestehen also Zweifel, etwa weil der Anruf des CEOs verdächtig erscheint (da dieser sonst nie anruft) oder klingt seine / ihre Stimme irgendwie anders, so kann man auch das bestgemachte Deepfake-Audio als solches enttarnen. Kriminelle gehen davon aus, dass man – eingeschüchtert durch die Stimme des CEOs – automatisch das umsetzt, was einem aufgetragen wird. Vorauseilender Gehorsam sozusagen. Bereits beim geringsten Zweifel sollte man die Stimme am anderen Ende in ein Gespräch verwickeln, ihr viele Fragen

* So nennt man die Einheiten der Sprache.

stellen. Denn um geschickt formulierte Fragen zu beantworten, sind Systeme erforderlich, die auf Basis Künstlicher Intelligenz arbeiten und diese sind derzeit in den meisten Deepfakes noch nicht integriert. Sind jedoch die Fragen zu einfach, lässt sich die gefälschte Stimme nicht entlarven und bleiben Zweifel bestehen, so sollte man einen Rückruf anbieten und weitere Experten im Unternehmen beiziehen. Spracherkennungs- und Sprachsteuerungssysteme werden bereits seit Jahren von zahlreichen Unternehmen eingesetzt. Nicht nur in Telefonzentralen, sondern auch auf Webseiten, auf denen digitale Assistentinnen längst schon ihre Audio-Dienste anbieten. Man muss davon ausgehen, dass Audio-Fakes in den kommenden Jahren der Perfektion gefährlich nahe kommen und Menschen daher noch häufiger in die Irre führen werden. Es zeichnet sich bereits ab, dass gutgläubige, vor allem ältere Menschen diesem System völlig ausgeliefert sein könnten. So wird beispielsweise der Enkel- oder Neffentrick – hier rufen Kriminelle meist ältere Menschen an und geben sich als nahe Verwandte aus, um an deren Geld zu gelangen – durch Deepfakes auf die nächste Stufe gehoben werden.

Die Cyberkriminalität wird sich aber vor allem großen Unternehmen zuwenden, weil dort mehr zu holen ist. Wozu zehn Einzelpersonen anrufen, wenn man mit nur einem – geschickt gefakten – Telefongespräch eine Millionenüberweisung in die Wege leiten kann? Unternehmen müssen daher wissen, wer künftig ihre technologischen Feinde sind, und sollten stimmbiometrische Technologien integrieren, damit diese erkennen, wenn man es mit einem (Audio-)System zu tun hat und rechtzeitig Alarm schlagen können.

Die positiven Seiten von Deepfakes

Angesichts der Deepfake-Problematik, die immer mehr Opfer fordert, stellt sich die Frage, warum der Einsatz dieser Technologie nicht verboten wird, beziehungsweise warum Weiterentwicklungen auf diesem Gebiet nicht einfach unter Verschluss bleiben, um sie für Cyberkriminelle gar nicht erst verfügbar zu machen. Die Antwort ist einfach und logisch: Diese Technologie kann zwar missbräuchlich eingesetzt werden, sie bedeutet aber auch für manche Menschen einen echten Gewinn an Lebensqualität. Denn es gibt eine Vielzahl von Krankheiten, von der Motoneuro-Erkrankung, über Multiple Sklerose und Zerebralparese bis hin zu ALS (Amyotrophe Lateralsklerose), in deren Verlauf die meisten Patienten irgendwann auf Unterstützung beim Sprechen angewiesen sind. Dank der mittlerweile ausgefeilten Technik können sie kommunizieren und werden besser verstanden. »Die Entwicklung solcher Technologien zu verbieten, würde bedeuten, dass man die Stimme derer, die sie am meisten brauchen, beschneidet«, sagt Aylett.[29]

Nun werden sich manche die Frage stellen, warum dann der berühmte Astrophysiker Stephen Hawking, der nur über einen Computer kommunizieren konnte, eine so blecherne Stimme hatte. Hawking nutzte seit 1985 einen Sprachcomputer, den er zuerst mit einer Fernbedienung in der Hand und später mit seinen Augen steuerte – ein Sensor war in die Brille integriert. Auf diese Art wählte er Begriffe, Phrasen und Buchstaben aus einer Liste aus. Sprachtechnologiewissenschaftler boten Hawking eines Tages an, ihm seine ursprüngliche Stimme als Computerstimme einzurichten. Doch Hawking lehnte ab, weil seine Roboterstimme inzwischen zu seinem Markenzeichen geworden war.

Mit Deepfakes gegen Kinderpornografie?

Als bekannt wurde, dass deutsche Kriminalisten im Kampf gegen Kinderpornografie künftig auf Deepfakes setzen wollen, war die Aufregung selbst in Ermittlerkreisen groß. Den Kriminalisten sollte erlaubt sein, neueste Technologien zu nutzen, um so computergenerierte kinderpornografische Fotos und Videos zu produzieren.[30] Sie sollten hierbei unter anderem auf die neue Deepfake-Technologie zurückgreifen dürfen.

Mit der ständig steigenden Zahl an Internetnutzern steigt auch die Zahl derjenigen, die die Anonymität des World Wide Web dafür nutzen, ihre nonkonformen sexuellen Vorlieben beispielsweise in kinderpornografischen Netzwerken auszuleben. Kinderpornografie zählt zum Abscheulichsten, womit die Ermittler im Bereich Cyberkriminalität konfrontiert sind, und es herrscht Einigkeit darüber, dass in diesem Bereich null Toleranz herrschen müsse.

Doch die Szene hat – und daher ist diese Art der Kriminalität schwer bis gar nicht einzudämmen –, zum Schutz ihrer Netzwerke und User, Mechanismen entwickelt, die man mit herkömmlichen Methoden nicht durchbrechen kann. Selbst wenn man weiß, wie man ins Darknet gelangt und wie die Mechanismen dort funktionieren, bleibt es sogar für erfahrene Ermittler schwierig, in die Kinderpornografie-Szene vorzudringen. Die Aufnahme in ein Kinderpornografie-Forum ist meist davon abhängig, ob man selbst kinderpornografisches Material einbringen kann. Denn das gilt als Eintrittskarte in diese abscheuliche Welt. »Die Webmaster dieser Foren kennen die Szene, sie kennen praktisch jedes Foto, jedes Video und können sofort beurteilen, woher das Material stammt und ob es ›frisch‹ ist«, schildert ein Ermittler dem Autor. Diese Hürde stellt die Ermittler vor große Herausforderungen. Digital produzierte Kinderpornografie-Deepfakes sollen die Ermittlungsarbeit nun erleichtern. Künstlich erzeugt und ohne ein Kind in der Realität zum Opfer zu machen. Das Material soll aber nur dann zum Einsatz kommen, wenn es keine Alternative gibt, das heißt, wenn sich sexueller Kindesmissbrauch ohne diese speziellen Deepfakes nur schwer bis gar nicht aufklären ließe.

Die deutsche Justizministerin Christine Lambrecht unterstützte diese Idee im Jahr 2019 und die Genehmigung erfolgte dann Anfang des Jahres 2020 mit der Verabschiedung des Gesetzes gegen Cybergrooming. »Wir dürfen nie vergessen, dass hinter kinderpornografischen Bildern schreckliche Missbrauchstaten an Kindern stehen«, sagte Lambrecht. »Wir müssen der Polizei deshalb alle rechtsstaatlich zulässigen Instrumente in die Hand geben.«[31]

Allerdings gibt es auch kritische Stimmen, wie etwa die der Rechtsanwältin und Abgeordneten der Grünen im Deutschen Bundestag, Canan Bayram. Sie ist der Meinung, dass man Straftaten nicht mit einer (fiktiven) Straftat bekämpfen solle. Denn nicht nur die Herstellung digitaler Kinderpornografie, Comics oder Animationen sei illegal und somit eine Straftat, auch der Besitz oder die Vermittlung eines Deepfake-Kinderpornovideos sei strafbar.[32]

Ganz konfliktfrei wird die Methode allerdings nicht gesehen: Angesichts der hohen Anzahl an Pädophilen könne jemand, der straffällig wird, künftig argumentieren, er sei zwar pädophil veranlagt, aber bisher kein Kinderpornografie-Nutzer gewesen, so ein Ermittler dem Autor. Er könne argumentieren, dass sein bislang erfolgreich unterdrückter Trieb durch die künstlich geschaffenen Videos aktiviert und er durch den Konsum des von den Behörden erstellten Materials zur Straftat verleitet worden sei.

Deepfakes in der Medienforensik: »Nur ein Lidschlag ...«

Ein Deepfake kann sehr überzeugend sein, aber mit technischer Forensik kann man allerlei Manipulation aufspüren. In den vergangenen Jahren entwickelte sich die Fake-Inhalt-Erkennung zum Top-Thema unter Medienforensikern. Bei guter Auflösung können Systeme erkennen, dass sich etwa die Gesichtsfarbe eines Menschen mit dem Herzschlag ändert – das menschliche Auge kann das nicht leisten. Ändert sich die Hautfarbe nicht, so ist das Video gefakt.

Auch den Lidschlag können künstliche Systeme nur sehr schwer imitieren, da das menschliche Blinzeln einem sehr komplexen Algorithmus folgt. Genau hier beginnt der Teufelskreis: Wissenschaftler publizieren solche Fakten, um Menschen dabei zu unterstützen, Fake-Videos zu erkennen. Doch sie liefern damit kriminellen Programmierern wertvolle Hinweise, mit deren Hilfe sie ihre Tools, die sie für die Generierung von Deepfakes nutzen, optimieren können. Im Jahr 2018 gründete sich das niederländische Start-up Deeptrace, das sich auf die Detektion von Deepfakes spezialisiert hat. Ziel ist es, Methoden zur Erkennung von Deepfakes zu entwickeln, um künftig Rufmord besser bekämpfen zu können.[33]

Das Unternehmen wird übrigens auch von Google im Rahmen der Digital News Initiative (DNI) unterstützt. Hierbei handelt es sich um ein Programm, das einen Innovationsfonds in Höhe von 150 Millionen Euro umfasst und gezielt diejenigen Projekte und Unternehmen fördert, die sich um hochwertigen Journalismus im Zeitalter der Digitalisierung bemühen.[34]

In ihrem Report »The State of Deepfakes« wies Deeptrace darauf hin, dass die Anzahl von Deepfakes, die im Internet kursieren, rasant zunimmt. Die Ergebnisse zeigen, dass sich die Zahl innerhalb eines Untersuchungszeitraums von sieben Monaten beinahe verdoppelt hat, auf 14 678 Fake-Videos.[35] Den Zuwachs erklärt Deeptrace-CEO Giorgio Patrini damit, dass es immer leichter werde, an entsprechende Software zu gelangen und die einzelnen Produkte so einfach in der Handhabung seien, dass sie mittlerweile selbst von Laien bedient werden können. Ein Detail dazu: Waren es anfangs vor allem User aus dem Westen, die diese Deepfake-Tools nutzten, so registrierte Deeptrace zuletzt wachsende Zugriffe aus China und Südkorea.

Deepfake-Challenges

Im Oktober 2017 kaufte Google ein Unternehmen, das besonders Data-Scientists in jedem Fall ein Begriff sein sollte: Kaggle. Hierbei handelt es sich um eine Plattform, auf der verschiedene Data-Science- sowie KI-Wettbewerbe durchgeführt werden.[36]

Auf Kaggle finden außerdem regelmäßig Deepfake-Detection-Challenges statt.[37] Deepfakes dienen der Verbreitung von Fehlinformation, der Manipulation, der (sexuellen) Belästigung und/oder Herabwürdigung. Sie beeinflussen die Qualität des öffentlichen Diskurses und missachten die Menschenrechte. Aus diesen Gründen sucht man laufend nach Methoden, um manipulierte Medieninhalte aufzuspüren. Dieser Prozess gestaltet sich unter anderem wegen der Rasanz der digitalen Entwicklung äußerst anspruchsvoll. Und so gibt es neben dem Kaggle-Eigentümer Google einige große Player in der Technologiebranche, die das Projekt unterstützen: von Microsoft über Amazon bis hin zu Facebook.[38] Die Ergebnisse dieser Challenges – die Software in Form von Codes und Programmen – sollen für die »wichtigsten Verteidiger der Informationsgesellschaft«, wie Journalisten und führenden Persönlichkeiten der Zivilgesellschaft, zugänglich sein und auf der ganzen Welt genutzt werden können. Die Produkte, die im Rahmen der DFDC entstehen, sollen dabei helfen, starke technische Antworten auf die »aufkommende Bedrohung durch globale Deepfakes« zu finden.[39]

Die negativen Seiten von Deepfakes

Deepfakes werden die Politik beeinflussen

Zwar sind nur vier Prozent der Deepfakes nicht-pornografischen Inhalts, allerdings gibt es unter diesen etwa 600 Videos viele, die politisch motiviert sind.[40]

In zwei Fällen haben vermeintliche Deepfakes politische Krisen mitausgelöst. 2018 gab es in Gabun Spekulationen über den Gesundheitszustand des Präsidenten Ali Bongo. Mehrere Monate lang war er dem öffentlichen Leben ferngeblieben, was Gerüchte nährte, er sei entweder schwer krank oder bereits verstorben. Um die Spekulationen zu beenden, veröffentlichte die Regierung ein Video, auf dem Bongo seine traditionelle Neujahrsansprache hielt. Dieses Video, das man auf YouTube unter »Gabon President Ali Bongo 2019 New Years Message« sehen kann, hielten viele für ein Deepfake, was erst recht für Unruhe sorgte.[41] Der Vorwurf der Opposition lautete, die Regierung wolle eine Krankheit Bongos vertuschen oder gar seinen Tod verheimlichen. Eine Woche nach dem Video startete das gabunische Militär einen erfolglosen Putschversuch – als Begründung nannten die Verantwortlichen das seltsame Aussehen Bongos in dem Video, das als Beweis dafür gewertet wurde, dass mit dem Präsidenten etwas nicht stimmen könne. Forensische Analysen fanden allerdings kein Anzeichen für eine Videomanipulation. Bongo ist danach wieder aufgetreten. Seine Absenz erklärte man mit einem Schlaganfall, den der Präsident im Sommer 2018 erlitten haben soll. Er sei im Herbst abwesend gewesen, weil er sich für medizinische Behandlungen nach Saudi-Arabien und Großbritannien habe begeben müssen.[42]

Der zweite Fall, in dem ein Deepfake-Vorwurf als Argument gegen den Angeklagten im Raum stand, war die Causa des malaysischen Wirtschaftsministers Azmin Ali. Konkret ging es um ein Sexvideo, das über WhatsApp malaysischen Medien zugespielt worden war. Auf dem Video war angeblich Azmin Ali mit dem Assistenten eines Ministers einer anderen Partei zu sehen.[43] Da Homosexualität in Malaysien verboten ist, behauptete Azmin Ali, der auch Schützenhilfe vom malaysischen Premierminister bekam, das Video sei eine Fälschung, um ihm politischen Schaden zuzufügen und seine Karriere zu ruinieren. Auch bei diesem Video fanden internationale Forensiker keine Spuren, die ein Deepfake bestätigt hätten. Der Richter ließ Anfang Januar 2020 die Anklage mit dem Argument fallen, dass die Forensiker die Identität der beiden Männer nicht mit hundertprozentiger Sicherheit feststellen könnten.[44]

Die EU-Kommission warnte bereits Ende des Jahres 2018 vor gefälschten Politikervideos. Die damalige EU-Justizkommissarin Věra Jourová sprach in einem Interview mit dem deutschen Nachrichtenmagazin *Spiegel* über die drohende Gefahr, dass Stimmen und Gesichter in beliebige Zusammenhänge montiert werden könnten: »Damit können Sie jedem Politiker jede beliebige Aussage in den Mund legen«.[45] Doch nicht nur in Europa, auf der ganzen Welt sehen Politiker ernsthaft die demokratischen Prozesse in Gefahr.

Mark Zuckerbergs Deepfake-Problem

Technologieexperten und Wirtschaftsbosse sind sich offenbar der Gefahr bewusst, die Deepfakes darstellen. Auch Facebook-Gründer Mark Zuckerberg will – zumindest ließ das Unternehmen das Anfang Januar 2020 im eigenen Blog so verlauten – Deepfakes auf der Plattform untersagen und sperren, weil diese Videos die Realität verzerren würden. Deepfakes stellen eine »bedeutende Herausforderung« für die Technologiebranche dar. Facebook entfernt Videos entweder, wenn festgestellt wird, dass diese bearbeitet sind und der Fake für durchschnittliche Personen nicht offenkundig sei. Oder, wenn der Betrachter glauben könnte, die Person im Fake-Video habe das, was sie sagt, tatsächlich so gesagt. »Es gibt Menschen, die Medieninhalte manipulieren, um andere bewusst in die Irre zu führen«, schrieb die Vizepräsidentin für globales Politikmanagement bei Facebook, Monika Bickert.[46] Satire- und Parodievideos sind von der neuen Regelung ausgeschlossen.

Die Videos werden laut Facebook von Mitarbeitern und unabhängigen Experten geprüft, sofern es einen Verdacht geben sollte. Freilich soll dies künftig vor allen Dingen automatisiert erfolgen. Im Jahr 2019 hat Facebook 10 Millionen Dollar für einen Fonds gespendet, der Deepfake-Detection-Systeme entwickelt. Laut eigener Angaben konnte Facebook die Menge an Fake News und Fehlinformation seit der US-Wahl im Jahr 2016 um 50 Prozent reduzieren.[47] Was das konkret und in absoluten Zahlen bedeutet, konnte oder wollte Facebook nicht bekannt geben. Auf jeden Fall wolle man – so das Versprechen Anfang 2020 – und besonders bei der US-Wahl im November 2020 – deutlich besser dastehen.

WIE FAKE IST DIE WAHRHEIT?

Deepfakes können mithilfe einer Anleitung aus dem Web ganz einfach erstellt werden. Die Technologie dahinter ist zwar komplex, aber das spielt für den Anwender an sich keine Rolle, da er sie ja nur nutzen und nicht verstehen will. Jeder hat heute die Macht der Täuschung in der Hand. Wenn ein Nutzer im Alleingang täuscht, so handelt es sich um eine Fälschung, aber noch nicht um Propaganda. Wenn aber eine Gruppe von Personen Deepfakes mit dem Ziel erstellt, die Regierungsarbeit oder gar eine Wahl zu beeinflussen, so muss das als Propaganda gewertet werden.

Fake News sind kein Phänomen der Neuzeit. Mit der Erfindung des Buchdrucks durch Johannes Gutenberg im Jahr 1450 wurde gleichzeitig auch die erste mediale Form erfunden, mit der Fake News verbreitet werden konnten. Schon im 30-jährigen Krieg wurden Flugzettel und Plakate gedruckt, um dem Gegner, aber auch den eigenen Leuten Falschinformationen über Aufmarschpläne und Schlachtdetails in die Hände zu spielen.[48] Im Ersten Weltkrieg wurden Fake News in Deutschland in verschiedensten Facetten genutzt, um in der Bevölkerung Stimmung gegen »den Feind« zu machen. Wie etwa der »Automobileinfall« im August 1914.[49] Dabei wurde behauptet, 80 französische Offiziere in preußischen Uniformen hätten mit zwölf Autos, die mit Gold für das russische Militär befüllt gewesen sein sollten, die deutsche Grenze passiert. Dieses Ereignis hat nie stattgefunden, doch alle Medien der damaligen Zeit berichteten darüber und versetzen die Bevölkerung in Alarmzustand. Auch Schauergeschichten über die »German blood Lust«, die die Gegner der Deutschen in Umlauf brachten, waren frei erfunden. Darin hieß es, dass deutsche Soldaten Müttern ihre Babys entreißen und ihnen die Füße abschneiden würden.[50]

Mit diesen Falschmeldungen versuchte man, die eigene Bevölkerung gegen andere Länder oder Menschengruppen aufzuhetzen. Eine Methode, die gegenwärtig – unter anderem auch aufgrund der sozialen Medien – aktueller und brisanter denn je ist. Man muss nicht 100 Jahre in die Vergangenheit reisen, um Beispiele für Fake News zu entdecken. Im zweiten Irakkrieg etwa unterstellten die Vereinigten Staaten Saddam Hussein den Besitz von Massenvernichtungswaffen, um ihr militärisches Eingreifen vor der Welt zu rechtfertigen.[51]

Präsident »Fake News«

Kaum ein anderer weiß diese Art von Propaganda so gut für sich zu nutzen wie Donald Trump. Der Präsident der Vereinigten Staaten praktiziert die Methode auf besonders perfide Art und Weise, indem er die Wahrheit grundsätzlich infrage stellt. Sollten die Medien etwas berichten, was ihm nicht gefällt, so stempelt er die Berichterstattung einfach kategorisch als »Fake News« ab. Dieses Vorgehen dient der Verunsicherung der Bevölkerung. So stellt Trump sicher, dass möglichst viele an der Berichterstattung gar seriöser Qualitätsmedien, wie der *CNN*, der *New York Times* oder *Washington Post*, zweifeln. Die Bürger sind nicht mehr sicher, welchen Quellen vertraut werden kann. In der Folge erkundigen sie sich in der eigenen Filterblase und checken, was Freunde etwa auf Facebook denken, schreiben oder liken. In dieser »Echokammer« holt sich der Bürger seine Überzeugungen durch Kommunikation und Wiederholung im geschlossenen System, in dem eine Meinung verstärkt wird (daher auch Echokammer-Effekt). Um sich der Wahrheit anzunähern, müssten aber auch andere Sichtweisen betrachtet werden. Wer allerdings andere Meinungen von vorneherein ausblendet, wird sich der Wahrheit niemals annähern.

Wie oft US-Präsident Donald Trump den Begriff »Fake News« in sein Smartphone getippt hat, wird vielleicht eines Tages Teil einer publizistischen Bachelor- oder Master-Thesis sein, in der die Amtszeit des wohl umstrittensten Politikers der Gegenwart aufgearbeitet werden wird. Dass Donald Trump sich seine eigene Definition von Wahrheit zurechtgezimmert hat, ist unbestritten. Politiker wie Trump wollen, dass Bürger generell nicht mehr an eine Wahrheit, sondern nur noch ihnen glauben.

Donald Trumps Amtszeit begann bereits mit der berühmten Inaugurationslüge: Ein Regierungsfotograf musste die offiziellen Bilder von Donald Trumps Amtseinführung bearbeiten, und zwar sollte er – nach einer persönlichen Intervention durch Trump – die Menschenmenge auf den Fotos größer aussehen lassen. Denn Trump war verärgert, als man ihm am Tag nach der Inauguration Fotos der Veranstaltung zeigte und sie mit jenen der Einführungsfeier von Barack Obama verglich, die von deutlich mehr Menschen besucht wurde.[52]

Trump schreit regelmäßig »Fake News« via Twitter in die Welt. Sei es, wenn Medien etwas über ihn schreiben, das ihm nicht genehm ist, oder auch, wenn ein unvorteilhafter Schnappschuss nicht seinen Geschmack trifft – so etwa im Februar 2020, als auf Twitter der User »White House Photos« postete: »@realDonaldTrump returns to the White House from Charlotte, North

Carolina. Photo by William Moon at the South Lawn of the White House on February 7, 2020«. Das Bild zeigt den US-Präsidenten, wie er über den Rasen des Weißen Hauses marschiert. Der offensichtlich starke Gegenwind lässt einen deutlichen Selbstbräuner-Rand im Gesicht erkennen; dieser kommt übrigens noch stärker zum Ausdruck, wenn man das Foto in Schwarzweiß betrachtet. Das Foto sei, sagt Trump, natürlich Fake.[53]

Gerichte werden Foto-Fakes noch lange als solche erkennen, weil sie auf technische Methoden und versierte Gutachter zurückgreifen können. Für den Durchschnittsbürger, der ein Foto auf Facebook sieht, ist das jedoch nicht so einfach – er glaubt dann etwa, dass George W. Bush wirklich ein Kinderbuch verkehrt herum hält, dass Barack Obama in einem Video tatsächlich gegen Trump wetterte, dass es die Bonsai Kitten im quadratischen Glas wirklich gibt …

Warum sind Fake News so erfolgreich?

Die Demokratisierung der Desinformation

Die Digitalisierung bedingte eine Demokratisierung der Desinformation. Jeder kann – auch dank sozialer Medien – jederzeit Fake News verbreiten. Jeder kann – dank verschiedenster Bildbearbeitungsprogramme wie beispielsweise Photoshop – digitale Fotos retuschieren und manipulieren. Oder eine Situation konstruieren, die so niemals passiert ist. Früher konnten das nur Experten, die über Spezialwissen verfügten. Heute kann das jeder, der ein Smartphone besitzt. Und wer es nicht kann, der findet die Anleitung über eine Google-Suche oder als Video-Tutorial auf YouTube.

Mittlerweile gibt es Apps, mit denen Fotos auf Knopfdruck geändert, Gegenstände zum Verschwinden gebracht und Gesichtszüge verschönert werden können. In der digitalen Welt wird eine Welt kreiert, die wiederum großen Einfluss auf die analoge Welt ausübt. Auf Facebook werden Apps beworben, mit denen man das echte Selbstporträt durch Retusche von Falten, Hautunreinheiten oder Altersflecken verjüngen und aufhübschen kann. Apps wie Facetune lassen mit nur einem Wisch Augenringe verschwinden, mit einem Schieberegler am Screen lässt sich nicht nur die Farbe, sondern auch die Größe der Augen ändern. Im Informationszeitalter gibt es keine Garantie für Echtheit, da es zu einfach geworden ist, die abgebildete Realität zu manipulieren. Willkommen in der Deepfake-Welt!

23. April 2013.

Gegen 19 Uhr poppte folgende Meldung in der Timeline von Twitter auf: »Breaking: Two Explosions in the White House and Barack Obama is injured«. Getwittert wurde das Ganze vom offiziellen Account der Nachrichtenagentur AP (The Associated Press). 1,9 Millionen Menschen folgten damals AP auf Twitter, im Jahr 2020 sind es bereits 14 Millionen.[54] Die *Associated Press* zählt für Journalisten zu den zuverlässigsten Quellen der Medienlandschaft. In der Konsequenz übernehmen sofort Medien auf der ganzen Welt diese Nachricht und veröffentlichen sie auf ihren Plattformen – um sie wenige Minuten später wieder zu dementieren, beziehungsweise die Story umzuschreiben. Denn in Kürze war klar:

Die Meldung ist fake. Sie wurde zwar vom offiziellen Twitter-Account der AP verschickt, jedoch war der Account davor gehackt worden. Einige AP-Mitarbeiter waren auf eine »außerordentlich gut gemachte« Phishing-Mail hereingefallen. Eine Gruppe, die sich »Syrian Electronic Army« nannte, Unterstützer des syrischen Präsidenten Bashar al-Assad, hatte sich Zugang zum Account verschafft und die Falschmeldung verbreitet.[55] Der Account wurde sofort gesperrt, weil die Hacker versucht hatten, auch an die Daten von Journalisten zu gelangen, die AP auf Twitter folgten. Einige Konsequenzen waren dennoch nicht mehr abzuwenden. Die Börse stürzte ab, der Dow-Jones-Index fiel innerhalb weniger Minuten von 14 700 auf 14 554 Punkte. US-Aktien verloren kurzzeitig 136,5 Milliarden Dollar an Wert, erholten sich aber innerhalb von sechs Minuten wieder.

Der rasante Aufstieg des Internets auf der einen und die Vielzahl an Plattformen auf der anderen Seite haben die Verbreitung von Informationen völlig verändert. Musste man sich früher eine Zeitung oder ein Magazin kaufen, den Radio oder Fernsehapparat einschalten, so werden heute die Nachrichten aufs Smartphone geliefert und rund um die Uhr über verschiedenste Kanäle verbreitet. Zur Jahrtausendwende war ein Internetnutzer etwa 17 Minuten pro Tag online, 20 Jahre später ist die Nutzungsdauer der User auf mehr als 200 Minuten gestiegen.[56]

Meist sind es nicht Medienhäuser, die Falschinformationen verbreiten. Meist sind es die User sozialer Medien. Plattformen wie Twitter, Facebook, Instagram, YouTube, Snapchat oder TikTok verarbeiten gerne jeden Content. Unreflektiert und meist unzensiert bekommt der Content per Klick seinen Platz in der Onlinewelt. Auch wenn die Plattformen versprechen, Systeme zu nutzen, mit denen Fakenews herausgefiltert werden, gelingt dies meist nicht oder nur sehr schlecht. Und so sind es heute immer weniger die Journalisten, die Nachrichten auswählen, bewerten, recherchieren und dann publizieren – jedermann kann heute Informationen verbreiten – aufbereitet als Tweet, als Post, als Foto oder als Video. Ob es stimmt, was dort steht, ist den Plattformbetreibern meist zur Gänze egal.

Nicht Inhalt, Klicks sind der Gradmesser

Unternehmen, die bereits mit smarten Anwendungen und KI arbeiten, zeigen meist eher eine Tendenz dazu, Fake News zu verbreiten, weil Algorithmen darüber entscheiden, welche Informationen Klicks generieren und Einnahmen bringen werden. Algorithmen sollen aber künftig auch darüber entscheiden, ob es sich bei einer Meldung um Fakt oder Fake handelt. Das Austrian Institute of Technology (AIT) beschäftigt sich seit geraumer Zeit mit Fake News und geht dabei nach einem multimodalen Ansatz vor: »Desinformationkampagnen verwenden nicht nur einen Kanal, sondern viele«, sagt Ross King, Leiter des Center for Digital Safety & Security beim AIT dem Autor. »Fake News kommen nicht nur per Text, sondern auch als Bild, als Video und künftig auch als Tonspur.« Auch Cyberkriminelle beherrschen die Fähigkeit des im Journalismus oft zitierten Storytellings.

2019 erhielt das AIT einen Forschungsauftrag des österreichischen Bundeskanzleramts. Die Forscher sollen der Frage nachgehen, wie externe Desinformationskampagnen die österreichische Demokratie beeinflussen könnten und wie man sie entdecken könne. »Wir entwickeln einen Prototyp, der Text-Fakes als solche erkennen soll. So wollen wir etwa künftig wissen, wie man an der Diktion eines Tweets erkennen kann, ob es ein Versuch ist, einen Menschen zu provozieren«, sagt King. Auch wenn Botschaften von verschiedenen Personen in unterschiedlicher medialer Aufbereitung kommuniziert werden, gibt es einen Ausgangspunkt – und dieser kann die Zentrale für eine Fake-Offensive sein.

Künftig sollen Fake News durch Künstliche Intelligenzen erkannt werden. Algorithmen werden entscheiden, ob, wann und warum etwas Fake ist. Doch die Entscheidung allein wird nicht reichen, das System muss auch erklären können, warum eine Meldung als Fake identifiziert wurde. Menschen müssen solchen Systemen vertrauen können, und das funktioniert nur dann, wenn diese nie in Erklärungsnotstand geraten. Fakt ist aber, dass Algorithmen Sätze und Formulierungen wesentlich schneller analysieren und mit Millionen anderer Daten abgleichen können, als es der Mensch je können wird. Sich einzig auf das Bauchgefühl zu verlassen, das werden Maschinen nie beherrschen.

KAPITEL 2

DAS DARKNET

Tim Berners-Lee konnte sich vor mehr als drei Jahrzehnten sicher nicht ansatzweise vorstellen, dass sein World Wide Web die Gesellschaft derart verändern würde. Das Netzwerk, das er am 12. März 1989 erstmals am Schweizer CERN mit dem Ziel präsentierte, wissenschaftliche Unterlagen verschiedener Forscher über ein Rechnersystem zugänglich zu machen, war die Basis für das WWW und damit eine Revolution.[1] Es ermöglicht etwa, dass wir uns in Sekundenbruchteilen Informationen und Wissen beschaffen und jederzeit miteinander kommunizieren können. Aus seiner technologischen Errungenschaft gingen Innovationen hervor, mit deren Hilfe viele Herausforderungen des Alltags gemeistert werden können. Es veränderte die Welt – auch die Welt der Kriminalität.

DIE INFRASTRUKTUR FÜR DAS GUTE UND BÖSE

Das Internet ist ein weltumspannendes Netzwerk und liefert die Infrastruktur, auf der die verschiedenen Dienste aufsetzen: so das World Wide Web, das aus Webservern besteht und Webseiten ausspielt. Man bezeichnet diesen Bereich auch als Surface Web, weil es jener Teil des Internets ist, den wir täglich nutzen, wenn wir über einen Browser wie Chrome, Firefox oder Safari eine Suchmaschine befragen, Nachrichten lesen oder ein YouTube-Video ansehen.[2]

Im Gegensatz dazu steht das Deep Web, in dem sich jene Daten und Informationen befinden, die man nur mit Benutzername und Passwort aufrufen kann. Das Deep Web ist Teil des WWW, kann von Suchmaschinen aber nicht indexiert werden, weil es Zugangsbeschränkungen gibt; das beginnt etwa bei den Bezahlschranken abonnierter Tageszeitungsseiten, geht über diverse Zugänge von Uni-Portalen für Studierende bis hin zu Firmennetzwerken für Mitarbeiter und endet beim Spotify-Account, auf dem man seine Playlists speichert.

Der dritte Dienst ist im Grunde nur ein besonders abgeschotteter Bereich des Deep Web, nämlich das Dark Web. Das dunkle Internet, in dem es weder Zensur noch Überwachung gibt, besteht aus sogenannten Overlay-Netzwerken, die die Nutzer anonymisieren und die Daten auf dem Übertragungsweg schützen. Hier versteckt sich alles, was illegal ist. Es handelt es sich um eine Unterwelt, in der alles zu finden ist, was kriminell, böse oder abscheulich ist – von harten Drogen über gestohlene Kreditkartendaten und Waffen bis hin zu Kinderpornografie. Das Deep Web ist – so wird seit Jahren geschätzt – 400 bis 500 Mal größer als das Surface-Web.[3] Die tatsächliche Größe des Dark Web ist unbekannt, aber die Größe spielt in diesem Fall ohnehin eine untergeordnete Rolle. Das Dark Web bezeichnet einen unregulierten Bereich des Web, in dem ohnehin scheinbar keine Gesetze gelten. Im Schutz der Gesetzlosigkeit dieser Unterwelt werden all jene Waren und Dienstleistungen gehandelt, die eigentlich verboten sind.

Mit dem Zwiebelprinzip in die Anonymität

Das Tor-Netzwerk ist das bekannteste Eingangstor in das Dark Web. Die Abkürzung »Tor« steht für »The Onion Router«. »Onion« bedeutet »Zwiebel« und steht synonym für den Aufbau des Netzwerks. Bei der Anonymisierung im Dark Web wird das Zwiebelprinzip, also das Prinzip des Onion-Routings angewendet. Um das Tor-Netzwerk nutzen zu können, benötigt man auf seinem Rechner einen sogenannten Client (auch Proxy genannt) – das ist der eigentliche Tor-Browser. Nur mit dieser Client-Software kann man eine Verbindung zum Tor-Netzwerk aufbauen.

Wenn man also über das Tor-Netzwerk eine Webseite aufrufen möchte, so wird man mit seinem Gerät* nicht direkt mit der gesuchten Seite verbunden, sondern über Umwege. Der Datenstrom durchwandert mehrere Schichten – daher kommt der Zwiebelvergleich. Der Browser nutzt hierzu eine verschlüsselte Verbindung zu einem zufällig ausgewählten Tor-Rechner im Tor-Netzwerk. Gegenwärtig gibt es mehr als 6000 verschiedene Rechner, über die eine Verbindung hergestellt werden kann. Vom ersten Tor-Rechner geht die Verbindung verschlüsselt zum zweiten Tor-Rechner, von dort zum dritten und erst dann kommt der Datenstrom bei der Webseite an, die man aufgerufen hat. Das Besondere an dieser Art der Verbindung ist, dass der nachfolgende Tor-Rechner nicht in die verschlüsselten Daten der vorangegangenen Rechner blicken kann und umgekehrt. Kein Tor-Rechner weiß,

* Den Tor-Browser gibt es übrigens auch für iOS und Android.

wer sich hinter dem anderen Tor-Rechner verbirgt oder wohin man surft. Beim Surfen im Tor-Netzwerk ist man also fast zur Gänze anonym.

Die ersten Ideen zu einem Tor-Netzwerk gab es bereits vor der Jahrtausendwende. Forscher des U.S. Naval Research Teams hatten Sicherheitslücken im Internet entdeckt und erkannt, dass es Möglichkeiten zur Verfolgung und Überwachung gibt. Sie überlegten, wie es denn möglich sei, Verbindungen herzustellen, ohne nach außen hin, zum Beispiel gegenüber staatlichen Behörden, preiszugeben, mit wem man in Kommunikation stehe. Im September des Jahres 2002 wurde eine erste Version dieses Netzwerks vorgestellt. Vier Jahre später gründete sich dann die Non-Profit-Organisation The Tor Project, Inc., um das Netzwerk am Leben zu halten und das Projekt voranzutreiben. Populär wurde Tor dann im Jahr 2008, als ein Tor-Browser entwickelt wurde, den praktisch jeder nutzen konnte. Das Tor-Netzwerk spielte beispielsweise während des Arabischen Frühlings Ende des Jahres 2010 eine wichtige Rolle – es schützte nicht nur die Identität der Menschen im Web, sondern ermöglichte ihnen auch den Zugriff auf Social Media und Websites, die vom Staat blockiert wurden. Auch Edward Snowdens Enthüllungen (2013) waren nur deshalb möglich, weil Whistleblower die Tor-Funktionen nutzen können.[4]

Das Tor-Netzwerk wird aber nicht nur dazu verwendet, illegale Seiten aufzurufen. Ein Tor-Browser auf dem Rechner macht auch dann Sinn, wenn man freier, anonymer und vor allen Dingen unbeobachtet im Netz surfen und keine Spuren hinterlassen will. Viele Journalisten nutzen bei ihren Recherchen den Tor-Browser, ebenso wie Politiker, Ärzte oder Anwälte, die verhindern wollen, dass geheime Daten gesammelt werden.

Wissen sollte man, dass das Tor-Netzwerk in regelmäßigen Abständen von etwa zehn Minuten den ohnehin schon verschlüsselten Datenstrom umleitet und eine neue Verbindungsstrecke zur Ziel-Webseite herstellt. Damit wird eine Nachverfolgung des Datenverkehrs praktisch unmöglich.

DIE WELT DER VERBORGENEN DIENSTE

Appollon, Avaris, Cryptonia, Monopoly, Tochka oder Whitehouse – die Amazons und eBays des Darknet, die sich als Hidden Services, Darknet

Markets (DNM) oder anonymous online Markets im Dark-Web verbergen, tragen teils kryptische Bezeichnungen. Auf diesen illegalen Marktplätzen lässt es sich ähnlich shoppen wie auf Amazon und Co, aber mit einem entscheidenden Unterschied: Bezahlt wird in Form einer digitalen Währung, wie beispielsweise Bitcoin. Doch selbst hierzu werden Schritt-für-Schritt-Anleitungen für Newcomer geliefert. Versendet werden die Produkte dann oft einfach per Post, über DHL oder andere Lieferdienste. Das Risiko, dass ein Luftpolsterkuvert oder Paket innerhalb der EU geöffnet wird, liegt für Verkäufer wie Käufer praktisch bei null. Der Versand in die USA ist da schon problematischer: Dort wird jedes Paket automatisch als verdächtig eingestuft und geöffnet, ganz besonders, wenn es etwa aus den Niederlanden stammt. Das ist übrigens auch der Grund, warum Briefkästen in deutschen Grenzgebieten zu den Niederlanden ständig überfüllt sind. Die Niederlande gelten – angesichts ihrer freizügigen Drogenpolitik – als eine der Hochburgen im internationalen Drogen-Business.[5]

Das Geschäft im Darknet boomt, obwohl die Lebenszeit der Marktplätze im dunklen Teil des Web relativ kurz ist. Viele sperren binnen weniger Monaten wieder zu, manche sind aber auch für ein paar Jahre aufrufbar. Doch länger als fünfeinhalb Jahre hat dort bisher noch kein Marktplatz überlebt – entweder, weil der Markt ins Visier der Ermittler geraten ist oder weil die Betreiber bereits genug verdient oder müde geworden sind. Rekordhalter ist der Dream Market. Gegründet wurde Dream Market im November des Jahres 2013, geschlossen hat der Online-Marktplatz im April 2019 und seine Dienstleistungen einem »Partnerunternehmen« übertragen, das allerdings nie aktiv wurde.[6]

Kurzfristige Ermittlungserfolge

2019 war ein sehr turbulentes Jahr für das Darknet. Nicht, dass man sich um die Organisierte Kriminalität im Web Sorgen machen müsste, aber in diesem Jahr gab es für das Darknet doch einige Rückschläge zu verkraften. Nach dem Ende von Dream Market im April wurde der Wall Street Market im Mai von Europol und dem deutschen Bundeskriminalamt abgeschaltet.[7] Im

September desselben Jahres wurde eines der wichtigsten Rechenzentren des Darknets in Deutschland ausgehoben. Einen Monat später wurde der Berlusconi Markt, der sich auf gefälschte Dokumente spezialisiert hatte, nach einer Razzia der italienischen Polizei gesperrt.[8] Leider waren das nur kurzfristige Ermittlungserfolge. Wird ein Markt gesperrt, öffnet wenig später ein anderer. Hießen sie gestern Cryptonia, Samsara oder Empire, so benennen sie sich heute einfach um. Meist verwenden sie hierzu Begriffe aus dem spirituellen Umfeld, die durchaus auch diversen Computerspielen entstammen könnten.

Die Polizei liefert sich mit diesen Kriminellen ein Katz-und-Maus-Spiel. Die Behörden beschränken sich fast ausschließlich darauf, zu reagieren. Nur selten ergreifen sie selbst die Initiative, denn dafür fehlt es meist an finanziellen und personellen Ressourcen. Die Polizei kann also selbst erst aktiv werden, wenn ihr bereits ein großer Fang gelungen und sie dabei auf wertvolles Datenmaterial gestoßen ist. Mit zum Teil aufwendigen Analysen und Recherchen werden die Daten dann in Informationen umgewandelt, mit denen die Polizei auch arbeiten kann: Lieferorte, Adressen, ja sogar Namen im Klartext. So können Cyberkriminelle attackiert werden, beispielsweise indem man ihnen raffinierte Fallen stellt. Wie das geht, zeigt die Geschichte über den Niedergang des Darknet-Marktplatzes Hansa:

Bevor Hansa im Sommer des Jahres 2017 gesperrt wurde, gehörte es zu den größten Märkten im Darknet. Im Rahmen der verdeckten Operation »Bayonet«, an der neben Europol auch die niederländische Nationalpolizei und die US-amerikanische DEA* beteiligt waren, wurde der Markt, unbemerkt von der Szene, durch die Polizei übernommen.[9] Die Operation Bayonet führte zur Schließung von Hansa und AlphaBay, die Operation erstreckte sich über mehrere Länder, unter anderem Thailand, wo der Gründer der Seite AlphaBay, der Kanadier Alexandre Cazes, mithilfe eines Tricks verhaftet wurde. Da man seinen genauen Aufenthaltsort kannte, fingierte man vor seiner Villa einen Verkehrsunfall und durchbrach mit einem Auto das Tor zum Gelände.[10] Als Cazes – telefonierend – aus dem Haus stürmte, wurde er von den Polizisten überwältigt. Mit den Computern in seinem Haus war er

* Drug Enforcement Administration

noch direkt auf AlphaBay eingeloggt, wodurch den Beamten wertvolle Informationen wie IP-Adressen und vieles mehr in die Hände fielen. Wenige Tage nach seiner Festnahme wurde Cazes tot in seiner Zelle in Thailand aufgefunden, er hatte sich erhängt.

»Üblicherweise fischt man die Daten ab und holt sich dann die dicken Fische«, schildert ein Ermittler dem Autor und sagt weiter: »Die Kleinen gehen meist straffrei aus, weil dafür Zeit, Geld und Personalressourcen fehlen.« Wer sich also einmal Crystal Meth im Darknet besorgt hat und in der Datenbank erscheint, hat gute Chancen, ungeschoren davonzukommen. Fakt ist – auch das hat die Schließung des Hansa-Markts gezeigt: Sobald ein Markt sperrt, wechseln Händler wie Käufer auf andere Plattformen. Diese Migration wird von den Behörden mit Argusaugen beobachtet. Allerdings ist es ein Kampf gegen Windmühlen, den gesamten Darknet-Handel bekämpfen oder gar in den Griff bekommen zu wollen. Das Gegenteil ist der Fall. Das Business wächst stetig, das Verbrechen verlagert sich immer mehr von der analogen in die digitale Welt.

Amazon als Vorbild

Der Onlinehandel im Darknet funktioniert tatsächlich wie auf Amazon, Zalando oder vergleichbaren Onlineshops. Die im Jahr 1994 gegründete Plattform Amazon diente den ersten Darknet-Händlern tatsächlich als Vorbild.[11] Wie Onlineshopping in der »guten« Welt funktioniert, ist seit vielen Jahren bekannt – man sucht, findet, liest Beschreibungen und User-Bewertungen, zahlt und bekommt Vorschläge von anderen Artikeln eingeblendet. Der entscheidende Unterschied ist: Man bekommt im Darknet keine Yogamatten, Wasserkocher und Neoprenhanteln angeboten, sondern eine Produktpalette an illegalen Waren und Dienstleistungen, von Drogen über Falschgeld bis hin zu Waffen oder Hackerattacken. Hatte sich der erste moderne Darknet-Markt Silk Road, der 2011 gestartet wurde, noch auf den Verkauf von Drogen spezialisiert, so werden auf anderen Marktplätzen inzwischen auch gefälschte und gestohlene Pässe, Kreditkarten und mitunter, aber seltener, auch Waffen verkauft.[12]

Der Startschuss mit der Seidenstraße

Die Seidenstraße, oder »Silk Road«*, war im Tor-Netzwerk der erste Hidden Service-Schwarzmarkt des Darknets, der bei der Bezahlung voll auf Bitcoin setzte. Gegründet wurde er vom Physiker Ross Ulbricht aus Texas, der sich bereits im Jahr 2009 mit Technologien wie dem Tor-Netzwerk und Bitcoins beschäftigte.[13] Nachdem er mit seinem ersten Onlinebusiness – Verkauf gebrauchter Bücher – keinen Erfolg hatte, entwickelte er Silk Road. 2011 ging er damit online und machte unter dem Pseudonym »Dread Pirate Roberts**« auf seinem Marktplatz innerhalb von etwas mehr als zwei Jahren einen Umsatz von 1,2 Milliarden Dollar mit dem Verkauf von Drogen. In dieser Zeit generierte er daraus 80 Millionen Dollar Provision. Im Oktober 2013 wurde er festgenommen, Bitcoins im damaligen Gegenwert von drei Millionen Dollar (der Kurs stand 2013 bei 15 Dollar pro Bitcoin) wurden beschlagnahmt. 2015 wurde Ulbricht dann zu lebenslanger Haft, ohne Möglichkeit einer vorzeitigen Entlassung, verurteilt.[14]

Silk Road war der Startschuss für das dunkle Business im Darknet, es folgten der Sheep Marketplace und der Black Bank Market. Das Funktionsprinzip ist mittlerweile bewährt und bekannt: Händler stellen ihre Waren ein, Kunden kaufen sie und der Marktplatzbetreiber erhält zwischen zwei und sechs Prozent Provision. Neben den Marktplätzen finden sich im Darknet auch die sogenannten Single-Vendor-Shops, in denen einzelne Händler oder kleine Gruppen ihre verbotenen Waren anbieten können. Sie zahlen keine Verkaufsprovisionen und wollen sich auch nicht den Gefahren des Marktplatzes aussetzen, also über den Tisch gezogen und um ihre Einnahmen gebracht werden.

Zwischen Razzia und exit-scam

Marktplätze im Darknet kommen und gehen, werden geöffnet und schließen. Da diese Marktplätze illegal sind, bieten sie keinen Benutzerschutz. Krimi-

---

* Benannt nach der historischen Handelsroute, die den Mittelmeerraum mit Zentral- und Ostasien verband.

** Das ist eine Figur aus der Fantasy-Liebesfilm »Die Braut des Prinzen«

nelle sind somit Kriminellen ausgeliefert, was viele tatsächlich als eine Art »Berufsrisiko« sehen. Es ist eine Tatsache, dass in den vergangenen Jahren sowohl Kunden als auch Händler zum Teil große Verluste zu verzeichnen hatten – einerseits aufgrund von Polizeirazzien, andererseits durch Betrügereien.

In einer sehr detaillierten Studie, »Collective Dynamics of Darkweb Marketplaces«[15], analysierten mehrere Universitäten in Großbritannien insgesamt 31 Marktplätze im Darknet. Beginnend mit dem ersten, Silk Road, bis zu einem der letzten, Empire Market. Neun dieser Märkte wurden im Zuge einer Razzia der Polizei geschlossen – wobei dafür mindestens ein Jahr Ermittlungsarbeit nötig war.

Silk Road war mehr als zwei Jahre online, bevor der Markt geschlossen werden konnte.

Zwölf der Märkte verschwanden von der Bildfläche, weil die Betreiber einen »exit-scam« durchführten, einen Ausstiegsbetrug. Dabei geht der Marktplatz ohne Vorwarnung offline, damit ist auch das Geld der Händler, die mit diesem Risiko leben, verschwunden.

Drei Marktplätze wurden von den Betreibern freiwillig geschlossen.

Einen solchen Handel zu betreiben, ist extrem aufwendig und durchaus mit einem Unternehmen im echten Leben zu vergleichen. Es gibt aber einen grundlegenden Unterschied: Damit der Kreis der Eingeweihten und somit auch die Gefahr, aufzufliegen, möglichst klein gehalten wird, sind auch die Teams der Marktplätze auf der schwarzen Seite des Web (zu) klein, erzählt ein Cyberermittler, was wiederum die Studie GDPO Situation Analysis bestätigt.[16] Im Dark Web macht einer den Job von fünf bis zehn Mitarbeitern und ist dabei etwa für Agenden wie Technik, Human Resources oder Marketing & PR gleichzeitig verantwortlich. Denn auch das Darknet funktioniert wie das Oberflächen-Web. Der Markt muss auf verschiedenen anderen Plattformen und Foren beworben werden, damit Kunden kommen. Vor allem dann, wenn ein Marktplatz neu ist oder – was mehrmals im Jahr vorkommt – ein Marktplatz sperrt und die große Migrationswelle beginnt.

Bei freiwilligen Schließungen sind die Marktplatzbetreiber meist noch fair und geben den Händlern/Kunden die Möglichkeit, ihr Wallet, in dem sich das Cybergeld befindet, bis zu einem bestimmten Stichtag zu leeren. Wer das versäumt, generiert den Betreibern eine Zusatzeinnahme oder – auch das ist schon vorgekommen – die Betreiber spenden die Summe für einen »guten Zweck«. Häufig gehen diese Spenden übrigens an Ross Ulbricht, dessen Anwälte seine Verurteilung seit 2018 mit einer Petition bekämpfen.[17, 18]

MEIN MARKTPLATZ IM DARKNET

Ein Marktplatz im Darknet ist schnell gebaut. »Baukasten-Systeme werden auf verschiedenen Plattformen angeboten, sozusagen als »DNM as a Service«, Darknet Market als Servicedienstleistung«, schildert ein Cyberermittler dem Autor. Hier gibt es nicht nur fertige Shop-Designs, sondern auch Empfehlungen für passende Kryptowährungsplattformen sowie Anleitungen, wie die Verschlüsselung der Kommunikation zwischen Händler, Käufer und Marktplatz zu erfolgen hat, damit zum einen die eigene Spur verwischt und zum anderen die Identität des Käufers verschleiert wird.

Noch einfacher ist es, als Käufer in die dunkle Welt einzutauchen. Was man dazu benötigt, ist zum einen ein Tor-Browser, mit dem man in das Tor-Netzwerk gelangt, welches den Internet-Verkehr anonymisiert. Dieser lässt sich über die Webseite des Tor Project downloaden und installieren. Zum anderen braucht man ein Konto auf einer Krypto-Plattform, auf der man Kryptowährungen kaufen, verkaufen und auf andere Konten überweisen kann. Denn kauft man im Darknet ein, muss man dann auf dem entsprechenden Marktplatz sein Wallet einrichten, auf dem Kryptocoins gespeichert und beim Verkauf dann abgebucht werden können. Und zu guter Letzt muss man wohl auch gewisse charakterliche Defizite aufweisen, um illegale Handlungen vor sich selbst rechtfertigen zu können. Die Umsätze der Dark-Web-Märkte steigen aber stetig. Das beweist, dass es immer mehr Menschen gibt, die kein Problem damit haben, sich in der Illegalität zu bewegen.[19]

Die bekanntesten Plattformen, auf denen sich der aktuelle Stand im Darknet abrufen lässt, sind Darknetlive und Dark.fail. Diese erreicht man übrigens auch im Surface-Web, allerdings gibt es im offenen Web weniger spannende Informationen zu lesen als im Tor-Netzwerk. Findet man im Surface-Web Information zu Märkten und Foren, so gibt es im Tor-Netzwerk Direktlinks zu den Marktplätzen und Shops, Infos darüber, welche geöffnet haben, geschlossen wurden und wie man sie erreicht (sie wechseln häufig die URL, also Adresse, um sowohl Behörden als auch Konkurrenten zu verwirren), und es gibt die Kategorie »Arrests«. Hier erfährt man, welche Händler festgenommen wurden und wo die Lage gegenwärtig »heiß« ist.[20]

Geld & Hedonismus

Den Händlern im Darknet geht es aber gar nicht ausschließlich darum, Geld zu verdienen. Sie agieren teils auch aus hedonistischen Motiven. Es geht auch um Emotionen und Empfindungen wie Nervenkitzel, Dominanz, Status und Anerkennung. Das haben Wissenschaftler 2019 im Rahmen der im *British Journal of Criminology* erschienenen Studie »Selling Drugs on Darkweb Cryptomarkets: Differentiated Pathways, Risks and Rewards« eindeutig festgestellt.[21] Die Verkäufer lassen die Gefahren der analogen Welt, in der Drogen auf der Straße verkauft werden und Drogenhandel wegen der Bandenkriege selbst in der »Branche« als schmutziges Geschäft gilt, hinter sich und wechseln in die digitale Welt, die sicherer und sauberer ist und in der sie nicht mit Waffen bedroht werden.

Die eben erwähnte Studie ist deshalb besonders spannend, weil es den Forschern gelungen ist, 13 Drogenhändler im Darknet direkt dazu zu befragen, warum sie dort Geschäfte machen*. Diese 13 Händler verkauften – repräsentativ für das Kaufverhalten der User – Cannabis, MDMA, Kokain, NPS, LSD, Heroin und Dissoziativa (psychoaktive Substanzen). Die Forscher schalteten einerseits Anzeigen auf dem damals offiziellen Nachrichtenorgan im Darknet, DeepDotWeb.com, in denen sie ihre Forschungsarbeit vorstellten. Andererseits wurden sie von der Autorin des Buchs *Silk Road*, Eileen Ormsby, unterstützt. Ormsby kennt das Darknet wie ihre Westentasche und ist in der Szene bekannt.[22] Sie richtete der Community aus, dass das Forschungsteam einen hervorragenden Ruf genieße, dass ein ausgeklügeltes

* Sieben von ihnen waren davor im Offlinebusiness tätig; zwei hatten neben ihrem Shop im Dark Web auch analoge Drogengeschäfte laufen; für die Hälfte der Befragten war Englisch nicht die Muttersprache.

Protokoll die Sicherheit und Privatsphäre der Informanten gewährleisten würde und dass keine Daten weitergegeben würden. Den Teilnehmern wurde übrigens für ihre Zeit eine Entschädigung von 40 AUD in Kryptowährung angeboten, die sie direkt empfangen oder an eine Wohltätigkeitsorganisation spenden konnten.

Das Forscherteam kommunizierte mit den Händlern über mehrere Kommunikationskanäle – so wurden etwa Konten auf Kryptomärkten und den zugehörigen Foren geschaffen, E-Mails und Sofortnachrichten waren verschlüsselt (mehr dazu später, wenn es um das Instant-Messenger-System »Telegram« geht). Um die Privatsphäre und Anonymität zu gewährleisten, wurden alle für die Kommunikation genutzten Konten über einen eigenen Rechner mit Vollverschlüsselung geführt.

Professionelle Illegalität

Es gibt unterschiedliche Gründe, einen Deepweb-Shop zu betreiben. Man trifft auf eine funktionierende Marktstruktur, kann wie ein echter Geschäftsmann »professionell« (wenn auch illegal) agieren, hat mit Kunden zu tun (auch wenn die Kommunikation anonymisiert ist) und hat dabei die Gefahren, die der Offline-Drogenhandel mit sich bringt, so gut wie ausgeschaltet. Wie bereits erwähnt, geht es vielen Händlern nicht nur um Geld. Besonders verlockend ist, im Gegensatz zum Drogenhandel auf der Straße, das sicherere Umfeld und – das klingt fast ein wenig paradox – der sicherere Nervenkitzel.

> *»Offline zu verkaufen ist grenzwertig dumm. Sie können online so viel mehr Geld verdienen, dass sich die Risiken [beim Handel außerhalb von Kryptomärkten] nicht einmal im Entferntesten lohnen«, antwortete einer der Befragten.* Ein anderer: *»Es [das Business im Darknet] ist massiv sicherer. Die Risiken sind drastisch geringer und die Möglichkeiten für einen großen Erfolg sind enorm.«* Einer gab als Antwort: *»Ich habe das Gefühl, dass ich wenig bis gar kein Risiko habe, in einem DNM (DarknetMarket) erwischt zu werden.«*

Ein weiterer Vorteil ist, dass es im Darknet an sich gewaltfrei zugeht, auch wenn mit illegalen Produkten gehandelt wird, die dann zur Planung und Durchführung von Gewalttaten dienen. »Ich hatte nie daran gedacht, Drogen in irgendeiner Form zu verkaufen, weil ich Gewalt nicht mag, und es schien mir einfach unmöglich, im ›wirklichen Leben‹ Drogen zu verkaufen, ohne ziemlich schnell in eine Art Konfrontation zu geraten. Ich war immer zu ängstlich und leicht streberhaft, um so etwas zu tun.« In der Anonymität des Darknet seien die Zweifel rasch verschwunden. Was die Wissenschaftler aber auch festgestellt haben ist, dass der eine oder andere doch den analogen Thrill, die öffentliche Anerkennung, den Status und den Bekanntheitsgrad vermissen würde.

Bewertungssterne für Cybercrime

Wie bei Amazon & Co spielt auch im Darknet die »Weisheit der Vielen«, wie es der US-Autor James Surowiecki bezeichnet[23], eine Rolle: Ein Bewertungssystem hilft den Händlern bei der Umsatzsteigerung, hilft aber auch den Kunden bei der Kaufentscheidung. Denn so sieht man auf einen Blick, ob es sich bei diesem oder jenem Angebot um eine wirksame Droge handelt, der gefälschte 50-Euro- oder 100-Dollar-Schein tatsächlich etwas taugt oder der illegale Reisepass von den Behörden akzeptiert wird. Wie bei Onlineshops üblich, gibt es auch auf den Marktplätzen im Darknet eine Sterne-Bewertung. Diese hilft aber nicht nur Käufern und Verkäufern, sondern auch der Polizei, die daran erkennen können, in welchem Land ein Händler sitzt, wo die meisten Kunden zu finden und wo Drogen, Falschgeld oder gefälschte Dokumente im Umlauf sind. Wenn etwa ein Händler im Darknet garantiert, dass seine Ware innerhalb von zwei Tagen nach Deutschland geliefert werden kann, ist anzunehmen, dass er sich in Europa, vermutlich in Deutschland oder einem angrenzenden EU-Land, befindet. Im Falle einer Razzia und der Schließung eines Marktplatzes werden alle sichergestellten Daten an die Behörden in den jeweiligen Ländern weitergeleitet. Diese können dann unter Einsatz technischer Hilfsmittel Informationen herauslesen und aktiv werden.

Zwar gibt es im Darknet noch keinen »Kunden, die diesen Artikel gekauft haben, kauften auch«-Hinweis, doch es sind die gleichen Mechanismen im Einsatz wie in regulären Onlineshops. Es wird Werbung gemacht, es werden auf anderen Seiten, wie etwa auf Darkwebmarket.net, Banner geschaltet, und in Foren Aktionen beworben: »Neuer Shop. In den ersten zwei Monaten alles minus 50 Prozent!«[24]

DoS-Attacken im Darknet: Kriminelle attackieren Kriminelle

Doch auch das Darknet ist – auf seine Weise – brutal. Wenn man sich etwa auf Dark-Web-Market umsieht und die Liste der aktiven und aktuellen Marktplätze und Shops abruft, fällt auf, dass alle aktiven Marktplätze unter einer Vielzahl von Adressen aufrufbar sind. Das hat damit zu tun, dass die Marktplätze ständigen Attacken ausgesetzt sind – von Mitbewerbern, der Exekutive oder anderen Kriminellen, die dem Marktplatz einen (Image-) Schaden zufügen wollen. Die gängigste Methode sind DoS-Attacken, also Denial of Service (Verweigerung des Dienstes)-Angriffe. Wird eine Webseite auf diese Weise attackiert, ist sie nicht mehr verfügbar, weil das Datennetz (durch zu viele Anfragen/Zugriffe) überlastet ist.[25] Fast immer sind es konzentrierte Angriffe auf einen Webserver, der nur eine bestimmte Anzahl von Anfragen gleichzeitig verarbeiten kann. Kommen zu viele Anfragen, wird die Bandbreite der Server-Internetverbindung beeinträchtigt – dadurch wird die Seite »langsamer« oder sie öffnet sich gar nicht. Damit man aber für die Kunden erreichbar bleibt, sind die Marktplätze unter verschiedenen Domains abrufbar. Allerdings muss man durchprobieren, welche Domain aktuell aktiv ist – solche Infos findet man üblicherweise auch im Dread-Forum.[26]

Dread ist das Dark-Web-Diskussionsforum, in dem alles zu lesen ist, was sich im Darknet tut und wo sich all jene herumtreiben, die in den dunklen Ecken des Web Geschäfte machen, machen wollen oder Informationen für den Privatgebrauch suchen. Dread funktioniert wie die Diskussionsplattform Reddit. Hier bekommt man nicht nur Hilfe, wenn man wissen will, wie man Ecstasy produziert, sondern auch, wo man Zutaten für Drogen bekommt, ob ein Shop »seriös« ist oder welche Cyberwährung man nutzen soll. Dread ist entstanden, weil im offenen Internet Diskussionen über Drogen zensiert werden – bis 2018 wurden diese Themen auf Reddit diskutiert. Administrator von Dread ist ein Alias namens »HugBunter«.[27] Wer dahinter steckt, weiß freilich niemand, nicht einmal sein Team, das die Seite betreut.

DROP-GANG-SERVICES ODER DIE JAGD NACH ILLEGALEN »SCHNITZELN«

Auch wenn Drogen im Darknet gekauft werden, erfolgt die Lieferung freilich analog. Auch Falschgeld, gefälschte Kreditkarten, Waffen und andere illegale Waren werden postalisch versendet. Oder sie werden deponiert – auf eine Art und Weise, die an digitale Schnitzeljagden, beziehungsweise an Geocaching, erinnert. Man nennt das Drop-Gang-Services.[28]

Drop-Gangs verteilen die Waren auf herkömmliche Weise. Sie legen Drogen, Waffen, gefälschte Dokumente auf geheimen und auch öffentlichen Plätzen gut versteckt ab, machen mit ihrem Smartphone ein Foto vom Ablageplatz und schicken dieses samt Koordinaten über Instant-Messenger-Systeme an den Käufer, der die Ware dort abholen kann. Bei manchen Waren, so schildert ein Cyberermittler, packt man sogar einen Bluetooth-Beacon dazu, damit das Paket leichter gefunden, beziehungsweise via Smartphone geortet werden kann.

Eine riskante Logistik, könnte man meinen. Allerdings ist sie sicherer als jede Lieferung per Post oder Lieferdienst. Denn diese haben ihre fixen Routen, die (von Polizei oder Konkurrenten) überwacht werden können – auch, wenn der Käufer ein leerstehendes Haus als Zustelladresse angegeben haben sollte. Ein Drop-Off-Platz kann überall sein. Einzige Voraussetzung: Das Paket darf dort nicht gesehen und die verdächtige Lieferung als solche erkannt werden.

Drop-Gangs sind mittlerweile ein sehr wichtiger Teil im Netzwerk der Organisierten Kriminalität. Das gesamte Darknet an sich ist ein konsumorientiertes Netzwerk, das ein perfekt funktionierendes Wirtschaftssystem darstellt. Wird etwa Ware von einem Südamerikaner bei einem Dark-Web-

Händler mit Sitz in Osteuropa geordert, so wird diese nicht von Osteuropa nach Südamerika verschickt, sondern der Händler ist innerhalb seines Systems mit einem Händler in Südamerika verbunden, der diese Ware lokal versendet oder verteilt, per Post, Lieferdienst oder Drop-Gang. Vielleicht inzwischen sogar auch – da können wir ruhig unsere Fantasie spielen lassen – per Drohne oder künftig per autonom fahrendem Fahrzeug.

BULLETPROOF-HOSTING-SERVICES

Unterirdisch, atomsicher, kühl und energieautark – mit solchen Attributen lässt sich ein Cloud-Service, der die Organisierte Kriminalität anlocken will, gut verkaufen.

Was für Kriminelle in der realen Welt Verstecke (im Untergrund) sind, sind für Cyberkriminelle die »Bulletproof-Hosting-Services«.[29] Anbieter von Bulletproof-Hosting-Services wissen genau, dass auf ihren Servern kriminelle Aktivitäten stattfinden, dass über ihre Rechner Drogen verkauft, gestohlene Kreditkartendaten deponiert oder Kinderpornografie gespeichert und gedealt werden. Und sie gestatten es ihren Kunden, Inhalte zu hosten, die in manchen Ländern möglicherweise als illegal gelten. Bei Beschwerden von Kunden oder Ermittlungsbehörden reagieren sie entweder gar nicht oder versuchen so lange wie möglich, Anfragen und Beschwerden, die man nur telefonisch oder über Messenger-Dienste an sie richten kann, hinauszuzögern. Sie schützen Kriminelle – allerdings um ein Vielfaches üblicher Serverkosten bei herkömmlichen Cloud-Anbietern. Sie bieten ihnen Schlupflöcher an und sichern deren Anlagen wie Hochsicherheitsgefängnisse.

Das zeigte auch der Fall des Cyberbunkers im deutschen Traben-Trarbach (Rheinland-Pfalz). Der Bunker erstreckte sich über fünf Kellergeschosse, hatte insgesamt 5000 Quadratmeter Nutzfläche (das Gelände umfasste 13 Hektar) und scharfe Hunde wurden zur Bewachung eingesetzt. Namensgebend war der Standort der Anlage. Ein ehemaliger Bundeswehr-Bunker an der Mosel, der 2013 für 350 000 Euro an die Firma Calibour GmbH der Holländer Sven Olaf Kamphuis und Herman Johan Xennt verkauft worden war, wurde mit seinen knapp 290 Servern vermutlich zu einem der wichtigsten

Knotenpunkte im Darknet. In einer konzertierten Aktion wurde der Bulletproof-Bunker am 26. September 2019 von nicht weniger als 440 Polizisten unter der Leitung eines GSG-9-Kommandos gestürmt. Das Rechenzentrum wurde stillgelegt und die Server wurden beschlagnahmt.[30]

Diese Aktion hat der Polizei international nicht nur wertvolle Informationen gebracht, sondern auch eine schier nicht bewältigbare Menge an Arbeit, denn die Auswertung der Serverdaten wird Jahre in Anspruch nehmen. Die Ermittler verfügen nun über einen Datenberg, aus dem sich Informationen und Beweise für unzählige weitere Verfahren gegen Darknet-Kriminelle herauslesen lassen – Millionen Daten von Verkäufern, Käufern, Zustelladressen und vieles mehr könnten im Kampf gegen die Cyberkriminalität den einen oder anderen Erfolg bringen. Sogar kurzfristige Umsatzrückgänge im Darknet-Markt Ende 2019 wurden mit der Erstürmung des Cyberbunkers in Traben-Trarbach in Verbindung gebracht.

Es war übrigens nicht der erste Bunker, den die beiden Holländer betrieben. Bereits 1996 hatten sie in der niederländischen Gemeinde Kloetinge in der Provinz Zeeland einen ehemaligen Kommandobunker der NATO erworben und darin vier Jahre später ein Bulletproof-Hochsicherheits-Rechenzentrum gebaut, das – wie sich bei einem Feuerwehreinsatz im Oktober 2002 herausstellte – ebenfalls ein Knotenpunkt des Darknet war.[31] Nach dem Brand im Rechenzentrum entdeckte man nicht nur ein Drogenlabor, weitere Erhebungen ergaben, dass im Bunker damals unter anderem die Server für bekannte Peer-to-Peer-Datentauschdienste standen. Die Etagen drei bis fünf waren für Darknet-Services reserviert. Sven Olaf Kamphuis und Herman Johan Xennt bestritten damals vehement, etwas damit zu tun zu haben. Sie legten die Anlage still und verkauften sie im Jahr 2010 an ein anderes Rechenzentrumsunternehmen.[32]

Fakt ist, dass es in Europa eine Vielzahl von Bunkern, aber auch Militärkasernen gibt, die zum Verkauf stehen und vor allem die Betreiber von Rechenzentren anlocken, weil man in solchen Anlagen vor äußeren Einflüssen geschützte Dienstleistungen anbieten kann. Derartige Standorte für Rechenzentren sind nicht nur bei legalen Unternehmen und Konzernen gefragt, wie bei Internet-Größen wie Google, Amazon oder Facebook, sondern auch die Organisierte Kriminalität zählt zur potenziellen Kundschaft.[33, 34]

TELEGRAM – DAS DARKNET IST MOBIL GEWORDEN

Natürlich haben die beiden Brüder Nikolai und Pawel Durow im Jahr 2013 mit ihrem Messenger nur einen Kommunikationsdienst schaffen wollen, mit dem die Welt sicherer, zuverlässiger und schneller kommunizieren kann. Und technisch funktioniert ihr Service tatsächlich anders und vertrauenswürdiger als WhatsApp.[35] Telegram ist ein synchronisierter Cloud Messenger, das heißt, man kann von verschiedenen Endgeräten aus, ganz gleich ob Smartphone, Tabet oder Desktop-PC, auf die Nachrichten zugreifen. Ziel der Durow-Brüder war es, ein »einzigartiges Datenprotokoll zu entwickeln, das offen und sicher ist« und das jeder »ohne die üblichen Einschränkungen« nutzen kann.[36] Die Firmenzentrale befindet sich derzeit in Dubai (Stand Mai 2020), weil – so schreiben die Brüder im Fragen&Antworten-Bereich auf ihrer Webseite – sie stets die lokalen Gesetze einhalten müssten: »Das Telegram-Team musste Russland aufgrund lokaler IT-Vorschriften verlassen und hat eine Reihe von Standorten ausprobiert, darunter Berlin, London und Singapur. Derzeit sind wir mit Dubai zufrieden, aber jederzeit bereit, wieder umzuziehen, wenn sich die dortigen Vorschriften ändern sollten.«

Eine spannende Aussage, denn Telegram wirbt vor allem damit, dass – anders als bei Google oder Facebook – die Privatsphäre nicht massiv eingeschränkt werde. »Hier bei Telegram denken wir, dass echte Privatsphäre ein kostbares und vor allem schützenswertes Gut ist, und die folgenden zwei Punkte stattdessen oberste Priorität haben sollten: Schutz der privaten Konversationen vor Dritten, beispielsweise Behörden, Arbeitgebern etc., und Schutz der privaten Daten vor Drittfirmen, beispielsweise Marketingagenturen, Werbeunternehmen etc.« Selbst wenn man als Nutzer illegale Inhalte findet, wird Telegram nicht aktiv. »Alle Telegram- und Gruppen-Chats sind die Privatsache der jeweiligen Nutzer und wir nehmen keine Anfragen dazu an, diese zu bearbeiten.«

Dass der Messengerdienst derzeit quasi zum mobilen Darknet mutiert, hat – neben dem oben zitierten Versprechen der Betreiber – wohl auch mit einigen weiteren spannenden Details zu tun: Seit der Telegram-Version 5.5. kann jeder jederzeit alle seine Nachrichten löschen – sowohl jene, die er in einem Chat mit einem anderen gesendet oder empfangen hat, als auch den gesamten Gesprächsverlauf von beiden Seiten. In einem Gruppengespräch kann er ebenfalls seine Nachrichten (nur seine) löschen, so, als ob er nie an dem Gespräch beteiligt gewesen wäre. Zudem bietet Telegram besonders geheime Chats an, welche auf einer Ende-zu-Ende-Verschlüsselung[37] basieren und keinerlei Spuren auf den Servern hinterlassen. In diesen geheimen Chats ist eine Selbstzerstörungsfunktion für Nachrichten integriert (wie man sie etwa aus *Mission: Impossible* kennt), das Weiterleiten ist unmöglich, die Nachrichten werden auch nicht in der Cloud gespeichert, sondern können ausschließlich auf jenen Endgeräten genutzt werden, auf denen sie gestartet wurden – und darauf weisen die Betreiber auch explizit hin: »Bei Telegram hinterlassen gelöschte Nachrichten keine Spuren im Chat.« Somit können auch keine Daten an Behörden weitergegeben werden. Diese fragen übrigens auch gar nicht an, denn eine Anfrage an das Unternehmen wäre ohnehin sinnlos. Die Kommunikation im Telegram-System läuft nämlich via Server, die über viele Länder verteilt sind, und diese kommunizieren verschlüsselt, versteht sich. Will eine Verfolgungsbehörde – theoretisch – Zugriff auf die Kommunikation von Usern erhalten, so müsste diese Behörde in allen Ländern Anträge stellen, was, rein bürokratisch betrachtet, völlig aussichtslos wäre. Auf das Thema »Datenanfragen« geht Telegram explizit im FAQ-Bereich ein.[38] Telegram kann aber noch mehr als das. Es funktioniert auch lokal, das heißt, es können Interessenten, Freunde, Käufer, aber auch Verkäufer in der näheren Umgebung gefunden werden. Ein Cybercrime-Friend-Finder sozusagen.[39]

Die Durows sind überzeugt davon, dass Telegram sicher vor Hackern ist. Jeder, dem es gelingen sollte, das System zu hacken, und der Infos zu Sicherheitslücken liefert, erhält bis zu 100 000 Dollar Prämie. Im Jahr 2019 lockte man Hacker mit 300 000 Dollar Preisgeld, an einem »Telegram Cracking Contest« teilzunehmen, bei dem es darum ging, eine Methode oder Lücke im System zu finden, durch die Telegram-Nachrichten entschlüsselt werden könnten.[40] Es gab keinen Sieger. Gut für Telegram. Schlecht für die Behörden.

Für die Polizei scheint klar, dass Telegram zum neuen, mobilen Darknet mutiert, weil es einfacher als die Marktplätze im Darknet genutzt werden kann. Das Messenger-System der Durow-Brüder ist vermutlich der anonymste Service, den es gegenwärtig gibt. Fast logisch, dass dieser immer mehr Fans findet. Als WhatsApp Mitte März 2019 einen Serverausfall hatte, gewann Telegram innerhalb eines Tages 3 Millionen Kunden dazu.[41]

Dass dieser Dienst so boomt, hat mehrere Gründe. Man braucht keinen eigenen Tor-Browser, der üblicherweise notwendig ist, um ins Darknet zu gelangen, in Telegram selbst finden sich ausreichend dunkle Angebote. Innerhalb von Telegram kann man, relativ unbeachtet von polizeilicher Kontrolle, agieren. Die Einzel- und Gruppenchat-Funktion, die jeder Messenger anbietet, wurde hier bereits ausführlich beschrieben. Mittels Suchfunktion lassen sich aber auch sehr einfach Chatgruppen finden, in denen beispielsweise mit illegalen Waren gehandelt wird. Man braucht nur zu wissen, welche Begriffe man eintippen muss, um einen Treffer zu landen. Wenn man etwa »Crystal Meth« eintippt, bekommt man sofort drei Chatgruppen* angezeigt, in denen die Droge besprochen und auch gedealt wird. Sucht man nach »Black Market«, gelangt man auf Angebote, wie man sie vom Darknet her kennt – also Drogen, Kreditkartendaten, Waffen, Dokumente, Zugangsdaten zu diversen Accounts, von Spotify über Netflix bis hin zu Pornoseiten etc. Und wenn man mehr als nur drei Treffer angezeigt haben möchte, kann man ganz einfach Google befragen. Dort werden umfangreichere Ergebnisse geliefert.

Der Schwarzmarkt auf Telegram funktioniert fast zu einfach. Wenn man also, wie bereits angedeutet, in der Suchleiste nach »Crystal Meth« sucht, bekommt man einige Treffer angezeigt. Man klickt auf einen der Treffer und gelangt in einen von Tausenden Channels mit diversen Angeboten in Textform, Fotos und Videos. In diesen Channels kann man öffentliche Mitteilungen an ein großes Publikum schicken, da Kanäle eine unbegrenzte Anzahl von Mitgliedern haben können. Dort kann man etwa, ganz offen, die Frage in die Runde werfen: »Wer verkauft Ketamin in Hamburg?« Oder: »Suche Gorilla Glue!« Die Antworten kommen meist relativ rasch. Als vertrauliche Nachricht. In den Angeboten werden aber auch die Namen der Anbieter eingeblendet. Schreibt man diese dann in einem geheimen Chat direkt an, kann man bestellen. Wie einfach etwa der Drogen-Schwarzmarkt auf Tele-

* Mehr als drei Treffer zeigt Telegram nicht an.

gram funktioniert, hat *Vice* im Sommer 2019 eindrucksvoll in der Reportage »Heute wieder frisches Koks« beschrieben[42].

Doch es gibt mehr als nur Koks und XTC auf Telegram. Sucht man etwa nach »Dark Jobs« oder »Dark Work«, so bekommt man Job-Angebote eingeblendet (meist auf Russisch). Wie der Name vermuten lässt, enthalten die Nachrichten im Channel »Dark Jobs« in der Regel »dunkle« Stellenangebote, die auch farbig markiert sind. Wenn etwa ein in diesem Kanal veröffentlichter Job ungesetzlich und gefährlich ist, wird er als »schwarz« gekennzeichnet. Weniger gefährliche Stellen werden »grau« oder »weiß« gekennzeichnet. Für die schwarzen Jobs werden häufig Insider in diversen Unternehmen oder Organisationen – von Industriekonzernen bis Banken – gesucht, die bereit sind, für bestimmte Geldsummen geheime, persönliche und firmeninterne sensible Informationen und Daten zu beschaffen. Mithilfe illegal beschaffter Daten – Stichwort Social Engineering – werden dann weitere strafbare Handlungen begangen, oder die Daten werden wiederum teuer auf dem Schwarzmarkt verkauft. Auch Hacker-Dienste und Hacker-Tools, mit denen Systeme geknackt werden können, sind Teil des dunklen Angebots. Die Ziele der Hacker-Attacken sind klar: Die Bandbreite reicht von Banken, in deren Systeme man Schadsoftware einschleust, bis hin zu Insiderinformationen, die man etwa für Investitionen auf dem Aktienmarkt nutzen kann. Besonders gefragt sind in den »Stellenanzeigen« auch Mitarbeiter von Mobilfunkbetreibern. Diese haben nicht nur Zugang zu Millionen von Telefonnummern, sondern auch auf Rufprotokolle und andere persönliche Informationen, die man etwa zum Orten bestimmter Personen nutzen kann. In anderen Job-Angeboten sucht man nach sogenannten Info-Stealern, die Dokumente oder Passwörter sammeln oder Screenshots von bestimmten Dateien anfertigen.

Dienste dieser Art florieren vor allem in Russland, die Angebote schwappen aber bereits auf den Rest der Welt über. Da Sicherheitsforscher von Check Point Software Technologies bereits ähnliche Kanäle in anderen Sprachen entdeckt haben, geht man davon aus, dass diese Art der schwarzen Stellenanzeigen bald auch in anderen Ländern gebräuchlich sein wird. In der arabischen Welt ist man bereits auf Channels, wie etwa AmirHack, gestoßen, in denen nicht nur Jobs, sondern auch Tipps, Tricks und VPN-Lösungen verraten und verkauft werden, um anonym das im arabischen Raum streng regulierte Web offen nutzen zu können.[43]

Die größte Gefahr dieser Entwicklung liegt darin, dass diese Systeme derart simpel zu nutzen sind, dass man davon ausgehen muss, dass die Cyberkriminalität schon sehr bald stark ansteigen wird. Chats, die für jeden, der ein Smartphone besitzt, zugänglich sind, und in denen nach allem und jedem gesucht werden kann, sind nicht nur ein Zeichen von Freiheit und Vielfalt, sie bergen jede Menge Gefahren. Auch unerfahrene Nutzer haben so Zugang zu gefährlichen Tools, zu Schadsoftware und zu illegalen Geldquellen. Aus Mitarbeitern werden Innentäter und diese sind erfahrungsgemäß nicht nur am schwersten zu finden, sie können auch immens großen Schaden anrichten.

KAPITEL 3

IT'S A HACKER'S WORLD: DIE GUTEN UND DIE BÖSEN

Hört man den Begriff Hacker, denkt man sofort an Cybercrime. An Menschen, die in krimineller Absicht Systeme hacken, Daten absaugen, Firmen oder private Internetnutzer erpressen und im Darknet mit Drogen, Waffen oder gefälschten Kreditkartendaten handeln. Aber nicht jeder Hacker hat böse Absichten. Es gibt auch gute Hacker, darunter viele, die sich dadurch ihren Lebensunterhalt verdienen. Man nennt sie auch die »White Hats« oder »White Hat Hacker«, weil sie im Gegensatz zu den »Black Hats«, auf Basis rechtlicher Grundlagen agieren.[1]

Sie unterstützen beispielsweise Unternehmen dabei, Lücken in Systemen zu finden und helfen IT-Abteilungen, zu überprüfen, ob alles so sicher abläuft, wie man sich das als Eigentümer, Mitarbeiter oder Kunde erwartet. Diese Berufshacker nutzen ihr Soft- und Hardware-Wissen, um die Funktionsweise eines IT-Systems zu kontrollieren und zu prüfen, ob die IT-Experten ihre Hausaufgaben gemacht haben. Hacken ist also grundsätzlich keine illegale Aktivität. Es gibt genügend IT-Experten, die IT-Systeme im Rahmen offiziell genehmigter Penetrationstests »hacken«.

Illegal wird Hacking erst dann, wenn ein IT-System, ohne Wissen des Unternehmens oder einer Behörde, geknackt wird, um das System zu stören, beziehungsweise lahmzulegen. Oder aber um an Informationen zu gelangen, die dann missbräuchlich weiterverwendet werden, indem sie verkauft und verteilt oder einem Wettbewerber des gehackten Betriebs zugespielt werden.

@TRY_TO_HACK UND SEINE 350 000 MITSTREITER

Er nennt sich @try_to_hack, heißt im echten Leben Santiago Lopez und lebt in Buenos Aires.[2] Lopez gilt als einer der besten »guten« Hacker aller Zeiten – das kann man der Rangliste von »HackerOne« entnehmen, einer der größten IT-Security- und Hacker-Plattformen weltweit. Auf HackerOne sind 300 000 White-Hat-Hacker aus aller Welt registriert. Ihre Aufgabe ist es, Schwachstellen in den mehr als 1200 Technologieunternehmen, Regierungen und Unternehmen aufzuspüren, mit denen HackerOne kooperiert.[3] Sie sollen Sicherheitslücken finden und melden, bevor sie von Cyberkriminellen entdeckt und genutzt werden können.

Santiago Lopez hat sich das Hacken selbst beigebracht. Mit gerade einmal 16 Jahren meldete er sich im Jahr 2015 auf der Plattform an und verdiente bald sein erstes »Bug-Kopfgeld«, seine erste Prämie für das Auffinden eines Programmierfehlers (»Bug«). Mittlerweile betragen seine Einnahmen ein Zigfaches der damaligen Summe, denn Lopez ist nicht nur gut, er ist extrem gut. Binnen vier Jahren meldete er etwa 2000 Sicherheitsschwachstellen an Unternehmen, wie beispielsweise an Twitter oder Verizon. Der Durchbruch gelang ihm Anfang 2019. Da fand er eine Lücke, die für das betreffende Unternehmen so relevant war, dass es dem Bug-Kopfgeldjäger die Rekordsumme von einer Million Dollar auszahlte – ein Betrag, den bis dahin keiner seiner hunderttausend Mitstreiter je für einen Hack erhalten hatte. »Die gesamte HackerOne-Gemeinschaft hat große Ehrfurcht vor der Arbeit Santiagos«, sagt Mårten Mickos, CEO von HackerOne.[4] Sein Unternehmen sieht sich als Vertreter der Guten im gesamten Cybercrime-Umfeld. »Unsere Hacker-Community ist die stärkste Verteidigung, die wir gegen die Internetkriminalität haben.« Mickos gründete HackerOne 2012. Schon damals war klar, dass die Welt von immer mehr Software gesteuert werden wird und dadurch die Gefahr von Sicherheitslücken ständig steigt.

Bis 2020 hat HackerOne bereits mehr als 100 000 Sicherheitslücken und Bugs entdeckt – auf Webseiten, in Betriebssystemen, in Apps, in Internet-of-things-Endgeräten und so weiter. Die betroffenen Unternehmen (80 Prozent mit Sitz in den USA, 2,9 Prozent in Belgien, 2,6 Prozent in Australien) haben dafür gemäß des »2019 Hacker Report« mehr als 42 Millionen Dollar an Kopfgeld bezahlt, allein im Jahr 2018 sollen es an die 19 Millionen Dollar gewesen sein.[5]

Mit einem Anteil von 27 Prozent sind Hacker aus Asien in der Community am stärksten vertreten, dicht gefolgt von den US-Hackern mit einem Anteil von elf Prozent sowie Hackern aus Russland. Am erfolgreichsten bei der Suche nach Lücken sind Hacker aus den USA, gefolgt von Indien, Russland und Deutschland. 84 Prozent dieser White Hats sind zwischen 18 und 34 Jahre alt. Mittlerweile haben aber auch Programmierer aus Afrika erkannt, dass man mit dem Finden von Lücken und Bugs (auf seriöse Art und Weise) viel Geld verdienen kann. Fast drei Viertel der HackerOne-Mitglieder haben erst ein bis fünf Jahre Erfahrung. Ein Drittel hackt nur ein bis zehn Stunden pro Woche, für ein Viertel ist es tatsächlich ein 30- bis 40-Stunden-Job.

Cyberworld trifft Westernwelt

Hacker, die sich moralischen, ethischen und rechtlichen Grundsätzen verschrieben haben, werden oft auch als »Ethical Hacker« bezeichnet. Die Unterteilung in White Hats und Black Hats , also in Weiß und Schwarz stammt aus der Westernzeit.[6] In amerikanischen Western-Filmen, die vermehrt in den 1920er- und 1940er-Jahren gedreht wurden (damals noch in Schwarzweiß), trugen die Helden oft weiße, die Schurken hingegen schwarze Hüte – um den Kontrast zwischen Gut und Böse zu symbolisieren.

Die Motive der Black Hats: Sie agieren entweder aus rein egoistischen Beweggründen, weil sie etwa durch ihre Arbeit Macht ausüben wollen und es sie befriedigt, wenn sie Systeme crashen und im Chaos versinken sehen. Oder aber sie tun es aus finanziellen Gründen. Denn Black Hats verdienen je nach Auftrag ungeheuer viel Geld. Black Hats spüren nicht nur Lücken auf, um sie dem Meistbietenden zu verkaufen, sie bieten ihre Hacking-Dienste (unter anderem im Darknet) an, um für andere zu spionieren, persönliche Daten aufzuspüren oder Kreditkartennummern zu stehlen und diese im Darknet zu verkaufen.[7]

Hacker-Kollektive – V wie Vendetta

Es gibt noch eine dritte Gruppe von Hackern. Diese lassen sich weder dem legalen noch dem illegalen Bereich zuordnen. Sie werden als »Grey Hats« bezeichnet. Sie tun zwar Illegales, dies jedoch im Sinne einer »größeren Sache«. Der Zweck heiligt (zumindest aus ihrer Sicht) die Mittel. Ein Beispiel dafür ist die seit dem Jahr 2008 aktive Gruppe »Anonymous«, deren Markenzeichen die berühmte Guy-Fawkes-Maske ist, die aus dem Film »V wie Vendetta« bekannt ist.[8] Anonymous – man weiß eigentlich bis heute nicht, wer sich dahinter verbirgt –, erachten sich als Gutmenschen, die digitalen Robin Hoods des World Wide Web. Sie kämpfen gegen Globalisierung und die dazugehörigen Konzerne, ebenso wie für ein freies Internet, gegen Zensur und für Gleichberechtigung.[9]

Der Denkzettel

»Ich war so sauer, weil ich das Gefühl hatte, dass niemand dazulernt«,

schilderte einer der Hacker in einem Online-Chat der Technologie-Plattform ZDNet seine Stimmung nach einem geglückten Hack.[10] »Ich habe mich in dem Moment so aufgeregt, weil mich der Mangel an Sicherheit im Jahr 2019 wütend gemacht hat.«

Was genau hat dieser Hacker im Februar 2019 mit seinen Freunden gemacht? Kurz und schmerzlos 16 US-Portale gehackt und die Daten von 620 Internetnutzern gestohlen:[11]

162 Millionen Accounts auf Dubsmash, 151 Millionen von MyFitnessPal, 92 Millionen von MyHeritage, 41 Millionen von ShareThis, 28 Millionen von HauteLook, 25 Millionen von Animoto, 22 Millionen von EyeEm, 20 Millionen von 8fit, 18 Millionen von Whitepages, 16 Millionen von Fotolog, 15 Millionen von 500px, elf Millionen von Armor Games, acht Millionen von BookMate, sechs Millionen von CoffeeMeetsBagel, eine Million von Artsy und 700 000 von DataCamp.

Kurze Zeit später wurden diese Daten von den Hackern, die sich »Gnosticplayers« nannten, im Darknet zum Verkauf angeboten – für umgerechnet 20 000 Dollar in Bitcoins.[12] Ein Hacker von Gnosticplayers erzählt im Interview, dass man nicht alle Daten zum Verkauf angeboten habe. Einige Unternehmen seien auf die Erpressungsforderungen eingegangen und hätten dafür bezahlt, dass die erbeuteten Daten nicht öffentlich würden. »Ich habe mich mit einigen Unternehmen geeinigt, die Daten der betroffenen Start-ups werde ich nicht verkaufen«, sagt er.

Schauen wir uns etwa den Diebstahl auf Dubsmash genauer an. Dubmash ist eine App, mit der man ein Video von sich selbst mit berühmten Songs, Tiergeräuschen aus Filmen oder sonstigen Tönen kombinieren kann: Dubsmash ist in den USA ziemlich populär und war sogar ein Fixelement in »The Tonight Show with Jimmy Fallon«.[13] Laut *TheRegister* wurden damals exakt 161 549 210 Kontodaten gestohlen, die man für 0,549 Bitcoins kaufen konnte.[14] Die elf Gigabyte umfassende Datensammlung beinhaltete die User-ID, das verschlüsselte Passwort, den Benutzernamen, die E-Mail-Adresse, die Sprache, das Land sowie von einigen Benutzern den Vor- und Nachnamen.

MOTIVATION – DIGITALE SADISTEN

Hinter jeder Handlung steht eine Motivation. Hinter Hackerangriffen stecken häufig politische oder wirtschaftliche Motive – und selbstverständlich gibt es Menschen, die einfach gern Chaos verbreiten. Wie sagte Michael Caine in der Rolle des Alfred Pennyworth in *The Dark Knight* so treffend: »Some men aren't looking for anything logical, like money. They can't be bought, bullied, reasoned, or negotiated with. Some men just want to watch the world burn.*«

Ähnlich dem sogenannten »Swatting« – in den USA kommt es mittlerweile häufig vor, dass unliebsamen Mitbürgern ein SWAT-Team (Special Weapons And Tactics) auf den Hals gehetzt wird. Gründe gibt es viele – Chaos verursachen, Rache üben oder einfach Langeweile. Kein Einzelfall ist Swatting unter Videospielern. So gibt es die Geschichte eines »Call of Duty«-Video-Spielers aus New York, der über seine Niederlage beim Spiel derart frustriert war, dass er die Notrufnummer wählte und den Einsatz einer Spezialeinheit auslöste. Er gab der Polizei die Adresse seines Gegenspielers und behauptete, dass dieser dessen Mutter getötet habe. Es folgte ein Großeinsatz mit SWAT-Team und Hubschraubern. Dort öffnete die angeblich tote Mutter die Tür, der vermeintliche Täter saß mit Kopfhörern noch immer vor dem Videogame. Doch nicht immer gehen solche Einsätze harmlos aus – beim »Wichita Swatting« Ende Dezember 2017 riefen zwei Call-of-Duty-Gamer beim Notruf an, um einen dritten Mitspieler zu swatten. Sie irrten sich in der Adresse und

* Übersetzung: »Manche Menschen wollen die Welt einfach brennen sehen, ihnen macht es schlichtweg Spaß, zuzusehen, wenn Chaos, Verwirrung und Panik herrschen. Sie sind sozusagen die digitalen Sadisten der Gegenwart, die Freude daran haben, andere zu quälen, oder einfach nur ihren Frust abbauen wollen.«

beim Einsatz erschoss die Polizei versehentlich einen unbeteiligten Mann, der an der besagten Adresse wohnte. Tyler Barriss, jener Mann, der das SWAT-Team alarmierte, wurde zu 20 Jahren Haft verurteilt.[15]

DAS GLOBALE SCHACHSPIEL

Weshalb beschäftigen Staaten Hacker?

Um Systeme anderer Länder in Unruhe zu versetzen oder gar zum Stillstand zu bringen. Hacker können nicht nur die Wirtschaft eines Landes attackieren und mit Viren, Trojanern oder Ransomware einzelnen Branchen heftige Probleme bereiten. Sie können auch Angriffe auf die Infrastruktur durchführen – ob auf Flughäfen, Wasserversorgung oder Stromnetz. Um dazu in der Lage zu sein, brauchen Hacker nicht nur Programmierer-Know-how, sondern auch Zero-Day-Schwachstellen in den jeweiligen Programmsystemen, die nur ihnen, nicht aber ihren Gegnern oder den Herstellern der Software bekannt sind.

Regierungen haben längst erkannt, dass das Militär in die fünfte Dimension, also in den virtuellen Raum, vorstoßen und sich so aufstellen muss, dass es auf Angriffe aller Art vorbereitet ist: Land, Meer, Luft, Space – und Cyberspace. Die Militärs der Gegenwart brauchen keine Panzer, sondern IT-Know-how, sie bekämpfen Feinde nicht mit Maschinengewehren, sondern mittels Cyberabwehr. Die Kosten für Cyberabwehr sind übrigens deutlich geringer als für militärische Hardware, weil ein Computersystem günstiger ist als beispielsweise ein Abfangjäger. Ein Lockheed F-35 kostet zwischen 89,2 und 107,7 Millionen Dollar (ohne Munition).

Das israelische Sicherheitsunternehmen Radware ortet »eine globale Schachpartie« auf digitaler Ebene zwischen Nationalstaaten und Unternehmen.[16] Staatlich geförderte Cyberangriffe gegen Unternehmen seien zu einer der größten Bedrohungen geworden. Von Regierungen unterstützt und mit massiven Geldmitteln finanziert, seien staatlich gesponserte Hackergruppen deshalb so erfolgreich, weil sie auf Gegner treffen, die in der Regel finanziell nicht so gut ausgestattet sind wie Regierungen und auch nicht über die erforderlichen IT-Sicherheitskräfte verfügen.

Der »2019 Data Breach Investigations Report« von *Verizon*[17] kam nicht nur zu dem Ergebnis, dass vor allem kleine Unternehmen Opfer von Hackern werden (43 Prozent der Angriffe) und dass bis zu 69 Prozent Außentäter für die Attacken verantwortlich sind (39 Prozent davon Cyberkriminelle aus der Organisierten Kriminalität), sondern auch, dass bei fast jeder vierten Attacke (23 Prozent) Hacker dahinterstecken, die von Regierungen finanziert werden. Die Bösewichte kämen – wie sollte es in einer US-Studie anders sein – vor allem aus Ländern wie China, Russland, Iran und auch Nordkorea.

Regierungen auf der ganzen Welt – auch jene, die die meisten Hacker unterstützen –, investieren massiv in den Aufbau und den Betrieb von Cyberspionageteams, um sowohl nationale Interessen zu schützen als auch geistiges Eigentum für die heimischen Industrien zu sammeln. Es gibt inzwischen zahlreiche Beispiele von Fällen, bei denen Regierungen versucht haben, über Hackerattacken Informationen zu beschaffen. Zum Beispiel um ein Unternehmen aus dem eigenen Land zu unterstützen oder, im Falle einer Ausschreibung, das Zünglein an der Waage zu sein, um einen Auftrag ins Land zu holen. Häufig geht es bei diesen Angriffen auch darum, IP (Intellectual Property), also geistiges Eigentum, zu erbeuten.

Im Mai 2019 hat China ein Positionspapier veröffentlicht (»Made in China 2025«), in dem die künftige Strategie des 1,4-Milliarden-Einwohner-Landes beschrieben wird.[18] China will in einigen Branchen, die bisher als westliche Steckenpferde galten, eine eigene Expertise aufbauen: IT, Robotik, (Grüne) Energie und E-Mobilität, Aerospace, Medizin, Agrartechnik und so weiter. Dass solche Bestrebungen weder in den USA noch bei anderen westlichen Industrienationen auf Gegenliebe stoßen, ist wenig überraschend.

Darauf bezugnehmend, versteht man nicht nur den Handelskrieg zwischen China und den USA, man versteht auch die Sicherheitsbedenken der westlichen Länder, etwa gegenüber chinesischen Unternehmen wie Huawei. Die Finanzchefin von Huawei und Tochter des CEOs, Meng Wanzhou, wurde am 1. Dezember 2018 bei einer Reise nach Kanada auf Ersuchen der USA verhaftet.[19] Mehr als ein Jahr dauerte der Rechtsstreit, ob Wanzhou an die USA ausgeliefert würde, wo man ihr Verschwörung, Betrug sowie Verstöße gegen die Iran-Sanktionen vorwarf. Es folgte ein monatelanger Rechtsstreit, der Ausgang des Verfahrens war im Mai 2020 noch immer offen. Die USA gehen davon aus, dass sich China über Gesetze hinwegsetzen wird, um die in dem Papier »Made in China 2025« beschriebenen Ziele zu erreichen. Man befürchtet unter anderem Cyberspionage, Diebstahl geistigen Eigentums sowie erzwungene Technologietransfers.[20]

Wie sehr die Welt von China abhängig ist, hat der Ausbruch des Coronavirus Anfang 2020 gezeigt. Um die Virusausbreitung einzudämmen, blieben fast zwei Monate lang alle Werke in China geschlossen. Das hatte Auswirkungen auf sämtliche Branchen rund um den Globus – von der Hightech-Sparte bis hin zum Automobilsektor. Bei Apples iPhone etwa kam es zu Lieferengpässen, weil in den Foxcon-Werken in China nicht gearbeitet werden konnte. Es folgte eine Gewinnwarnung Apples und diese hatte wiederum Auswirkungen auf viele weitere Technologieunternehmen.[21] Nach China und weiteren Ländern Asiens breitete sich der Virus auch in Europa und den USA aus. Das ist der Anfang einer weltweiten Krise, deren Ausmaß man Anfang 2020 noch nicht abschätzen konnte.

Von Superpowers bis Ambitious Buyers

Doch nun zurück zu den staatlich finanzierten Hackern, die – davon sind US-Sicherheitsexperten überzeugt – in den kommenden Jahren noch aktiver werden. Grundsätzlich teilt man Staaten anhand ihrer sogenannten »state-sponsored«-Hacker in vier Gruppen ein: »Superpowers«, »Rapid Risers«, »The Peloton« und »Ambitious Buyers«.[22]

Ihre Wirksamkeit hängt davon ab, wie viel Geld die Regierung in ihre Cyberarmee investiert. Eine Superpower ist in der Lage, Operationen des gesamten Cybercrimespektrums auf Basis aller militärischen und nachrichtendienstlichen Fähigkeiten durchzuführen, um ein bestimmtes Ergebnis in politischen, militärischen oder wirtschaftlichen Bereichen zu erzielen. Doch es gibt noch weitere Ziele, etwa kommerzielle Produkte und Dienstleistungen bereits während ihres Designs, ihrer Entwicklung oder Herstellung zu »manipulieren«. Das heißt: Staatlich gesponserte Hacker schaffen Schwachstellen, sodass das Produkt eines ausländischen Unternehmens nicht funktioniert oder nicht ausgeliefert werden kann. Freilich ist auch das Finden von

Sicherheitslücken, das Programmieren von Schadsoftware, das Hacken von Betriebssystemen, seien es Regierungscomputer oder Systeme von Unternehmen, sowie das Anlegen von Zero-Day-Datenbanken Teil ihrer »Job Description«. Und sie arbeiten mitunter auch mit kriminellen Gruppierungen zusammen.

Zu den Superpowers zählen die Five Eyes, China, Russland, Israel, Frankreich und Deutschland. Das sind die großen und finanziell am besten ausgestatteten Organisationen, die praktisch alle Operationen durchführen, inklusive HUMINT(Human Intelligence). Darunter versteht man die Gewinnung von Erkenntnissen durch menschliche Quellen, sprich persönliche Informanten. Sie besitzen Zero-Days und arbeiten genau so, wie es Geheimdienste tun. Aber dazu später mehr ...

Die Rapid Risers sind Iran, Nordkorea, Vietnam und Südkorea. Diese Länder werden fachlich immer besser, weil sie teilweise über hochpotente Investoren verfügen und auch von anderen Ländern unterstützt werden. Sie nutzen Cyberangriffe, um gleiche Wettbewerbsbedingungen zu schaffen. Und sie lernen rasch. Auch sie wissen um Zero-Days, allerdings nicht in dem Umfang wie die Superpowers. Diese vier Länder sind so ambitioniert, dass es sicherlich der eine oder andere in den Rang einer Cybersupermacht schaffen könnte.

Zu den Pelotons, also zum geschlossenen Hauptfeld, zählen Indien, Pakistan, Saudi-Arabien, Brasilien und die Türkei. Sie haben erkannt, dass Nationalstaaten über Cyberkompetenz verfügen müssen und haben bereits mit der Aneignung der Fähigkeiten begonnen. Noch sind sie auf private Geldgeber angewiesen, sie werden aber auch von den Superpowers unterstützt.

Die ambitionierten Käufer kaufen Software und Cyberoperationen, da sie selbst noch nicht über eigene Kompetenzen verfügen. Zu dieser Kategorie gehören Mexiko, Äthiopien oder die Vereinigten Arabischen Emirate.

Einmal um die Welt hacken

Kein Experte will eine Einschätzung darüber abgeben, wie viele staatliche Hackergruppierungen es gibt. Die Namen der bekanntesten kennt man ohnehin. Für das IT-Sicherheitsunternehmen Radware sind zum Beispiel fünf

Hackertruppen[23] tätig, auf die im Folgenden genauer eingegangen werden wird. Wobei man hier rasch erkennen wird, weshalb es so schwer ist, die Anzahl der staatlichen Gruppierungen vollständig zu benennen.

Das US-Sicherheitsunternehmen FireEye bezeichnet diese Gruppe als »APT28«[24]. Kaspersky listet sie unter dem Namen »Sofacy Group«[25]. Eset nennt sie »Sednit«[26], das Sicherheitsunternehmen iSignt »Tsar Team«[27], von Mircosoft werden sie »Strontium« genannt.[28] Doch ganz gleich, wie sie auch bezeichnet wird, es handelt sich immer um APT-Hackergruppen. APT ist die Abkürzung für »Advanced Persistent Threat«, also übersetzt »fortgeschrittene anhaltende Bedrohung«. Das amerikanische Netzwerksicherheitsunternehmen FireEye hat sämtliche APT-Hackergruppen übrigens in einem übersichtlichen »Who-is-who« aufgelistet.[29]

APT28 ist jedenfalls eine Cyberspionagegruppe, die mit zwei Einheiten des russischen Militärgeheimdienstes, Einheit 26165 und Einheit 74455, verbunden ist. Diese Gruppe ist seit 2008 aktiv und berüchtigt für Schadsoftware-Attacken im politischen Umfeld. Sobald sie sich in einem Netzwerk befindet, kompromittiert, stört und beeinflusst die Malware die politische Agenda, Zielgebiete sind Regierungen auf der ganzen Welt. Die Gruppe richtet sich gegen Regierungswahlen, gegen Medien, Sportveranstaltungen und mehrere globale Unternehmen. APT28 steht auch unter Verdacht, die US-Wahlen 2016 beeinflusst zu haben.

Die Existenz der »Equation Group« wurde erst im Februar 2015 von Kaspersky bekannt gegeben.[30] »Equation« ist das englische Wort für »Gleichung«. Die Gruppe heißt so, weil sie ein mathematisches Faible hat und hochkomplexe Verschlüsselungsmethoden entwickelt. Die Equation Group ist mit den Tailored Access Operations (TAO) der NSA verbunden und soll eine der bestausgestatteten Hackergruppen der Welt sein. Mitglieder dieser Gruppe sollen in der Verwaltung des US-amerikanischen Zero-Days-Archivs ebenso involviert sein wie in jede Cyberattacke, die US-Geheimdienste gegen ausländische Regierungen oder Unternehmen durchführen. Diese nationalstaatliche Gruppe ist seit 1998 im Einsatz. Sie überwacht und infiltriert »Feinde der Vereinigten Staaten«, sowohl im In- als auch im Ausland. Als eine der größten Komponenten des Signals-Intelligence (SIGINT)-Programms der NSA ist diese Gruppe in der Lage, gängige Hardware wie Router, Switches und Firewalls zu kompromittieren. Bekannt wurde die Equation Group vor allem durch die Ransomware WannaCry. Diese nutzte die Equation Group über Jahre selbst unter dem Namen »EternalBlue«, ehe Teile davon im Jahr 2016 von der Hackergruppe »Shadow Brokers« gestohlen wurden.[31] Erst nach diesem Diebstahl leitete die Equation Group die Informationen an Microsoft weiter.

Die Lazarus-Gruppe, auch bekannt als »Hidden Cobra« oder »Guardians of Peace«, ist die bekannteste nordkoreanische Hackereinheit.[32] Seit 2009 ist diese State-sponsored-Truppe (anders wäre es in Nordkorea kaum möglich) aktiv. Die Lazarus-Gruppe kann sich einige sehr erfolgreiche Cyberangriffe auf ihre Fahnen heften. Einer der bekanntesten war der Sony-Hack am 24. November 2014, bei dem das gesamte Netzwerk tagelang lahmgelegt wurde.[33] Die Hacker erlangten Zugriff auf geheime Insiderinformationen, etwa unveröffentlichte Filme, Filmprojekte sowie auf die Daten von Tausenden Mitarbeitern. Die Lazarus-Gruppe gab später an, dass sie bereits ein Jahr vor Bekanntwerden des Hacks in das System eingedrungen war.

Einer der größten Schäden in der jüngsten Cybercrimegeschichte geht ebenfalls auf das Konto der Lazarus-Gruppe – sie steckte hinter der WannaCry-Attacke 2017.[34] Spezialität der Truppe sind unter anderem sogenannte Spear-Phishing-Kampagnen; das sind gezielte Phishing-Kampagnen, mit denen ein bestimmtes Unternehmen attackiert wird, Benutzerdaten exfiltriert, verschlüsselt und dann gegen Lösegeld zum Kauf angeboten werden.

Die wohl berüchtigtste Hackervereinigung trägt den Namen »APT1« – auch bekannt als Einheit 61398 oder Comment Crew. Das ist jene Cyberwear-Truppe, die direkt an die Volksbefreiungsarmee der Volksrepublik China angeschlossen ist. Seit 2006 ist sie bekannt. Zwischen den Jahren 2006 und 2010 führte sie Attacken auf US-Behörden, wie etwa auf das Pentagon oder die NASA sowie auf US-Unternehmen aus. Die Sicherheitsfirma »Mandiant« erstellte 2013 den Bericht »APT1 – Exposing One of China's Cyber Espionage Units«.[35] Die Einsatzzentrale von APT1 soll sich in einem Hochhaus im Shanghaier Stadtteil Pudong befinden. Aber sowohl das als auch die Existenz dieser Truppe wird von der chinesischen Regierung dementiert. »Es ist unprofessionell und unbegründet, das chinesische Militär ohne schlüssige Beweise des Cyberangriffs zu beschuldigen«, antwortete das chinesische Verteidigungsministerium auf erste Vorwürfe.[36]

APT1 hat sich auf den Diebstahl von Geschäftsgeheimnissen und vertraulichen Informationen, vor allem aus den Branchen Technik und Elektronik, spezialisiert. Allerdings wurden auch die *New York Times* oder das *Wall Street Journal* angegriffen. Bei der Operation »Seasalt« wurden insgesamt 140 US-Unternehmen gehackt, und zwar mit Spear-Phishing-Methoden (auf eine bestimmte Person zugeschnittene Phishing-Attacken) sowie gefälschten beziehungsweise infizierten Dokumenten und PDFs. Gerüchte tauchten auf, dass APT1 im Jahr 2018 neuerlich aktiv geworden sein könnte, weil Teile eines Codes, die bei Seasalt genutzt worden waren, im Zuge einer weiteren Attacke aufgetaucht sind. Diese Operation Seasalt (die Namen werden übrigens von den Ermittlern vergeben) hatte es auf Unternehmen in Südkorea, Kanada und den USA abgesehen.[37]

Eine state-sponsored Hackertruppe, die vom Iran unterstützt wird, ist APT33, auch als »Elfin« oder »Magnallium« bekannt. Ihre Motivation sind Informationsdiebstahl, Spionage und Sabotage, die Aufträge erteilt die iranische Regierung. Grundsätzlich ist das Zielgebiet von APT33 der Nahe Osten, vor allem Saudi-Arabien. Allerdings hat die Truppe auch Unternehmen und Behörden in den USA und in Südkorea im Visier, vor allem aus den Bereichen Forschung, Finanzen und Technologie. APT33 ist seit 2013 aktiv und eine Reihe von hochkarätigen Angriffen werden der Gruppe zugeschrieben. Spezialgebiete von APT33 sind der Luftfahrt- und der Energiesektor – sowohl aus militärischer als auch aus kommerzieller Sicht. Die Gruppe, die erstmals Ende des Jahres 2015 oder Anfang des Jahres 2016 aktiv wurde, ist darauf spezialisiert, nach gefährdeten Websites zu suchen und diese dafür zu nutzen, potenzielle Ziele zu identifizieren, entweder für Angriffe oder für die Schaffung einer Kommando- und Kontrollinfrastruktur.[38]

Von Fancy Bear bis Honeybee

Tailgater, Dynamite Panda, Blue Termite, Dragonfly 2.0, Zirconium, Honeybee, The Lamberts, Lotus Blossom, MuddyWater, Chafer (APT39), Fancy Bear, ScarCruft, CoppyKittens, Whitefly oder TA459. Die Liste liest sich wie das Who-is-Who eines Computergames à la Fortnite oder PUBG (Playerunknown's Battlegrounds). Tatsächlich sind das die Namen zahlreicher weiterer bekannter Hackergruppen, die ebenfalls im Auftrag von Staaten und Regierungen aktiv sind, es allerdings noch nicht zum Weltruhm einer APT1 geschafft haben.

Die vom ThaiCert (Thailand Computer Security Coordination Center) zusammengestellte Aufstellung »A Threat Actor Encyclopedia« umfasst 275 Seiten.[39] Dabei handelt es sich um eine Liste bekannter Hackergruppierungen; sortiert nach Namen, Land, »Sponsoren« und Motivationen; weiter enthalten ist eine Beschreibung darüber, welche Tools diese Gruppierungen nutzen, auf welche Bereiche sie fokussiert sind, sowie eine Aufschlüsselung der bereits durchgeführten Cyberattacken inklusive eines Links, der, sofern vorhanden, zu einer Quelle über die Bestätigung ihrer Aktivitäten führt.

»Dynamite Panda« ist eine von der chinesischen Regierung »gesponserte« und auch von der »Peoples's Liberation Army« unterstützte Hackertruppe. Im August 2014 erbeutete sie die Daten und Sozialversicherungsnummern von 4,5 Millionen Patienten der »Community Health Systems Inc.«, einer der größten US-Krankenhausgruppen.[40]

Es ist nicht nachgewiesen, ob es eine, zwei oder doch drei separat voneinander agierende Hackergruppen gewesen sind, gelistet unter den Bezeichnungen »Dragonfly 2.0«, »Energetic Bear«, beziehungsweise »Dragonfly«, die im Mai 2017 in Computernetze von US-Unternehmen eingedrungen sind, die Kernkraftwerke und andere Energieanlagen sowie Produktionsstätten in den Vereinigten Staaten und anderen Ländern betreiben. Zu den Zielunternehmen gehörte unter anderem die »Wolf Creek Nuclear Operating Corporation«, die etwa ein Kernkraftwerk nahe Burlington im Bundesstaat Kansas betreibt.[41]

»Chafer«, auch »APT39« genannt, ist eine Gruppe von iranischen Hackern, die im Auftrag der Regierung seit 2018 ausländische diplomatische Einrichtungen im Iran ausspioniert.[42] Auch die »CopyKittens« – auf Informationsdiebstahl und Spionage spezialisiert – sind im Iran beheimatet. Sie haben von Oktober 2016 und bis Ende Januar 2017 die *Jerusalem Post* sowie mehrere weitere israelische Websites und eine Website der Palästinensischen Autonomiebehörde kompromittiert. Die Attacke wurde unter anderem vom deutschen Geheimdienst bestätigt.[43]

KAPITEL 4

WAFFEN DER HACKER UND GEHEIMDIENSTWELT

SCHWACHSTELLEN IM PROGRAMMCODE

Wie wahrscheinlich ist es, dass sich auf 900 Seiten Fließtext ein Fehler eingeschlichen hat? Sehr wahrscheinlich. Und nicht nur einer, sondern vermutlich viele. Würde man die 40 000 Zeilen Programmcode, über die eine durchschnittliche Smartphone-App verfügt, ausdrucken, so würde das einen Text im Umfang von 900 Seiten ergeben. Umso wahrscheinlicher wäre es doch, in einem Text mit einem Umfang von 270 000 Seiten mehrere Fehler zu finden, oder? 270 000 Seiten – so umfassend wäre der Stoß Papier, wenn man die etwa 15 Millionen Programmierzeilen des Android-Betriebssystems ausdrucken würde. Auch hier verstecken sich also mit an Sicherheit grenzender Wahrscheinlichkeit diverse Fehler.[1]

Ein 1-Million-Zeilen-Code umfasst in etwa 18 000 Seiten Text. Das klingt umfangreich, doch Software, wie sie in Drohnen, Flugzeugen oder in selbstfahrenden Autos zu finden ist, benötigt weit mehr als einen 1-Million-Zeilen-Code. Das gilt auch für diverse Betriebssysteme, die auf Smartphones oder Computern installiert sind. Im Falle einer Drohne sind 3,5 Millionen Programmierzeilen nötig, im Falle einer Boeing 787 sind es 13,5 Millionen und im Falle eines Lockheed Martin F-35 Kampfjet 23,5 Millionen Zeilen. Wir können also davon ausgehen, dass jede Software und jedes Betriebssystem in gewisser Weise fehlerhaft ist. Man denke hierbei beispielsweise an Windows XP (der Code besteht aus 40 Millionen Zeilen), Windows Vista (50 Millionen Zeilen) oder Mac OS X (Version »Tiger« besteht aus 84 Millionen Zeilen).

Gemäß einer Studie der amerikanischen Carnegie Mellon University in Pittsburgh, Pennsylvania, weist eine kommerzielle Software durchschnittlich 20 bis 30 Programmierfehler (Bugs) pro 1000 Zeilen Code auf.[2] Wenn wir also die 3,5 Millionen Programmierzeilen einer Militärdrohne betrachten, so würde dies bedeuten, dass es 70 000 bis 105 000 Programmierfehler und Sicherheitslücken gibt. Die meisten davon haben keine Auswirkung auf das Flugverhalten und die grundlegenden Funktionen. Wüsste man aber um die Lücken im System, so könnte man eine Drohne sehr wohl zum Absturz bringen.

Die Software eines Autos besteht heute aus einem 100-Millionen-Zeilen-Code, das hat das US-Tech-Portal *Wired* errechnet (mehr dazu im Kapitel 9).[3]

Der Pkw ist längst eine Art Smartphone auf Rädern, ein Hightech-Gerät, in dem viele verschiedene Systeme miteinander kommunizieren und durch eine Cloud miteinander verbunden sind (Stichwort: Infotainment). Bezieht man sich also auf die Berechnungen der Carnegie Mellon University, die vermuten lassen, dass in 1000 Programmzeilen mit 20 bis 30 Bugs zu rechnen ist, so hätten sich in einem Auto mit seinem 100-Millionen-Zeilen-Code womöglich zwei bis drei Millionen Bugs eingeschlichen.

Wir Nutzer bemerken Programmierfehler selten oder eventuell nur dann, wenn eine App abstürzt. Wenn uns der Hersteller einer App, einer Spielkonsole, eines Smartphones oder eines Computer-Betriebssystems auf ein Update aufmerksam macht, kann dies verschiedene Gründe haben. In den kurzen Beschreibungen vor der Installation wird etwa darauf hingewiesen, dass mit dem Update gewisse Probleme im Hinblick auf die Funktionalität behoben, Sicherheitslücken geschlossen oder bestimmte Diversifikationen im Gerät oder in der Anwendung verbessert würden. Der Nutzer sollte sich dennoch nicht in Sicherheit wiegen, denn er ahnt nicht (ebenso wenig wie der Hersteller), welche weiteren Sicherheitslücken ein System aufweisen kann – darunter auch solche, die es Angreifern relativ einfach machen, in ein Computersystem einzudringen.

Ein fehlerhafter Code kann zu Systemabstürzen führen, der »Rechner hängt sich auf«. Mit einem Update können solche Mängel in einem Programm oftmals behoben werden.

ZERO DAYS UND ZERO DAY EXPLOIT ATTACKS

Ein »Zero Day« ist eine mächtige Waffe: mächtiger als ein Maschinengewehr, mächtiger als ein Abfangjäger, ein Panzer oder eine Militärdrohne. Denn ein Zero Day ist eine Sicherheitslücke, die von Hackern oder vom Militär, der Polizei und Geheimdiensten dazu genutzt werden kann, ein System oder auch mehrere Systeme zu attackieren.

Ein Beispiel: Ist etwa einem Geheimdienst ein Zero Day in einem Windows-Betriebssystem bekannt, kann er über dieses Schlupfloch Computer ausspionieren, indem er Viren, Würmer oder Trojaner auf dem

Rechner installiert, den Datenfluss im System absaugt und die Kommunikation auswertet. So betrachtet, muss jedem Nutzer bewusst sein, dass jedes seiner Geräte gehackt worden sein könnte und Daten ausgelesen, beziehungsweise eingespielt werden könnten.

Es gibt viele solcher Lücken, die niemandem bekannt sind. Es gibt viele, die den Herstellern bekannt sind, aber es gibt noch mehr Lücken, von denen nur Hacker oder Behörden, beziehungsweise Geheimdienste wissen. Die Hersteller werden erst dann über die Sicherheitslücken in ihrem System informiert, wenn Lücken für Hacker nicht mehr attraktiv genug sind oder wenn – wie im Falle der Ransomware WannaCry– Informationen aus Geheimdienst-Abteilungen ungewollt nach außen gelangen. Man nennt diese Lücken Zero Days, übersetzt »Null Tage«. Der Name bezieht sich darauf, dass ein Zero Day bis dato niemandem bekannt ist und es für ihn folglich auch noch keinen Patch gibt, sprich (noch) kein Update, mit dem die Lücke geschlossen werden könnte.[4] Nicht jede Schwachstelle macht Cyberangriffe möglich. Wie einfach oder schwierig es für Angreifer tatsächlich ist ein System zu hacken, hängt auch von der Beschaffenheit der Sicherheitslücke ab. Wollen Angreifer eine Lücke ausnützen, so schreiben sie eine Art »bösen Code«, diesen nennt man »Exploit«[5]. Der »Zero Day Exploit Attack« (ZETA) ist ein Angriff, der an dem Tag erfolgt, an dem die hierbei ausgenutzte Schwachstelle in der entsprechenden Software entdeckt wird.[6] In diesem Fall wird die Schwachstelle ausgenutzt, bevor sie vom Softwarehersteller durch einen Fix geschlossen werden kann. Allerdings gibt es unter den Zero Days viele Lücken, die man als eine Art »Schläfer« bezeichnen kann. Die entsprechenden Zero Day Exploit Attacks werden erst dann durchgeführt, wenn sie für den Hacker, den Geheimdienst, das Militär oder eine Behörde von Nutzen sind[7]. Für viele Zero Days ist der Tag X nämlich noch nicht gekommen.

Zero Days sind schon seit etwas mehr als zehn Jahren ein gängiges Mittel, um Gegner anzugreifen. Im Jahr 2009 wurden von China aus E-Mails an Google, Adobe und ungefähr 30 andere US-Unternehmen verschickt. Die Mails enthielten einen Trojaner, mit dem es gelang, an geheime Firmendaten zu gelangen. Die als »Aurora« in die Annalen der Zero Days eingegangene Attacke nutzte einen Zero Day im Internet Explorer aus. Durchgeführt wurde die Attacke von einer Hackergruppe aus Peking mit der Bezeichnung »Elderwood Group«.[8] Einer der Hintergründe der Attacke dürfte gewesen sein, dass die chinesische Regierung Google untersagt hatte, die Suchfunktion in China anzubieten.

Ein weiterer Hack hat besonders in den USA Wellen geschlagen: Im Jahr 2011 drangen Hacker in das Netzwerk des Security-Herstellers RSA ein und stahlen Algorithmen für deren Zwei-Faktor-Token.[9] Dieses Wissen machten sie sich dann zunutze und attackierten das Rüstungsunternehmen Lockheed Martin.[10] Es wurde eine Mail an alle RSA-Mitarbeiter mit folgendem Text versandt: »I forward this file to you for review. Please open and view it.«* Der Nachricht war das Attachment »2011 Recruitment plan.xls« angefügt.[11] Bei Öffnen der Datei aktivierte sich ein Flash-Objekt, das eine Schwachstelle im Adobe Flashplayer attackierte, die bis dahin niemandem bekannt war. Über diese Lücke konnte dann die Schadsoftware installiert und der Rechner fremdgesteuert werden. Diese Attacke diente vermutlich der Wirtschaftsspionage bei Lockheed Martin.

Das deutsche Portal security-insider.de hat übrigens eine spannende Sammlung erfolgreicher Hackerangriffe zusammengestellt – insgesamt 317 aus den Jahren zwischen 2011 und 2015. Leider endet diese Übersicht im September 2017.[12]

* Übersetzung: »Ich leite diese Akte zur Überprüfung an Sie weiter. Bitte öffnen und betrachten Sie sie.«

Die Zero-Day-Libraries

Grundsätzlich sollte der Ablauf folgendermaßen sein: Sobald ein Programmierer (durch Zufall) oder ein Forscher eines Sicherheitsunternehmens wie Kaspersky, Symantec oder ESET (gezielt) auf eine Lücke stößt, wird umgehend der Software-Hersteller informiert. In der Praxis sieht das meist anders aus. Offiziell leiten Sicherheitsunternehmen solche Infos sofort weiter, tatsächlich aber werden viele der Zero Days von Menschen entdeckt, die inzwischen wissen, dass sie damit sehr viel Geld verdienen können.

Was genau kostet das exklusive Wissen über eine Lücke, durch die man ein Gerät oder ein Betriebssystem attackieren kann? Ein einst kleines australisches Start-up hat sich mit dem Verkauf von Zero Days einen Namen gemacht: Azimuth Security. Mittlerweile ist das Start-up kein Start-up mehr. Im Sommer 2018 wurde es vom New Yorker Unternehmen L3 Technologies gekauft. Neben Azimuth Security hat L3 Technologies auch gleich den Softwareentwickler Linchpin Labs »erworben«.[13] L3 – üblicherweise auf den Verkauf von Kommunikations- und Sensorsystemen spezialisiert – war diese Akquise 200 Millionen Dollar wert. Mit dem Argument, dass man die Bereiche Cybersicherheit, Überwachung und Aufklärung stärken wolle. Die beiden Unternehmen würden »in einer Vielzahl komplexer ISR- (Intelligence, Surveillance, Reconnaissance/Geheimdienst-, Überwachungs- und Aufklärungsaktivitäten) und klassifizierter Missionen« involviert werden.

Azimuth Security war zu diesem Zeitpunkt in der Technologiebranche bereits kein Unbekannter mehr – einerseits wegen seiner Penetrationstests, mit denen man die Zuverlässigkeit und Sicherheit von IT in Unternehmen testete, andererseits, weil das Unternehmen eine der ersten Adressen für all jene war, die einen Zero Day kaufen wollten. Azimuth Security hatte bereits mit einer Reihe von Geheimdiensten lukrative Geschäfte gemacht.

Der Schwerpunkt von Linchpin Labs wiederum lag »auf der Entwicklung kundenspezifischer Softwaresysteme und -anwendungen« – eine sehr schwammige Beschreibung, die viele Dienstleistungen aus unterschiedlichen Bereichen umfasst. Was außerdem bedacht werden sollte, ist, dass Linchpin Labs 2007 von ehemaligen Spionen gegründet wurde.

Gemeinsam haben die beiden Unternehmen, die sich jetzt L3 Trenchant nennen, Zero-Day-Exploits unter anderem für die »Five Eyes«

angeboten. Die Five Eyes (FVEY) sind das Geheimdienstbündnis, dem Australien, Kanada, Neuseeland, das Vereinigte Königreich und die Vereinigten Staaten angehören.[14] Diese Länder zählen gleichzeitig auch zu den Vertragsparteien des 1946 geschlossenen UKUSA-Abkommens, dem Überwachungsabkommen zwischen Großbritannien und den Vereinigten Staaten. 1946 haben die amerikanische NSA[*] und die britischen GCHQ[**] einen Vertrag unterzeichnet, der eine Zusammenarbeit beider Geheimdienste regelte. In den Jahren darauf schlossen sich unter anderem auch die Geheimdienste ASD[***] (Australien), CSE[****] (Kanada) und GCSB[*****] (Neuseeland) dem Abkommen an. Eine der großen »Errungenschaften« der Five Eyes war das Echelon-Überwachungssystem, ein globales Spionagenetz, mit dem jede per Satellit geführte Kommunikation abgehört werden kann.[15] Sowohl private und geschäftliche Telefonate als auch der satellitengestützte Internet-Verkehr.

Daher sind viele IT-Sicherheitsexperten davon überzeugt, dass Behörden, wie etwa die NSA in den USA, heute über Cyberwaffenarsenale in Form eigener Zero-Day-Bibliotheken verfügen. Darauf schließen lässt auch die WannaCry-/EternalBlue-Geschichte.[16] Diese Bibliotheken sind bestgehütet, nur wenige haben Zugang zu ihnen. Doch gleich vorweg – andere Staaten haben solche Zero-Day-Sammlungen ebenso. Auch Russland, China und Nordkorea wissen längst um die Bedeutung der Sicherheitslücken. Wer Kenntnis über eine Lücke hat, hat die Macht. Denn in diesen Zero-Days-Sammlungen ist exakt dokumentiert, welches (Kriegs-)Gerät welche Systemschwachstelle hat, im Bedarfsfall würde man das Gerät exakt über diese Lücke attackieren.

---

* National Security Agency

** Government Communications Headquarters

*** Australian Signals Directorate

**** Communications Security Establishment

***** Government Communications Security Bureau

Die Zero Days in Smartphones

Azimuth hat mehreren Berichten zufolge Zero-Days-Exploits* entwickelt, durch die Behörden, Polizei und Geheimdienste aus der Ferne auf iPhones und Android-Geräte zugreifen können.[17] Für das FBI soll die Firma sogar einen Exploit für den Tor-Browser entwickelt haben.

Laut einem Motherboard-Bericht im Magazin *Vice* arbeiten für Azimuth einige der produktivsten iPhone-Hacker der Welt. Bereits 2016 stellten Azimuth-Mitarbeiter auf der Hackerkonferenz Black-Hat in Las Vegas ihre Arbeiten am »Secure Enclave Processor« vor.[18] Hierbei handelt es sich vermutlich um den sensibelsten Teil eines iPhones, da hier die Verschlüsselung und die Fingerprint-Daten abgelegt werden. Für das Unternehmen arbeiten nicht nur die besten iOS-Jailbraker, es sollen auch eine Reihe von NSA-Experten im Unternehmen beschäftigt gewesen sein.

Was kosten Zero Days Exploits?

Ob Zufall oder Ergebnis einer gezielten Suche – das Geschäft mit den Sicherheitslücken floriert. Entweder man meldet sie dem betroffenen Software-Unternehmen und bekommt dafür Geld. Oder man verkauft sie einer Behörde und bekommt dafür ebenso Geld, mitunter sogar mehr. Oder aber man verkauft sie auf dem Schwarzmarkt, im Darknet und verdient sich womöglich ein goldenes Näschen.

Im Jahr 2018 kostete ein Zero-Day-Exploit für ein iPhone mit dem Betriebssystem iOS 11 (ab Sommer des Jahres 2020 ist bereits iOS 14 erhältlich) mehr als zwei Millionen Dollar. Und die Preise sollen sich seither noch vervielfacht haben. Laut – inoffizieller – Preisliste bezahlte man 2018 für einen Zero-Day-Exploit für den Firefox Browser 200 000 Dollar, für Tor-Browser zwischen 150 000 und 250 000 Dollar und für Chrome, laut *Vice*, zwischen 500 000 bis zu eine Million Dollar. Der Wert der Zero Days steigt vor allem deshalb ständig, weil inzwischen eine Verschlüsselung in den

---

* Eine programmierte Möglichkeit, Schwachstellen auszunutzen.

Endgeräten vorgeschrieben ist, damit genau das, was Zero-Day-Exploits ermöglichen – Nachrichten abzufangen oder in die Festplatte einzudringen –, praktisch unmöglich wird.[19]

»Wir zahlen mächtig Kohle, keine Peanuts« – so in etwa lautet der Slogan von Zerodium, die »weltweit führende Plattform für den Erwerb von erstklassigen Zero-Days« (Eigendefinition). Vereinfacht ausgedrückt: Auf der Plattform werden Zero Days Exploits gehandelt. Für einen Exploit werden auf Zerodium bis zu 2,5 Millionen Euro bezahlt. Der Betrag hängt davon ab, wie populär die Software/das System ist, welches Sicherheitsniveau die Lücke hat, also was damit angestellt werden kann, und natürlich von der Qualität, sprich Programmierung des Exploits. Es lohnt sich, einen Blick auf die Seite »Our Exploit Acquisition Program« zu werfen, denn hier bekommt man ein Gefühl dafür, was eine Lücke in WhatsApp, Signal, iMessage oder auch in einer der Office-Programme wert ist.[20]

»Für Angreifer ist ein Exploit dann am wichtigsten, wenn er als RCE funktioniert«, sagt KPMG-Partner Andreas Tomek. RCE steht für Remote Code Execution, was bedeutet, dass der Hacker ein System, ganz gleich wo es sich auf der Welt befindet, attackieren kann. Noch besser ist die Schadsoftware, wenn der attackierte User nichts machen muss, und sie ganz von alleine aktiv wird. Diese bezeichnet man als »Zero Click«. »Die Kombination aus diesen beiden Eigenschaften und der Gegebenheit, dass nun der Exploit auch eine weit verbreitete Software oder ein populäres Betriebssystem betrifft, macht den Zero Day dann wirklich teuer und spannend«, so Tomek.

Dem FBI stehen viele Millionen Dollar zur Verfügung, um dieses Problem zu lösen. Die Strafverfolgungsbehörden bekommen zwar von den Gerichten den Auftrag und die Befugnis, Kommunikationen und Informationen gemäß richterlichen Beschlüssen abzufangen und auszuwerten, da aber die Hersteller immer stärker auf Verschlüsselung setzen, können derartige Aufträge oft nicht mehr durchgeführt werden. Dieses Szenario wird als »Going-Dark«-Problem bezeichnet.[21] Um das Budget für die Lösung des Going Dark-Problems zu argumentieren, präsentierte das FBI eine Statistik, wonach die Behörde allein im Jahr 2017 versucht haben soll, 7800 Smartphones zu entschlüsseln[22], und daran gescheitert sei. Die Electronic Frontier Foundation (EFF), die vermutlich bekannteste Organisation der

USA, die für die Grundrechte im Informationszeitalter kämpft, zweifelt an den Ergebnissen dieser Statistik.[23] Gemäß einer *Vice*-Recherche aus dem Jahr 2018 hätten Strafverfolgungsbehörden in den USA eine Software namens »GrayKey« gekauft, mit der man relativ einfach die Verschlüsselung auf iPhones umgehen könne.[24] In diesem Zusammenhang ist es nachvollziehbar, dass Zero Days nicht nur immer gefragter sind, sondern zu immer höheren Preisen gehandelt werden. Behörden brauchen technische Möglichkeiten, um digitale Tools überwachen zu können und liefern sich dabei insgeheim einen Wettstreit mit der bösen Hackerszene.

Darüber hinaus darf nicht vergessen werden, dass durch die Going-Dark-Problematik und mithilfe der Argumentation, das Böse und den Terrorismus bekämpfen zu müssen, ungeniert spioniert werden kann – das haben auch die Enthüllungen von Edward Snowden gezeigt.[25] Geheimdienste spionieren häufig, um etwa dem eigenen Land Wettbewerbsvorteile zu verschaffen. Mithilfe von Zero Days ist aber noch viel mehr möglich. Man kann damit – Stichwort »Cyberkrieg« – die Infrastruktur eines gesamten Landes attackieren.[26] So können Strom- und Wasserversorgung, aber auch Telekommunikationsnetze gestört werden. Zero Days sind darüber hinaus auch deshalb so begehrt, weil man mit ihnen gezielt Pkws, Schiffe oder beispielsweise Kampfjets angreifen kann. Ein mögliches Ziel könnte aber auch ein Systemabsturz sein, der über einen Zero Day eingespielt wurde.

Eine Attacke kann abhängig von der jeweiligen Schwachstelle unterschiedliche Ergebnisse liefern. Zielt man das eine Mal auf einen Systemabsturz – zum Beispiel, wenn sich eine nordkoreanische Mittelstreckenrakete vom Typ Taepodong-1 auf dem Weg in die USA oder Südkorea befindet – so zielt man das andere Mal darauf ab, in ein System zu gelangen und dieses zu manipulieren. Das gelang der NSA im Iran im Jahr 2010. Damals wurde die Zero-Day-Schwachstelle »Stuxnet« entdeckt. Genutzt wurde dieser Zero Day dazu, das iranische Atomwaffenprogramm auszuspionieren.[27] Dieses System war jedoch offline, also nicht mit dem Internet verbunden. Aus diesem Grund musste zunächst ein analoger Weg beschritten werden, um sich Zugang zu verschaffen. Es gab zwei Möglichkeiten: Ein Geheimagent musste sich, nach dem Vorbild eines James Bond oder Ethan Hunt,

Zutritt zu einem Computersystem verschaffen und dort ein präpariertes Bauteil oder eine Software installieren. Kaum möglich in einem Land wie dem Iran. Oder man musste einer Zielperson ein Stück Hardware, zum Beispiel einen USB-Stick, unterjubeln, der dann an das System angeschlossen und dort aktiv würde – was im Nachhinein betrachtet auch einigermaßen filmreif war.[28] Im Falle von Stuxnet war es tatsächlich ein USB-Stick, der zum Einsatz kam. Einer davon wurde schließlich von einem unbedarften Mitarbeiter an einen Rechner in der atomaren Anlage angesteckt und somit aktiviert. Der Wurm setzte Zentrifugen zur Urananreicherung zeitweilig außer Betrieb.

Einige Experten widersprachen der offiziellen Darstellung des US-Geheimdienstes.[29] Das Sicherheitsunternehmen Kaspersky etwa meinte im November 2014, dass Stuxnet, bereits lange bevor er in die Urananreichungsanlage gelangte, in anderen iranischen Industrieunternehmen aktiv gewesen sein soll. Ob es nun ein USB-Stick war oder nicht – die Übertragung von Viren, Würmern und Trojanern per USB-Stick ist eine übliche Methode, die auch als »Turnschuhnetzwerk« bezeichnet wird. »Turnschuh« deshalb, weil bei dieser Art der »Infektion« die Datenträger zu Fuß von einem Rechner zum anderen gebracht werden.[30]

Ein Zero Day »überlebt« im Schnitt 6,9 Jahre

Im Jahr 2017 führten Lillian Ablon und Andy Bogart eine der wohl spannendsten Studien zu dem Thema Zero Days durch.[31] In ihrem Paper »Zero Days, Thousands of Nights: The Life and Times of Zero-Day Vulnerabilities and their Exploits«[32], untersuchten sie erstmals das Phänomen Zero Days und stießen auf interessante Ergebnisse. So zeigte sich beispielsweise, dass Zero-Day-Schwachstellen eine durchschnittliche »Lebenserwartung« von 6,9 Jahren haben*.

Von den mehr als 200 realen Zero-Day-Schwachstellen, die in der Studie analysiert wurden, waren 40 Prozent der Öffentlichkeit noch unbekannt. Ein

* Damit ist die Zeit zwischen ihrer Entdeckung und der öffentlichen Bekanntgabe gemeint.

Viertel der Schwachstellen hatte eineinhalb Jahre unentdeckt »gelebt«, ein Viertel war erst nach neuneinhalb Jahren bekannt geworden. Es gibt übrigens auch unsterbliche Zero Days – dabei handelt es sich um eine Schwachstelle, die immer im Betriebssystem eines Produkts verbleibt, weil der Hersteller das Produkt oder Programm nicht mehr wartet, also keine Updates mehr erstellt. Microsoft gab etwa Mitte 2020 bekannt, dass für das Betriebssystem Windows XP keine Updates mehr erscheinen würden. Das bedeutet: Nutzt jemand weiterhin Windows XP (was fahrlässig wäre), so würde jede Lücke, die ab dann bekannt würde, zum Einfallstor für Hacker werden.

WENN KI SICHERHEITSLÜCKEN ENTDECKT

Besonders in Zeiten von zunehmender Digitalisierung und Künstlicher Intelligenz stellt sich doch immer häufiger die Frage, ob es denn nicht möglich sei, Fehler im Programmiercode automatisch aufzuspüren. Die Antwort lautet: Nein! Der Großteil der Software, die wir nutzen, wird von Menschen geschrieben. Und es wird auch noch dauern, bis eine Software eine andere Software erstellen wird.

Es liegt also auf der Hand: Software, die von Menschen geschrieben wird, ist nicht so zuverlässig, wie sie sein sollte. Denn Menschen machen Fehler und sind nicht in der Lage, auch nur annähernd alle Möglichkeiten, wie ein Code später missbräuchlich genutzt werden könnte, einzukalkulieren. Das lässt sich durchaus mit dem Schachspiel vergleichen: Der Unterschied zwischen einem guten, sehr guten und exzellenten Schachspieler ist die Zahl der Varianten, die ein Spieler vorausschauend in seinem Kopf entwickeln kann. Umgemünzt auf die Erstellung von Software heißt das: Je mehr Möglichkeiten bereits im Vorhinein erkannt werden, desto stabiler ist eine Software – und in diesem Schachspiel ist die KI dem Menschen haushoch überlegen.

KAPITEL 5

INTERNET OF HEALTH

Plötzlich bricht das Auto aus, es wechselt abrupt von der vierten in die erste Fahrspur, durchstößt die Leitplanke und prallt frontal gegen einen Baum am Ende der Autobahnböschung. Nachfolgende Fahrzeuge bleiben sofort stehen, einige Fahrer wählen den Notruf, die Rettungskette startet. Schwerverletzt wird der Unfallfahrer ins Krankenhaus gebracht, wo die Chirurgen sofort lebensrettende Maßnahmen einleiten. Der Fahrer überlebt. Als er zu den Unfallursachen befragt wird, kann er sich nur erinnern, dass ihm plötzlich schwarz vor Augen wurde.

Das ist die Schilderung eines Unglücks im Straßenverkehr, wie es pro Tag unzählige Male auf deutschen Autobahnen passiert. Doch dieser Unfallhergang unterscheidet sich von anderen. Der Fahrer ist Diabetiker und braucht regelmäßig Insulin. Dieses verabreicht er sich nicht selbst mittels Injektion oder Insulin-Pen. Er überlässt das einer Insulinpumpe, die über einen Katheter in der Bauchgegend Insulin an den Körper abgibt, sobald der Blutzuckersensor den Befehl dazu erteilt. Kurz vor dem Unfall hatte ihm diese Pumpe Insulin injiziert. Und zwar viel mehr als notwendig. Eine Dosis, die tödlich hätte sein können. Der Insulinstoß der Pumpe hatte eine Hypoglykämie, einen viel zu geringen Zuckergehalt des Blutes, verursacht. Aus diesem Grund wurde der Fahrer bewusstlos. Bei Zwischenfällen dieser Art nimmt man für gewöhnlich an, dass es sich um ein zufälliges technisches Versagen der Pumpe gehandelt habe. Doch durch einen Zufall flog die Manipulation der Pumpe auf. Die behandelnden Ärzte des Krankenhauses entfernten die Pumpe unmittelbar nach der Einlieferung des Unfallfahrers und legten sie zur Seite. Denn es ist nicht Aufgabe des Arztes, technische Geräte wie Insulinpumpen, Herzschrittmacher oder andere Implantate zu prüfen. Ihre Aufgabe besteht in diesem Moment darin, Leben zu retten. Man fand später heraus, dass ein Hacker die Insulinpumpe des Fahrers, der obendrein ein einflussreicher Geschäftsmann ist, aus nächster Umgebung attackiert hatte, mit dem Ziel, den Mann auf diese Weise zu töten.

Die gute Nachricht ist, dass es sich hierbei um ein fiktives Szenario handelt. In der Medizin und bei der Polizei ist bis dato offiziell kein Fall bekannt, bei dem ein medizinisches Implantat wie eine Insulinpumpe, ein Herzschrittmacher oder ein Defibrillator gehackt und dabei ein Mensch tatsächlich getötet worden wäre. Die schlechte, besorgniserregende Nachricht: Mediziner simulieren bereits den Ernstfall. Denn gute Hacker demonstrieren solche Angriffe schon seit Jahren auf einschlägigen Veranstaltungen wie Hackerkongressen. Und für die Hackerszene gilt, dass grundsätzlich alles, was möglich ist, irgendwann tatsächlich zur Anwendung gelangt. Mediziner fordern übrigens schon seit Langem diese sogenannten Post-mortem-Analysen .

PANIKMACHE ODER REALE GEFAHR?

Im Frühjahr 2016 veröffentlichte eine Medizinergruppe des Zürich Institute of Forensic Medicine (ZIFM) das wissenschaftliche Papier »Why We Need Postmortem Analysis of Cardiac Implantable Electronic Devices (CIED)«[1]. Im Rahmen ihrer Studie analysierten die Mediziner die Todesfälle von 14 Herzschrittmacherpatienten und kamen zu dem Schluss, dass nach dem Ableben eines Patienten die Geräte analysiert werden müssten. »Obwohl die Studie durch eine kleine Stichprobengröße begrenzt ist, befürwortet sie in ausgewählten Fällen die routinemäßige postmortale CIED-Analyse für forensische und klinische Zwecke«, heißt es in dem Papier. Zwar lag der Schwerpunkt der Studie nicht auf der Frage, ob die Geräte gehackt worden waren, es stellte sich aber als sinnvoll heraus, jedes elektronische Implantat auch darauf zu testen, ob und, wenn ja, warum ein Schaden aufgetreten ist.

Die neue Technologie hat uns Fortschritt gebracht und ist wichtig. Wenn ein Herzschrittmacher Daten drahtlos an ein Überwachungsgerät zu Hause sendet, ist das gut und fortschrittlich. Allerdings müssen Hersteller verpflichtet werden, diese Implantate absolut sicher zu produzieren und zu gewährleisten, dass die Daten, die sie übertragen, zuverlässig sind.

Bereits Jahre bevor die Schweizer Mediziner die nachträgliche Analyse von Herzschrittmachern forderten, führte Zian H. Tseng an der University of California in San Francisco die drei Jahre dauernde Studie »Sudden Death in Patients With Cardiac Implantable Electronic Devices« durch[2]. Er kam zu dem Ergebnis, dass es verpflichtend werden müsse, Herzschrittmacher und Defibrillatoren nach dem Tod eines Patienten technisch zu überprüfen. Im Rahmen der Studie, die von Januar des Jahres 2011 bis November des Jahres

2013 durchgeführt wurde, analysierten Tseng und sein Team 517 Fälle von »Plötzlichem Herztod« in San Francisco. 109 Tote hatten einen Defibrillator und 22 einen Herzschrittmacher implantiert. Bei elf Geräten (7 Defibrillatoren und 4 Herzschrittmachern) wurden schwere Mängel festgestellt – Hardwarefehler, plötzlicher Leistungsabfall der Batterie oder fehlende, beziehungsweise falsche Programmierung. »Das Problem ist, dass Todesfälle außerhalb eines Krankenhauses in die Zuständigkeit von Gerichtsmedizinern fallen, diese aber nicht über das Fachwissen verfügen, einen Herzschrittmacher zu analysieren«, sagt Tseng dem Autor dieses Buches. Daher werde die Mehrzahl der Herzschrittmacher post mortem niemals analysiert. Und Tseng weiter: »Das Hacken von Geräten sorgt für sensationelle Schlagzeilen. Ich kenne nur einen einzigen Fall, bei dem ein Softwarefehler die Möglichkeit zum Hacken eröffnet haben könnte, aber es wurde von der Herstellerfirma rasch ein Softwarepatch installiert.«

»BREAK MY HEART«

In der zehnten Folge der zweiten Staffel der TV-Serie *Homeland*, die seit 2011 auf diversen Onlinestreaming-Plattformen verfügbar ist, wird der Vizepräsident der USA durch einen Fernangriff auf seinen Herzschrittmacher getötet. Ein Szenario, das im Jahr 2013, als diese Folge erstmals ausgestrahlt wurde, tatsächlich bereits für möglich gehalten wurde.

Dick Cheney, von 2001 bis 2009 Vizepräsident unter George W. Bush und davor 1989 bis 1993 Verteidigungsminister unter Georg Bush[3], erlitt fünf Herzinfarkte – den ersten übrigens schon im Alter von 37 Jahren. Angst hatte er aber nicht vor einem möglichen sechsten Infarkt, sondern davor, dass jenes Gerät, das dafür sorgt, dass sein Herz schlägt, gehackt werden könnte. In einem Interview auf CBS »60 Minutes« sagte er im Januar 2018[4], dass ihm exakt dieses Szenario Angst machte. Als Cheney im Jahr 2007 seinen implantierten Defibrillator ersetzen ließ, wies sein Arzt den Hersteller an, die drahtlose Funktion zu deaktivieren, um zu verhindern, dass etwa Terroristen den damaligen US-Vizepräsidenten, durch das Senden eines Signals an dieses Gerät, ermorden könnten.

Die Angst war nicht unbegründet. Bereits 2008 stellte eine Gruppe von Forschern am Beth Israel Deaconess Hospital in Boston, Massachusetts unter Beweis, dass man einen Herzdefibrillator hacken und so umprogrammieren könne, dass dieser sich abschalte oder einen tödlichen Stromstoß auf das Herz abgebe[5]. 2013 wollte der inzwischen verstorbene neuseeländische Hacker Barnaby Jack auf dem Hackerkongress »Black Hat« demonstrieren, wie man einen Herzschrittmacher hacken und »das Herz explodieren lassen« könne.[6] Barnaby Jack starb zwei Tage vor seinem Auftritt an einer Überdosis. Jay Radcliffe, mittlerweile einer der renommiertesten Cybersicherheitsforscher im Medizinbereich, wurde quasi als Insulinpumpen-Hacker bekannt. Im August 2011 zeigte er erstmals auf der »Black Hat«-Konferenz in Las Vegas, wie einfach es ist, eine Insulinpumpe zu hacken[7]. Die »Black Hat« und die »Defcon« in Las Vegas sind neben dem »Chaos Computer Congress« in Deutschland die bekanntesten Hackerkongresse der Gegenwart. Highlights auf diesen »Branchen«-Events sind die spektakulären Hacks. Jedes Jahr werden die neuesten Gadgets aus der Welt der Technologie vor den Augen begeisterter Zuschauer im wahrsten Sinn des Wortes systematisch zerlegt, um deren Sicherheitslücken medienwirksam zur Schau zu stellen. Lange hatte sich die Gesundheitsbranche geweigert, diesen Hackerkonferenzen Beachtung zu schenken. Durch die Schadsoftware WannaCry, durch die im Jahr 2017 ein schwerer Cyberangriff auf Krankenhäuser erfolgte, wurden schließlich doch einige Firmen hellhörig. 2018 gab es bereits ein Healthcare-Device-Lab, und Höhepunkt der Defcon 2019 war ein Modellkrankenhaus, in dem die verschiedensten medizinischen Geräte gehackt werden konnten.

Acht Monate lang hatte sich Radcliffe, der selbst an Typ-1-Diabetes leidet, mit der Insulinpumpe beschäftigt und die Kommunikation zwischen seiner eigenen Pumpe und dem externen Gerät analysiert. »Als ich herausgefunden hatte, wie sie miteinander kommunizieren, konnte ich mein eigenes Programm schreiben, um die Insulinpumpe ferngesteuert abzuschalten.« Seither verwendet Radcliffe keine Insulinpumpe mehr.

Während seiner Demo in Las Vegas nannte er weder Hersteller noch Modell, um sich an die Gesetze zu halten. Er wollte einerseits sich selbst schützen und andererseits verhindern, dass kriminelle Hacker mit diesem Wissen echte Straftaten begehen würden. Mittlerweile ist bekannt, dass es einst das

Modell »Paradigm« von Medtronic war. Medtronic ignorierte das Problem anfangs und reagierte erst, als Radcliffe neuerlich an die Öffentlichkeit ging und dem Unternehmen Tatenlosigkeit vorwarf[8]. Fünf Jahre später deckte Radcliffe Lücken im Modell »OneTouch Ping« von Anima auf[9]. 2017 wurden massenhaft Herzschrittmacher des Herstellers Abbott (früher St. Jude Medical) zurückgerufen. Die Sicherheitslücken in den Geräten sind mitunter so bedrohlich, dass die US-Food and Drug Administration (FDA) bereits mehrfach Warnungen veröffentlicht hat. Allein 2017 rief die FDA insgesamt 465 000 Herzschrittmacher zurück – die Details sind weiter unten zu lesen.[10]

Im Januar 2019 ließ Medtronic mit einer dringenden Sicherheitsinformation aufhorchen: 157 000 Zweikammerherzschrittmacher, die weltweit zwischen dem 10. März 2017 und dem 7. Januar 2019 verkauft worden waren, wurden zurückgerufen.[11] Konkret ging es um Herzschrittmacher mit den Markennamen AdaptaTM, VersaTM, SensiaTM, ReliaTM, AttestaTM, SpheraTM und VitatronTM A, E, G, Q Serie. Die Begründung lautete: »Die betroffenen Geräte können aufgrund eines Schaltkreisfehlers eine Stimulationspause aufweisen, wenn sie auf eine Zweikammerbetriebsart mit atrialer Wahrnehmung programmiert sind.« Im September wurde schließlich eine Warnung rausgeschickt und ein dringendes Software-Update empfohlen.

Das ist kein Einzelfall in der Medizintechnik. Am 20. Oktober 2017 schickte die amerikanische FDA sogar eine Klasse-I-Warnung raus, die schwerwiegendste Art eines Rückrufs, da man befürchtete, die Verwendung eines bestimmten Geräts könne zu schweren Verletzungen oder gar zum Tod führen.[12] Konkret betraf der Rückruf alle Implantable Cardioverter Defibrillators (ICD) und Cardiac Resynchronization Therapy Defibrillators (CRT-D) des US-Herstellers St. Jude Medical, der wenige Monate davor von Abbott Laboratories übernommen worden war. Hier lautete die Begründung: vorzeitige Erschöpfung der Batterie. Der betroffene Akku war in insgesamt sechs Fortify-Modellen eingebaut, die von Januar 2010 bis Mai 2015 produziert und zwischen Februar 2010 und Oktober 2016 implantiert worden waren. Allein in den USA waren 175 624, weltweit sogar 465 000 Patienten von dem Rückruf betroffen.

»Medical Device Recalls« sind eine spannende Lektüre für alle, die sich mit IT-Sicherheit in der Medizin beschäftigen. Die US-Lebensmittelüberwachungs- und Arzneimittelbehörde FDA listet auf ihrer Seite alle medizinischen Geräte auf, die rückgerufen werden, beziehungsweise bei denen Sicherheitslücken oder schwere Mängel auftreten.[13] Eine Recherche in dieser öffentlich zugänglichen Datenbank lohnt sich und kann manche Überraschung mit sich bringen, denn dort sind Hunderte Rückrufaktionen detailliert dokumentiert.

DIE DIGITALISIERUNG DES GESUNDHEITSSYSTEMS

Die Gesundheitsindustrie hat von der Vernetzung extrem profitiert. Es konnten nicht nur neue Geräte eingesetzt werden, die Digitalisierung hat auch dazu geführt, dass Mediziner über Grenzen hinweg miteinander arbeiten, sich beraten und gemeinsam Diagnosen und Therapien entwickeln können. Die Technologie hat es möglich gemacht, mehr Leben zu retten. Daher kann es als schwer fahrlässiges Versagen gewertet werden, wenn IT-Systeme nicht den allerhöchsten Sicherheitsstandards entsprechen. Handelt es sich doch um Systeme, die Medizinern die Möglichkeit geben, Leben zu retten, rasche Diagnosen zu erstellen und die Lebensqualität von Patienten zu verbessern. Ein Sicherheitsversagen in diesem Bereich lässt sich daher mit dem Versagen gleichsetzen, menschliches Leben zu schützen.

In der Medizin spielt Technologie heute eine Hauptrolle. Das wirkt sich auf viele Bereiche des Gesundheitswesens aus. Jedes zweite medizinische Gerät auf dem Markt, so schätzen Mediziner, IT-Lieferanten und Krankenhausverwalter, arbeitet bereits mit Softwareunterstützung – eine genaue Statistik dazu gibt es nicht, die Annahme scheint aber logisch. Das beginnt beim Diagnosegerät und reicht über die Überwachungssysteme im OP oder im Emergency-Room bis hin zu Implantaten wie Herzschrittmachern oder Insulinpumpen. Selbst Fieberthermometer, Blutdruckmessgeräte oder Körperwaagen sind zum Teil zu vernetzten Hightech-Geräten mutiert. Rechnet man diverse Gesundheits-Apps, Fitness-Armbänder, Smartwatches oder auch Sensoren, mit denen etwa die Lebenszeichen eines Säuglings überwacht werden, dazu, wird dem Nutzer allmählich bewusst, wie sehr der gesamte Gesundheitsbereich von vernetzter Technologie erfasst ist. Vernetzung bedeutet einerseits, dass die Geräte mit einem oder mehreren Systemen kommunizieren können, es heißt andererseits aber auch, dass sie über Netzwerke miteinander verbunden sind, die – sofern diese oder die Endgeräte nicht ausreichend abgesichert sind – gehackt werden können. Jedes Gerät, das man mit einem Netzwerkkabel verbinden oder in das man sich drahtlos einloggen kann, ist gefährdet.

Die Schweizer Cybersecurity-Firma Dreamlab hat 281 Kliniken in der Schweiz analysiert und fand dabei Hunderte Schwachstellen, die oft auf veraltete Betriebssysteme oder schlechte Firewalls zurückzuführen waren[14]. Insgesamt hat Dreamlab 60 kritische Punkte entdeckt, über die Hacker Logindaten stehlen und damit folglich auch Patientendaten, von Befunden bis zu Röntgenbildern, entwenden könnten. Viele dieser medizinischen Geräte laufen auf alten, beziehungsweise veralteten Versionen von Windows, die bekanntermaßen zahlreiche Sicherheitslücken aufweisen. Da jedes medizinische Gerät in den USA von der FDA und in Europa von sogenannten »Notified Bodies«, auf Deutsch »Benannten Stellen«, zugelassen werden muss, wäre es bei umfangreicheren Software-Updates erforderlich, erneut den langen und auch teuren Zulassungsweg zu beschreiten. Um diese Kosten zu vermeiden, verzichten Hersteller mitunter auf Updates und bleiben möglichst lange bei den älteren, leicht zu hackenden Betriebssystemen.

In Europa sind Notified Bodies (NBs) eine wichtige Säule des Regulierungssystems für die Medizintechnik. NBs bewerten Medizinprodukte und vergeben für jedes Gerät eine CE-Kennzeichnung, ohne die ein Gerät nicht auf den europäischen Markt gebracht werden darf. Gibt es etwa bei einer Stand-Alone-Software ein Update, muss unter anderem festgehalten werden, auf welchen Versionen des Betriebssystems die Software verwendet werden kann. Bei jeder Änderung des Betriebssystems muss der Hersteller des medizinischen Produkts dokumentieren, ob die Änderung Auswirkungen auf die Software des Geräts haben kann. Wenn Änderungen an der Software notwendig sind, muss er den NB informieren und eine Änderung der Zulassung beantragen. Inwieweit eine Neuzulassung notwendig ist oder ob es reicht, die Änderung im Rahmen des jährlich stattfindenden Überwachungsaudits zu prüfen, obliegt der notifizierenden Stelle, die die Änderung bewerten muss.

Unsere Abhängigkeit von Software und Computernetzwerken ist schneller gewachsen als unsere Fähigkeit, uns vor den negativen Seiten der Technologien zu schützen und diese zu beherrschen. »Die Lebensdauer eines medizinischen Geräts in einem Krankenhaus beträgt bis zu 20 Jahre«, sagt Tobias Zillner, Geschäftsführer des IT-Sicherheitsunternehmens Limes Security GmbH. »Software und Betriebssysteme müssen aber häufig aktualisiert werden und alle zwei bis längstens zehn Jahre grundlegend überarbeitet werden, um den aktuellen Sicherheitsstandards zu entsprechen. Was zum Zeitpunkt der Markteinführung angemessen war, kann sich aus Sicherheitssicht aber schnell ändern.« Das Problem liegt also häufig in den IT-Abteilungen der Krankenhäuser, wo das Motto »Never change a running system« weit verbreitet ist. »Hinzu kommt, dass medizinische Geräte sehr hohe Safety-Anforderungen haben und auch in Notfällen einsatzbereit sein müssen«, so Zillner. »Hier ergibt sich oft ein Interessenkonflikt. Zum Beispiel kann ein Passwortschutz in Notfällen wertvolle Sekunden kosten. Wobei natürlich gilt: »No Safety without Security.« Die Cybercrimeproblematik ist in vielen Kliniken noch nicht angekommen, obwohl, wie Experten schätzen, etwa jedes zweite Gerät in einem Krankenhaus bereits vernetzt ist. Zudem haben acht von zehn Krankenhäusern keinen Sicherheitsbeauftragten. Und das, obwohl die Gefahren hinreichend bekannt sein sollten. Spätestens seit Mai 2017.

Wie WannaCry Teile des Gesundheitssystems lahmlegte

Im Mai 2017 fand ein Cyberangriff statt, den der damalige Europol-Chef Rob Wainwright als die heftigste Cyberattacke der Gegenwart bezeichnete[15]. Die Ransomware (Erpressersoftware) WannaCry infizierte weltweit mehr als 230 000 Windows-Rechner in mehr als 150 Ländern.[16] Betroffen waren vor allem Unternehmen aus dem Gesundheitsbereich. WannaCry verschlüsselte die Daten der betroffenen Firmen, die erst nach erfolgter »Lösegeldzahlung« wieder freigeschalten wurden. Egal, ob Produktionsdaten eines Industrieunternehmens, Telekom- oder sensible Patientendaten eines Krankenhauses – jedes attackierte Rechnersystem, das nicht geschützt war, ging sozusagen in die Knie.

Der wahre Skandal war aber die Fahrlässigkeit der Unternehmen: Jedes System, das bei diesem Angriff mit WannaCry zum Opfer wurde, hätte zu dem Zeitpunkt bereits geschützt sein können, war es aber nicht. Die Attacke fand am 12. Mai 2017 statt, das Gegenmittel, sprich: die Abwehr, war bereits zwei Monate zuvor bekannt. Microsoft hatte bereits im März 2017 einen entsprechenden Patch (Bezeichnung MS17-010) angeboten, mit dem man die Sicherheitslücke, die die WannaCry-Hacker nutzten, hätte schließen können.[17] Hier wird die WannaCry-Historie um ein pikantes Detail reicher: Die Sicherheitslücke in den Microsoft-Betriebssystemen war dem US-Geheimdienst NSA seit vielen Jahren bekannt. Warum? Weil sie diese Lücke nutzte, um selbst in verschiedensten Rechnern zu spionieren. Nur hieß die »Arbeitssoftware« des Geheimdienstes, die übrigens von der »Tailored Access Operations (T.A.O.)«, einer Unterabteilung der NSA, entwickelt worden war, nicht WannaCry, sondern »EternalBluescreen«, beziehungsweise EternalBlue.[18] Mit diesem Programm verschaffte sich die NSA auf ihre Art Informationen, die sie für die tägliche Spionagearbeit benötigte.

Dann aber geschah Folgendes: Aufgrund einer Sicherheitslücke im NSA-System kamen Hacker, die sich »The Shadow Brokers« nannten, an Informationen über EternalBlue heran. Mit Hilfe dieser erbeuteten Informationen wurde schließlich WannaCry kreiert. Nun konnte die NSA die eigene Spionagesoftware nicht mehr nutzen, wusste aber, dass die Windows-Sicherheitslücke in der Hackerszene bekannt werden würde. Daher informierte man Microsoft, woraufhin ein Patch entwickelt wurde, mit dem die Lücke hätte geschlossen werden können. Somit wären die gestohlenen EternalBlue-Informationen und das daraus entwickelte WannaCry für Cyberkriminelle unbrauchbar gewesen. Und diesen Patch bot Microsoft, wie gesagt, bereits zwei Monate vor dem erfolgten Angriff an. Damit steht fest: Hätten die IT-Verantwortlichen in den Unternehmen ihre Arbeit gemacht, sich regelmäßig auf den Webseiten der Hersteller informiert und ihre Systeme entsprechend upgedatet, hätte WannaCry für sie keine Gefahr dargestellt.

Erpressersoftware kostet Menschenleben

WannaCry machte vor allem dem Gesundheitssystem zu schaffen – in England wurden 80 von 236 Krankenhäusern des britischen National Health Service angegriffen, in Schottland wurden 14 Krankenhäuser Opfer der Erpressersoftware.[19] Weil die Ransomware den Zugang zu den medizinischen Dokumentationen sperrte, mussten die Patienten in andere Kliniken umgeleitet werden. Diese Umleitung, die auch für Akutpatienten mit einer längeren Anfahrt in ein anderes Krankenhaus verbunden war, kostete vermutlich Menschenleben.

»The New England Journal of Medicine« veröffentlichte im Frühjahr 2017 den Forschungsbericht »Delays in Emergency Care and Mortality During Major U.S. Marathons«.[20] Vier Wissenschaftler gingen darin der Frage nach, ob in Städten, in denen ein Marathon stattfindet, die Sterblichkeitsrate innerhalb von 30 Tagen aufgrund der Veranstaltung steige und ob das Notfallsystem dadurch beeinträchtigt sei. Die Forscher kamen zu dem Schluss: Menschen, die an den betreffenden Daten, also an »Marathontagen«, mit Herzinfarkt oder Herzstillstand in Krankenhäuser eingeliefert wurden, hatten nicht nur längere Krankentransportzeiten (4,4 Minuten länger), sie wiesen auch eine höhere Sterblichkeitsrate innerhalb dieser 30 Tage auf. Umgelegt auf einen Systemausfall in einem Krankenhaus bedeutet das Folgendes: Die Wahrscheinlichkeit, dass Patienten sterben, weil sie einen Umweg ins nächste Krankenhaus nehmen müssen, steigt enorm. Denn bei Veranstaltungen wie einem Marathon werden im Vorfeld Rettungspläne und Routen festgelegt, eine Cyberattacke jedoch tritt spontan auf. Dadurch entsteht Chaos, Rettungswagen und Notarzt müssen große Umwege nehmen, stecken in Staus oder finden sich gar in einer Stadt wieder, in der vieles nicht mehr wie gewohnt abläuft, weil eine IT-Attacke meist auch Auswirkungen auf andere Branchen und Bereiche hat.

Auch US-Kliniken bekamen WannaCry stark zu spüren. Neben Komplettausfällen der IT wurden medizinische Geräte lahmgelegt, wie etwa ein Apparat des deutschen Herstellers Bayer, der Chemikalien, die beim MRT zum Einsatz kommen, überwacht.[21] Die Apparatur Bayer Medrad MRI wird zur Überwachung eines sogenannten Power-Injectors verwendet, der dem Patienten ein Kontrastmittel verabreicht. Die chemischen Substanzen sollen die Qualität von Magnetresonanztomografie-Scans verbessern, welche zur Erkennung von Traumata, Schlaganfällen, Hirn- und Wirbelsäulentumoren eingesetzt werden. Bayer hat unmittelbar nach Bekanntwerden des Hacks einen Patch für das Problem entwickelt und verteilt.

Nun würde man annehmen, dass die WannaCry-Attacke die Branche wachgerüttelt habe. Dies war aber nur teilweise der Fall. Das IoT-Sicherheitsunternehmen Armis Security stellte 2019 in einer Untersuchung fest, dass WannaCry in der Gesundheitsbranche weiterhin eine aktive Bedrohung darstelle.[22] 40 Prozent der Gesundheits- und 60 Prozent der Herstellerorganisationen haben 2019 noch mindestens einen WannaCry-Angriff erlebt – zwei Jahre nach der ersten Attacke. Laut Armis Security waren 2019 insgesamt 103 Länder noch immer betroffen und mehr als 145 000 Geräte weltweit gefährdet, pro Stunde fanden mindestens 3500 erfolgreiche WannaCry-Angriffe statt. 22 Prozent der Internet Service Provider (ISPs) haben auch 2020 noch Kunden, die von WannaCry betroffen sind.

Doch WannaCry ist kein Einzelfall. Laufend kommt es zu Attacken auf Krankenhäuser. In Deutschland, so die Annahme des Beratungsunternehmens Roland Berger, wurden im Laufe der vergangenen Jahre 64 Prozent aller Kliniken durch Hackerangriffe – zumindest teilweise – lahmgelegt.[23] Die Hacker sind bei Attacken auf Kliniken deshalb so erfolgreich, weil diese im Schnitt nur zwei Prozent ihres Umsatzes in die IT investieren. Sichere IT-Infrastruktur war im Gesundheitssektor laut der Roland-Berger-Studie 2017 noch kein Thema. Und hier wird ein Dilemma sichtbar: Investitionen in IT-Sicherheit werden auch gerne vernachlässigt. Sichtbar werden diese Investitionen erst dann, wenn man bei Attacken NICHT Opfer wird. Und spürbar werden die nicht getätigten Investitionen dann, wenn man Opfer einer Attacke wird und daraufhin die Produktion oder die Dienstleistung einstellen muss. Ein Tag Stillstand kann viele Millionen Euro kosten. Das finanzielle Risiko für den Fall, dass ein Krankenhaus Opfer einer Cyberattacke wird, ist deutlich höher, als es die laufenden Investitionskosten für eine sichere IT-Infrastruktur wären.

Experten gehen davon aus, dass zwar viele Vorfälle nicht an die Öffentlichkeit gelangten, der große Schaden bisher aber auch ausgeblieben ist. Offizielle Zahlen nennt Jahr für Jahr das IT-Sicherheitsunternehmen Kaspersky. Laut ihrer Statistiken waren im WannaCry-Jahr 2017 30 Prozent der Computer und Geräte im medizinischen Bereich infiziert, 2018 waren es 28 Prozent. Im Jahr 2019 sei die Zahl zwar auf 19 Prozent gesunken. Das heißt aber trotzdem, dass statistisch betrachtet immerhin noch jedes fünfte Gerät in einem Krankenhaus attackiert wurde. Allerdings muss man einräumen, dass die Prognosen und Statistiken mitunter stark schwanken.[24]

Verlust von Patientendaten und das Problem der Datenmanipulation

Ob Cardio-CT, Oberbauch-MRT, Mammografie-Screening oder klassische Röntgenaufnahmen – Millionen hochsensibler Patientendaten waren über viele Jahre im Netz für jeden abrufbar. Recherchen des datenjournalistischen Teams des Bayerischen Rundfunks (BR Data) und der US-Investigativplattform *ProPublica* hatten 2019 dafür gesorgt, dass dieser Datenskandal an die Öffentlichkeit gelangte und die Lücken geschlossen werden konnten.[25]

Weltweit waren 16 Millionen Patienten von dem Datenleck betroffen, in Deutschland waren 13 000 Patientendaten offen im Netz abrufbar. Nicht nur Namen und Adressen, auch Diagnosen, Krankheitsgeschichten und in vielen Fällen sogar dazugehörige Aufnahmen wie Röntgen- oder CT-Bilder. Informationen, die für Hacker spannend sind, weil Patientendaten – davon ist das IT-Sicherheitsunternehmen Kaspersky überzeugt – auf dem Schwarzmarkt im Darknet mehr Einnahmen bringen als etwa beispielsweise Kreditkartennummern. Bei Patientendaten handelt es sich vermutlich um die vertraulichsten Informationen, die man über einen Menschen in Erfahrung bringen kann. Das ist auch der Grund, weshalb Verstöße in diesem Bereich besonders streng geahndet werden. Arztpraxen und Krankenhäuser müssen alle Vorkehrungen treffen, damit kein Unbefugter Zugriff auf Krankengeschichten und Patientendaten erhält. Bei Verstößen kommt es nicht nur zu Verurteilungen wegen Verletzung des Datenschutzgesetzes, es drohen auch strafrechtliche Konsequenzen. Warum Datenmissbrauch bei Patientendaten besonders schwer wiegt, liegt auf der Hand: Eine gehackte Kreditkarte kann ich austauschen, ich erhalte eine neue Nummer, neue Codes, und in den meisten

Fällen kommt die Kreditkartengesellschaft für den finanziellen Schaden auf. Bei Gesundheitsdaten liegt der Fall anders, denn eine Diagnose bleibt eine Diagnose, eine Blutgruppe kann man ebenso wenig tauschen wie ein DNA-Profil. Sind diese Daten erst einmal verloren, sind sie für immer öffentlich. Daher ist es nicht nur die moralische, sondern eine gesellschaftliche Pflicht eines jeden Stakeholders im Gesundheitsbereich, diese Daten zu schützen.

Niemand will sich vorstellen, dass die DNA-Informationen, die als Zahlencode angelegt sind, von Kriminellen missbraucht werden und zum Beispiel plötzlich als Beweismittel in einem Mordprozess auftauchen. Schon vor einem Jahrzehnt ist es Wissenschaftlern aus Israel gelungen, in Blut- und Speichelproben eine andere DNA einzuschmuggeln[26]. Voraussetzung dafür ist lediglich, dass man sich Zugang zu einer DNA-Datenbank verschaffe – und das scheint ja wegen bekannten Sicherheitslücken in den diversen Betriebssystemen nicht ganz unmöglich. In ihrem Paper »Authentication of forensic DNA samples«, das die israelische Forschergruppe rund um Dan Frumkin in der Zeitschrift *Forensic Science International Genetics* veröffentlichte, wurde bereits 2009 aufgezeigt, wie leicht ein DNA-Profil gefälscht werden könne.[27] Dafür reiche oft schon das Wissen eines Biologiestudenten aus. Ähnlich der Vorgehensweise der GAN-Systematik, die wir bereits in Zusammenhang mit Deepfakes besprochen haben, generierten die Wissenschaftler aus gespeicherten DNA-Profilen neue genetische Profile. Dan Frumkin behauptete, dass eine Bibliothek mit 425 verschiedenen DNA-Schnipseln ausreichen würde, um jedes denkbare Profil zu erstellen.

Patientendaten im Darknet

Die vorhandenen Sicherheitsmechanismen reichen längst nicht mehr aus. Jahr für Jahr landen Millionen Patientendaten im freien Internet. Auf verschiedenen Marktplätzen im Darknet gibt es laufend Angebote von Hackern, die diese Daten zum Verkauf anbieten.

Im Sommer 2019 gab Quest Diagnostics, einer der größten Blutlaborbetreiber der USA, bekannt, dass aufgrund eines Problems mit einem Dienstleister persönliche, finanzielle und medizinische Informationen von fast 12

Millionen Kunden frei im Netz verfügbar seien.[28] Quest musste die US-Wertpapieraufsichtsbehörden informieren und gab dort zu Protokoll, dass »jemand« zwischen dem 1. August 2018 und dem 30. März 2019 unautorisierten Zugang zu den Systemen des Inkassodienstleisters AMCA hatte, mit dem Quest Diagnostics zusammenarbeite.

Das US-Portal »HealthITSecurity« (übrigens bemerkenswert, dass es ein eigenes Portal für IT-Sicherheit im Gesundheitsbereich gibt) erstellt jährlich ein Top-10-Ranking der Patientendaten-Attacken auf das amerikanische Gesundheitssystem, die auf Phishing-Angriffe und Fehlkonfigurationen von Datenbanken zurückzuführen sind.[29] 2018 waren die Daten von mehr als sechs Millionen US-Patienten frei im Web zugänglich. Trauriger Spitzenreiter war AccuDoc-Solutions, ein Unternehmen aus dem US-Bundesstaat North Carolina, das Patientenrechnungen erstellt und das Abrechnungssystem von Atrium Health betreibt. Eine Woche lang gab es bei AccuDoc Solutions ein Datenleck. 2,65 Millionen Patienten waren betroffen.

Datenmanipulation: der gehackte Tumor

Noch dramatischer als der Diebstahl von Patientendaten ist Datenmanipulation. Hat sich ein Hacker erst Zugang zu medizinischen Systemen verschafft, kann er weit mehr Schaden anrichten, als nur das System zu sperren, Lösegeld zu fordern oder Patientendaten auf dem Schwarzmarkt zu verkaufen. Er kann die Daten manipulieren.

»CT-GAN: Malicious Tampering of 3D Medical Imagery using Deep Learning« – so lautet die nicht ganz einfach zu verstehende Überschrift eines Forschungspapiers, das eine Gruppe von vier Medizininformatikern an der Cornell University in Ithaca, New York erstellt hat.[30] Klarer wird dieser Titel, wenn man sich die ersten Passagen durchliest. Die vier Forscher rund um Yisroel Mirsky demonstrierten Anfang 2019 eindrucksvoll, wie ein Computervirus Tumore in CT- und MRT-Scans verfälschen kann. »In diesem Papier zeigen wir, wie ein Angreifer mithilfe von Deep-Learning Beweise für medizinische Erkrankungen in medizinische 3-D-Scans einfügen oder entfernen kann«, so Yisroel Mirsky. Die Forscher führten ihren Feldversuch in einem echten Krankenhaussystem – im Rahmen eines verdeckten Penetrationstests – durch. Die Daten wurden abgefangen, manipuliert und drei erfahrenen Radiologen sowie einem KI-System vorgelegt. Nichts und niemand war in der Lage, die Manipulationen zu erkennen. Die Gründe für derartige Attacken können aus Sicht von Mirsky vielfältig sein: »Ein Angreifer könnte das etwa machen, um einen politischen Kandidaten zu stoppen, die Forschung zu sabotieren, Versicherungsbetrug zu begehen, einen Terrorakt durchzuführen, sogar um einen Mord zu begehen.« Oder einfach auch nur, um Chaos in einem bestehenden System zu stiften.

DER KLINIKHACK: PIONIERARBEIT IM MEDIZINISCHEN BEREICH

Dr. Jeff Tully und Dr. Christian Dameff sind Pioniere im medizinischen Cybercrimebereich. Tully bezeichnet sich selbst als Arzt, »ethischer Hacker«, Forscher und Anwalt für Patientensicherheit. Dameff ist Medical Director of Cybersecurity an der University of California San Diego und zählt ebenso zur Gruppe der ethischen Hacker. Die beiden Mediziner waren unter den Ersten, die erkannt haben, dass Cybercrime für die Medizin eine immense Bedrohung darstellt.

Bereits 2017 simulierten sie einen Hackerangriff auf ein Krankenhaus und, im Schatten des Lösegeldangriffs der Ransomware WannaCry, veranstalteten sie das erste CyberMed-Summit[31] mit dem thematischen Schwerpunkt: IT-Sicherheitsprobleme im medizinischen Bereich. Ziel der beiden Vorkämpfer war es, Gerätehersteller und Sicherheitsforscher zu einer engeren Zusammenarbeit zu bewegen sowie Krankenhausbetreiber und sämtliche Organisationen des Gesundheitswesens davon zu überzeugen, dass sie ihren Fokus künftig auf IT-Sicherheit legen sollen: »Wir wollen weder die Patienten in Panik versetzen, noch würden wir ihnen davon abraten, lebensrettende Geräte wie Herzschrittmacher oder Insulinpumpen zu nutzen, denn die Vorteile dieser Geräte sind immer noch deutlich höher als die Gefahren, die eine mögliche Cyberattacke darstellt. Aber die Hersteller sollen dazu verpflichtet werden, das Problem ernst zu nehmen.«

Im Rahmen des CyberMed-Summits führten Tully und Dameff den ersten simulierten Klinikhack durch, der, wie im Falle des Herzschrittmachers, auf einer echten Sicherheitslücke basierte. Ein Schauspieler schlüpfte in die Rolle eines Patienten, dessen Herzschrittmacher gehackt wird. Man muss in diesem Zusammenhang aber nochmals darauf hinweisen, dass es bis dato keinen offiziell registrierten Fall von Herzschrittmacher-Hacking gab. Weder der amerikanischen FDA noch dem deutschen BfArM* wurde bisher ein Hack dieser Art gemeldet. Die Hersteller sind sich aber des vorhandenen Risikos inzwischen bewusst. Zurück zur Simulation auf dem CyberMed-Summit. Simuliert wurde nicht nur der Cyberangriff auf einen Herzschrittmacher, sondern auch der Hack eines CT-Scanners. Einen Hack dieser Art muss man sich folgendermaßen vorstellen: Wenn Hightech-Geräte, wie ein CT-Scanner, von einem Computervirus, beziehungsweise von einem Erpressungstrojaner übernommen werden, ploppt üblicherweise folgende Meldung auf: »Ooops, your files have been encrypted.« Neben einer ausführlichen Beschreibung davon, was soeben mit dem Gerät geschehen sei, gibt es eine Anleitung darüber, wie man wieder an seine Daten herankommen kann: »If you want to decrypt your files, you have to pay« – die Erpresser stellen sofort klar, welche Summen wohin zu überweisen sind. Die Überweisung erfolgt dann meist in Bitcoins.

Die Simulation löste Panik im Behandlungsteam aus, »weil die wenigsten wissen, was zu tun ist, wenn es zu einem Ausfall der IT kommt«, sagt Jeff Tully. Er hält Ransomware-Angriffe für eines der gefährlichsten Szenarien, da solche Attacken gleichzeitig eine Vielzahl von Geräten und Infrastrukturen mit gemeinsamen Betriebssystemen beeinträchtigen können. »Jedes Gerät, das sich mit einem Netzwerk verbindet, das selbst angreifbar ist oder bereits angegriffen wurde, wird selbst angreifbar«, so Tully. Da die Vernetzung in den Krankenhäusern zunimmt, die Menschen sich auch selbst vermessen und mit Sensoren in verschiedensten Wearables – von der Fitnessuhr bis zum Sleeptracker – den Ist-Zustand ihrer Lebensführung und ihres Körpers erfassen, ist es wichtiger denn je, auf Sicherheit Wert zu legen. Wer seine Lebensqualität mit solchen und ähnlichen Gadgets verbessern möchte, sollte auch um die Risiken wissen und dementsprechend handeln.

---

* Bundesinstitut für Arzneimittel und Medizinprodukte

Ob Patienten, Ärzte oder Krankenschwestern, Klinikverwalter, Krankenkassen oder Medizingerätehersteller – jede einzelne Gruppe muss sich bewusst sein, dass alle Geräte, die vernetzt sind, auch manipuliert werden können. Genauso wie auch Geräte aus dem nichtmedizinischen Bereich durch Computerviren infiltriert, manipuliert oder zerstört werden können. Das ist auch einer der Gründe, warum die US-Organisation »I Am The Cavalry« den folgenden »Hippokratischen Eid für vernetzte medizinische Geräte« entwickelt hat[32]:

> *»I will revere and protect human life, and act always for the benefit of my patients. I recognize that all systems fail; inherent defects and adverse conditions are inevitable. Capabilities meant to improve or save life may also harm or end life*.«*

Attacken auf das Gesundheitssystem

Jener Teil der Bevölkerung, der im Zeitraum der frühen 1980er- bis späten 1990er-Jahre geboren wurde, die Generation Y, hat vermutlich nie das analoge Krankenhaussystem kennengelernt. Menschen dieser Generation haben eventuell noch durch Krankenhausbesuche in der Kindheit miterlebt, wie Patiententafeln per Hand beschrieben wurden, wie mit dem Quecksilber-Fieberthermometer die Temperatur gemessen und der gemessene Wert in eine »Fieberkurve« eingetragen wurde, und wie Medikamente und Behandlungsanweisungen mit Kugelschreiber in einer Liste vermerkt wurden. Mediziner, die direkt in die digitale Ära hineingeboren wurden, sind abhängig von neuen Technologien und wissen mitunter nicht, was zu tun ist, wenn das digitale System in der ärztlichen Praxis oder im Krankenhaus versagt. Das birgt Gefahren, denn jeder Arzt muss einer möglichen Bedrohung immer einen Schritt voraus sein, um im Ernstfall richtig reagieren zu können.

---

* Übersetzung: »Ich werde menschliches Leben ehren und schützen und immer zum Wohle meiner Patienten handeln. Ich erkenne an, dass alle Systeme versagen; inhärente Defekte und ungünstige Bedingungen sind unvermeidlich. Fähigkeiten, die dazu gedacht sind, Leben zu verbessern oder zu retten, können auch Leben schädigen oder beenden.«

Aber wie sehen konkret die Überlebenschancen aus, wenn ein Wearable oder ein Gerät im Krankenhaus gehackt wird? »Das ist ein sehr hypothetisches Szenario. Das Gesundheitspersonal ist im Umgang mit einer Vielzahl von Notfallsituationen geschult, einschließlich des Austauschs von Geräten, die möglicherweise nicht oder nicht einwandfrei funktionieren. Das heißt, wenn ein Gerät nicht funktioniert, muss das Personal in der Lage sein, eine solche Situation zu überbrücken«, sagt Tully dem Autor. Fakt sei, dass es unzureichend Daten und Aufzeichnungen zum Thema Hacking von medizinischen Geräten gebe. »Aber das Fehlen von Beweisen bedeutet nicht, dass es so etwas nicht gibt. Wir haben die Aufgabe, diese Fragen mithilfe qualitativ hochwertiger Forschung besser beantworten zu können.«

Attacken auf das Gesundheitssystem können schwerwiegende Folgen haben. Im Jahr 2016 gab das Hollywood Presbyterian Medical Center bekannt, dass es einem Hacker gelungen sei, die Kontrolle über das Computersystem des Krankenhauses zu übernehmen. Die Ärzte hatten erst nach der Zahlung von 17 000 Dollar Lösegeld (in Bitcoin) wieder Zugang zum System.[33]

Tully und Dameff haben mit Sicherheit großen Anteil daran, dass die FDA das Thema Cybersicherheit inzwischen auf die Prioritätenliste gesetzt hat. »Europa hinkt in dieser Frage hinter den USA her«, sagt Dr. Marie Moe, Wissenschaftlerin der unabhängigen Forschungsinstitution SINTEF mit Sitz in Norwegen.[34] Moe, die selbst einen Herzschrittmacher implantiert hatte, bestätigt, was auch in den USA eine weit verbreitete Ansicht ist: In den USA ansässige Organisationen und Experten denken über das Thema Cybersicherheit in der Medizin intensiver nach als jene in Europa, obwohl vor allem der WannaCry-Angriff auf das britische Gesundheitssystem eines der deutlichsten Beispiele dafür war, wie anfällig unsere Systeme sind. Menschen halten es inzwischen für möglich, dass etwa ihr Bankkonto oder ihr Social-Media-Account gehackt wird, viele sehen aber noch nicht die Gefahr, dass auch ein Herzschrittmacher, jedes andere elektronische Implantat oder die CT-, MRT- sowie Röntgen- und Ultraschallgeräte in Krankenhäusern und Diagnosezentren gehackt werden könnten. Noch vor zwei Jahrzehnten konnte sich kaum jemand vorstellen, dass eines Tages Kreditkartennummern gestohlen würden. Heute gehört dies beinahe schon zum Alltag.

Im Jahr 2017 veröffentlichte die Cybersecurity Task Force des US-Gesundheitsministeriums einen Bericht, der sich mit der »wachsenden Herausforderung von Cyberangriffen auf das Gesundheitswesen« befasste.[35] Echte Fälle von Identitätsdiebstahl und Lösegeldforderungen sowie gezielte Hackerangriffe auf Nationalstaaten würden beweisen, dass die Gesundheitsversorgung tatsächlich anfällig sei, hieß es in dem Bericht. Das Risiko potenzieller Cybersicherheitsbedrohungen steigt, je mehr medizinische Geräte mit Software ausgestattet sind und mit dem Internet, Krankenhausnetzwerken oder anderen Geräten verbunden sind. Da Cybersicherheitsbedrohungen nicht vollständig eliminiert werden können, müssen Hersteller, Krankenhäuser und Einrichtungen wirksame Rezepte dagegen entwickeln.

Technologie und Innovation verbessern ohne Zweifel das Gesundheitswesen. Ärzte und Krankenhäuser haben – theoretisch und praktisch – weltweit Zugriff auf Patientendaten, wie Laborergebnisse, Vitalparameter und Untersuchungsaufnahmen. Wissenschaftlern auf der ganzen Welt steht ein riesiger Datenpool zur Verfügung, aus dem sie Trends ablesen können. Das führt dazu, dass in medizinischen Fragen oft deutlich früher als bisher ein Durchbruch erzielt werden kann. Diagnosen werden nicht nur weltweit ausgetauscht, Ärzte können im Rahmen von Videokonferenzen Patienten untersuchen, die sich auf anderen Kontinenten befinden. Die IT macht es möglich, dass Ärzte über Tausende Kilometer hinweg einen Operationsroboter bedienen und Menschenleben retten können. Dank Vernetzung, Algorithmen und hochkomplexer Analysen, bei denen unter anderem KI eingesetzt wird, könnten wir über Epidemien schon im Voraus Bescheid wissen und uns richtig darauf vorbereiten.

Google bot über viele Jahre den Google Flu Trends an[36], das aufgrund von Suchanfragen vorhersagen konnte, ob sich eine Grippewelle anbahnen würde. Wenn Menschen glaubten, krank zu werden, tippten sie Begriffe wie Husten, Fieber, Kopfschmerzen, Schüttelfrost in die Suchmaske ein. Google Flu Trends konnte aus einer Häufung solcher Suchanfragen errechnen, ob eine Epidemie im Entstehen ist[37]. Das hätte – rein theoretisch – auch bei der Anfang 2020 ausgebrochenen Covid-19-Welle funktionieren können. Hat es aber nicht, weil Google in China verboten ist und Google Flu Trends dort ohnehin nicht funktioniert hätte. Die Vernetzung hat oder hätte auch gute

Seiten, doch die Kehrseite der Medaille ist, dass diese Systeme auch für negative Zwecke genutzt werden können und daher anfällig sind für Angriffe von außen.

Attacken auf Roboter

Roboter spielen in der Medizin eine immer größere Rolle. Wurden sie anfangs vor allem vom Militär eingesetzt, um die medizinische Versorgung in Einsatzgebieten abzudecken, so gehören sie mittlerweile in vielen Kliniken zur Standardausstattung. Einer der bekanntesten ist das DaVinci-Operationssystem des kalifornischen Herstellers Intuitive Surgical. Der DaVinci-Roboter hat sich aus einem DARPA-Projekt (Defense Advanced Research Project) des US-Militärs Anfang der 1990er-Jahre entwickelt, mit ihm konnten Chirurgen verletzte Soldaten fernoperieren.[38]

Was aber würde geschehen, wenn die Computersysteme dieser Roboter angegriffen, übernommen oder gar zu Waffen umfunktioniert würden? Eine Forschergruppe um Tamara Bonaci hat versucht, diese Frage im Rahmen der Studie »To Make a Robot Secure: An Experimental Analysis of Cyber Security Threats Against Teleoperated Surgical Robotics« zu beantworten.[39] Systematisch wurden mögliche Cybersicherheitsangriffe auf das Roboter-Operationssystem Raven II, eine offene Roboter-Plattform, die gemeinsame Forschungen über Grenzen hinweg möglich macht, untersucht. Im Rahmen der Studie wurde eine Reihe möglicher Cyberattacken simuliert sowie deren jeweilige Auswirkungen analysiert. Dabei wurde ein breites Spektrum unterschiedlicher Roboterfunktionen böswillig gestört, sogar Befehlseingaben des Chirurgen wurden vollständig ignoriert. »Wir haben festgestellt, dass es möglich ist, den bestehenden Notfall-Stopp-Mechanismus des Roboters zu missbrauchen. Einige dieser Angriffe hätten jedoch sehr einfach durch den Einsatz gut etablierter und leicht verfügbarer Sicherheitsmechanismen, einschließlich Verschlüsselung und Authentifizierung, verhindert werden können«, so Bonaci. »Das umfassendere Ziel unseres Papers bestand jedoch darin, das Bewusstsein und das Verständnis für diese neu entstehenden Bedrohungen zu erhöhen. Wir gehen davon aus, dass die Mehrzahl der Angriffe gegen die Teleroboter-Chirurgie auch für andere Roboter relevant ist.«

Attacken auf das Babyphone

Jonathan Zdziarski ist einer der führenden iOS-Sicherheitsexperten. Er entwickelte forensische Methoden, die heute unter anderem vom NIJ (National Institute of Justice), der Forschungs-, Entwicklungs- und Evaluierungsagentur des US-Justizministeriums, genutzt werden. Er hat mit dem Militär ebenso zusammengearbeitet wie mit der US-Regierung – arbeitete aber auch gegen sie. Als Autor hat Zdziarski mehrere Bücher zum Thema »iPhone« geschrieben, darunter »iPhone Forensics«, »iPhone SDK Application Development« oder »Hacking and Securing iOS Applications«. Im Jahr 2017 wurde er von Apple als Sicherheitsforscher und Forensiker engagiert. Gemeinsam mit Apple hatte Zdiarski in den Jahren 2015 und 2016 gegen das FBI gekämpft, das von Apple gefordert hatte, das iPhone des Terroristen Syed Farook zu entsperren, um an dessen Kommunikationsdaten zu gelangen.[40] Am 2. Dezember 2015 hatten Farook und seine Frau bei einem Anschlag auf eine gemeinnützige Einrichtung in San Bernardino 14 Menschen getötet und 21 verletzt. Das FBI konnte das iPhone übrigens schließlich selbst mithilfe einer »geheimen Technik« entschlüsseln – zumindest behauptete man das. Apple wurde zwar vom Gericht dazu aufgefordert, das Smartphone zu entsperren, der Konzern berief sich aber auf die Privatrechte des Nutzers und weigerte sich.

Ausgerechnet Zdziarski stieß auf eine Sicherheitslücke, die besonders bei jungen Müttern und Vätern Beunruhigung hervorrufen könnte, und Zweifel an so mancher Innovation aufkommen ließ. 2017 wurde Zdziarski Vater.[41] Als »Early Adopter«, also einer Person, die stets die neuesten Gadgets ausprobiert, kaufte er unter anderem ein Gerät, mit dem er die Lebenszeichen seines Babys überwachen konnte. Der Owlet WiFi Baby Heart Monitor ist ein kleiner Sensor, den Babys am Fuß unter einer Socke tragen. Der Sensor überwacht den Herzschlag und den Sauerstoffgehalt und sendet diese Daten drahtlos an eine kleine Basisstation. Diese ist wiederum mit den Smartphones der Eltern verbunden und sendet Informationen, wenn etwas nicht stimmt.

SIDS (Sudden Infant Death Syndrome), auf Deutsch der »plötzliche Kindstod«, ist ja eine der größten Sorgen, die junge Eltern im ersten Lebensjahr ihres Kindes haben.

Als Zdziarski den Endbenutzer-Lizenzvertrag las, fiel ihm auf, dass sich das Unternehmen rechtlich aus jeder Verantwortung nahm, falls etwa das Gerät nicht funktionieren oder das Baby trotz Überwachung sterben sollte. Neugierig, wie Zdziarski eben ist, untersuchte er den Sensor und fand Details, die ihn noch mehr beunruhigten als die Passagen im Nutzervertrag:

Die Owlet-Basisstation verschlüsselte zwar Daten, die an die Server des Herstellers gesendet und von diesen empfangen wurden, aber das Ad-hoc-WiFi-Netzwerk, das die Basisstation mit dem Babysensor verband, kommunizierte völlig unverschlüsselt und forderte auch keine Authentifizierung. Was in einem solchen Fall entstehen kann, war Zdiarski klar: Hacker – sofern sie sich in der Nähe befanden – konnten die Kommunikation zwischen diesen beiden Teilen angreifen und die Daten manipulieren und dem System eine Asystolie, einen Stillstand der elektrischen und mechanischen Herzaktion, also eine Null-Linie vortäuschen. Diese manipulierten Daten würden dann an die Server des Herstellers und von dort an die Smartphones der Eltern geschickt und Panik auslösen. Obwohl das Baby eigentlich friedlich in seinem Bettchen liegt und schläft.

Aufgrund von Zdziarskis Entdeckung wurde dem Owlet-System im Jahr 2016 eine »Auszeichnung« verliehen, die besonders die IoT-Szene aufwecken sollte: das IoT-Gerät mit der schlechtesten IT-Sicherheit. Ein Beispiel dafür, wie wichtig es ist, in den diversen IoT-Systemen das Thema Sicherheit ernst zu nehmen und entsprechende Vorkehrungen zu treffen, damit so etwas nicht passieren kann.

DAS »INTERNET OF BODIES« (IOB)

Für viele ist es noch nicht vorstellbar – aber intelligente Herzschrittmacher, Insulinpumpen und smarte Prothesen sind erst der Anfang eines Prozesses, an dessen Ende der Mensch und sein Körper zur Gänze digitalisiert sein werden. In den kommenden Jahren wird der menschliche Körper mehr und mehr mit digitalen Gadgets ausgestattet sein – es werden Sensoren implantiert werden, die Daten aus dem Inneren des Körpers senden, es werden Stimulatoren eingesetzt werden, die Schmerzen ausschalten, den Schließmuskel aktivieren oder Harndrang unterbinden und sogar – in Zungennähe platziert – Schnarchgeräusche eliminieren können. Es wird smarte Kontaktlinsen geben, die den Zuckergehalt messen können, ebenso wie Brain-Interfaces (Gehirn-Computer-Schnittstellen), mit denen wir durch unsere Gedanken Geräte steuern oder mit dem Smartphone der Zukunft, das sich von dem Smartphone der Gegenwart erheblich unterscheiden wird, interagieren können. Das Smartphone heute ist nur deshalb so groß, weil wir einen Bildschirm brauchen; wenn dieser künftig in Brillen oder Kontaktlinsen integriert ist oder ein 3-D-Hologramm projizieren wird, braucht es Smartphones dieser Größe nicht mehr.

Schritt für Schritt treten wir in eine neue Ära über, die mittlerweile auch einen eigenen Namen hat: »The Internet of Bodies« (kurz: IoB) – der Mensch wird Teil des Internets. Wenn sich das IoT mit dem Körper verbindet, entsteht das IoB. Sobald es einen Kommunikationsfluss zwischen dem Körper und einem Netzwerk gibt, gilt das IoB als aktiv. Geräte – ob wir sie nun schlucken (eine smarte Tablette), implantiert bekommen (Defibrillator, Cochlea-Implantat) oder direkt am Körper befestigt haben – schicken Daten an dieses Netzwerk. Wir sind dann Teil des Internets und können, wie Geräte, aus der Ferne überwacht und gesteuert werden. Und da alles, was vernetzt ist, auch gehackt werden kann, werden sich Menschen, die bis dahin zu Cyborg-ähnlichen Wesen mutiert sind, vor Hackern in Sicherheit bringen müssen. Sie finden, das klingt wie eine Utopie? Womöglich nicht mehr lange …

Die Forschungsabteilung des Pentagon hatte in Zusammenarbeit mit dem bereits erwähnten Defense Advanced Research Projects Agency (DARPA) Anfang des Jahrtausends damit begonnen, an Gehirnimplantaten für US-Soldaten zu forschen. Ziel des Projekts war es, einen Chip zu entwickeln, der zum einen Erlebtes speichern und so für die Nachwelt abrufbar machen sollte. Interessant vor allen Dingen in solchen Fällen, wenn dem Soldaten auf dem Gefechtsfeld etwas zustieße. Zum anderen sollte das Implantat aus der Ferne gesteuert werden können, um, wie es die DARPA im Jahr 2014 formulierte, »Aufgaben-spezifische motorische Fähigkeiten« wiederherzustellen. Der Chip funktionierte drahtlos und sendete laufend Daten nach außen. Die Wissenschaft wird vermutlich bald soweit sein, Körpersäfte als Energielieferanten einzusetzen. Spezielle Blutinhaltsstoffe werden so zum Treibstoff, mit dem der Chip angetrieben werden kann.[42]

Im April 2013 startete der damalige US-Präsident Barack Obama die BRAIN Initiative (Brain Research through Advancing Innovative Neurotechnologies)[43]. Ihr Ziel ist es, jede Neuronen-Aktivität im Gehirn zu registrieren, zu verstehen und daraus eine Gehirn-Aktivitätskarte zu entwickeln. Mithilfe dieser Brain Activity Map sollen eines Tages vor allem Krankheiten wie Alzheimer und Demenz geheilt, beziehungsweise besser verstanden und therapiert werden können. Aber es gibt auch andere Ansätze, wie etwa implantierte Elektroden im Gehirn, mit denen Lähmungen überbrückt beziehungsweise »geheilt« werden können – seien es Lähmungen des Bewegungsapparats oder Lähmungen des Sprachsystems. Das große Ziel, das auch Elon Musk mit seinem Unternehmen Neuralink verfolgt, ist, Hirn-Maschine-Schnittstellen (BMIs) zu entwickeln, die es Menschen ermöglichen, Roboterarme mit ihren Gedanken zu steuern. In den Labors funktionieren solche Systeme bereits, wann sie im Alltag zum Einsatz kommen werden, ist noch offen.[44]

KAPITEL 6

DIGITALE ASSISTENTEN – WIE SIRI, ALEXA & CO. UNS AUSSPIONIEREN

»Alexa, hat dieser Mann seine Freundin getötet?«,

Fragen dieser Art werden Kriminalisten künftig häufiger stellen, wenn sie im Zuge einer Verbrechensermittlung feststellen, dass am Tatort eine »Alexa« oder andere internetbasierte Assistenten ebenfalls zugegen waren.

Am 12. Juli 2019 wurde Silvia Galva während eines Streits mit ihrem Freund Adam Reechard Crespo im Schlafzimmer ihres Hauses in Hallandale Beach in Südflorida getötet. Sie hätten heftig gestritten, er habe sie vom Bett ziehen wollen, sie habe nach einem Bettpfosten gegriffen, dessen Ende eine Speerspitze war, diese sei abgebrochen und in ihre Brust eingedrungen. Er habe die Speerspitze aus der Brust gezogen, die Notrufnummer 911 gewählt und bis zum Eintreffen der Sanitäter Druck auf die Wunde ausgeübt, um die Blutung zu stoppen. So die Darstellung von Crespo, der wegen Mordes zweiten Grades angeklagt wurde. »Die vom Angeklagten angewandte Kraft, um das Opfer (*vom Bett*) zu ziehen, führte zum Bruch des Bettpfostens und auf unbekannte Weise dazu, dass die Spitze das Opfer durchbohrte, was den Verlust des Lebens verursachte«, so der Polizeibericht.[1]

Um Licht in diesen Kriminalfall zu bringen, setzte die Polizei im November des Jahres 2019 auf Amazons Alexa. Im Schlafzimmer des Paares befand sich ein entsprechender Echo-Dot-Lautsprecher. Die Kriminalisten hofften, dass der Sprachassistent »Zeuge« des Mords oder Unfalls gewesen sein könnte, und dass Tonaufzeichnungen vom Zeitpunkt der Tat existieren würden. Der Anwalt von Crespo, Christopher O'Toole, meinte in einem Interview mit ABC News[2], dass er normalerweise gegen solche Methoden sei, weil sie tief in die Privatsphäre eines Menschen eingreifen würden. In diesem Fall sei er jedoch zuversichtlich, dass die Wahrheit ans Licht kommen werde. Sein Mandant habe nichts zu verbergen. Amazon übermittelte die Daten an die Polizei, mit dem Hinweis, dass man sich hierzu nur dann bereit erklären würde, wenn der Kunde sein Einverständnis dazu erteilt habe oder es einen richterlichen Beschluss dafür gäbe. Amazon hat aber im gleichen Atemzug betont, dass Alexa nur dann aufnehme, wenn das Schlüsselwort »Alexa« ausgesprochen würde; aber dazu später mehr. Die Aufzeichnungen aus dem Schlafzimmer von Galva und Crespo wurden nun von der Polizei ausgewertet, das Ergebnis mit Spannung erwartet.

Es ist nicht das erste Mal, dass die Sprachaufzeichnungen eines digitalen Assistenten als mögliches Beweismittel verwendet werden. Am 21. November 2015 hatte James Bates in der US-Kleinstadt Bentonville (Arkansas) drei Freunde zu einem Herrenabend mit Football, Bier und Wodka eingeladen. Die Arkansas Razorbacks spielten gegen die Mississippi State Bulldogs. Die Razorbacks verloren knapp mit 51-50. Nach dem Spiel verließ einer der drei Gäste die Gruppe, die im Whirlpool auf der Terrasse weitertrank. James Bates gab später an, er sei um 1 Uhr nachts zu Bett gegangen, während seine beiden Freunde noch wach blieben und planten, in Bates' Haus zu übernachten. Am Morgen danach lag einer der Freunde, Victor Collins, tot im Whirlpool, der Zweite war weg. Die Polizei wurde misstrauisch, als sie Anzeichen eines Kampfes vorfand – zerbrochene Flaschen, Knöpfe im Whirlpool etc. Collins Leichnam hatte ein blaues Auge, geschwollene Lippen, und das Wasser war rot verfärbt.[3]

Im Zuge der Untersuchungen registrierte die Polizei, dass es in Bates' Wohnung einige vernetzte Geräte gab: ein Honeywell-Alarmsystem, einen Nest-Thermostat, ein SmartMeter und ein Amazon Echo. Die Kriminalisten bemerkten auch, dass in der Tatnacht viel Wasser verbraucht worden war und konnten dies auf den Zeitraum zwischen 1 und 3 Uhr nachts eingrenzen, da der smarte Wasserzähler in dieser Zeit 140 Gallonen (530 Liter) Wasserverbrauch dokumentiert hatte.

Während der Ermittlungen im Dezember des Jahres 2015 forderte die Polizei von Amazon die Herausgabe aller Audioaufnahmen, der Kaufhistorie sowie der transkribierten Aufzeichnungen von Bates' Echo. Da Amazon die Bitte der Polizei ablehnte, beschlagnahmte die Polizei Bates' Echo und versuchte, Daten zu extrahieren. Im August 2016 genehmigte schließlich ein Richter das Ansuchen der Polizei, auch Bates und dessen Anwalt hatten keine Einwände gegen die Auswertung der Alexa-Daten. Ob die Polizei wirklich jene Informationen gefunden hat, die sie gesucht hatte, ist unklar. Aber im Dezember 2017 wurde die Mordanklage fallengelassen, der Staatsanwalt des Bezirks, Nathan Smith, meinte, dass die aktuellen Beweise mehr als eine »vernünftige Erklärung« für Collins Tod unterstützen.

Die Polizei hält es also grundsätzlich für möglich, dass ein digitaler, mit dem Internet verbundener Lautsprecher, mit integriertem Mikrofon,

Daten beisteuern kann, die bei der Aufklärung von Kriminalfällen helfen können. Das sollte uns zu denken geben, denn weder technisch noch rechtlich darf dies machbar sein, wenn man darauf vertraut, dass wir in den eigenen vier Wänden absoluten Schutz der Privatsphäre genießen und dies durch keine technische Innovation verletzt werden darf. Denn Alexa & Co tun nämlich genau das.

ALEXA, SIRI UND IHRE NEUGIERIGEN FREUNDINNEN

Was vor einigen Jahren noch unvorstellbar war und als Daten- und Privatsphärenschutz-Horrorszenario schlechthin begriffen wurde, ist inzwischen für viele Menschen Alltag. Ein Gerät, das buchstäblich alles hören kann, was man sagt. Das erinnert auffallend an George Orwells »Televisor« in seinem Roman *1984*. Ein TV-Überwachungsapparat, der zugleich Sende- und Empfangsgerät ist und in jedem Haus in Orwells Roman *1984* verbaut war, um die Bürger Ozeaniens überwachen und ihnen Anweisungen erteilen zu können.

Im Internet-of-Things-Zeitalter muss der Staat gar keine Televisor mehr installieren, das haben die Bürger längst selbst getan, weil sie Geräte wie Smartphones nutzen. Oder digitale Assistenten, die ja offiziell nicht als Abhör- und Spyware, sondern als Lifestyle-Produkte verkauft werden. Als Geräte, die man benötigt, weil sie den Alltag erleichtern sollen. Wer diese smarten Geräte kauft, bezahlt auch dafür, sich von Technologieriesen überwachen zu lassen. Und wenn die Überwachung auch nicht über die Technologieunternehmen erfolgt, so liefert man sich allemal den Hackern aus. Denn die smarten Gadgets haben ihre Schwächen und sind nicht vor Attacken geschützt.

Die meisten kennen »Alexa« und »Siri«, »Google Assistant«, »Cortana« (von Microsoft) oder »Bixby« (von Samsung). Diese digitalen Assistentinnen sind praktisch und mit ihnen gelang die Realisierung eines völlig neuen Interfaces Mensch-Maschine. Wir müssen nicht mehr in eine Tastatur tippen, Befehle werden per Sprachsteuerung erteilt. »Siri, spiele mir das Lied vom Tod!«, »Alexa – bestelle Sushi!«, »Google Assistant – wie ist der

Verkehr auf meinem Weg zur Arbeit?«, »Cortana, sag mir, wie das Wetter wird!», »Bixby – checke meinen Puls!« Die smarten Lautsprecher-Mikrofon-Kombis sollen uns das Leben erleichtern.

Alexa und Siri waren übrigens nicht die ersten digitalen Assistentinnen. Schon zur Jahrtausendwende stellte Motorola den Prototypen einer Assistentin namens »Mya« (MyAssistant) vor. Diese hätte ihren Nutzern Informationen über Wetter und Flugzeiten liefern sollen.[4] Mya hat nie wirklich das Licht der digitalen Welt erblickt. »Wie die lockere Kommunikation mit der digitalen Handy-Assistentin auch nur ansatzweise funktionieren soll, bleibt offen. Dass dies ein gerütteltes Maß an Künstlicher Intelligenz erfordert, und wir davon noch mindestens 50 Jahre entfernt sind, scheint die Autoren nicht sehr zu kratzen«, kritisierte ein Rezensent die beiden Autoren des Buches *Das vierte W* im November des Jahres 2001. Die Autoren, einer davon ist Autor des Buches, das Sie gerade in Ihren Händen halten, sagten die Entwicklungen im Bereich digitaler Assistenten voraus. Dass bereits seit Jahrzehnten an Sprachsystemen getüftelt wurde, war zu diesem Zeitpunkt kaum jemandem bewusst. Der Name Siri etwa geht auf ein 2007 gegründetes Unternehmen zurück, das im April 2010 von Apple übernommen wurde.[5] Am 4. Oktober 2011 wurde im Rahmen einer Apple-Keynote die erste Version von Siri – damals noch als Beta-Version – vorgestellt.[6] Daran sieht man, dass die technologische Entwicklung doch rascher voranschreitet, als viele es für möglich halten.

Wie Befehle beantwortet werden

Wie eine digitale Assistentin funktioniert, ist relativ einfach erklärt: Über ein Mikrofon wird der Befehl in die Internet-Cloud geschickt, in der eine Software jedes gesprochene Wort analysiert und darauf entsprechend reagiert, indem es eine Kette an Reaktionen auslöst. Spricht man also mit seinem Lautsprecher, so werden die Sprachdaten über ein Mikrofon an einen Server nach dem Client-Server-Prinzip übertragen, dort wird die Frage oder Aufforderung verarbeitet und das Ergebnis an das Gerät rückgemeldet. Das erfolgt in Echtzeit, also so rasch, dass man nahezu einen Dialog mit Alexa & Co führen kann. Bei der Fragenbeantwortung kramt die Künstliche Intelligenz quasi in der Datensammlung und liefert so Wetterdaten, Flugdaten, sucht im Internet, ruft Pizzaservices an und vieles mehr. Alexa verfügt über 50 000 Funktionalitäten, ist mit 20 000 Geräten kompatibel und wird von mehr als 3500 Marken verwendet.[7] Die Sprachschnittstellen von Google unterstützen mehr als 30 Sprachen und das Unternehmen plant die Einführung von Sprachfunktionen in 80 verschiedenen Ländern. Microsoft und Amazon haben eine Partnerschaft zwischen ihren Sprachassistenten Alexa und Cortana angekündigt, um zusätzliche Funktionen und eine größere Reichweite für ihre Kunden zu ermöglichen.

Ein Detail am Rande:
Apples Siri wurde ursprünglich vom US-Militär entwickelt. Sie war das Ergebnis eines Projekts der DARPA (Defense Advanced Research Projects Agency) aus dem Jahr 2003, das den Namen »CALO« trug. CALO ist die Abkürzung für »Cognitive Assistant learns and organizes«. Das Militär wurde bei der Namensfindung aber auch vom lateinischen Begriff CALO inspiriert, der übersetzt so viel wie »Diener oder Trossknecht« bedeutet.[8]

Audio-Injektionen

Grundsätzlich gilt für digitale Assistenten dasselbe wie für alle anderen technischen Geräte: Jeder, der über die Zugangsdaten verfügt, kann sich einloggen, mitlesen, lauschen und – im Falle von Alexa & Co – auch Bestellungen tätigen. Bei Alexa & Co kann man aber auch noch auf andere Weise mithören. Die Technologie nennt sich laserbasierte Audio-Injektion. Dabei wird eine Schwachstelle bei miniaturisierten MEMS-Mikrofonen (Micro Electro Mechanical System) genutzt. Sie ermöglicht es Angreifern, aus der Ferne unhörbare und unsichtbare Befehle in Sprachassistenten wie Google-Assistent, Amazon Alexa, Facebook-Portal und Apple Siri einzuschleusen, das geschieht mithilfe eines Laserlichts.

In ihrem Paper »Light Commands: Laser-Based Audio Injection Attacks on Voice-Controllable Systems«[9] demonstrierten fünf Wissenschaftler der University of Electro-Communications in Tokio und der University of Michigan, wie man Sprachassistenten mittels Licht attackieren kann: Per Laser können Befehle in verschiedene sprachgesteuerte Geräte, wie intelligente Lautsprecher, Tablets und Telefone, über große Entfernungen und durch Glasfenster quasi »injiziert« werden. Das ist die wichtigste Entdeckung der fünf Forscher, die bei ihrer gemeinsamen Arbeit unter anderem von der DARPA, Intel, AMD und Analog Devices unterstützt wurden: Mikrofone reagieren nicht nur auf Schall, sondern auch auf direkt auf sie gerichtetes Licht. Das heißt, das Mikrofon in einem smarten Lautsprecher wandelt die Frequenz des Lichts in ein elektrisches Signal und somit in einen Befehl um. Die Mikrofone werden durch die elektrischen Signale in die Irre geführt und glauben, einen echten Ton zu empfangen. Das Erschreckende daran: Im Prinzip kann jedes ausreichend helle Licht für den Angriff genutzt werden, so etwa eine qualitativ gute Lasertaschenlampe, wie die Acebeam W30, die eine Lichtreichweite von 2,4 Kilometern aufweist.[10]

Die Demonstration dieser Technologie in einem Video ist äußerst beeindruckend.[11] Hier wird unter anderem gezeigt, wie ein Angreifer mit Licht-Injektionssprachbefehlen ein smartes Haustürschloss entriegelt, wie man Fahrzeuge lokalisiert, entsperrt und startet. Dabei wird der Laser durch das Fenster auf die in den smarten Lautsprechern integrierten Mikrofone, Tablets oder Telefone gerichtet. Diese Befehle sind aus der Ferne unhörbar und teilweise auch unsichtbar. Schafft es ein Hacker, die Kontrolle über einen Sprachassistenten zu erlangen, kann er praktisch alle Geräte steuern und Dienste nutzen, die mit dem Account in Verbindung stehen, von Onlinebestellungen bis hin zum Öffnen des Garagentors, hinter dem womöglich der teure Porsche 911 geparkt ist.

Es gelang dem Team von Forschern, einen Angriff aus einer Distanz von 110 Metern erfolgreich durchzuführen. Es seien durchaus noch größere Distanzen denkbar – vom Laserstrahl hänge es nicht ab, lediglich von der Exaktheit des Angriffs. Mit einem entsprechenden Stativ könnten Attacken aus mehreren Hundert Metern Entfernung durchgeführt werden, erklärten die Forscher.

Die Liste der Geräte, die erfolgreich attackiert worden sind, liest sich wie die Inventarliste eines Tech-Geräte-Onlineshops: Google Home, Google Home mini, Google NEST Cam IQ, Echo 1st und 2nd Generation, Echo Dot 2nd und 3rd Generation, Fire CubeTV, iPad 6th Generation, Samsung Galaxy S9 etc. »Wir wissen, dass unsere Liste der getesteten Geräte nicht vollständig ist, sie vermittelt aber einen ersten Eindruck, wie verletzlich die populären Spracherkennungssysteme sind«, so die Wissenschaftler.[12]

Private Schnüffler

Ein Umfrageergebnis macht den menschlichen Zwiespalt im Hinblick auf die Nutzung digitaler Assistenten mehr als deutlich: Nutzer sorgen sich, dass sie über ihre smarten Lautsprecher oder digitalen Assistenten abgehört werden könnten, kaufen diese aber trotzdem. In der Studie »Smart Talk – How organizations and consumers are embracing voice and chat assistants«, die das Capgemini Research Institute im September des Jahres 2019 präsentierte[13], wird die Skepsis gegenüber digitalen Assistenten offensichtlich: Fast die Hälfte der 12 000 Befragten in den USA, Großbritannien, Frankreich und Deutschland gab an, ein sprachgesteuertes Gerät zu besitzen*. Gleichzeitig aber sorgte sich jeder zweite Besitzer eines solchen Geräts (52 Prozent), dass damit private Gespräche abgehört werden könnten. Die Sorge ist berechtigt. Wer sich etwa die Frequently Asked Questions bei Alexa durchliest[14], stößt auf einige schwammige Formulierungen, die einen großen Interpretationsspielraum deutlich machen.

Sprachbefehle werden erst nach 18 Monaten gelöscht. Den Löschzeitraum kann ein Nutzer selbst definieren. »Wenn Sie Sprachaufzeichnungen löschen, die mit Ihrem Konto verknüpft sind, löschen wir die Sprachaufzeichnungen und die Text-Transkripte der Anfragen, die Sie ausgewählt haben, aus der Amazon-Cloud«, steht in der Liste der Amazon-FAQ. Das heißt, dass jeder Befehl gespeichert wird. Bemerkenswert ist in diesem Zu-

* Zwei Jahre davor hatte nur jeder vierte Befragte ein solches Gerät.

sammenhang die offizielle Erklärung von Amazon: »Alexa verwendet Ihre Sprachaufzeichnungen und andere Informationen, einschließlich Diensten Dritter, um Ihre Fragen zu beantworten, Ihre Befehle auszuführen und Ihre Nutzererfahrung und unsere Dienste zu verbessern.« Mit »unsere Dienste zu verbessern« holt sich Amazon praktisch den Freibrief, die Sprachbefehle nach Lust und Laune zu analysieren.

Was das konkret bedeutet, ist einfach erklärt: Amazon & Co sammeln so viele Daten wie nur möglich, um die eigene Spracherkennungssoftware und den Service zu optimieren. Je mehr Sprachbeispiele man sammelt, desto feiner wird das Spracherkennungssystem, weil Worte von Mensch zu Mensch unterschiedlich ausgesprochen oder betont werden, das gilt erst recht für Befehle in anderen Sprachen. Das ist übrigens nicht nur für Anwendungen innerhalb der Alexa-, Siri- oder Cortana-Welt von größtem Wert, sondern auch für künftige Produkte wie etwa Echtzeitübersetzer. Denn in absehbarer Zeit soll es kleine Hörgerät-ähnliche Ohrstöpsel geben, die die Sätze eines fremdsprachigen Menschen direkt in die Sprache des Nutzers übersetzen. Einen Vorgeschmack darauf lieferten bereits Google mit seinem Google Übersetzer[15] oder auch die Ohrstöpsel des US-Start-ups Waverlylabs »Pilot Smart Earbuds«.[16]

EINE FRAGE DES DATENSCHUTZES

Datenschützer hinterfragen seit geraumer Zeit die Privatsphäreneinstellungen der digitalen Sprachassistenten. Die Hamburger Datenschutzbehörde, vermutlich eine der strengsten und kompetentesten Datenschutzorganisationen Europas, strebte gemeinsam mit Regulierungsbehörden und Gesetzgebern in den USA und Europa eine Prüfung an, die klären sollte, ob Amazon, Apple und Google die Privatsphäre ihrer User verletzen, weil sie die von den digitalen Assistenten aufgezeichneten Sprachbefehle von Menschen begutachten lassen.[17] Diese »Qualitätsverbesserer«, wie sie in den Nutzerbedingungen gerne bezeichnet werden, bekommen nicht nur deutlich mehr zu hören, als sie hören sollten. Die Nutzerdatenanalyse wird darüber hinaus an Heimarbeiter im Ausland vergeben.[18]

Im Sommer des Jahres 2019 berichtete die *Welt am Sonntag*, dass Millionen von Alexa-Sprachbefehlen von Zeitarbeitern in Polen ausgewertet würden und Nutzerdaten dabei praktisch ungeschützt seien. Amazon bestätigte das damals und gab zu, dass die Audio-Transkription auch in Heimarbeit erledigt werde: »Einigen Mitarbeitern ist es gestattet, von anderen Orten aus zu arbeiten; dabei gelten strenge Sicherheitsmaßnahmen und Richtlinien, an die sich jeder Mitarbeiter halten muss.«

Bloomberg hatte bereits im April 2019 aufgedeckt[19]: »Amazons Mitarbeiter hören, was Sie Alexa erzählen.« Amazon beschäftigt ein Team von Tausenden Mitarbeitern auf der ganzen Welt, um Alexa laufend zu optimieren. Diese hören sich – persönlich – die Sprachaufnahmen an, die in den Wohnungen und Büros der Alexa-Besitzer aufgenommen wurden. Die Aufnahmen werden transkribiert, kommentiert und dann in die Software zurückgespielt. Damit sollen »Lücken in Alexas Verständnis der menschlichen Sprache« beseitigt und die Funktionalität der digitalen Assistentin verbessert werden. Laut *Bloomberg* besteht das globale Team aus einer Mischung von Fix-Angestellten und Projektangestellten, die von Boston bis Costa Rica, von Indien bis Rumänien arbeiten. Jeder, der am Programm mitarbeitet, muss einen Geheimhaltungsvertrag unterzeichnen, der es ihm untersagt, öffentlich über das Programm zu sprechen. Ein »Qualitätsverbesserer« arbeitet im Schnitt neun Stunden am Tag und analysiert bis zu 1000 Audioclips pro Schicht.

Und diese Arbeit ist zum Teil sehr intensiv, wie Ruthy Hope Slatis schilderte.[20] »Silicon Valley Is Listening to Your Most Intimate Moments«, betitelte das Magazin *Bloomberg* eine Reportage über die Analysetätigkeit dieses Berufsstandes. Unter anderem erzählt Slatis, was sie als Qualitätsverbesserin gehört habe und niederschreiben musste: Einsame Menschen haben der digitalen Assistentin ihre intimsten Geheimnisse und Ängste anvertraut, das habe beim Jungen begonnen, der den Wunsch nach einer Vergewaltigung geäußert hatte und endete bei Kindern, die einfach ihre Adresse und Telefonnummer mitgeteilt hätten. Viele der »Qualitätssicherer« haben ob ihrer Erfahrung nicht nur ihre eigenen digitalen Assistenten daheim deaktiviert, sie haben auch nach Möglichkeit den Job gewechselt. Im Zuge ihrer Arbeit haben sie bemerkt, dass viele der Nutzer in Alexa &

Co echte Gesprächspartner zu finden glauben, denen sie ihre persönlichen Probleme anvertrauen können.

Unabsichtlich aktiviert

Es ist bereits mehrfach passiert, dass Alexa sich selbst aktiviert hat. Darauf weist Amazons auch selbst in ihren FAQs hin:[21]»In manchen Fällen kann Ihr Alexa-fähiges Gerät ein anderes Wort oder ein anderes akustisches Signal als Aktivierungswort interpretieren (zum Beispiel den Namen »Alex« oder wenn jemand »Alexa« beispielweise im Radio oder Fernsehen sagt). Wenn das passiert, wird Alexa unbeabsichtigt aktiviert. Wir verfügen über ein Team von erstklassigen Wissenschaftlern und Ingenieuren, das sich der kontinuierlichen Verbesserung unserer Technologie zur Erkennung des Aktivierungswortes und der Vermeidung solch unbeabsichtigter Aktivierungen widmet.«

Besonders skurril ist dabei, dass selbst die Erfinder dieser Technologie den eigenen Erfindungen misstrauen, beziehungsweise befürchten, die Privatsphäre der Kunden zu verletzen. Nur so kann man sich die Reaktion von Googles Hardware-Chef Rick Osterloh im Rahmen der Präsentation des neuen Pixel 4 Smartphones am 15. Oktober 2019 erklären: [22] Auf die Frage, ob man Gästen vor dem Betreten eines Gebäudes mitteilen solle, dass intelligente Geräte – wie ein Google Nest-Sprecher oder ein Amazon Echo-Display – in Betrieb sind, antwortete er: »Meine Güte, so habe ich noch nie darüber nachgedacht, aber wir müssen an alle Interessengruppen denken, die sich in der Nähe befinden könnten. Muss das der Besitzer eines Hauses einem Gast gegenüber offenbaren? Ich würde und tue es, wenn jemand mein Haus betritt, und es ist wahrscheinlich etwas, das die Produkte selbst versuchen sollten anzuzeigen.«

Das machen Googles Nest-Überwachungskameras übrigens auch, da sie im Aufnahmemodus leuchten und ihre LEDs nicht deaktiviert werden können, sprich: Die Kamera kann nicht geheim aufzeichnen. Es gehört im digitalen Zeitalter also durchaus zur Etikette, dass man Besucher informiert, wenn man smarte Geräte im Einsatz hat, die Gesprochenes, mitunter aber auch Videos aufnehmen könnten. Künftig darf man sich nicht wundern, wenn Gäste explizit einfordern, diese Geräte zu deaktivieren. Alexa, Siri oder Google könnten mithören.

Die Schnittstelle Mensch-Maschine

Sie könnten mithören – und sie tun es auch, denn die Spracheingabe ist nur eine alternative Schnittstelle Mensch-Maschine. Statt auf Tasten zu klicken oder Befehle per Touchscreen einzutippen, spricht man Kommandos. Die Mikrofone nehmen immer auf, doch erst beim »Aufwachwort« werden die aufgenommenen Daten weitergeleitet.

Und wie erklärt man sich dann (zufällige) Vorfälle, wie wir sie vom Surfen im Web kennen: Man interessiert sich für Sportartikel, einen Urlaub oder einen Sprachkurs und bekommt plötzlich auf seinem Facebook-Account exakt dafür Werbung eingeblendet? Das liegt daran, dass diese Seiten mit Facebook-Cookies versehen waren und die Informationen an die Facebook-Server weitergeleitet haben. Wie aber kann genau das passieren, obwohl man nur mit Freunden über Sportartikel, einen Urlaub oder einen Sprachkurs gesprochen hat? Ist es etwa möglich, dass so ein Gespräch während einer Zugfahrt, bei der das iPhone nur am Fensterbrett lag, belauscht wurde? Die logische Erklärung: Gespräche werden mitgeschnitten und mit dem internen Werbesystem abgestimmt. Denn ein großer Teil der Einnahmen von Amazon, Google, Apple & Co sind Werbeerlöse. Nehmen wir als Beispiel Google, beziehungsweise »Alphabet«, so wie sich der Konzern jetzt bezeichnet: 82 Prozent seiner Umsätze erzielt Alphabet durch die Werbeerlöse seiner Google-Suche. 2019 schaffte Alphabet einen Umsatz von 161,9 Milliarden Dollar.[23]

Somit ist klar: Jeder, der eine Alexa im Schlafzimmer stehen hat oder sein iPhone eingeschaltet am, auf oder unter dem Bett platziert, darf sich nicht wundern, wenn Geräusche aus dem Schlafzimmer aufgezeichnet werden. Digitale Assistenten lauschen ständig mit und warten auf den Befehl, mit dem sie aktiviert werden. Besonders schlimm muss es daher sein, wenn man mit einer Frau namens Alexa oder einem Mann namens Alex oder

Alexander verheiratet oder liiert ist und einen Echo Dot im Schlafzimmer stehen hat.

Audio-Aufnahmen von einem Fremden

Es ist einer der Fehler, der im Grunde nie passieren dürfte und, falls dies doch geschehen sollte, so heißt es, handle es sich lediglich um einen »bedauerlichen Einzelfall«: Ende des Jahres 2018 stellte ein deutscher Kunde eine DSGVO-Anfrage an Amazon. Er wolle wissen, welche Daten Amazon über ihn gespeichert habe. Zwei Monate später bekam er nicht nur die gewünschten Informationen, sondern auch Daten eines anderen Amazon-Kunden geliefert, wie das Magazin *c't* berichtete.[24]

Neben den etwa 50 Dateien, die seine Person betrafen, schickte ihm amazon.de auch etwa 1700 Dateien im Audioformat WAV sowie eine PDF-Datei eines anderen Kunden, der, im Gegensatz zu ihm selbst, Alexa nutzte. Auf Nachfrage bei Amazon bekam er zwar nie eine Antwort, aber der Downloadlink für die Dateien wurde deaktiviert. Da er die Dateien vorher gesichert hatte, konnte er die Informationen an das Magazin *c't* weitergeben. So gelangte die Geschichte an die Öffentlichkeit.

Unter den 1700 Sprachaufzeichnungen befanden sich einige, die man durchaus als privat und persönlich bezeichnen konnte. Abgesehen davon, dass sie aus dem Schlaf-, Wohn- und Badezimmer stammten, waren die Aufzeichnungen so privat und informativ, dass es den Journalisten sogar möglich war, die Identität des betroffenen Alexa-Besitzers herauszufinden und ihn mit der Situation zu konfrontieren. Der Kunde war geschockt – umso mehr, als ihn Amazon nicht einmal über die Datenschutzpanne informiert hatte. Amazon argumentierte, dass es sich um einen »isolierten Einzelfall« gehandelt habe. »Dieser unglückliche Fall war die Folge eines menschlichen Fehlers. Wir haben das Problem mit den beiden beteiligten Kunden geklärt und Maßnahmen zur weiteren Verbesserung unserer Prozesse ergriffen.«

KAPITEL 7

FOLLOW THE MONEY – ATTACKEN AUF UNSER GELD

AM ANFANG WAR DAS KRIEGERDENKMAL …

Die erste in den Medien dokumentierte Cyberattacke auf eine Bank, betitelt mit dem Head »Estonian DDos Attacks«, ist datiert auf den 26. April 2007.

In der estnischen Hauptstadt Tallinn kam es Ende April 2007 zu tagelangen Protesten, weil ein Kriegerdenkmal aus der Sowjetzeit aus dem Zentrum der Stadt verlegt werden sollte. In der Nacht vom 26. auf den 27. April kam es im Stadtzentrum zu Demonstrationen mit einem Toten, Dutzenden Verletzten und zahlreichen Sachbeschädigungen.[1] Die Verlegung erfolgte schließlich trotzdem am 27. April 2007. Die Demontage des Denkmals mit seinem zweieinhalb Meter großen Bronzesoldaten, die an den Sieg der Sowjetarmee gegen Nazideutschland erinnerte, sorgte für grobe Unstimmigkeiten zwischen Estland und Russland. Zeitgleich mit dem offiziellen Protest der russischen Regierung kam es zu koordinierten DDoS-Angriffen* gegen Websites von Regierung, Banken, Universitäten, Parteien und Zeitungen. Die Attacken dauerten drei Wochen an, bei der letzten Welle am 9. Mai 2007 wurde gezielt der estnische Finanzsektor angegriffen. Zwei große estnische Banken mussten ihr Onlinebanking-System und ihre Geldautomaten deaktivieren und Banktransaktionen aussetzen. Die Angriffe wurden von russischen Hacktivisten durchgeführt, die mit ihrer Aktion in russischen Chatrooms prahlten. Estland beschuldigte die russische Regierung, hinter den Angriffen zu stecken, konnte das allerdings nie beweisen.[2]

Die Carnegie Endowment for International Peace** ist einer der bedeutendsten Think Tanks der Gegenwart. In ihrem White Paper »Towards a Global Norm Against Manipulating the Integrity of Financial Data« arbeiteten Experten der Stiftung das Thema Cybersecurity im Finanzsektor auf und erstellten eine »Timeline«, in der jede offizielle Cyberattacke im Finanzbereich dokumentiert wird.[3] Die Stiftung arbeitet hier mit BAE Systems zusammen, einem britischen Konzern, der sich nicht nur auf Rüstung und Luftfahrt, sondern auch auf Informationssicherheit spezialisiert hat. Jene Fälle, die sich nach

* Computersysteme werden durch ständige Anfragen überlastet, bis sie nicht mehr reagieren können, siehe Kapitel 2.

** Carnegie Stiftung für Internationalen Frieden

Erscheinen des White Papers ereignen, werden seither monatlich in die Timeline integriert. Die Vorfälle werden mit verschiedenen Parametern, wie der Art des Vorfalls, dem Zielort, mit Informationen über die Angreifer etc. und der Attacke dokumentiert. Die Informationen werden aus öffentlichen Quellen gesammelt, was bedeutet, dass nur veröffentlichte Attacken in die Timeline aufgenommen werden. Die Timeline ist ein Beweis dafür, dass der Finanzsektor ein gefragtes Ziel von Cyberkriminellen ist: Waren es im Jahr 2007 noch drei Fälle, ist die Zahl im Jahr 2019 mittlerweile auf 33 gestiegen – von Ransomware-Attacken über erfolgreiche Spear-Phishing-Kampagnen bis zu ATM*-Hacks – die Timeline gleicht einem Portfolio-Book der Cyberkriminellen.

DER CUTLET-MAKER

Als der Angestellte der Bank am frühen Vormittag des 27. Oktober 2017 zum Geldautomaten ging, ahnte er sofort, dass etwas faul war:

»*HO-HO-HO! LET'S MAKE SOME CUTLETS TODAY!*«,

war auf dem Bildschirm zu lesen, links neben dem Schriftzug eine Zeichnung eines zwinkernden Kochs, der Ähnlichkeiten mit Oliver Hardy aufwies, rechts ein jubelndes Burgerpattie mit grünen Augen und grünen Turnschuhen. Darunter gab es einige kleine Befehl-Kästchen mit den Begriffen »CHECK HEAT«, »Start cooking!«, »Reset« und »Stop!«.

Der »Cutlet Maker« war eine Schadsoftware, die Geldautomaten dazu brachte, ihren gesamten Bargeldvorrat freizügig auszuspucken. Hierzu war es nicht nötig, Bankkarten zu stehlen und zu hacken. Es musste lediglich die Schadsoftware installiert werden. Das gelang den Tätern entweder dadurch, dass sie das Banksystem hackten oder indem sie am Geldautomaten einen bestimmten Bereich öffneten, einen USB-Anschluss freilegten und einen infizierten USB-Stick ansteckten. »Jackpotting« wird diese Methode genannt, die im Jahr 2017 in der gesamten Cybercrimewelt für Furore sorgte.[4]

Abgesehen vom Schaden, der durch diese Methode verursacht wurde, war es der Vertriebsweg des Cutlet Maker, der die Behörden hellhörig wer-

---

* Automated Teller Machine/Geldautomat

den ließ. Die Software wurde im Darknet vertrieben. Für 5000 Dollar konnte man das Programm, das laut IT-Sicherheitsunternehmen Kaspersky auch an »cyberkriminelle Laien« adressiert war, unter der Bezeichnung »ATM Malware« auf dem Dark-Web-Markt AlphaBay* kaufen.[5] Ganz so einfach war es dann übrigens doch nicht, den Cutlet Maker zu installieren. Dafür musste man doch etwas mehr als nur ein Laie sein.

Das Schadprogramm, das für Geldautomaten des Herstellers Wincor Nixdorf entwickelt worden war, wurde, so fanden IT-Experten heraus, ab dem 27. März 2017 zum Verkauf angeboten – zusammen mit einem Video-Tutorial, in dem gezeigt wurde, wie man es installierte. Der Cutlet Maker bestand aus drei Teilen – einem USB-Stick, auf dem sich die Schadsoftware befand, einem Passwort, das mit einem getrennt zu installierenden Programm namens »c0decalc« auf Laptop oder Tablet generiert wurde, und einer dritten Applikation, die auslesen konnte, wie viel Geld sich im entsprechenden Automaten befand. Damit Cyberkriminelle einander nicht in die Quere kamen, erhielt jeder überdies sein eigenes Passwort.

Jackpotting – wenn der Geldautomat Scheine ausspuckt

Auf der Hackerkonferenz Black Hat hatte der mittlerweile verstorbene Programmierer Barnaby Jack bereits im Jahr 2010 eine Schadsoftware für Geldautomaten präsentiert.[6] Der Automat zeigte auf dem Bildschirm das Wort »JACKPOT« an und spuckte Geld aus.[7] Barnaby Jack war übrigens jener Hacker, der – wie in Kapitel 5 beschrieben – auf der Black Hat 2013 demonstrieren wollte, wie man einen Herzschrittmacher hacken kann. Allerdings war er zwei Tage vor der geplanten Präsentation verstorben. Todesursache: ein Drogen-Medikamenten-Cocktail. Auf Barnaby ist folglich auch der Begriff »Jackpotting« zurückzuführen, mit dem man seither diese Form der Cyberattacken auf Bankautomaten bezeichnet. Jackpotting sei »vergleichbar mit dem Sprengen von Automaten – nur in der Gentleman-Version«,[8] sagte Staatsanwalt Christoph Hebbecker, Sprecher der Zentral- und Ansprechstelle Cybercrime NRW

* AlphaBay wurde bereits im Juli 2017 geschlossen.

(ZAC). Um Automaten in Ruhe manipulieren und dann plündern zu können, suchten sich Täter meist kleinere, wenig frequentierte Bankfilialen aus.

Im Jahr 2017 gab es allein in Deutschland zehn Vorfälle, bei denen insgesamt 1,4 Millionen Euro erbeutet werden konnten und das deutsche Bundeskriminalamt warnte vor einem »signifikanten Anstieg« in den Folgejahren. Zwischen dem Frühjahr 2018 und dem Herbst 2019 kam es zu mindestens 36 Vorfällen von Jackpotting.[9] Global gesehen steigt die Zahl der Jackpotting-Attacken weiter an, doch eine absolute Zahl gibt die ATM Industry Association(ATMIA) nicht bekannt, um zu verhindern, dass sich das Problem durch Nachahmungstäter noch verschlimmert.

Obwohl Jackpotting nicht bei allen Geldautomaten-Typen gleichermaßen gut funktioniert, haben die Hersteller von Bankautomaten ihre Sicherheitsaufgaben offenbar nicht hinreichend erfüllt. Denn Geldautomaten sind unsicher und anfällig für Software-Hacks. Im Januar des Jahres 2018 warnten der US Secret Service und die großen Geldautomaten-Hersteller Diebold Nixdorf und NCR deshalb davor, dass auf Geldautomaten Schadsoftware installiert werden könnte. Gründe für die Warnung waren die Cutlet-Maker-Attacken, aber auch Vorfälle in Mexiko im Oktober des Jahres 2017. Dort hatten Kriminelle für Geldautomaten bestimmte Festplatten gegen mit Schadsoftware präparierte Festplatten ausgetauscht. Mithilfe eines Endoskops manipulierten sie dann die Sensoren des Geldautomaten.[10]

Im Zuge einer umfassenden Analyse von Positive Technologies wurden im Jahr 2018 insgesamt 26 Geldautomaten der Hersteller NCR, Diebold Nixdorf und GRG Banking auf verschiedene Szenarien hin getestet – von Bargeldraub bis hin zu Netzwerkattacken. Ergebnis: 85 Prozent der Geldautomaten konnten innerhalb von 15 Minuten ausgeraubt werden. Eine Black-Box-Attacke, bei der die Angreifer gezielt ein Loch in den Geldautomaten bohrten und ihr Notebook an den Rechner anschlossen, war bei 69 Prozent der Automaten erfolgreich. Die Angreifer benötigten dafür etwa zehn Minuten. Hatten die Angreifer einmal direkten Zugriff auf die Festplatte, benötigten sie zwar im Durchschnitt 20 Minuten für einen Angriff, waren aber bei 92 Prozent der Geldautomatenattacken erfolgreich.[11] Mitunter macht man es Angreifern überhaupt sehr einfach, wenn etwa das Modem des Automaten außerhalb des Geräts angebracht ist.

Das OS-Problem

Im Verlauf dieses Buches wurde ja bereits mehrmals darauf hingewiesen, dass Cyberattacken – sei es auf Satelliten oder die Schifffahrt bis hin zu Krankenhaussystemen – unter anderem auch deshalb so erfolgreich sind, weil nach wie vor veraltete Betriebssysteme verwendet werden. Etwa 3,24 Millionen Geldautomaten gibt es weltweit[12], auf einem Großteil dieser Geräte läuft noch immer Windows XP. Man geht davon aus, dass die Zahl der Geldautomaten bis 2024 leicht sinken wird – weil sich Banken in manchen Regionen der Welt ihre Geldautomaten teilen und digitale Bezahlkanäle wie Apple Pay oder NFC-Bezahlmöglichkeiten bei diversen Kassen stetig zunehmen.

Doch zurück zur Sicherheit von Geldautomaten. Auf der Hackerkonferenz Black Hat in Las Vegas 2019 wurde – »wieder einmal« – demonstriert, wie ein Geldautomat gehackt werden kann. Präsentiert wurde der Hack von Charles Henderson, dem Chef des X-Force Red-Sicherheitsteams von IBM. Henderson gibt ebenfalls zu bedenken, dass die meisten der weltweit mehr als 3,2 Millionen Geldautomaten noch immer auf Windows XP laufen. Einem Betriebssystem, das Microsoft eigentlich seit Juli des Jahres 2015 nicht mehr unterstützt, sprich, nicht länger mit Updates versorgt und sichert. Doch wegen diverser Cyberattacken hat Microsoft trotzdem Updates für XP herausgeben müssen. Wie in Kapitel 5 bereits erwähnt, musste Microsoft im Mai 2017 in Folge der Ransomware WannaCry mit einem Update reagieren und eine Sicherheitslücke im Betriebssystem stopfen. Es folgten einige weitere ungeplante Updates, das letzte im Mai des Jahres 2019.

Windows XP ist ein Oldtimer unter den Betriebssystemen und daher anfällig für Hacks. Selbst in den USA, wo viele Geldautomaten immerhin auf Windows 7 und Windows 10 laufen, gäbe es noch einige, auf denen XP installiert sei. In einem Video zeigt Charles Henderson, wie einfach es besonders für Programmierer und IT-Kenner ist, einen Geldautomaten zu plündern – denn jede einzelne Funktion, vom Drucker bis hin zum integrierten Geldscheintresor, ist über USB an den Zentralcomputer im Automaten angeschlossen.[13] Die Geräte sind auch deshalb leicht zu hacken, weil Geldautomaten wie Heimcomputer funktionieren – auf dem integrierten Drucker im Automaten könnte man sogar gewöhnliche Word-Dokumente ausdrucken. Die meisten Geldautomaten würden nach wie vor auf veralteten Betriebssystemen laufen, weil ein Update sehr zeitaufwendig wäre: Jeder einzelne Automat müsste hierzu aufgesucht und upgedatet werden. Das gelte vor allem für jene Geräte, die nicht direkt in einer Bank platziert oder beispielsweise an der Gebäudefassade angebracht sind. Ein Geldautomat fasst übrigens bis zu 200 000 Euro.

DER TASCHENDIEB 2.0 KLAUT DRAHTLOS

NFC (Near Field Communication) hat den Bezahlvorgang an den Kassen sehr vereinfacht: Dank dieser Technologie können wir schon seit Jahren bargeldlos bezahlen und müssen das Kassenterminal nur noch mit der Karte berühren und unseren Code eintippen. Sollte die zu entrichtende Summe kleiner als 25 oder in manchen Fällen gar 50 Euro sein, so erfolgt vielerorts sogar keine PIN-Abfrage. Die Bezahlfunkwelle »springt« sozusagen automatisch von der Karte (oder von einem mit NFC-Technologie ausgestatteten Smartphone) auf das Terminal. Denn NFC stellt eine Verbindung zwischen Terminal und Geldkarte her, die mit einem kleinen Funkchip ausgestattet ist, und ermöglicht so einen Datenaustausch. NFC arbeitet auf einer Frequenz von 13,56 MHz und liefert eine Datenübertragungsrate von maximal 424 Kbit pro Sekunde. Diese Datenübertragungsrate ist zwar sehr gering, aber für den Bezahlvorgang ausreichend.[14] Die Reichweite der Datenübertragung wird offiziell mit zehn Zentimetern angegeben, allerdings wird diese bei Supermarktkassen – und das kennt jeder aus eigener Erfahrung – deutlich unterschritten und liegt bei etwa vier Zentimetern. Ein Smartphone dagegen schafft in der Regel nicht mehr als zwei Zentimeter.

So praktisch diese Technologie auch ist – sie birgt Gefahren. Das sollte einem immer klar sein, wenn man seine Bank- und Kreditkarten in der Geldbörse verstaut. Der Bezahlfunk kann – wenn der Abstand zwischen dem Terminal und der entsprechenden Karte unter vier Zentimetern liegt – auch durch das Leder einer Brieftasche oder durch den Stoff einer Jeans auf das Terminal springen. Im Sportgeschäft oder beim Friseur passiert das freilich nicht, hier sind das Bezahlterminal und die Karte zu weit voneinander entfernt und der Kunde muss die Karte bewusst zum Terminal hinbewegen. In anderen Situationen, in welchen Menschen dicht beieinander stehen, kann das aber durchaus passieren. Man denke hier beispielsweise an den öffentlichen Verkehr: Taschendiebe können von einer Karte, die sich in der Geldbörse in der Gesäßtasche befindet, mit einem entsprechenden Gerät eine Abbuchung tätigen. Der Täter muss hierzu mit seinem Gadget nahe an die Gesäßtasche heran, was zu Stoßzeiten in der U-Bahn für einen geübten Taschendieb kein Problem darstellt.[15] Die Geräte dafür gibt es übrigens auf dem freien Markt zu kaufen. SumUp ist beispielsweise eines davon. Ein wirklich praktisches »Mobile Point of Sale (mPOS)«-Gerät, das 2012 entwickelt wurde und mittlerweile auf 31 Märkten aktiv ist – von Deutschland über die USA bis hin zu Brasilien.[16] Mehr als zwei Millionen legale Händler[17] weltweit nutzen den Zahlungsdienst, der mitunter auch missbräuchlich verwendet wird – der Taschendieb 2.0 muss sich seine Utensilien nicht einmal mehr im Darknet kaufen, sondern bestellt einfach online. Er arbeitet zwar unbemerkt, hinterlässt aber digitale Spuren, denn jedes mobile Zahlungsterminal muss registriert sein und wird, sobald Ungereimtheiten auftreten, gesperrt. In den meisten Fällen zahlen Bank- oder Kreditkartengesellschaft das Geld zurück.

Die Gefahr des drahtlosen Diebstahls von Bankdaten ist aber bekannt und wurde von einigen Herstellern bei der Produktentwicklung mitberücksichtigt – wiewohl es auch kritische Stimmen gibt, die dahinter reines Produktmarketing zu erkennen glauben.[18] Das für seine Luxus-Schreibwaren bekannte Unternehmen Montblanc, das unter anderem auch Leder-Utensilien in seinem Portfolio hat, entwickelte etwa die »Montblanc Shield Technology«: In das Leder der Geldbörse ist ein spezielles Futter mit einem RFID-Schutz eingearbeitet, damit Geldkarten nicht ausgelesen werden können.[19] Es ist aber auch möglich, sich günstiger zu schützen: Weniger als 10 Euro kosten NFC-Schutzhüllen und die sind sogar TÜV-geprüft.

DER BANKÜBERFALL 2.0

Das Ziel ist dasselbe: Die Täter wollen an unser Geld. Doch die Zeit analoger Banküberfälle, bei denen Maskierte mit vorgehaltener Waffe in Bankfilialen stürmen und »Geld oder Leben!« rufen, scheint lange vorbei. Zwar kommt es noch gelegentlich vor, dass Kriminelle oder Verzweifelte auf diese Methode zurückgreifen, aber generell finden Banküberfälle heute fast ausschließlich in der Cyberwelt statt. Hacker attackieren Banken, plündern Geldautomaten, klauen Kontodaten und versuchen alles, um an unsere Kreditkartendaten zu gelangen.

Das Sicherheitsunternehmen Bitdefender veröffentlichte im Juni 2019 einen Bericht, der einen sehr guten Einblick in den inneren Ablauf eines modernen Banküberfalls verschafft – von der mit einer Schadsoftware verseuchten E-Mail an das Opfer in der Bank bis zum tatsächlichen Tag des digitalen Überfalls.[20] Die »Bankräuber« sind eine Gruppe von Hackern, die Banken auf der ganzen Welt um mehr als eine Milliarde Euro erleichterten. Der Name der Gruppe und der Schadsoftware: Carbanak, eine der berüchtigtsten finanziellen Cybercrimegruppierungen der Gegenwart, deren Geschichte das IT-Sicherheitsunternehmen Kaspersky im Rahmen einer zweiteiligen Dokuserie *hacker:hunter* sogar auf die Leinwand brachte.

Der Bankraub verlief anders, als man es von analogen Bankräubern gewohnt war. Nicht rasch rein, schnell wieder raus und dann auf der Flucht in einem schnellen Auto. Carbanak ging methodisch, langsam und äußerst behutsam vor, um nicht entdeckt zu werden und keine digitalen Spuren zu hinterlassen. Wochenlang schlichen die Hacker in den IT-Systemen der Banken umher, erkundeten buchstäblich jede Ecke, um dann, am Tag X, zuzuschlagen.

Der Fall Carbanak gilt als einer der effektivsten Cyberangriffe im APT-Stil (Advanced Persistent Threat) – ein komplexer, zielgerichteter und effektiver Angriff auf das globale Bankensystem. Im Jahr 2014 wurde Carbanak entdeckt, die Hacker hatten zwischen 7. März und 28. Mai 2014, im Zuge mehrerer Spear-Phishing-Aktionen, E-Mails verschickt und sich durch diese in die Bankensysteme gehackt. Durch Angriffe auf 100 Banken in 40 Ländern (darunter viele Länder in Osteuropa, aber auch in Großbritannien, den Niederlanden und Spanien) erbeutete die Gruppe fast eine Milliarde Euro – pro Attacke in etwa zwischen 2,2 und 8,8 Millionen Euro. Die Opfer wurden durch E-Mails, die mit Adresskürzeln wie ibm-cert.com oder ibm-warning.com versehen waren, um vertrauenswürdiger zu erscheinen, dazu verleitet, auf bösartige URLs oder Attachments zu klicken, in denen sich die Schadsoftware versteckte. War diese erst installiert, durchforsteten die Täter das System – meist an Wochenenden, weil da die Kontrollmechanismen nicht so stringent arbeiteten.

Ziel war es, zum einen in die Rechner jener Bankmitarbeiter, die die Überweisungen verwalteten, und zum anderen in die ans Netzwerk angeschlossenen Geldautomaten zu gelangen. Auf diesen Rechnern installierten die Täter Keylogger, um die Eingaben mitprotokollieren zu können, und aktivierten obendrein die in den Rechnern integrierten Kameras. Diese Erkundungsphase dauerte mehrere Monate. Als die Täter hinreichend Wissen in Erfahrung gebracht, sich in die verschiedenen Applikationen gehackt, Accounts kreiert und Dokumente erstellt hatten, erfolgte schließlich der Bankraub. Dabei überwiesen sie Geld auf eigene Konten, manipulierten Geldautomaten und täuschten dem System vor, dass es sich bei den Konten um echte Kundenkonten handeln würde. Sie gaben sogar Geld aus, damit interne Fraud-Detection-Systeme (Betrugsvorwarnsysteme) keinen Verdacht schöpften. Das Geld überwiesen sie sich entweder über das Swift-System auf eigene Konten oder ließen es von sogenannten Money Mules abholen. Diese »Geldesel« sind Kleinkriminelle, die über Social Media oder Inserate für Botendienste rekratiert werden. Im Fall von Carbanak mussten sie Geld, das die Automaten automatisch auswarfen, sobald sie sich vor ihnen platziert hatten, mitnehmen und abliefern. Carbanak war der vermutlich erfolgreichste Banking-Trojaner der Gegenwart, der Anführer der Gruppe wurde am 26. März 2018 in Alicante, Spanien, festgenommen.[21]

Wie ein digitaler Bankraub funktioniert

Wenn man durch die Timeline blättert, die jährlichen Zuwachsraten und die Erfolgsquoten der Hacker betrachtet, könnte man meinen, dass das goldene Zeitalter der digitalen Banküberfälle gerade erst begonnen hat. Oft sind den Ermittlern die Namen der Cyberbanden bekannt, weil in ihren Software-Tools digitale Markenzeichen wie Programmzeilen verborgen sind, mit denen sie eindeutig identifizierbar sind. Da das Risiko, während eines digitalen Bankraubs gefasst zu werden, trotz aller Anstrengungen der Behörden relativ gering ist, finden sich viele Nachahmungstäter. Der Finanzbereich ist für Cyberkriminelle höchst attraktiv.

Denn Kriminelle, so scheint es, müssen im Grunde nur die »Bekanntmachungen« der Software-Unternehmen im Auge behalten, mit denen diese die IT-Öffentlichkeit über Lücken in ihren Systemen informieren. Einige Kriminelle schaffen es, diese veröffentlichten Schwachstellen schneller auszunutzen, als die IT-Experten der Banken in der Lage sind, ihre Updates zu installieren. Hinzu kommt, wie bereits erwähnt, dass im Darknet Software, mit der man das Bankensystem attackieren kann, frei verfügbar ist. Das britische IT-Sicherheitsunternehmen »Positive Technologies« hat in einem im Mai 2018 erschienenen Bericht »Bank attacks« die Ergebnisse einer über drei Jahre durchgeführten Analyse der IT-Sicherheit in Banken zusammengefasst, um Kunden, vor allem aber die Verantwortlichen in den Banken mit ihren Ergebnissen aufzurütteln.[22]

Ein digitaler Bankraub lässt sich in fünf Phasen unterteilen.

- Die aufwendigste – und auch zeitlich langwierigste – ist Stufe 1, die Bestandsaufnahme und Vorbereitung. Es werden möglichst viele Informationen über die Bank gesammelt: Wie funktionieren die Sicherheitssysteme, welche Betriebssysteme gibt es, welche Domains und Sub-Domains gehören zu jener der Bank, wie laufen die einzelnen Prozesse ab? In dieser Phase wird auch nach potenziellen Mitarbeitern in der Bank gesucht, die man als Insider nutzen könnte und die aufgrund einer persönlichen Schwachstelle möglicherweise bestechlich sind. Diese Phase kann – wie auch der Carbanak-Fall gezeigt hat, mehrere Monate dauern.

- Phase 2 ist der eigentliche Einbruch, die Cyberkriminellen gehen in die Offensive. Die gebräuchlichste und effektivste Methode, in die Infrastruktur der Bank einzudringen, ist das Versenden von Phishing-E-Mails an Bankmitarbeiter, entweder an deren Arbeitsplatz oder an persönliche Adressen. Diese Methode haben bereits viele Banden eingesetzt, die sich auf den Finanzsektor spezialisiert haben, wie beispielsweise Cobalt, Lazarus, Metel oder GCMAN. Bei einer anderen Variante nehmen die Cyberkriminellen einen Umweg in Kauf: Sie infizieren eine Webseite, die häufig von Mitarbeitern besucht wird, mit einem Schadcode. Dieser installiert sich auf dem Rechner, sobald der Mitarbeiter die Site besucht.

- In Phase 3 – die Täter befinden sich bereits im Netzwerk der Bank – wird der Angriff entwickelt. Die Kriminellen erstellen Accounts, organisieren sich Administratorrechte auf die Rechner und suchen nach Konfigurationsfehlern und nach Schwachstellen im Betriebssystem – denn sollte dieses nicht auf dem neuesten Stand sein, haben Kriminelle mitunter leichtes Spiel.

- In Phase 4 fließt dann das Geld. Die Täter überweisen sich Geld auf fiktive Konten oder Wallets – das Geld wird einfach in Kryptowährungen umgewandelt. Sie manipulieren Bankkarten und Geldautomaten und lassen Geld mitunter auch von analogen Helfern abholen.

- Doch anders als in der analogen Ära, in der die Bankräuber einfach mit der Beute geflüchtet sind, investieren Cyberkriminelle auch viel Arbeit in die »Zeit danach« – sie verwischen in der Phase 5 ihre Spuren. Da innerhalb des Rechnersystems einer Bank Einträge in Ereignisprotokolle, Änderungen in der Registrierung und andere Details auf illegale Eindringlinge hinweisen, ist in der Cybercrimebranche auch die brutale Variante üblich: Die Täter zerstören Systeme oder verschlüsseln Daten, was Banken enormen Schaden zufügen kann. »Da es in der Regel nicht möglich ist, die verschlüsselten Daten wiederherzustellen, erleidet die Bank durch die erzwungene Ausfallzeit von Geschäftsprozessen Schäden, die sogar die Verluste durch den Diebstahl von Geldern selbst weit übersteigen können«, so die Schlussfolgerung des Sicherheitsunternehmens Positive Technologies. »Da die Kriminellen zu diesem Zeitpunkt des Angriffs wahrscheinlich über detaillierteste Kenntnisse des Systems verfügen, ist es nahezu unmöglich, sie in diesem Stadium noch aufzuhalten.«[23]

Onlinebanking ist gefährlich

Die Banken wollen uns glauben machen, dem wäre nicht so. Onlinebanking sei sicher. Sie würden uns aber wohl auch nicht die Wahrheit sagen, wenn die Lage tatsächlich so dramatisch wäre, wie Positive Technology sie zeichnet. Denn ein solches Bekenntnis hätte einen schweren Imageschaden zur Folge. Mitunter würden auch Kunden abwandern. Jede Bank wird laufend von Cyberhackern attackiert. Wie oft die Angreifer erfolgreich sind, erfahren Kunden nicht, weil das von den meisten Banken nicht publik gemacht wird. Nur ganz große Fälle werden beziehungsweise müssen bekannt gegeben werden; viele Vorfälle werden aber auch erst öffentlich, wenn ein bankinterner Whistleblower mit der Information nach außen geht.

Wie oft war das Onlinebanking-System Ihrer Bank schon down? Wegen eines »Systemupdates«. Ob das Systemupdate tatsächlich ein Update war – oder doch ein mehr oder weniger gröberes Versagen des IT-Systems, verursacht durch eine Cyberattacke – erfahren wir nicht. Allerdings liegt der Verdacht einer Attacke nahe, wenn einige Tage später immer noch nichts geht, und das passiert nach wie vor häufig. Insofern ist auch jede Statistik zu dem Thema trügerisch, denn mit hundertprozentiger Sicherheit sind nicht alle Attacken, die es weltweit auf Bankensysteme gegeben hat, dokumentiert.

»Die meisten Onlinebanking-Systeme enthalten Schwachstellen, die kritisch sind«, zu diesem Schluss kommt das IT-Sicherheitsunternehmen Positive Technologies in der im April 2019 veröffentlichten Studie »Vulnerabilities in Online Banking Applications«. Von den in der Studie getesteten Onlinebanken hatten 61 Prozent ein schlechtes oder extrem schlechtes Schutzniveau. In jeder zweiten Applikation (54 Prozent) war Betrug und Diebstahl möglich. Das Problem war bei jenen Banken größer, die auf selbst programmierte Software vertrauten. Software von der Stange zu nutzen, war bis dato also sicherer als sogenannte Selfmade-Entwicklungen.

Die Zwei-Faktor-Authentifizierung (2FA) war teilweise schlecht implementiert, diese wies bei 77 Prozent der Onlinebanken Schwachstellen auf. Bei der Zwei-Faktor-Authentifizierung ist beim Login in eine Webseite als zusätzliche Sicherheitsmaßnahme zum Passwort eine weitere Sicherheitskomponente implementiert. Das heißt, es muss etwa eine zweite PIN, die an eine Handynummer geschickt oder in einem Code-Generator erzeugt wird, eingegeben werden, um einen Service nutzen oder eine Überweisung freigeben zu können. Die Studie hatte aber auch etwas Positives zu vermelden: Der Anteil der hochriskanten Schwachstellen nimmt stetig ab. Im Jahr 2016 waren 36 Prozent der Lücken kritisch, dieser Wert sank 2017 auf 32 Prozent, im Jahr 2018 machten kritische Schwachstellen nur noch 15 Prozent der Gesamtzahl aus.

Millionen Menschen auf der ganzen Welt werden jährlich Opfer von Attacken auf das Onlinebanking-System. Im Jahr 2018 zählte Kaspersky, allein unter den Nutzern ihrer Software, 889 452 Kunden, die von Banktrojanern angegriffen wurden – das war ein Anstieg von etwa 16 Prozent im Vergleich zum Vorjahr. 25 Prozent der attackierten Nutzer waren bei Unternehmen beschäftigt, eine Zahl, die ziemlich konstant bleibt. Attacken auf Unternehmen sind für Cyberkriminelle attraktiver, weil sie mit einem gezielten Angriff mehr Geld verdienen können als mit einer Attacke auf einen einzelnen Bankkunden, durch die man »nur« den Zugang zu einem Bankkonto erhält. Am häufigsten werden Nutzer in Russland (22 Prozent) attackiert, gefolgt von Deutschland (20 Prozent) und Indien (4 Prozent).

Besonders populär unter den Hackern war in den Jahren 2018 und 2019 der »RTM-Banking-Trojaner« – er hatte es speziell auf kleine und mittelständische Unternehmen abgesehen. Mit ihm wurden allein 2018 insgesamt 130 000 Firmen angegriffen. Neben dem RTM sind in der Banking-Szene vor allem die Schadsoftware-Familien Zbot (26 Prozent), Gozi (20 Prozent) und SpyEye (16 Prozent) verbreitet. Infiziert werden die Systeme meist über Dokumente in Phishing-Mails, die vorgeben, geschäftlich zu sein. Klickt der Angestellte auf das Attachment, erlangen die Cyberkriminellen Zugriff zum System, können sie sich zwischen Buchhaltung und Bankingsystem setzen und Überweisungen manipulieren oder zu sich umleiten.[24]

Grundsätzlich nutzen Hacker unterschiedliche Varianten, um Bankkonten zu plündern: Phishing-Kampagnen, Trojaner oder Keylogger, die Tastatureingaben mitspeichern. Die Schadsoftware bringen sie mithilfe undurchsichtiger Methoden auf die Smartphones ihrer Opfer.

Phishing ist eine Gefahr, mit der Internetnutzer schon seit Jahrzehnten konfrontiert sind. Erstmals ist das Angeln von Benutzerdaten anhand von gefälschten Webseiten oder Nachrichten bereits 1996 aufgetreten.[25] Mittlerweile gehört Phishing zum Alltag und wird von vielen auch als potenzielle Gefahrenquelle erkannt. Genau deshalb haben Cyberkriminelle begonnen, ihre Methoden zu verfeinern, etwa indem sie E-Mail-Konten, etwa von Anwälten, hacken, und im Namen der eigentlichen User Mails verschicken. Da Links in Mails von vertrauenswürdigen Absendern eher geklickt werden, sind Hacker mit dieser Methode sehr erfolgreich. Keylogger, also Programme, die alles mitdokumentieren, was man in eine Tastatur – sei es am Computer oder am Smartphone – tippt, zählen ebenfalls zu den bekannten Tricks der Hacker.

Zwei Drittel aller Kunden nutzen bereits eine App auf ihrem Smartphone, um ihre Bankgeschäfte mobil abzuwickeln.[26] Die meisten greifen dabei auf die offizielle App der Bank zurück. Das hat Vorteile für den Kunden, weil er sicher gehen kann, dass alles gut funktioniert, hat allerdings auch den Nachteil, dass sich Cyberkriminelle auf solche Apps fokussieren können. Eine beliebte Methode ist das sogenannte Spoofing der Banking-App: Von der App wird eine Kopie erzeugt, die so gut gemacht ist (das kennen wir auch von Phishing-Seiten), dass man sie von der echten kaum oder gar nicht unterscheiden kann.

Besonders hinterhältig ist das App-Hijacking: Hier lädt sich das Opfer über eine andere Gratis-App (Game, Taschenlampe etc.) aus dem App-Store unbemerkt einen Mobile-Banking-Trojaner auf das Smartphone. Wird diese Anwendung installiert, beginnt der Trojaner das Telefon nach Banking-Anwendungen zu durchforsten. Findet er eine Banking-App, wartet er sozusagen auf die Stunde X. Wird die originale Banking-App bei einer Überweisung aktiviert, öffnet die Schadsoftware schnell ein Fenster mit der gefälschten App. Da diese nicht oder nur sehr schwer von der Original-App zu unterscheiden ist, gibt der Nutzer seine Daten auf der gefälschten Anmeldeseite ein und schickt sie somit an die Cyberkriminellen. Opfer solcher Attacken sind übrigens fast ausschließlich Kunden mit Android-Smartphones, 98 Prozent der Mobile-Banking-Trojaner wurden für das Betriebssystem Android entwickelt. Apple-User sind hier auf der sichereren Seite, weil die Kontrollen im App-Store offensichtlich extrem streng sind.

Einer der bekanntesten Banking-Trojaner war die App Acecard, die vom IT-Sicherheitsunternehmen Kaspersky entdeckt worden ist.[27] Der Trojaner, der sich in diversen Apps wie Wallpaper versteckte, konnte die Apps von 30 verschiedenen Banken und Bezahlsystemen auslesen und ein nahezu perfektes Duplikat auf den Screen bringen. Acecard hatte es aber nicht nur auf Bankdaten abgesehen, sondern auch auf Logindaten für soziale Netzwerke und Messenger, von WhatsApp über Twitter bis hin zu Instagram. Acecard war erstmals 2014 in Erscheinung getreten und hat im Jahr 2015 seine Attacken gestartet – mehr als 6000 Bankkunden wurden angegriffen, die meisten Opfer – 2774 – gab es in Russland, aber auch in Deutschland (1067) und Österreich (279) wurden Kunden attackiert.[28] Im Jahr 2018 wurden weltweit 1,8 Millionen Android-Phone-Nutzer Opfer von mobilen Banking-Trojanern, die meisten Opfer gab es in Russland, gefolgt von Südafrika und den USA.

Banking-Hack war nur eine Phishing-Attacke

Wie einfach und dreist eine Attacke auf Kunden einer Onlinebank funktionieren kann, dokumentierte das Schweizer Onlinemagazin *Watson*.[29] Oliver Wietlisbach hat penibel eine Schritt-für-Schritt-Erklärung darüber zusammengestellt, wie im August des Jahres 2019 die Hackerattacke auf Kunden der Smartphone-Bank Revolut abgelaufen war. Kundenkonten mit teilweise hohen Summen wurden leergeräumt.

Revolut ist eine jener Banking-Apps, die – neben N26 – derzeit vor allem in den Generationen Y und Z für Furore sorgen. Die britische Onlinebank hat mittlerweile mehr als 10 Millionen Kunden weltweit. Mit Vorteilen, wie sie keine andere Bank bietet, oder (natürlich abhängig vom jeweiligen Paket) besonders geringen Kontoführungsgebühren, schnellen Überweisungen, Reiseversicherung inklusive und vielem mehr, lösen solche Banken einen großen Ansturm auf sich aus. Doch eben jene Banken stehen im Visier von Cyberkriminellen, die die Nutzer dieser Bank mit einer Phishing-Welle ins Visier nahmen.

Mit einer perfekt gefälschten SMS »We need to verify your Revolut account«, die vorgab, von der Bank zu stammen, wurden die Nutzer aufgefordert, ihr Konto zu verifizieren. Wer das tat, lieferte den Angreifern die Kontodaten frei Haus, damit wurden dann, laut *Watson*, Beträge zwischen 4500 und 50 000 Franken erbeutet, umgerechnet etwa 4300 bis 47 000 Euro.

Revolut war sich anfangs keiner Schuld bewusst und wollte die Verantwortung auf die User abwälzen. Erst als die Medien großflächig über mehrere Fälle berichteten, zeigte sich die britische Onlinebank gesprächsbereit: »Wir bieten allen Kunden, die Opfer dieses raffinierten Betrugs geworden sind, die volle Rückerstattung an, und wir werden diese Rückerstattungen mit hoher Dringlichkeit abwickeln«, sagte Revolut gegenüber *moneytoday.ch*.[30]

»FOLGE DEM GELD …«

»Follow the money« – eine alte Polizeiweisheit, ein Leitsatz, wenn es darum geht, illegales, beziehungsweise nicht versteuertes Geld, und somit die Hintermänner krimineller Handlungen, aufzuspüren. Was in der analogen Ära bereits schwierig war, ist in der digitalen Welt noch ein großes Stück schwieriger geworden, vor allem, seit es Kryptowährungen gibt und virtuelle Währungssysteme wie Bitcoin zunehmend an Bedeutung gewinnen.

Kryptowährungen basieren auf der sogenannten Blockchain. Blockchain ist derzeit mit Garantie einer jener Begriffe, der – spricht man über die digitale Zukunft – am häufigsten strapaziert wird. Viele sprechen darüber, die wenigsten wissen aber tatsächlich, worum es hierbei geht, oder setzen Blockchain gar mit Bitcoin gleich. Bitcoin ist aber freilich nur das bekannteste Beispiel dafür, wie die Blockchain-Technologie genutzt werden kann.

Datenblöcke für Banken, Regierungen und Industrie

Blockchain ist eine Datenbank, in der Daten gespeichert werden; und weil diese Datenbank aus aneinandergereihten Datenblöcken besteht, wird sie – übersetzt – »Block-Kette« genannt: An einen »Anfangsblock« werden nach einem Check weitere Blöcke chronologisch angehängt und verschlüsselt, ohne dass Blöcke, die bereits in der Kette hängen, gelöscht oder bearbeitet werden können. Dieses Datenbanksystem wird künftig in verschiedensten Bereichen angewendet werden und wird das Vertrauen in die digitale Welt revolutionieren, weil es sämtliche Abläufe sicherer macht.

Mit der Blockchain-Technologie können Vertragsunterzeichnungen beschleunigt und verifiziert (Smart Contract) werden, Onlinewahlen sind ebenso möglich wie verschiedenste andere Anwendungen im eGovernment – von der Bestellung neuer Dokumente und Ausweise bis hin zum digitalen Ausweis.

Selbst in der Landwirtschaft wird die Block-Kette künftig eingesetzt: So können digitale Gesundheitsakten für Ackerland entstehen, in denen man quasi die Identität jedes Quadratmeters wird feststellen können – was wurde gepflanzt und wie sieht die Beschaffenheit des Bodens aus, welche Mineralien enthält der Boden und vieles mehr. Der Anwendungsbereich von Blockchains geht also weit über jenen der Kryptowährungen hinaus und einer der großen Anwendungsbereiche wird – neben dem Finanz- und eGovernmentbereich – die Industrie sein.

Doch bleiben wir bei den Kryptowährungen, denn diese haben die Arbeitsbedingungen für Cyberkriminelle immens erleichtert: Cybermoney ist, gemäß einer Definition der Europäischen Zentralbank, eine Art von unreguliertem Geld, das von seinen Entwicklern ausgegeben und kontrolliert wird, und das unter den Mitgliedern einer bestimmten virtuellen Gemeinschaft akzeptiert wird. Eine Kryptowährung ist eine Währung wie jede andere auch, deshalb tragen Kryptowährungen auch Währungscodes, etwa BTC (Bitcoin), ETH (Ethereum), XRP (Ripple), LTC (Litecoin) etc. Etwa 5300 digitale Währungen gibt es bisher[31].[32] Im Unterschied zu anderen Währungen unterliegen digitale Währungen großen Schwankungen, wodurch Finanzgeschäfte mit Kryptowährungen mitunter einem Lotteriespiel gleichen – die großen Kursschwankungen von Bitcoin hatten ja im Zuge der Covid-19-Pandemie Auswirkungen auf den Dark-Web-Handel, der kurzfristig eingebrochen war.

Den Wert »echten« Geldes bemessen die Europäische Zentralbank und die Weltbank. Cybergeld benötigt keine Notenbanken und untersteht keiner Behörde. Die reglementierenden Institutionen fallen weg, diese werden im Falle des Cybergeldes durch Algorithmen ersetzt. Bei Bitcoin, Ripple & Co können also Währungseinheiten von jemandem, der ein entsprechendes Konto (Wallet) hat, generiert und global überwiesen werden – vorbei an den klassischen Anbietern im Zahlungsverkehr wie etwa Banken – und zwar innerhalb weniger Minuten und zu äußerst geringen Transaktionskosten. Das Besondere an den Kryptowährungen ist, dass alle jemals durchgeführten Transaktionen in der öffentlich einsehbaren Blockchain in anonymisierter Form abgebildet sind und für Analysezwecke herangezogen werden können.

Genau diese Eigenschaften hat das Austrian Institute of Technology (AIT) als Basis für sein Projekt »GraphSense« herangezogen und eine algorithmische Lösung entwickelt, bei der die Transaktion virtueller Währungen in Echtzeit analysiert werden kann.[33] »Einen besonderen Fokus legen wir auf die Erkennung von Anomalien, d. h. auf die Identifikation von Transaktionen und Transaktionsmuster, die von üblichen Strukturen abweichen«, sagt der Projektverantwortliche bei GraphSense, Bernhard Haslhofer. »Mit Graph Sense können zum Beispiel mögliche betrügerische Aktivitäten frühzeitig erkannt und nachvollzogen werden.«

Terroristen-Sammelaktion per Bitcoin

Wer mit einer Kryptowährung bezahlen will, muss ein entsprechendes Konto beziehungsweise ein Wallet bei einem Wallet-Provider[34] anlegen. Dieses Wallet kann man dann mit einer Kryptowährung aufladen, das »echte« Geld wird via Kreditkarte in die Kryptowährung »gewechselt«. Die Bezahlung mit einer Kryptowährung funktioniert so, wie wir es auch vom normalen Onlinebankkonto gewohnt sind. Um den Zahlungsvorgang zu veranschaulichen, gehen wir kurz davon aus, dass wir über ein Wallet von Bitcoins verfügen und ein illegales Produkt in einem Dark-Web-Shop gekauft haben: Man kopiert die Bitcoin-Adresse der anderen Seite, also des Dark-Web-Händlers, pastet diese in das Empfänger-Adressat-Feld des Überweisungsformulars des Bitcoin-Wallet-Anbieters, gibt an, welche Summe man überweisen will (man kann sich das Equivalent in Euro oder Dollar anzeigen lassen) und drückt den Bestätigungs-Button. Die Überweisung ist getätigt.

Wer im Darknet mit Cryptocoins bezahlt hat, dachte lange Zeit, er würde unentdeckt agieren. Dem ist aber teilweise nicht mehr so, denn immer mehr Start-ups fokussieren sich darauf, Täter zu überführen und die stets als anonym angepriesenen Überweisungen Personen oder Personenkreisen zuzuordnen. Bitcoin ist die populärste – und wegen ihres Kurs-Höhenflugs im

Jahr 2018 auch die bekannteste – Kryptowährung. Ende März 2020 waren 18,3 Millionen Bitcoins[35] im Umlauf (und vor allem im Cybercrime-Bereich das gefragteste Zahlungsmittel). Bei der Ransomware-Attacke WannaCry mussten die gehackten Unternehmen Lösegeld via Bitcoin bezahlen, die meisten Märkte im Darknet akzeptieren Bitcoin und auch in den diversen Onlinecasinos werden Bitcoins als Zahlungsmittel akzeptiert. Im Jahr 2018 hat sogar die Dschihadisten-Gruppierung Al-Sadaqah eine Spendenaktion gestartet und über Messenger-Systeme wie Telegram und Twitter Fotos gepostet, auf denen die Bitcoin-Adressen eingeblendet waren, auf die man das Kryptogeld überweisen sollte.[36]

Technisch funktioniert die Überweisung ein wenig komplizierter, aber davon bekommt der Kunde nichts mit. Man verbindet sich mit irgendeinem Knoten im Blockchain-Netzwerk. Der Knoten speichert eine lokale Kopie der Blockchain, auf der alle Transaktionen gespeichert sind. Diese Kette wird, da ja ständig überwiesen wird und neue Transaktionen hinzukommen, immer länger. Und da die Blockchains davor und danach nicht geändert werden können, kann auch eine Transaktion nicht gefälscht, ergänzt oder gelöscht werden.

Genau hier setzen alle Start-ups an, die versuchen, dem Geld und damit den Kriminellen auf die Spur zu kommen. »Blockchains erwiesen sich als wirklich nützliche Quelle der Wahrheit«, sagt Jonathan Levin[37]. Er ist einer der Gründer von Chainalysis, einem US-Start-up, das die Blockchain und somit auch Überweisungen von Kryptowährungen analysieren kann. Offensichtlich dürften die Tools von Chainalysis nicht so schlecht sein, denn das Unternehmen arbeitet bereits mit dem FBI, der US-Börsenaufsicht SEC, der US-Drogenfahndung und der amerikanischen Einwanderungsbehörde zusammen, selbst europäische Behörden wie Europol verwenden Chainalysis.

Die Blockchain-Analyse avanciert jedenfalls zu einem großen Geschäft. Denn neben Chainalysis gibt es mittlerweile einige Start-ups, die sich darauf spezialisiert haben. Das japanische Start-up BlockSeer beispielsweise will Transparenz für das öffentliche Bitcoin-Ökosystem schaffen. Das italienische Start-up Neutrino, das angetreten war, um Krypto-Verbrechen zu bekämpfen, wurden im Jahr 2019 von der Krypto-Handelsplattform Coinbase gekauft.

Das Austrian Institute of Technology (AIT) hat Anfang des Jahres 2020 bekannt gegeben, mit dem französischen Cybersicherheitsunternehmen Nigma Conseil ein neues Blockchain-Forensik-Tool mit der Bezeichnung e-Nigma, zu entwickeln. E-Nigma bietet seinen Anwendern die Möglichkeit, Sorgfaltsprüfungen durchzuführen und damit vorgeschriebene Identitätsprüfungs- (KYC/Know Your Customer) und Anti-Geldwäsche-Maßnahmen (AML) einzuhalten. Dabei werden Blockchain-Transaktionen überwacht.[38] Die Grundlage ist das Tool GraphSense, das vom AIT in den vergangenen Jahren entwickelt wurde.

Bei GraphSense werden zum einen – der mikroskopische Zugang – die atomaren Einheiten in der Blockchain analysiert, also der Block, die Transaktionen, die Adressen und Währungsflüsse. Wirklich spannend ist aber der makroskopische Blick, bei dem die Details der Transaktionen analysiert werden: Wer sind die Personen hinter diesen Transaktionen und wie arbeiten sie zusammen? AIT-Experte Haslhofer: »Man überweist an eine Adresse und sieht dann, wer ebenfalls an diese Adresse überwiesen hat, wie viele Überweisungen rein- und rausgegangen sind, wie lange es die Adresse bereits gibt und einiges mehr.« Ein konkretes Beispiel: Überweist etwa die Polizei im Rahmen der Ermittlungen gegen einen Markt im Darknet einen Bitcoin-Betrag, kann sie mittels Tools wie Chainalysis oder BlockSeer auf Spurensuche gehen. Wie das funktioniert, hat das Computermagazin *c't* sehr anschaulich erklärt.[39]

Wird bei einem Händler im Darknet bezahlt, so wird das Geld, bevor dieser es in seinen Kreislauf integriert, an einen sogenannten Mixer geschickt, wo das Geld reingewaschen werden soll. Aber just bei diesen Mixern fallen Spuren in der Blockchain an, die forensisch ausgewertet werden können.

Kauft etwa ein Ermittler ein paar Gramm Cannabis und bezahlt diese mit Bitcoins, erhält er vom Händler eine Bitcoin-Adresse, auf die er – wie oben beschrieben – die Überweisung tätigen soll. Jede Überweisung, sei sie noch so klein, bekommt ihre eigene Adresse. So wie etwa bei Amazon üblich, wird auch im Darknet nicht jede einzelne Rechnung an den Händler überwiesen, sondern nur nach bestimmten Zeitabständen oder sobald bestimmte Zielbeträge erreicht sind. Dann kommt es zu einer Sammelüberweisung – sei es vom Marktplatz zum Händler oder vom Händler zum Mixer.

Und da bei dieser Überweisung mehrere Kleinbeträge zu einem größeren Betrag zusammengefasst werden, kann mit Analysetools auf einzelne Händler, aber auch einzelne Käufer rückgeschlossen werden. »Haben die Behörden im Rahmen ihrer Ermittlungen auch etwas eingekauft, so können sie durch diese zusammenfassende Transaktion die Käufe anderer Kunden identifizieren und, wenn etwa jemand die Bitcoins unter seinem richtigen Namen bei der Kryptobörse gekauft hat, deren Adresse ermitteln«, erklärt *c't*-Journalist Mirko Dölle.

Dafür gibt es einige Beispiele aus der Dark-Web-Welt. Als im Mai 2019 der Wall Street Market im Darknet geschlossen wurde, wollten sich kurz davor die Administratoren des Marktplatzes mit den Bitcoins der Kunden, deren Geld ja noch auf den Wallets verblieben war, aus dem Staub machen. Einem der Admins kam die Polizei auf die Spur – er hatte das Geld in einem Bitcoin-Mixer gewaschen und war davor, aus Überheblichkeit oder Unachtsamkeit, nicht über den Tor-Browser, sondern nur über ein VPN in seinen Marktplatz im Darknet eingeloggt gewesen, womit seine IP-Adresse sichtbar wurde. Auch Alexander U., Admin des Dark-Web-Forums »Deutschland im Deep Web« wurde auf diese Weise entlarvt.[40]

Monero – die Privacy-Coin

Noch rangiert sie nicht unter den Top-Ten der Kryptowährungen, hat aber das (kriminelle) Zeug dazu, bald ganz weit nach oben zu marschieren. Die Rede ist von Monero (XMR), einer Kryptowährung, die als Privacy Coin angepriesen wird, also anonym ist. Mit einer Marktkapitalisierung von rund 2,4 Milliarden Dollar und einem durchschnittlichen Handelsvolumen von knapp 80 Millionen Dollar gehört Monero schon zu den sehr gefragten Kryptowährungen.[41] Anders als Bitcoin oder Ethereum ist bei Monero – der Name bedeutet in Esperanto Münze – keine Nachverfolgung möglich. Selbst Europol bestätigt bei Monero die Anonymität. In einem Webinar der Blockchain Alliance hat der IT-Sicherheitsanalyst beim European Cybercrime Center (EC3), Jarek Jakubcek, bestätigt, dass Monero-Transaktionen nach wie vor nicht zurückverfolgt oder analysiert werden können.[42] Während man bei Bitcoin mithilfe der Blockchain jede Transaktion einem Wallet zugeordnet kann, sei dies bei Monero nicht möglich. Diverse Untersuchungen und Fälle hätten gezeigt, dass die Benutzung von Tor und Monero es unmöglich machten, die Gelder der Verdächtigen nachzuverfolgen. Weder die IP-Adresse noch die Transaktionen selber können ausfindig gemacht werden. Der Cybercrime-Experte stuft Privacy Coins als noch größere Bedrohung als Bitcoin oder Ethereum ein. Europol hat bereits in mehreren Fällen ermittelt, bei denen Verdächtige Gelder von Bitcoin oder Ethereum zu Monero verschoben haben, um völlig anonym zu bleiben. Sobald die Gelder bei Monero waren, endeten die Ermittlungen von Europol.

Voraussetzung ist aber, dass Monero richtig verwendet wird. »Es wurde bereits festgestellt, dass 80 Prozent der Monero-User das wirklich sichere Konzept der Ringsignaturen falsch verstehen und daher trotzdem verfolgt werden können«, sagt Erhard Dinhobl, Gründer des Start-ups Blockninjas, das sich auf Bitcoin- und Blockchain-Analyse spezialisiert hat. »Monero ist nur dann sicher, wenn man Ringsignaturen verwendet. Das ist ein kryptografisches Konzept bei dem, sagen wir mal, mehrere User zusammengefasst werden, um eine Transaktion zu signieren.« Die mathematischen Hintergründe seien sehr komplex.[43]

Doch die Bitcoin-Forensiker und Ermittler haben – abgesehen davon, dass immer mehr Kunden zu Privacy Coins wie Monero abwandern – ein anderes großes Problem: die Datenmenge.

Die Challenge ist, dass man sich mit einem gewaltigen Datenberg auseinandersetzen muss. Beispiel GraphSense: Derzeit begrenzt man sich auf Bitcoin, doch allein hier umfassen die Rohdaten 200 GB. Transformiert und analysiert wäre die Datenbank dann fast zwei Terabyte groß. Da jedoch zum einen die Transaktionen stetig steigen und es zum anderen Tausende anderer Kryptowährungen mit teilweise unterschiedlichem Datendesign gibt, wird die Analyse von Kryptowährungen zum Katz-und-Maus-Spiel, denn die Kunden wechseln von einer Währung zur nächsten. Wer das Spiel gewinnt, ist unklar.

KAPITEL 8

SOCIAL ENGINEERING

VON MENSCHENKENNERN UND HOCHSTAPLERN

Frank W. Abagnale junior war der Beste, den es in seinem Metier je gab. Frank W. Abagnale junior gilt als der König der Hochstapler. Er ist der Meister der Täuschung, der Weltmeister des »Social Engineering«, der Champion der »sozialen Manipulation«. Er gab sich als Arzt aus, als Pilot, als Rechtsanwalt, er fälschte Schecks, sein Anwaltsdiplom, seine Arztzulassung und den Pilotenschein. Das FBI war ihm jahrelang auf den Fersen, ehe es einem Beamten gelang, ihn zu fassen und ihn als Fälschungsexperten in den Dienst der Bundespolizei zu stellen. Frank Abagnales Fähigkeiten waren so außergewöhnlich, dass sich Steven Spielberg 1980 dazu entschloss, sein Leben zu verfilmen – mit Leonardo DiCaprio in der Hauptrolle des Frank Abagnale und Tom Hanks als FBI-Beamten Carl Hanratty. *Catch Me If You Can* wurde zum Kassenschlager, einem Hollywood-Streifen, der mit einem Budget von 52 Millionen Dollar gedreht worden war und 352 Millionen Dollar einspielte.[1] Im Film, der 2002 in die Kinos kam, hatte Abagnale selbst einen Cameo-Auftritt, nach dem Vorbild eines Alfred Hitchcock, und spielte in einer kurzen Szene einen französischen Polizisten, der Abagnale in einer Druckerei in Montrichard verhaftete.

Diesem kleinen Auftritt sollten viele große folgen, denn Abagnale war zum Zeitpunkt der Filmpremiere bereits FBI- und Sicherheitsberater. Seither hielt er weltweit mehr als 3000 Seminare zu den Themen Identitätsdiebstahl, Cyberkriminalität und Betrug. Er lehrte an der FBI-Akademie, ist Fakultätsmitglied des National Advocacy Center (NAC), das vom Justizministerium, Exekutivbüro für die Anwälte der Vereinigten Staaten, betrieben wird. Mehr als 14 000 Finanzinstitute, Unternehmen und Strafverfolgungsbehörden nutzen seine Programme zur Betrugsbekämpfung. Und Abagnale ist Sprecher der National Association of Insurance Commissioners (NAIC) und der National Cyber Security Alliance (NCSA). Außerdem ist er Berater von Trusona[2], einem US-Unternehmen, das sich auf den Schutz vor Identitätsdiebstahl spezialisiert hat, ist also beteiligt an der Entwicklung der weltweit ersten und einzigen Plattform, die das Passwort mit einer neuen Technologie ersetzen will. Und all das gelang ihm trotz seiner kriminellen Vorgeschichte …

Mitte der 1960er-Jahre – Abagnale war gerade einmal 16 Jahre alt – rief er in der Zentrale von Pan Am an und brachte die Airline-Mitarbeiter dazu, ihm telefonisch die Adresse jenes Schneiders durchzugeben, bei dem er eine Original-Pan-Am-Pilotenuniform bestellen konnte. Die Methode, nach der er vorging, würde man heute als Social Engineering bezeichnen. »Das Einzige, was mir damals zur Verfügung stand, war ein Telefon«, erzählt Abagnale. »Heute gibt es viele andere Technologien und Kommunikationsmittel, die im Social Engineering eingesetzt werden können, das beginnt bei Phishing-Mails und endet beim Pretexting.« Die besten Ziele für Social Engineering seien Callcenter von Banken, Versicherungen oder Infrastruktur-Unternehmen wie Energieversorger, Telekom-Unternehmen sowie all jene, bei denen man Informationen erhält und Sicherheitsfragen umgehen muss, erzählt Abagnale aus Erfahrung.

Vishing – wenn die Stimme gephisht wird

Betrüger nutzen das Telefon allerdings immer noch, etwa um sich Informationen zu beschaffen. Das beginnt bei den weit verbreiteten gefakten IT-Service-Techniker-Anrufen, die Computernutzer animieren wollen, ihren Rechner »upzudaten«, um an deren Daten zu gelangen, und endet bei Anrufen in Callcentern, um an Logindaten, etwa von Mobiltelefonkunden, zu gelangen.

Wie einfach das ist, demonstrierten die beiden Social-Engineer-Hacker Chris Hadnagy und Jessica Clark bereits während der größten Hackerkonferenz der Welt, der Defcon, im Jahr 2016 in Las Vegas.[3] Alles was es dazu braucht, ist ein Telefon, einen Computer und ein YouTube-Video »Baby Crying Sound«, damit man während des Anrufs bei der Hotline Baby-Geschrei als »Hintergrundgeräuschkulisse« schalten kann: Innerhalb weniger Minuten hatte sich Jessica Clark unter Vorspiegelung, sie sei eine gestresste Mutter mit einem weinenden Baby, die Zugangsdaten zum Mobilfunkanschluss »ihres Mannes« beschafft. Sie konnte Einstellungen vornehmen lassen, hatte dessen private Mail-Adresse erfahren und die Logindaten samt Passwort geändert. Die soziale Manipulation ist gelungen.

Vishing (Voice Phishing) ist gegenwärtig sehr populär, in vielen Fällen bezeichnen sich die Anrufer selbst als Experten oder Profis auf ihrem Gebiet. Sie geben sich als Computertechniker, Bankiers, Polizisten oder sogar selbst als Opfer aus.

SCHWACHSTELLE »MENSCH«

Das schwächste Glied in jedem Sicherheitssystem ist der Mensch. Ob es nun ein Smartphone- oder Computernutzer ist, der auf einen Link in einer E-Mail klickt, das ihn zum Downloaden einer Rechnung, zum Ausfüllen eines Formulars oder zur Anmeldung bei einem Gewinnspiel lockt. Oder ob es sich um einen Programmierer handelt, der ein paar Codes zu viel oder zu wenig eingetippt hat, dies übersieht oder vergisst, die Eingabe zu bereinigen. Die meisten Sicherheitsprobleme sind auf menschliches Fehlverhalten oder Versagen zurückzuführen.

Social Engineering (SE) ist die Bezeichnung für eine Reihe von Techniken, die dazu dienen, diese menschlichen Schwachstellen auszunutzen und Menschen zu manipulieren, damit sie bestimmte Aktionen ausführen oder sensible Informationen preisgeben. SE nutzt dieselben psychologischen Prinzipien, die Betrüger seit Jahrhunderten anwenden, und wendet diese wiederum auf die Welt der Informationssicherheit an. Experten unterscheiden beim Social Engineering zwar zwischen Phishing, Vishing, Baiting, Scamming, Tailgating oder »Quid pro quo«, allerdings treten diese Formen meist nicht unabhängig oder getrennt voneinander auf, sondern ergänzen einander. SE an sich ist keine Straftat. Es liefert nur die Basis für kriminelle Attacken – das beginnt bei Phishing-Angriffen, geht über Sex-Scamming und endet bei terroristischen Anschlägen, weil die Täter im Vorfeld Informationen über die Opfer gesammelt haben, um im Zuge des Attentats dann das richtige Ziel zu treffen. Geschehen war das beispielweise bei der Terrorattacke in Mumbai vom 26. November 2008. Bei diesem Anschlag, dem 172 Menschen zum Opfer fielen, stürmten Terroristen zehn Ziele, darunter auch die Nobelhotels Taj Mahal Palace und Oberoi. Aber dazu später mehr. Ob eine Phishing-Mail inaktiv im Spamordner landet, geöffnet, oder aus Skepsis sofort gelöscht wird, hängt vor allem davon ab, wie es formuliert ist. Eine betrügerische Phishing-Mail ist meist dann erfolgreich, wenn die richtigen Worte in der Betreffzeile verwendet wurden. Für perfektes SE muss man nicht unbedingt ein Programmierer sein. Die perfekten Social Engineers sind Psychologen, Detektive, Menschenkenner, einige von ihnen beinahe Literaten, die das Backgroundwissen, das sie über eine Person, eine Familie, ein Unternehmen und ihre Firmenkultur haben, in so überzeugende Texte verpacken, dass selbst misstrauische Adressaten nicht davor gefeit sind, ihren Manipulationsversuchen auf den Leim zu gehen.

Freilich schmunzelt man nicht allzu selten, wenn man einen Blick in seinen Spamordner wirft und sich die Betreffzeilen der einzelnen Mails durchliest, die in diesen Ordner verschoben wurden. Kann jemand tatsächlich so naiv sein, auf diese oder jene Mail zu reagieren und tatsächlich auf einen Link zu klicken? – Ja, es gibt Menschen, die es tatsächlich für möglich halten, dass die Witwe eines Öl-Multis freizügig Millionen vergibt, dass Warren Buffet per Mail eine Vier-Millionen-Euro-Spende ankündigt oder dass Apple, Bill Gates oder ein anderer Milliardär Geld verschenkt, einfach so.

Andererseits: Würde nicht jeder von uns auf eine E-Mail hereinfallen, die so gestaltet ist, als käme sie vom Vorgesetzten, dem Partner, den Eltern oder Enkelkindern? Vor allem dann, wenn diese mit Details versehen wäre, die nur jemand kennen kann, dem man beruflich oder privat wirklich nahesteht? Niemand sollte sich in Sicherheit wiegen. Denn wenn es unsere verletzlichsten und intimsten Lebensbereiche betrifft, sind wir relativ leicht zu beunruhigen und somit zu knacken.[4]

Social Engineering vs. Künstliche Intelligenz

> »*Weder jetzt noch in der Zukunft wird es eine Technologie geben, einschließlich KI, die Social Engineering wird besiegen können*«, so Frank W. Abagnale junior.

Denn Menschen seien im Grunde ehrlich, und weil sie ehrlich sind, hätten sie keinen trügerischen Geist. Folglich würden sie nicht erkennen, wann sie sozial manipuliert würden, und dadurch könne man sie mit den entsprechenden Methoden leicht in die Irre führen. »Ich glaube, dass man Social Engineering nur durch Bildung besiegen kann.«

Es gibt einige Firmen, die sich darauf spezialisiert haben, ihre Mitarbeiter dahin gehend zu schulen und sie auf Social-Engineering-Tricks vorzubereiten, damit sie derartige Methoden als Betrug erkennen. Mitnick Security ist eine davon. Ihr Gründer, Kevin Mitnick, ist nicht weniger bekannt als Frank W. Abagnale. Denn Mitnick ist einer der berühmtesten Computerhacker der Geschichte und hat, so wie Abagnale, die Seiten gewechselt. Mitnick zählte zu den vom FBI meistgesuchten Kriminellen. Er hatte nicht nur in die Datenbanken von mehr als 40 Unternehmen gehackt, sondern schaffte es auch Hunderte Male in die Systeme des Pentagon und der NSA einzudringen.[5] Schon im Alter von 12 Jahren konnte er – und exakt das ist Social Engineering – einen Busfahrer des Los-Angeles -Busliniensystems davon überzeugen, ihm »für ein Schulprojekt« zu verraten, wie das Ticketsystem funktioniere. Er kaufte sich einen Locher, fand in den Mülleimern der Busgarage unbenutzte Transfertickets, lochte sich seine Tickets selbst und fuhr kostenlos mit dem Bus.

Schließlich wurde er 1995 gefasst und für fünf Jahre inhaftiert. Die Geschichte sorgte für Aufregung, weil Mitnick, ohne dass ihm der Prozess gemacht wurde, jahrelang im Gefängnis saß – und zwar ohne die Möglichkeit, auf Kaution freizukommen. Erst nach internationalen Protesten und Hackerattacken auf Yahoo wurde ihm schließlich der Prozess gemacht und es kam zu einer Verurteilung. Mitnick durfte nach seiner Haftentlassung 2000 über drei Jahre keine EDV-Systeme nutzen.[6]

Heute berät Kevin Mitnick mit seiner Firma »Mitnick Security Consulting« nicht nur zahlreiche Unternehmen aus der *Fortune*-500-Liste, Regierungen auf der ganzen Welt sowie jene Behörden, die seinerzeit fieberhaft nach ihm fahndeten, sondern er leitet als »Chief Hacking Officer« von KnowBe4 »Kevin Mitnick Security Awareness Trainings«. Weil er, wie kaum ein Zweiter, weiß, wie Social Engineering, Spear-Phishing und Ransomware funktionieren und weil er denkt, wie Hacker denken.

Jeder Angestellte sollte stets im Hinterkopf haben, dass auch er ein Opfer von CEO-Betrug werden kann. Betrüger geben sich als Vorgesetzte aus, weshalb man sich künftig vor Audio-Deepfakes in Acht nehmen muss, weil Stimmen täuschend echt gefälscht werden können; weil Phishing-Mails nur darauf abzielen, an Logindaten zu gelangen; weil die Preisgabe von Passwörtern am Telefon oft mithilfe der Überrumpelungstaktik eingefordert wird. »Selbst kluge Menschen glauben, dass ihnen so etwas nicht passieren kann und wollen daher oft kein Geld ausgeben, um ihre Informationen zu schützen«, sagt Abagnale. Grundsätzlich verfügen wir bereits über »großartige Technologien«, um Attacken und Einbrüche zu erkennen und zu verhindern, doch wenn diese Technologie am Markt nicht genutzt und Mitarbeiter nicht dahin gehend geschult würden, würden Unternehmen unweigerlich Opfer von Hackerangriffen. »Ich habe in den vergangenen 15 Jahren alle Arten von Attacken gesehen. Und bei jeder gelungenen Attacke habe ich festgestellt, dass jemand in dem betroffenen Unternehmen etwas getan hat, das er nicht tun hätte sollen oder etwas nicht getan hat, das er sehr wohl tun hätte sollen«, so Abagnale. Nicht Hacker allein verursachen Verstöße. Es machen sich auch jene Menschen mitschuldig, durch deren Unachtsamkeit Hacker einen Fuß in die Tür setzen können. »Hacker suchen nur nach Schwachstellen oder offenen Türen und es gibt Millionen von ihnen.«

Es gibt viele Abagnales und Mitnicks auf dieser Welt, denn SE ist eine der populärsten Cybercrimemethoden – weil sie so einfach funktioniert. SE läuft auf der zwischenmenschlichen Ebene ab. Es handelt sich also um einen persönlichen (zugleich verbotenen) Informationsaustausch. Diejenigen, die das SE für sich zu nutzen wissen, beherrschen auch die Methode der Recherche, und zwar besser als manch ein Journalist der Gegenwart. Sie sammeln akribisch Informationen, legen Dossiers über ihre Opfer an, registrieren dabei jede Eigenheit, Vorliebe, Schwäche, alle familiären Hintergrunddetails und vieles mehr. Die Informationen beschaffen sie sich über Suchmaschinen und Social Media. Der Aufwand differiert je nach Opfer. Erst wenn ein umfangreiches Profil erstellt wurde, erfolgt die konkrete Planung des Angriffs.

Es lassen sich beispielsweise durch gute Onlinerecherchen weitreichende Hintergrundinformationen über CEOs beschaffen. Porträts und Interviews liefern oft einen Einblick ins Privatleben, besprechen Stärken und Schwächen, erläutern familiäre Details, mitunter sogar Krankheiten – all das können wertvolle Informationen für Kriminelle sein. Doch es trifft auch jene, die nicht an der Spitze eines Unternehmens stehen. Wer mit seinen Daten in den sozialen Medien zu freizügig umgeht, liefert Kriminellen wertvolle Informationen frei Haus. Vom geposteten Urlaubsfoto, das zeigt »Ich bin nicht daheim«, bis hin zur Aufnahme vom letzten Familienfest mit Tante Angela, Onkel Heinz oder Oma Friederike. Denn Oma Friederike könnte das nächste Opfer sein. Wenn sie eine Nachricht erhält – falls sie in einem sozialen Netzwerk vertreten ist – oder einen Anruf, in dem das (vermeintliche) Enkelkind eine Notlage im Ausland vortäuscht. Damit sind wir in einem Bereich des Social Engineering angelangt, der als »Pretexting« bezeichnet wird: Kriminelle schaffen einen Vorwand, der Opfer dazu verleiten soll, Geld zu überweisen und einen vermeintlichen Freund oder nahen Familienangehörigen in Notlage zu unterstützen. Um sich aus einer misslichen Lage (Notoperation, Ausweise gestohlen und Ähnliches) befreien zu können, benötige man dringend Geld, so die häufige Argumentation. Mit Tricks dieser Art lassen sich dann viele zur spontanen Überweisung größerer Summen bewegen.

Um Pretexting erfolgversprechend einsetzen zu können, müssen die Täter viel über das Opfer wissen. Denn die Kriminellen sollten ein Szenario oder einen Vorwand schaffen, den das Opfer für glaubwürdig hält, und müssen andererseits hierzu eine Art Vertrauensverhältnis aufbauen. Das gelingt, weil sie Dinge wissen, die nur ein naher Angehöriger des Opfers oder ein Mitarbeiter des betroffenen Unternehmens eigentlich wissen kann. Wissen Hacker beispielsweise, dass es in einem Unternehmen IT-Probleme gab, so können sie diese Information für ihre Zwecke nutzen. Wie man an solche Informationen gelangen könnte? – Worüber sprechen Mitarbeiter wohl, wenn sie sich zur gemeinsamen Raucherpause vor dem Office treffen? Wenn ein geschickter Hacker nur an eine der dort besprochenen Informationen gelangt, dann kann er sich bereits als Vertreter der IT-Abteilung ausgeben und Mitarbeiter auffordern: »Hi, ich muss deinen Rechner updaten, ich bräuchte deine Zugangsdaten.« Oder umgekehrt: Der Hacker gibt sich als Mitarbeiter aus, ruft bei der IT-Abteilung an und behauptet: »Hi, hier ist Olaf aus dem Hamburger Büro. Ich habe nach unserem Systemabsturz in der Vorwoche den Zugang zum Hauptserver verloren. Ich gebe die IP-Adresse durch, damit Sie sie wieder freischalten können.« Während die zweite Variante etwas schwieriger umzusetzen ist, weil sie zumindest einen wenig kompetenten IT-Mitarbeiter voraussetzt, ist die erste Variante relativ leicht zu realisieren.

Pretexting funktioniert über alle Medien, vom Telefon über E-Mail bis hin zur Messenger-Diensten. Und Pretexting gelingt sogar Schülern. Im August des Jahres 2019 hat ein 15-jähriger an der Encore Junior/Senior High School for the Arts im kalifornischen Riverside mit einer Kombination aus Pretexting und Spear-Phishing seine Schulnoten verbessert.[7] Der Jugendliche richtete zuerst ein E-Mail-Konto ein, das den Anschein erweckte, als kämen seine E-Mails von einem hochrangigen Mitglied der Schulverwaltung. Von diesem Konto aus versandte er eine Mail an vier Lehrer, in der er diese aufforderte, Benutzername und Passwort bekannt zu geben, da die Schulverwaltung das System updaten müsse. Die Lehrer taten pflichtschuldig, wozu sie aufgefordert worden waren, ohne zu überprüfen, von wem die Nachricht tatsächlich stammte. Hätten sie die Mailadresse des Absenders angeklickt, wäre ihnen rasch klar gewesen, dass die Mail nicht aus dem Schulsystem stammen kann. Mithilfe dieser Zugangsdaten veränderte der Schüler schließlich seine Noten. Er machte dabei aber einen entscheidenden Fehler: Er verbesserte nicht nur die eigenen Zensuren, sondern verschlechterte auch die einiger Klassenkollegen und erfand Klassenbucheinträge wie beispielsweise »schläft in der Klasse«. Einige Schüler beeinspruchten daraufhin ihre schlechte Beurteilung in der Direktion, worauf die Manipulation aufflog und die Polizei eingeschaltet wurde.

Scamming, der Enkeltrick 2.0

Die Polizei spricht von Scamming, wenn es um den Enkeltrick[8] beziehungsweise Neffentrick 2.0 geht. Erfinder dieser Sparte ist der mittlerweile verhaftete, aber noch nicht verurteilte Pole Roma Arkadiusz »Hoss« Lakatosz. Jahrzehntelang tourte er mit seiner Familie durch Europa und soll dabei mithilfe des Enkeltricks – er gab sich vorwiegend bei älteren Menschen als naher Verwandter aus – eine Milliarde Euro erbeutet haben.[9] Scamming bezeichnet einen sogenannten »Vorschussbetrug«[10]. Bei dieser Methode werden die Opfer dazu verleitet, Geld zu überweisen. Man nannte diese Methode über Jahrzehnte auch »Nigeria Connection«, weil diese Form des Betrugs ursprünglich von Nigeria ausging.[11] Mittlerweile ist Scamming auf der ganzen Welt verbreitet.

Scammer locken mit vergessenen Erbschaften, die angeblich auf Konten liegen und für die es keine Erben gäbe, mit Millionenspenden von Milliardären, Glückspielgewinnen, die man unbedingt teilen möchte, lukrativen Nebenjobs, aber auch ganz normalen Jobs, für die man vorab jedoch »Bearbeitungsgebühren« entrichten müsse. Sogenannte Love- oder Romance-Scammer wiederum locken mit der großen Liebe. Sie schreiben Männer und Frauen in sozialen Medien und auf Partnerbörsen an. Oft entwickelt sich eine rege Kommunikation, ein Flirt und eine – dem Opfer real erscheinende – Liebesbeziehung. Dann startet die Betrugsmasche. Die neue Onlineliebe benötigt entweder Geld für das Flugticket, für behördliche Gebühren oder eine dringend notwendige Operation, oder aber die Kommunikation entwickelt sich zum Sex-Scam. Die Onlinebekanntschaft verleitet sein Opfer dazu, entweder ein Nacktfoto von sich zu senden oder sich vor der Webcam auszuziehen und/oder zu befriedigen. Das Ganze wird gefilmt. Im Anschluss daran drohen die Täter damit, die Videos auf Facebook oder YouTube hochzuladen, wenn die Opfer nicht sofort Geld überweisen.

Scamming-Angebote landen inzwischen reihenweise in diversen Mail-Boxen – nicht nur in Form einer E-Mail, sondern auch als Nachricht auf einem der vielfach genutzten Social-Media-Kanäle. Das einzige Ziel ist es, Geld von den Opfern zu lukrieren. Und das gelingt öfter, als man denken würde. Die Naivität – positiv formuliert: die Gutgläubigkeit – mancher Menschen scheint schier grenzenlos zu sein.

Das Trojanische Pferd – ein Gruß Homers

Die Griechen stellten ein großes hölzernes Pferd vor die Tore Trojas und täuschten ihre Abreise vor. Die Trojaner zogen das vermeintliche Abschiedsgeschenk in die Stadt und besiegelten damit ihren Untergang, denn im Bauch des Pferdes befanden sich griechische Krieger.[12]

Vor 2500 Jahren lieferte Homer mit dem Trojanischen Pferd in seiner »Ilias« die Vorlage für eine Malware der Gegenwart, mit der Menschen ebenfalls durch List und Heimtücke in fremde Systeme eindringen können. Ähnlich der ahnungslosen Trojaner, die einst ihre Feinde selbst in die Stadt zogen, agieren heutige Computernutzer, wenn sie unbedacht auf einen Link klicken, ein Attachment öffnen oder einen fremden USB-Stick an ihr Gerät stecken. Die Krieger in Homers »Ilias« krochen aus dem Bauch des Pferdes und überraschten die Trojaner im Schlaf. Ebenso verhält es sich mit den Schadprogrammen auf meinem Computer. Diese aktivieren sich unbemerkt, zerstören Daten, verschlüsseln Informationen oder übermitteln diese an Fremde weiter.

Eine weitere sehr erfolgreiche Methode des SE ist das sogenannte Baiting. Baiting meint Ködern im Fachjargon. Dabei wird die Gier und Neugier der Menschen ausgenützt. Die »harmlosere« Variante von Baiting ist das sogenannte »Click-Baiting«, bei dem Internet-Nutzer geködert werden, auf scheinbar spannende Artikel zu klicken – mit dem Ziel, dadurch Mehreinnahmen für den Plattform-Betreiber zu generieren: »Die 30 hässlichsten Tiere der Welt«. »Fotos von Donald Trump, die er verbieten lassen will.« Oder: »Mit dieser Abnehmmethode 10 Kilogramm pro Monat verlieren«. Baiting gelangt aber auch in Mails zur Anwendung. Versprochen werden dabei Gutscheine, Gratis-Lottotipps oder auch ein »Geheimdokument« wie eine Gehaltsabrechnung oder Ähnliches. [13]

Baiting: die Macht analoger Köder

Im Falle des analogen Baiting kann ein Benutzer dazu verleitet werden, einen scheinbar zufällig gefundenen USB-Stick, auf dem vielleicht zusätzlich mit einem Filzstift »geheim«, »vertraulich« oder »Gehaltsabrechnung« vermerkt wurde, in seinen Computer zu stecken. So soll es, auch wenn nach wie vor Zweifel bestehen, im Falle des Trojaners Stuxnet gewesen sein oder sich die Infizierung der Internationalen Raumstation ISS zugetragen haben. Vorfälle dieser Art sind der Grund, warum Unternehmen nun vielfach die Nutzung von USB-Sticks untersagen, beziehungsweise USB-Ports auf Rechnern deaktivieren. Dass dieses Vorgehen offenbar notwendig ist, hat nicht nur mit der Neugier der Menschen zu tun, sondern auch mit deren Sorglosigkeit.

Zum Zwecke ihrer Studie »Users Really Do Plug in USB Drives They Find« haben sieben Wissenschaftler der University of Illinois und University of Michigan am 27. April 2019 über den Zeitraum einer Woche 297 USB-Sticks auf dem Universitätsgelände der University of Illinois deponiert.[14] Die Erfolgsquote lag bei 45 Prozent, das heißt 135 Sticks wurden in die Rechner gesteckt. Der erste USB-Stick bereits sechs Minuten, nachdem er deponiert worden war. Die Mehrheit der Befragten gab im darauffolgenden Gespräch zur Motivation an, sie hätten herausfinden wollen, wer den Stick verloren haben könnte. Nur 16 Prozent der Finder ließen den USB-Stick vorab von einem Virenscanner checken, acht Prozent gingen davon aus, dass der Sicherheitsscan ohnehin vom Betriebssystem erledigt würde.

Obwohl man um die Möglichkeit infizierter USB-Sticks weiß, ist es bei Konferenzen wie dem Mobile World Congress in Barcelona, der Consumer Electronics Show in Las Vegas oder der Internationalen Funkausstellung in Berlin nach wie vor üblich, USB-Sticks zu verteilen – weil die handlichen Speicher so begehrt sind. Sicherheitsbedenken haben dort die wenigsten.

Die hatte im Dezember des Jahres 2017 auch die taiwanesische Polizei nicht. Im Rahmen einer Datensicherheitsmesse in Taipeh führte das Criminal Investigation Bureau (CBI) ein IT-Sicherheits-Quiz durch. Die Gewinner, vor allem jugendliche Teilnehmer, erhielten USB-Sticks – 250 Stück mit je 8G-Speicher. Das Skurrile der Geschichte – die »leeren« Speicher waren mit Viren verseucht. Ein Mitarbeiter der in New Taipei City ansässigen Tech-Firma Shawo Hwa Industries Co. hatte die Schadsoftware unabsichtlich auf die USB-Sticks geladen, als er deren Speicherkapazität prüfen wollte.[15] Die Malware für Windows-Rechner hatte den Namen XtbSeDuA.exe und war entwickelt worden, um persönliche Daten aufzusaugen und sie an eine polnische IP-Adresse zu übertragen, die die Informationen dann wiederum an nicht identifizierte Server weiterleitete.

Phishing

Frank W. Abagnale junior weiß genau, welcher Bereich der Cyberkriminalität am profitabelsten ist und wie er ihn heute erfassen würde: »Ich würde ausgeklügelte Phishing-Mails nutzen, die an soziale Medien gebunden sind. Da die Informationen in Echtzeit verschickt würden, wären sie äußerst überzeugend.« Basierend auf den Ergebnissen der Studie, »Threat Landscape Survey 2017« des SANS Institutes[16], sind sowohl die Nutzer als auch deren Geräte ein Primärziel für Cyberkriminelle. In der Studie wurden 263 Sicherheits- und IT-Experten weltweit zu Bedrohungen gefragt, mit denen ihre Unternehmen derzeit konfrontiert wären. Phishing steht mit 72 Prozent an erster Stelle, gefolgt von Spyware mit 50 und Ransomware mit 49 Prozent. Auch Trojaner werden mit 47 Prozent als eine der größten Gefahren eingestuft. Die Attacken richten sich vor allem gegen einzelne Mitarbeiter der Unternehmen, die teilweise sehr zielgerichtet angegriffen werden.

Phishing-Attacken gibt es in zwei Ausführungen. Zum einen als breit angelegte Kampagnen an Millionen von Mail-Adressen, bei denen die Versender hoffen, dass möglichst viele auf die Mail reagieren, beziehungsweise das Attachment öffnen und damit die Schadsoftware installieren. Sowohl Mail-Adressen als auch Phishing-Kampagnen kann man im Darknet kaufen. Dort bekommt man übrigens auch ganz fertige Ransomware-Pakete, sprich, die Erpressersoftware, die man an seine Mails anhängen kann. Wie einfach das funktioniert, haben Oded Vanunu und Maya Horowitz bei ihrer Präsentation »The Upside Down: The Roles and Responsibilities of Cybercrime Syndicates« im Rahmen der RSA-Conference im Jahr 2019 demonstriert.[17] Das Ransomware-Paket beinhaltete nicht nur Adressen und Schadsoftware, sondern auch ein schönes Cockpit für den eigenen Rechner, von welchem aus man die Aktivität seiner Erpressersoftware und die Fortschritte genau beobachten kann: Wie viele Mails wurden verschickt und wie viele davon geöffnet, wie viele User haben die Ransomware auf dem Rechner und wie viele haben bereits bezahlt.

Die ausgeklügeltere Variante des Phishing ist das sogenannte »Spear-Phishing«. Wie der Name andeutet, handelt es sich dabei um Angriffe, die auf die »Speerspitze« eines Unternehmens abzielen. Man spricht in dem Zusammenhang auch von »Whaling«-Attacken, Das ist sozusagen Phishing (Fishing) im großen Stil, denn hier haben es die Hacker auf die richtig »großen Fische», beispielweise die CEOs von Unternehmen abgesehen. Diese Form des Fälschungsbetrugs ist in den Unternehmen besser bekannt als »CEO-Fraud« und wird immer populärer. Dabei sollen Mitarbeiter aus der Finanzabteilung oder gar Finanzchefs zur Überweisung von Geldbeträgen motiviert werden, weil sie dazu – wie bereits erläutert – einen vermeintlichen Auftrag von ihrem CEO erhalten haben.

CEO-Fraud oder Chef-Masche

Fälle von CEO-Fraud gibt es mittlerweile extrem viele. Große, bei denen zum Teil beträchtlicher Schaden in zweistelliger Millionenhöhe entstanden ist, aber auch sehr viele kleine, bei denen die Summen nicht ganz so hoch ausfallen. Es gibt aber viele Fälle, die gar nicht erst bekannt werden – weil es den Unternehmen schlicht unangenehm ist, dass sie auf die »Chefmasche« hereingefallen sind.

Als Erfinder des CEO-Fraud wird der in Frankreich lebende Israeli Gilbert Chikli bezeichnet, der am 10.März 2020 wegen Verstößen dieser Art zu elf Jahren Haft verurteilt worden ist. [18] Chikli hatte im Jahr 2015 die Mail-Adresse des damaligen französischen Verteidigungsministers Jean-Yves Le Drian gefälscht, beziehungsweise in dessen Namen Mails verschickt und Geld für das französische Verteidigungsministerium eingesammelt. Die Adresse endete übrigens auf »diplomats.com«. Konkret tischte Chikli den vermögenden Franzosen – die Erinnerung an die Terroranschläge in Frankreich 2015 war noch sehr lebendig – per Mail folgende Geschichte auf: Terroristen hätten französische Geiseln genommen und verlangten nun Lösegeld. Da der Staat die Summe nicht aufbringen könne, hoffe er darauf, dass wohlhabende, stolze Franzosen diesen Betrag vorschießen würden. Der Staat werde diese Summen später freilich zurückzahlen. Die Sache müsse vertraulich behandelt werden, versteht sich. Unglaublich, aber wahr: Es gelang Chikli, mit dieser Masche etwa 50 Millionen Euro einzusammeln.[19] Dass sich ein Täter als Minister ausgibt, kommt eher seltener vor. Dass Kriminelle in die Rolle eines CEOs oder CFOs (Finanzchefs), schlüpfen, geschieht schon häufiger. Das Internet Crime Complaint Center (IC3) des FBI stellte in seinem Internet Crime Report 2019[20] fest, dass Betrügereien im Zusammenhang mit dem sogenannten »Business E-Mail Compromise« (BEC), so der Fachbegriff für CEO-Fraud, allein von Mai 2018 bis Juni 2019 um 100 Prozent gestiegen seien.

Es gibt einige bekannte CEO-Frauds in Europa, wie etwa die Attacke auf den Luftfahrtzulieferer FACC im Jahr 2015, die erst ein Jahr später publik wurde. Zwischen Dezember des Jahres 2015 und 19. Januar des Jahres 2016 wurden von FACC etwa 52 Millionen Euro nach China überwiesen, knapp elf Millionen Euro konnten wieder zurückgeholt werden.[21] Die Kriminellen verschickten 48 Mails und erhielten das Geld in 18 Tranchen. Als der Betrug bei FACC bekannt wurde, war es bereits zu spät. Die Abberufung des CEOs und der Finanzvorständin waren die Folge. Der CEO musste sich vor Gericht verantworten, weil ihm vorgeworfen wurde, dass das Kontrollprinzip im Unternehmen mangelhaft gewesen sei und nur deshalb der Betrug passieren konnte.

FACC ist kein Einzelfall. Auch in Österreich hat sich ein Fall von CEO-Fraud zugetragen, der ein weltbekanntes Unternehmen mit Sitz in Salzburg betrifft. Allerdings ist diese Causa bei den Behörden unter Verschluss, eine Berichterstattung darüber würde juristische Konsequenzen nach sich ziehen. Über andere Vorfälle kann aber öffentlich gesprochen werden. So wie beispielsweise über die Attacke auf das US-Agrar-Unternehmen Scoular Co.: Der Controller des Unternehmens, Keith McMurtry, bekam vermeintliche Mails vom Vorstandsvorsitzenden Chuck Elsea, in denen er angewiesen wurde, in drei Tranchen 17,2 Millionen Dollar an eine Bank in China zu überweisen.[22]

Im August des Jahres 2016 wurde der Autozulieferer Leoni um 40 Millionen Euro betrogen, das Geld wurde über ein weit verzweigtes Netz von weltweit mehr als 50 Konten transferiert, was die Nachverfolgung praktisch unmöglich machte.[23]

Auch der gegenwärtige CEO von Vodafone Deutschland, Hannes Ametsreiter, war in seiner Rolle als CEO der Telekom Austria Group im Visier der Betrüger. Die Kriminellen fälschten seinen Absender und schickten eine Mail mit einer Zahlungsanweisung an den CFO einer Telekom-Austria-Tochter. Dieser wurde skeptisch, als der vermeintliche Hannes Ametsreiter per Mail Druck ausübte, die Überweisung rasch zu tätigen. Eine persönliche Rückfrage ergab schließlich, dass Ametsreiter nie eine Mail verschickt hatte.

Zwischen Juni 2016 und Juli 2019 gab es weltweit 166 349 CEO-Frauds mit einem Gesamtschaden von mehr als 26 Milliarden Dollar. Die Täter sind prinzipiell überall daheim, allerdings wurden die meisten Beträge auf Banken in China und Hongkong überwiesen. In jüngster Zeit beobachtet das FBI auch einen Anstieg betrügerischer Überweisungen nach Großbritannien, Mexiko und in die Türkei.

Dennoch gibt es auch immer wieder Fälle, die den Betrügern zum Nachteil gereichen, weil Unternehmer mittlerweile sensibel für das Thema CEO-Fraud geworden sind. Einer der bekanntesten und jüngsten Fälle ereignete sich bei Ritter Sport. Der Aufmerksamkeit eines Mitarbeiters war es zu verdanken, dass die Betrüger 2017 leer ausgingen.[24] In einer Mail wurde der Buchhalter Henning Mühlbauer angewiesen, eine vertrauliche Finanztransaktion vorzubereiten. Ein Dr. Schmidt von der Finanzaufsicht BaFin werde sich melden. Abgesehen davon, dass im Schokoladengeschäft geheime Transaktionen selten bis gar nicht vorkommen, wurde Mühlbauer skeptisch, als er die Mail öffnete. Mit dem CEO war er im echten Leben per du, weil er ihn schon lange kannte. Im Mail wurde er gesiezt. Mühlbauer griff zum Telefon und rief seinen Chef an. Neun Tage später konnte der Täter in Israel festgenommen werden.

Der Fall von Ritter Sport ist aus zweierlei Sicht ein Musterbeispiel. Erstens können CEO-Frauds verhindert werden, wenn Mitarbeiter wachsam sind und in ihrer Tätigkeit ständig Plausibilitätsprüfungen durchführen. Und zweitens zeigt er auf, wie SE funktioniert und wann es versagt. Die Täter haben es zwar geschafft, das Organigramm des Unternehmens zu durchschauen und Mail-Adressen herauszufinden, sind aber an unternehmenskulturellen Details gescheitert.

Tailgating: eine Charmeoffensive

Carlos Hector Flomenbaum setzte für seine kriminellen Machenschaften auf eine ganze besondere Waffe: seinen Charme. Über einen Zeitraum von einem Jahr bereitete der Mann einen Diebstahl vor, der aufgrund seiner Besonderheit in die Kriminalitätsgeschichte eingegangen ist. Flomenbaum – dieser

Name stand in dem gestohlenen argentinischen Pass, den der Mann bei sich trug – eröffnete ein Schließfach in der ABN Amro Bank in der belgischen Diamantenhochburg Antwerpen. Hier deponieren viele Diamantenhändler ihre Diamanten über Nacht. Er kam zweimal täglich in die ABN Amro Bank, jeweils um 11.00 Uhr und 15.00 Uhr, um sich sämtliche Details einzuprägen. Ähnlich wie Frank W. Abagnale wusste Flomenbaum seinen Charme einzusetzen. Er freundete sich mit den Angestellten der Bank an, scherzte, war freundlich, zuvorkommend, brachte den Angestellten sogar Pralinen mit und avancierte im Laufe der Zeit zu ihrem »best friend«.[25] Man vertraute ihm gar einmal den Tresorschlüssel an, er machte eine Kopie davon und stahl schließlich Diamanten mit 120 000 Karat im Wert von damals 28 Millionen Dollar. Bis heute konnte man den Betrüger Flomenbaum nicht ermitteln. Hierbei handelt es sich um eine weitere Methode des SE, das Tailgating. Dabei gelangt ein Krimineller praktisch im Windschatten einer Person (er kann sie kennen, muss sie aber nicht kennen) in für ihn normalerweise abgeschlossene Räume. Das kann das Büro des CEOs oder Sicherheitsverantwortlichen sein, der Serverraum oder einfach nur ein Mitarbeiterbüro, um an eingeloggte Computer zu gelangen.

Gewiefte Tailgater haben einige Tricks auf Lager: Sie verkleiden sich als Techniker, Mitarbeiter des Reinigungsdiensts oder eines Lieferservice, oder aber sie haben beide Hände voll (mit Kaffeebechern oder Unterlagen) und scheinbar ihren Ausweis vergessen, sie führen gerade ein Telefonat oder gehen in einem Lift vor, um aus Höflichkeit die Tür offen zu halten. So gelangen sie in die – eigentlich nicht zugänglichen – Etagen eines Unternehmens.

Doch zurück zu Flomenbaums »Pralinen-Attacke«. Mit Schokolade sind offenbar viele Menschen leicht zu bestechen oder geben dafür den Schutz ihrer Privatsphäre auf. Anders lässt sich das Ergebnis einer Studie der Universität Luxemburg – »Trick with treat – Reciprocity increases the willingness to communicate personal data« – nicht interpretieren. Der Reziprozitätseffekt kann landläufig mit: »Wie du mir, so ich dir« übersetzt werden. Sinngemäß: Wenn ich dir einen Gefallen tue, tust du mir auch einen. Wie leicht Menschen nach dem Grundprinzip der Gegenseitigkeit auch Geheimnisse verraten, davon waren aber selbst die Wissenschaftler überrascht. »Wenn jemand etwas Nettes für uns tut, fühlen wir uns automatisch verpflichtet, den Gefallen zu erwidern«, so Andre Melzer, einer der Autoren der Studie. »Dieses Prinzip ist universell und wichtig für die Art und Weise, wie wir als Gesellschaft funktionieren. Dieser innere Druck könne jedoch auch ausgenutzt werden, um bestimmte Ziele zu erreichen, wie zum Beispiel jemanden zu ermutigen, ein Passwort zu verraten.« Im Rahmen der Studie wurden 1208 Passanten auf der Straße nach ihrer Einstellung zu Computersicherheit und dann nach einem Passwort befragt. Da die Interviewer mit Taschen der Universität Luxemburg ausgestattet waren, vermittelten sie offenbar einen seriösen, wissenschaftlichen Eindruck und gewannen so das Vertrauen der Befragten.

Die Studie erfolgte zweistufig: Eine Gruppe bekam Schokolade vor der Befragung, die andere danach. 43,5 Prozent derjenigen, die die Schokolade schon **vor** der Befragung erhielten, und 29,8 Prozent derjenigen, die die Schokolade **danach** erhielten, gaben ihr Passwort preis. Die Divergenz ist deutlich erkennbar. Aber auch wenn die Anzahl derjenigen, die ihr Passwort offenlegten, nachdem sie eine Schokolade im Anschluss an die Befragung erhalten hatten, deutlich geringer ist, als im Falle der Vergleichsstichprobe, so ist das Ergebnis dennoch sehr schockierend – denn in diesem Fall wurde zunächst keinerlei Belohnungsanreiz gesetzt. Allem Anschein nach war die vorgetäuschte Seriosität der Studienmacher – »Universität Luxemburg« – ausreichend, damit Befragte ihr Passwort kommunizierten. Die Bereitschaft zur Weitergabe von Passwörtern nahm außerdem weiter zu, wenn die Schokolade unmittelbar vor der Aufforderung zur Weitergabe des Passworts angeboten wurde. Hier schien der innere Druck besonders hoch zu sein: 47,9 Prozent gaben in diesem Fall ihr Passwort preis.[26]

Diese Studie macht nicht nur deutlich, wie leicht Menschen mithilfe eines einfachen Anreizes und des Prinzips der Gegenseitigkeit manipuliert werden können, sondern auch, dass keine ausgeklügelte kriminelle Strategie notwendig ist, um Personen oder Unternehmen zu schädigen. Das Problem besteht darin, dass vielen Menschen das Bewusstsein für mögliche Gefahren fehlt.

Im SE wird der »Tausche-Schokolade-gegen-Passwort-Trick« übrigens als »Quid pro quo« bezeichnet. Bei dieser Methode geht es aber nicht um Schokolade, sondern hier wird echte kriminelle Energie eingesetzt, um ein

Ziel zu erreichen. Quid pro quo funktioniert ebenfalls face-to-face, per Mail oder Telefon. Eine gängige Methode wurde ja bereits erläutert: Ein Hacker gibt am Telefon beispielsweise vor, ein Mitarbeiter des IT-Helpdesks zu sein.

In Unternehmen ist ein Anruf aus der IT-Abteilung nichts Ungewöhnliches – weil etwa ein Update eingespielt werden soll, neue Funktionen im Betriebssystem bereitgestellt oder auch Probleme behoben werden müssen. Aus diesem Grund gelangen Hacker mit dieser Methode sehr häufig an Nutzerdaten und können auf diese Weise Systeme manipulieren und größere Aktionen wie Ransomware, aber auch CEO-Fraud starten. Sollte es dem Hacker gelungen sein, über Tailgating direkt in das Unternehmen zu gelangen, tätigt er die Anrufe von einem internen Telefon aus, wodurch er noch überzeugender wirkt und er wird vermutlich erfolgreich sein.

Das Geolocation-Problem

Es gibt nur wenige Institutionen – sieht man von einigen Geheimdiensten ab – die mit forensischen Methoden besser umgehen können als Bellingcat. Dieses Portal wurde im Jahr 2014 von dem britischen Journalisten Eliot Higgins gegründet und gehört heute zu den ersten Anlaufstellen für Investigativjournalisten, wenn es darum geht an Werkzeuge und Methoden der Informationsbeschaffung zu gelangen. Der Name Bellingcat leitet sich ab von »belling the cat«, was übersetzt so viel bedeutet wie »eine Katze zum Läuten zu bringen«. Bellingcat liefert eine umfassende Liste an Tools und Software[27], die man für eine forensische Onlinerecherche benötigt.

Es gibt beispielsweise Anleitungen dafür, wie die »Reverse image search« bei Google, TinEye oder RevEye funktioniert, wie man Google Earth 3D-View verwendet, die Daten von Fitness-Apps ausliest, Geolocating richtig nutzt oder die Flugdaten eines Flightradar24 richtig interpretiert. Für Videoauswertungen empfiehlt Bellingcat Amnesty International's YouTube Dataviewer oder das InVid browser PlugIn. Für das Auswerten von Social-Media-Daten gibt es Tools wie Graph.tips, StalkScan und WhoPostedWhat.com, um mehr über bestimmte Facebook-Profile zu erfahren. [28]

Für Aufsehen sorgte Bellingcat im Rahmen der BBC-Dokumentation »Anatomy of a Killing«. Das britische Fernsehen konnte in seinem Programm »African Eyes« mithilfe verschiedener digitaler Tools und der exzellenten Arbeit von Investigativjournalisten einen Mordfall in Kamerun aufklären.[29] Im Juli 2018 hatte sich ein schreckliches Video in den sozialen Medien verbreitet. In einem Dorf irgendwo in Kamerun wurden zwei Frauen und zwei kleine Kinder (eines davon im Tragetuch der Mutter) von einer Gruppe Soldaten abgeführt, zu Boden gedrückt und mit 22 Schüssen getötet. Nach intensiven Recherchen und der Analyse der Bergketten anhand von Google Earth, des Sonnenstands, der Bebauung und Bepflanzung und der Kleidung der Soldaten im Video sowie durch Nachforschungen in Social Media konnte nicht nur der Tatort exakt bestimmt, sondern auch die Täter ausfindig gemacht werden. Der Regierung Kameruns, die zunächst heftig bestritten hatte, dass Regierungssoldaten für den kaltblütigen Mord verantwortlich seien, musste angesichts der belastenden Beweise schließlich sieben Täter beim Namen nennen.

Methoden wie diese können aber nicht nur zur Aufklärung von Straftaten beitragen. Mit diesen Tools, die jedem frei zur Verfügung stehen, können auch Terroristen und Cyberkriminelle »Aufklärung« betreiben. Bei einem Terrorangriff im Jahr 2008 in Mumbai, bei dem 172 Menschen getötet wurden, nutzten die Terroristen nicht nur Mobiltelefone, Blackberries, Satellitenbilder, Satellitentelefone und Nachtsichtgeräte, sondern auch soziale Medien und Google. Sie hatten in Pakistan eine eigene Kommandozentrale aufgebaut, von wo aus sie nicht nur die aktuelle Berichterstattung der globalen Medien, vor allem von *CNN* und *BBC* verfolgten, sondern von wo sie auch Befehle gaben und soziale Medien und Google nutzten, um Informationen und Fotos, die ihnen von den Terroristen vor Ort geschickt worden waren, zu überprüfen. So wurde etwa mit einem Fotocheck auf Google die Identität von Todeskandidaten überprüft, und auf Basis dieses ID-Checks wurden dann Exekutionsbefehle erteilt.[30]

OPEN SOURCE INTELLIGENCE

Wer wissen will, wohin das Flugzeug fliegt, dessen Kondensstreifen gerade am Himmel zu sehen ist, erhält detaillierteste Information zu Airline, Flughöhe, Modell, Flugnummer etc. bei »Flightradar24«. Wer neugierig ist, welche Schiffe wo unterwegs oder angelegt sind, erfährt es auf Myshiptracking.[31] Wer erfahren will, wie viele Webcams live senden und das obendrein noch unverschlüsselt, fragt bei der IoT-Suchmaschine Shodan nach (dazu später in Kapitel 11 mehr). Und wer wissen will, was es so an offenen Tools gibt, wird erstaunt sein, wenn er einen Blick auf die Mindmap von »Osint Mindup« wirft, hier werden praktisch viele vorhandene Tools aufgelistet.[32]

Nicht nur Nachrichtendienste greifen auf diese Quellen zurück, auch Firmenchefs, wenn sie mehr über potenzielle Kandidaten wissen wollen, IT-Forensiker, wenn sie technische Details benötigen oder eben auch Journalisten, wenn sie nach Hintergründen und Beweisen für ihre Stories suchen. »Open Source Intelligence« (OSINT) wird jene Methode genannt, mit der man offene Quellen nutzt, um sich zusätzliche und somit neue Informationen zu beschaffen. Waren das in früheren Zeiten vor allem Medien wie Zeitungen, Magazine beziehungsweise Radio und TV, sind es heute verschiedenste Webportale – von einer einfachen Suche über Google, über Social Media-Plattformen bis hin zu Webseiten und Applikationen, mit denen man mitunter sogar in Echtzeit Daten, Informationen und somit Wissen generieren kann.

Benjamin Strick ist vermutlich einer jener Journalisten, der mit Open Source Intelligence am besten bewandert ist. Als offizieller »Open Source Investigator« von *BBC* »Africa Eye« war er nicht nur maßgeblich daran beteiligt, den vorhin beschriebenen Kriminalfall in Kamerun zu lösen, sondern auch andere grausame Ereignisse aufzuklären. So hat er mit *BBC* Africa Eye etwa die Ermordung friedlicher Demonstranten durch paramilitärische Kräfte in Khartum am 3. Juni 2019 dokumentiert – nachzusehen in der *BBC*-Produktion mit dem Titel *Sudan's Livestream Massacre*.[33] »Während sich der Fall in Kamerun auf die Untersuchung eines einzigen Videos konzentrierte, taten wir im Sudan dasselbe mit Aufnahmen auf den Mobiltelefonen der Demonstranten«, sagt Strick. »Wir konnten genau zeigen, was passiert ist, wann es passiert ist und wer dafür verantwortlich war. Wir konnten den Angriff einem der mächtigsten Männer des

Sudan zuschreiben, der den Befehl dazu gab.« Strick war auch einer der Aufdecker, der in der Dokumentation »Turkey's Ghost Ships«[34] nachweisen konnte, wie die Türkei mit Waffenlieferungen nach Libyen gegen das UN-Waffenembargo verstößt. Auch hier wurden verschiedene offene Quellen wie Satellitenbilder, Fotos und Videos aus Facebook etc. dazu verwendet, ein Verbrechen aufzudecken. »Open-Source-Methoden sind deshalb so wichtig, weil wir als Gesellschaft wachsen und in der Folge immer mehr Daten hochgeladen werden«, sagt Strick. So können die gefilmte Fahrt auf einer Autobahn, der Spaziergang durch marokkanische Teehäuser oder ein Selfie zu einem Beweis werden. Voraussetzung ist, man kann sie analysieren und sie sind frei verfügbar. Es gibt etwas, was Strick vermisst – aktuelle Satellitenbilder. »Google Earth ist für viele von uns ein zuverlässiges Tool, aber es gibt viele Bereiche, in denen Google Earth keine aktuelleren Bilder liefert. Wenn ich jedoch ein Dorf überprüfen will, das möglicherweise niedergebrannt wurde, ein Massengrab oder den Ort eines terroristischen Ausbildungslagers, stoße ich auf das Problem, dass keine Bilder mehr verfügbar sind.« TerraServer, ein Marktplatz, auf dem Luft- und Satellitenbilder verkauft wurden, bot diese Daten NGOs und Medien zu einer günstigen Jahrespauschale an. Das TerraServer-Angebot war für diese Organisationen deshalb so wichtig, weil die Daten von Google Earth oder Google Maps nicht sehr aktuell sind und die Aufnahmen anderer Anbieter extrem teuer angeboten werden. TerraServer wurde im Jahr 2015 von PrecisionHawk gekauft, ein im Jahr 2010 gegründetes Drohnen- und Daten-Start-up, das das erste Unternehmen war, das von der US-Flugbehörde FAA die Genehmigung erhielt, mit seinen Drohnen BVLOS (Beyond visual line of sight) zu fliegen. Sprich: Die Drohnen dürfen fliegen und Aufnahmen machen, ohne dass der Pilot einen direkten Sichtkontakt zur Drohne haben muss.[35] TerraServer wurde von PrecisionHawk im Februar 2020 geschlossen und somit auch der Service für NGOs.

OSINT wird aber nicht nur für die Polizei und Journalisten immer wichtiger, sondern auch für Kriminelle. Diese nutzen nicht nur Google Street View, Google Maps etc. um Ziele auszuforschen, sondern sie verwenden offene Dienste, um Cyberattacken zu planen. In Kombination mit Social-Engineering-Maßnahmen können sie, wie das Beispiel nordkoreanischer Hacker Anfang 2020 gezeigt hat, Millionenschäden verursachen.[36] Sie können sich etwa als Arbeitgeber ausgeben, auf Mitarbeiterakquise (auf LinkedIn werden Mitarbeiter gerne von Konkurrenten abgeworben) gehen und Menschen dazu bewegen, ein Bewerbungsformular downzuloaden, das in Wahrheit mit einem Trojaner versehen ist, mit dem sie sich Zugang zum Computer des Kandidaten und in Folge zum Unternehmen verschaffen.

Europol, Interpol und das FBI setzen schon seit vielen Jahren auf die »Weisheit der Vielen«, wie es James Surowiecki in seinem Buch so treffend beschrieben hat. Interpol bittet die Bürger also via »Red Notices for Wanted Persons«[37] um Mithilfe bei der Suche nach Verbrechern, das FBI setzt hierzu auf seine »Most Wanted«-Liste[38] und Europol, etwa im Kampf gegen eine der schrecklichsten Verbrechensarten der Gegenwart, Kinderpornografie, seit einigen Jahren auf ein OSINT-Tool: Man hofft, dass Menschen Gegenstände (wie T-Shirts) und Tatorte wiedererkennen, die man in kinderpornografischen Videos entdeckt und auf die »Trace an Object«-Website geladen hat.[39] Mithilfe dieser Tools konnten schon viele Personen gefunden und Fälle gelöst werden.

Der OSINT-Pionier

Einer jener Männer, der durchaus als OSINT-Pionier bezeichnet werden kann, ist David Leppan. Der Südafrikaner, der im österreichischen Salzburg studiert hat, hat zur Jahrtausendwende eine der spannendsten OSINT-Datenbanken seiner Zeit entwickelt – World-Check. Hierbei handelt es sich sozusagen um eine globale schwarze Liste. Wer in dieser Datenbank zu finden war, steckte entweder sehr tief im Sumpf des Verbrechens, der Korruption, oder er war prominent beziehungsweise hatte eine wichtige politische Position inne. Wer hier gespeichert war, vor dem musste sich die (Finanz-)Welt in Acht nehmen.[40] World-Check umfasste den sogenannten High-Risk-Personenkreis aus dem Umfeld der organisierten Kriminalität, des Waffen- und Drogenhandels, des Menschenschmuggels, der Korruption und des Terrorismus. Dazu gehörte der afrikanische Diktator genauso wie der Boss einer italienischen Mafia-Organisation oder der Chef eines kolumbianischen Drogenkartells. Die Datenbank wurde eigentlich für Banken in der Schweiz oder Liechtenstein entwickelt, die dort abfragen konnten, ob ein potenzieller Kunde, der ein Konto eröffnen wollte, auf dieser Liste stehe. Damit wollte man verhindern, dass Kriminelle oder politisch exponierte Personen Geld aus dubiosen Quellen waschen. Doch die Datenbank entwickelte sich zum Megaseller, wurde später nicht nur von Banken, sondern von Organisationen wie Polizei und Geheimdiensten genutzt. Warum? Leppan und seine Mitarbeiter hatten aus offenen Quellen extrem spannende Informationen zusammengetragen, die selbst Ermittler überraschten. »Wir lieferten keine banalen Namenslisten, sondern alle legal verfügbaren Daten über Lebensumstände und Umfeld der gelisteten Personen«, so Leppan. Und besonders spannend – es wurde die Verbindung der Personen mittels grafischer Vernetzung dargestellt, man wusste, wie sie zusammenarbeiten und ob und über wie viele Ecken sie mit anderen Kriminellen oder PEPs verbunden sind. Für Furore sorgte World-Check auch nach 9/11. »15 der 19 Terroristen, die für die Attentate auf das World Trade Center und das Pentagon verantwortlich gemacht wurden, waren schon vor dem Anschlag in der Datenbank gespeichert. Samt Quellenangaben, Querverweisen und einer Begründung für den Eintrag«, ist Leppan heute noch stolz. World-Check wurde im Frühjahr 2011 vom Medienkonzern Thomson Reuters gekauft. Kaufpreis damals: 530 Millionen Dollar.[41]

Technologie kann in unserem Sinne und gegen uns verwendet werden. Wenn wir aber wissen, wie und womit Gegner arbeiten, können wir Verteidigungsstrategien und Methoden entwickeln, um uns vor solchen Attacken zu schützen. Wir sollten aber auch ein Bewusstsein dafür entwickeln, dass vieles, was wir in den Sozialen Medien oder generell »im Internet« posten, für immer dort gespeichert bleibt und – wenn überhaupt – nur mit enorm großem Aufwand gelöscht werden kann.

Place Raider, der virtuelle Diebstahl

Mit welch heimtückischen Methoden Cyberkriminelle Smartphone-Nutzer ausspionieren, konnte eine Forschergruppe der School of Informatics and Computing an der Indiana University und dem Naval Surface Warfare Center in ihrem Paper »PlaceRaider: Virtual Theft in Physical Spaces with Smartphones« eindrucksvoll demonstrieren: Im Zuge ihrer Tätigkeit stießen die Forscher auf Schadsoftware, die diverse Sensoren eines Smartphones nutzt, um zu spionieren.

Verräterische Geolocation-Kurzstory

Es ist ein Feature, das durchaus praktisch erscheint, da man dank dieser Funktion auch die Fotos in seinem Smartphone leichter findet. In jedem digital aufgenommenen Foto werden standardmäßig nicht nur Datum und Uhrzeit der Aufnahme gespeichert, sondern auch der Standort (und das Motiv) des Fotos. Und diese Daten bleiben auch erhalten, wenn man die Fotos in der Social-Media-Welt verbreitet.

Wie leicht man von digitalen Bildern oder Videos auf einen genauen Ort und auf eine Wohnadresse schließen kann, wurde unbeabsichtigt in einer ARD-Doku gezeigt. Opfer: der österreichische Bundeskanzler Sebastian Kurz. Die Wohnadressen hoher Politiker stehen nicht im Telefonbuch und werden auch nicht beauskunftet. Aber durch eine Szene, die Kurz am Morgen beim Verlassen seines Hauses zeigte, wurde das Geheimnis gelüftet. Das berichtete der »Standard« am 31. Januar 2019.[42] Zuschauer mit einschlägiger Erfahrung und Ortskenntnis, also etwa Nachrichtendienstmitarbeiter, Kriminelle oder Terroristen, seien durch eine derartige Panne in der Lage, innerhalb weniger Minuten den Wohnort des österreichischen Bundeskanzlers ausfindig zu machen – eine simple Webrecherche reiche aus.

Standard-Journalist Fabian Schmid hat genau das versucht. Da Kurz beim Verlassen seines Hauses in zwei Perspektiven gezeigt wurde, sei »auf der einen Seite ein bestimmter Dachgiebel erkennbar, auf der anderen Seite ein spezifisches Gebäude samt einer seltenen Art von Straßenkreuzung. Außerdem sind die umliegenden Gebäude sichtbar, man sieht etwa Altbauten an der gegenüberliegenden Straßenseite.« Da in der Dokumentation angemerkt wird, dass Kurz in einem »Reihenhaus in Meidling« wohne, lasse sich das Gebiet relativ leicht eingrenzen und via Google Maps und Google Streetview verifizieren, beziehungsweise festlegen. Die Polizei sprach danach von einer »Sicherheitspanne«, da Aufnahmen am tatsächlichen Wohnort eines Bundeskanzlers grundsätzlich verboten sind.

So können etwa über das integrierte Mikrofon gesprochene Kreditkartennummern als solche registriert, gespeichert und verschickt werden; der Beschleunigungssensor im Smartphone kann dafür genutzt werden, die Vibrationen beim Tippen auf eine Taste auszuwerten und so getippte Texte zu rekonstruieren. Da bis dato die Möglichkeit, ob Schadsoftware auch die Sensor-Augen eines Smartphones nutzen kann, noch nicht ausreichend erforscht wurde, haben die Wissenschaftler eine eigene Schadsoftware namens PlaceRaider entwickelt, um die Smartphonekamera für virtuellen Diebstahl einzusetzen.

Wie funktioniert PlaceRaider? Die Software nimmt, ohne Wissen des Besitzers, den ganzen Tag über Fotos auf und erstellt aus der scheinbar wahllosen und zufälligen Fotoserie, die aus Tausenden von Bildern besteht, 3-D-Modelle von Innenräumen. Konkret bedeutet das: Ist ein Smartphone mit einer Schadsoftware befallen, wie PlaceRaider eine ist, können Cyberkriminelle Räumlichkeiten, in denen sich ihr Opfer aufhält, anhand der Software einfach nachbauen.

Das Testergebnis war beeindruckend. »Wir hatten 20 Probanden. Drei Tage lang wurden alle fünf Minuten Fotos geschossen«, berichtet einer der Studienautoren, Apu Kapadia, Associate Professor of Computer Science an der School of Informatics der Indiana University. Von den etwa 18 000 Fotos wurden 3000 aus Privacy-Gründen gelöscht, 15 000 wurden ins Programm aufgenommen und analysiert. Die Ergebnisse waren ebenso faszinierend wie erschreckend. Aus scheinbar willkürlichen Fotos wurden dreidimensionale Nachbildungen jener Räumlichkeiten erstellt, in denen sich die 20 Probanden in den vergangenen drei Tagen aufgehalten hatten, darunter ein ganzes Büro mit Bücherwand und Schreibtisch; eine Detailaufnahme eines Schreibtischs mit Bildschirm, auf dem genau zu sehen war, welche Seiten der User offen hatte, auch Dokumente, die auf dem Schreibtisch lagen, konnten rekonstruiert werden. PlaceRaider funktionierte in dieser Studie so gut, dass sogar private Daten, wie Kreditkartennummern, herausgefunden werden konnten.

Cyberkriminelle können sich mithilfe von Schadprogrammen wie dieser nicht nur orientieren, sie wissen auch, was sich im Raum (etwa an Wertgegenständen) befindet. Letzteres geben manche Social-Media-User übrigens auch freiwillig und völlig unbewusst preis, wenn sie Selfies posten. Das ist wiederum eine wertvolle Information und quasi eine ungewollte Einladung für Kriminelle. Wenn dann einige Zeit später Urlaubsfotos gepostet werden, wissen nicht nur Freunde, dass man nicht daheim ist, sondern auch diejenigen, die bereits ein Auge auf das Haus geworfen haben.

Das Passwort-Problem

Bei Phishing-Attacken können Cyberkriminelle grundsätzlich zwei Ziele verfolgen. Entweder sie wollen den Empfänger zum Öffnen einer Datei verleiten, die eine Schadsoftware, wie etwa eine Ransomware, installiert. Oder sie versuchen, an die Logindaten des Users zu gelangen – oft sind es das Benutzerkennwort und das Passwort bei einem Bankinstitut, auf die es Phisher abgesehen haben. Und ist ein Passwort erst in den Händen eines Kriminellen, kann dies schwerwiegende Folgen haben, da viele Menschen ein und dasselbe Passwort für verschiedene Portale benutzen – für die Bank, für die Kreditkartengesellschaft, für das Amazon-Konto oder gar als Apple-ID und für die Apple-Cloud. Jeder Mensch muss im Schnitt zwischen 25 und 85 Benutzername-Passwort-Kombinationen verwalten, Kombinationen, die aus Groß- und Kleinbuchstaben, Zahlen und Sonderzeichen bestehen.[43] Übrigens gibt es einen »Passwort Guessability Service«[44] der Password Research Group's der Carnegie Mellon University. Dieser Service wird Forschern, die sich mit der Sicherheit von Passwörtern beschäftigen, kostenlos zur Verfügung gestellt. Er errechnet, wie viele Versuche nötig sind, um ein Passwort zu erraten.

Die Anzahl der Passwörter explodiert mit anhaltender Digitalisierung wegen neuer Informationsquellen und Werkzeuge. Hier den Überblick zu behalten und ebenso sinnvolle wie sichere Passwörter zu finden, ist schwierig. Jeder Nutzer verbraucht pro Jahr 11 Stunden seines Lebens, um Passwörter zu resetten. Im Schnitt sind es 12,6 Minuten pro Woche. Das hat das Ponemon Institute in der Studie »The 2019 State of Password and Authentication Security Behaviors Report« herausgefunden.[45] Einem Unternehmen mit 15 000 Mitarbeitern entstehen dadurch Kosten an Produktivitäts- und Arbeitsausfällen in Höhe von etwa 5,2 Millionen Dollar pro Jahr.

Passwörter, Anmeldedaten und Logins sind ein großes Problem in der digitalen Welt. Denn wir benötigen sie für beinahe jede Anwendung – von der

Bezahlung im Supermarkt bis zur Bezahlung im Onlinemarktplatz, für den Kundenbereich im Onlineshop ebenso wie für das Konto bei der Sozialversicherung, bei der Krankenkasse oder beim Energieversorger. Da wir so viele Zugangsdaten brauchen, nutzen wir oftmals dieselben, und da wir sie uns möglichst gut merken wollen, verwenden wir oft einfache Kombinationen. Und das macht uns angreifbar.

Aber gibt es eine Alternative zu Passwörtern? Eine DNA-Code beispielsweise? Ein System, das unseren genetischen Code vergleicht und Zugänge freigibt? Oder biometrische Daten wie Fingerprint, Gesichtserkennung oder die Handvenenerkennung? »Seit Anfang der 1990er-Jahre erkläre ich, dass Passwörter etwas für Baumhäuser sind, die Technologie wurde 1964 erfunden, da war ich 16 Jahre alt«, sagt Frank W. Abagnale jun. »Jetzt bin ich 72 Jahre alt und wir verwenden diese Technologie immer noch.« Es müsste eine neue Systematik her, eine, bei der die Menschen nicht ständig ihr Passwort wieder und wieder eingeben müssen. Das US-Start-up Trusona aus Scottsdale/Arizona, für das Abagnale tätig ist, hat genau das entwickelt. Die Experten fanden eine Methode, durch die das Eintippen von Logindaten abgeschafft werden konnte. Anstelle eines Passworts scannt man einen individuellen QR-Code, der auf diversen Partner-Plattformen abgebildet ist, ein und ist eingeloggt. Die Scan-Lösung funktioniert bereits bei Geldautomaten oder beim Onlinebanking. Auch den Banken bringe ein solches passwortloses System nicht nur eine bessere Sicherheit, sondern enorme Kosteneinsparungen. Da mit dem Trusona-System keine Sicherheitsfragen gestellt werden müssen, werden Anrufer sofort ins System durchgestellt. Jeder der fünf größten Banken in den Vereinigten Staaten entstehen durch das Passwort-Resetting in den Callcentern pro Jahr durchschnittlich 100 Millionen Dollar an Personalkosten. Oder anders formuliert – würde die Passwortproblematik gelöst, würden sie sich 100 Millionen Dollar pro Jahr ersparen.

Passwörter sind der Kern des Problems der Datenverletzung und des Cybercrime, denn laut dem »Verizon Data Breach Investigations Report 2019« waren 80 Prozent der erfolgreichen Hackerattacken auf schwache und kompromittierte Benutzer-Passwort-Kombinationen zurückzuführen. Und fast jeder dritte erfolgreiche Angriff (29 Prozent) geschah deshalb, weil die Passwörter gestohlen wurden.

KAPITEL 9

CONNECTED CARS – SELBSTFAHREND, AUTONOM UND DATENUNSICHER

Plötzlich bricht das Auto aus, es wechselt abrupt von der vierten in die erste Fahrspur, durchstößt die Leitplanke und prallt frontal gegen einen Baum am Ende der Autobahnböschung. Nachfolgende Fahrzeuge bleiben sofort stehen, einige Fahrer wählen den Notruf, die Rettungskette startet. Schwerverletzt wird der Unfallfahrer ins Krankenhaus gebracht, wo die Chirurgen sofort lebensrettende Maßnahmen einleiten. Der Fahrer überlebt. Das ist die Schilderung eines Unglücks im Straßenverkehr, wie es pro Tag unzählige Male auf deutschen Autobahnen passiert. Sie erinnern sich an dieses Szenario aus Kapitel 5?

Als dieser Fahrer später aber zum Unfallhergang befragt wurde, gab er an, sich daran erinnern zu können, dass auf dem Display seines Autos ein Totenkopf-Symbol aufpoppte, das Fahrzeug beschleunigte, das Lenkrad nach rechts schlug und das Auto einfach nach rechts abbog. Ob nun der Mensch oder die Technik Opfer einer Hackerattacke wurde – das wird künftig eine der Fragen sein, die sich die Polizei bei der Unfallursachenerhebung stellen werden muss.

VOM KABELGEBUNDENEN ZUM KABELLOSEN HACK

Im Alltagsverkehr ist Car-Hacking noch kein Thema, offiziell sind derartige Vorfälle nicht bekannt. Allerdings existieren bereits mehrere »Machbarkeitsstudien«, also Projekte, bei denen Autos gehackt wurden, um auf die zukünftige Gefahr hinzuweisen. Dass Hacker bei Tempo 130 ein Auto übernehmen, den Motor abstellen, eine Vollbremsung aktivieren oder die Bremsen deaktivieren, ist nicht mehr unmöglich, wie bereits mehrfach gezeigt wurde.

Charlie Miller und Chris Valasek demonstrierten anhand eines Jeep Cherokee (Baujahr 2014), wie einfach es ist, als virtueller Fahrer, der irgendwo in seinem Wohnzimmer sitzt, die Kontrolle über das Auto bei einer Fahrtgeschwindigkeit von 70 mph (etwa 113 km/h) zu übernehmen. Die Hacker konnten dabei nicht nur das Gebläse einschalten, das Radio auf maximale Lautstärke drehen und den Scheibenwischer aktivieren, sie schalteten auch während der Fahrt den Motor ab, worauf das Auto mitten auf der Autobahn ausrollte. Sie übernahmen die Steuerung und lenkten das Auto dorthin, wo sie es wollten, und sie konnten sogar die Bremsen deaktivieren, beziehungsweise eine Notbremsung einleiten.

Schon 2016 wurde ein derartiges Szenario erdacht, entwickelt und sogar vorgeführt.[1] Die White-Hats Charlie Miller und Chris Valasek haben damals für das US-Magazin *Wired* eine Live-Demo arrangiert. Die beiden Hacker arbeiten mittlerweile als IT-Sicherheitsingenieure bei dem zum General-Motors-Konzern gehörenden Start-up »Cruise«, das Self-Driving-Technologien entwickelt. Mit ihrem 101 Seiten langen Bericht »Adventures in Automotive Networks and Control Units«[2] hatten die beiden bereits 2013 für großes Aufsehen gesorgt, weil sie darin nicht nur im Detail erklärten, wie Autos gehackt werden können, sondern auch eine Analyse lieferten, die der Autoindustrie als Basis für weitere Entwicklungsschritte diente und Journalisten dazu inspirierte, sich dieses Thema näher anzusehen.

Als Einfallstor in das Auto diente »Uconnect« – das ans Internet angeschlossene Entertainment-System des Jeeps. In den USA waren 2015 geschätzte 471.000 Autos mit dem verwundbaren Uconnect-System (Fiat Chrysler Konzern) auf den Straßen unterwegs. Denn Uconnect war in Hunderttausenden von Fiat-Chrysler-Pkw, -SUV und -Lkw verbaut, steuerte die Unterhaltung und Navigation des Fahrzeugs, ermöglichte Telefongespräche und war auch ein Wi-Fi-Hotspot. Wer die IP-Adresse eines Fahrzeugs kannte, konnte sich damit verbinden und es manipulieren.

Das durchaus reale Schreckensszenario: Tausende Jeeps hätten damals von Hackern übernommen werden können. 2015 entwickelte Jeep-Eigentümer Fiat Chrysler zwar ein Sicherheitsupdate für die betroffenen Autos[3], damit diese Hacks nicht mehr möglich wären, allerdings konnte dieses Update nicht drahtlos in das System der Autos eingespielt werden, sondern die Besitzer (oder die Vertragswerkstätten) mussten einen USB-Stick anstecken, um die neue Software zu installieren. Was den Hackern gelungen war, nämlich ein System drahtlos zu übernehmen, schaffte Fiat Chrysler im Zuge ihres Updates nicht.

Schon früher, im Jahr 2013, hatten Miller und Valasek gezeigt, dass man ein Auto übernehmen und etwa die Hupe aktivieren könne. Damals saßen sie aber noch im Fonds des Wagens und ihr Laptop war mit einem Kabel an den Computer im Wagen angeschlossen. Mittlerweile funktioniert Car-Hacking drahtlos. Als White Hacker wollten sie damals wie heute darauf aufmerksam machen, dass Autohersteller das Thema Sicherheit ernst nehmen und mögliche Einfallstore für Hacker schließen müssten. Hacker werden zwar nicht Hunderte oder gar Tausende Autos gleichzeitig attackieren, aber vielleicht exakt jenen Wagen, in dem ein hoher Politiker, der Präsident oder der Chef eines Unternehmens sitzt.

AUTOHERSTELLER VERKENNEN DIE PROBLEMATIK

Höchstwahrscheinlich lag es an dieser Hacking-Demo von Miller und Vasalek und ihrem umfassenden Bericht darüber, aber genau in diesem Jahr wurde auch die Politik auf die Problematik aufmerksam: Im Jahr 2013 richtete der demokratische Senator Ed Markey aus Massachusetts ein Schreiben an 20 Autohersteller. In diesem stellte er den Unternehmen sieben Fragen zum Thema IT- und Datensicherheit in deren Autos.[4] Da in Fahrzeugen immer mehr Navigations- und andere Technologien verbaut würden, bestehe die Möglichkeit, dass potenziell immer mehr Informationen von und über die Verbraucher gesammelt würden. Markey, der auch Mitglied des Ausschusses für Handel, Wissenschaft und Verkehr war, forderte von den Herstellern konkrete Informationen darüber, wie die Verbraucher vor Cyberattacken oder ungerechtfertigten Verletzungen der Privatsphäre geschützt werden sollten – denn es würden schließlich Fahrerdaten sowie Geo-Daten erhoben. »Airbags und Sicherheitsgurte schützen die Sicherheit der Fahrer, aber die Autofirmen müssen im digitalen Zeitalter ebenso dafür Sorge tragen, dass auch die Privatsphäre der Autofahrer gewährleistet ist«, sagte Markey damals. Sein Brief ging an praktisch alle Hersteller, die in den USA mit einer Niederlassung vertreten sind, von A wie Aston Martin The Americas bis V wie Volvo North America.

Zwei Jahre später, im Februar des Jahres 2015, präsentierte Markey die Ergebnisse seiner Anfrage: 17 der 20 Autohersteller hatten auf seine Fragen geantwortet.[5] Keine Antworten gaben Aston Martin, Lamborghini und – was angesichts der Elektronikanteile in den Autos fast ein wenig unverständlich erscheint – Tesla. Möglicherweise hängt dies aber damit zusammen, dass Tesla-Modelle grundsätzlich schwieriger zu hacken sind als Fahrzeuge anderer Hersteller, wie die Hacker Kevin Mahaffey and Marc Rogers auf der Defcon 2015 in Las Vegas ausführlich erläuterten. Die beiden White Hats hatten auf der Sicherheitsmesse demonstriert, dass man in die Systeme eines Tesla S nur mit relativ großem Aufwand eindringen kann.[6] Es dürfte Tesla bewusst sein, dass man, im Vergleich zu anderen Herstellern, sichere Systeme hat. Wobei: Im August 2018 sorgte ein Video aus einer Überwachungskamera auf YouTube für fast 1,4 Millionen Aufrufe – und für ein wenig Spott. Der Inhalt: Die Kamera eines britischen Tesla-Besitzers hielt den Diebstahl eines Tesla Model S fest. Das Besondere: Die Aktion dauerte keine 45 Sekunden. Die beiden Männer leiteten das Funksignal des Autoschlüssels, der im Haus lag, über einen selbst gebauten Empfänger zum Tesla um, woraufhin sich die Autotür öffnete und sie einfach mit dem E-Auto davonfahren konnten.

Dass sich die smarte Technik eines Fahrzeugs mit Selbstfahrtechnologie überlisten lässt, zeigte Anfang des Jahres 2020 auch das IT-Sicherheitsunternehmen McAfee: Steve Povolny und Shivangee Trivedi vom McAfee-Advanced-Threat-Research-Team (ATR) konnten, im Rahmen eines 18 Monate andauernden Projekts, Systeme in den Tesla-Modellen S und X Baujahr 2016, so manipulieren, dass die Autos statt der erlaubten 35 mph (56 km/h) auf 85 mph (137 km/h) beschleunigten.[7] Dafür täuschten die Forscher das MobilEye EyeQ3-Kamerasystem der Autos, indem sie ein 35mph-Tempolimitschild am Straßenrand mit schwarzen Klebestreifen veränderten. Das MobilEye EyeQ3-Kamerasystem erkennt Verkehrszeichen und leitet diese Informationen an den Bordcomputer weiter, der die automatische Geschwindigkeitsanpassung regelt.

Die Manipulation war für vorbeifahrende Lenker nicht ersichtlich, die Sensoren in den Kameras aber registrierten die Veränderung und setzten sie in einen Befehl um. Konkret hatten die Sicherheitsforscher einfach den mittleren Strich der Ziffer 3 nach links verlängert, wodurch das smarte System die Ziffer 3 als Ziffer 8 interpretierte. Das wirklich Erschreckende an diesem Hack: Im Februar des Jahres 2020 waren weltweit 40 Millionen Fahrzeuge mit einem solche MobilEye EyeQ3-System ausgestattet. McAfee informierte aber sowohl Tesla als auch MobilEye – ein Unternehmen von Intel – drei Monate vor Veröffentlichung des Hacks, damit diese die Sicherheitslücke schließen und die Software der MobilEye-Systeme updaten konnten.

Doch zurück zu Senator Markeys Report. »Neue Standards sind notwendig, um Sicherheits- und Datenschutzlücken in unseren Autos und Lastwagen zu schließen«, forderte Markey in seiner Präsentation der Ergebnisse. Jedes Auto, das mit webbasierten Technologien ausgestattet ist, könnte gehackt werden.[8] Mit den Herstellern ging er hart ins Gericht: »Die Fahrer sind inzwischen auf diese neuen Technologien angewiesen, aber leider haben die Autohersteller nicht ihren Teil dazu beigetragen, dass wir vor Cyberangriffen oder Eingriffen in die Privatsphäre sicher sind (…) unsere Technologiesysteme und Daten sind weitgehend ungeschützt.« Markey forderte eine enge Zusammenarbeit von Politik, Industrie und den Experten für Cybersicherheit, um die Verkehrssicherheit und den Schutz der Privatsphäre für Autofahrer im 21. Jahrhundert zu gewährleisten.

Hackerangriffe auf smarte Autos kommen nicht täglich vor, aber sie nehmen zu. Das israelische Sicherheitsunternehmen Upstream Security – es überwacht Cyberangriffe auf vernetzte Autos weltweit – beobachtet die Branche seit 2010 und listet im »AutoThreat Intelligence Cyber Incident Repository« jede Attacke penibel auf. Die Aufzeichnungen beginnen übrigens mit der Hack-Attacke von Omar Ramos-Lopez im Texas Auto Center, aber dazu später mehr.[9] Upstream Security hat die Auswirkungen von mehr als 170 dokumentierten Cyberattacken, die sich zwischen den Jahren 2010 und 2018 ereigneten, in seinem »Global Automotive Cybersecurity Report 2019« zwar analysiert,[10] allerdings werden die Experten von der Realität überholt. Die Zahl der Cyberattacken wächst rasant. Waren es 2010 nur fünf dokumentierte Fälle, so sind es 2019 bereits 186 Attacken gewesen. Insgesamt gab es – Stand 17. März 2020 – 451 Vorfälle. Allein in den Jahren 2015 bis 2018 verzeichnete man bei Cyberangriffen auf Autos einen Anstieg von 600 Prozent. Und die Attacken werden laufend mehr, denn bis 2025 wird es auf den Straßen Europas, Chinas und der USA mehr als 470 Millionen vernetzter Fahrzeuge geben. Dies prognostiziert auch PWC in seinem »2019 Strategy & Digital Auto Report«.[11] Im Jahr 2030 werden bereits 70 Prozent aller Neuwagen die Mobilfunktechnologie 5G nutzen.

Die hoffentlich aufrüttelnde Botschaft für die Automobilbranche lautet: Wenn nicht umgehend Maßnahmen ergriffen werden, um Kunden vor Hacks zu schützen, habe man bereits im Jahr 2023 ein 24-Milliarden-Dollar-Problem. »Denn ein einziger Cyberhack kann einen Autohersteller 1,1 Milliarden Dollar kosten«, warnt Upstream Security.[12]

KILL SWITCH

Zu einem ernüchternden, ja fast brutalen und schonungslosen Ergebnis kommt eine Studie der US-Konsumentenschutzorganisation »Consumer Watchdog« mit dem bezeichnenden Namen »Kill Switch – Why Connected Cars Can Be Killing Machines And How To Turn Them Off«. [13] Jedes Auto, das von den zehn führenden Automarken in den USA verkauft wird (und das betrifft dort 95 Prozent aller Neuzulassungen), verfügt über einen Internetzugang. Das Problem besteht laut Consumer Watchdog darin, dass die Internetverbindung – und damit auch die Verbindung zu sicherheitskritischen Komponenten im Fahrzeug – meist über das Entertainment-System hergestellt wird. Dies stelle ein hohes Sicherheitsrisiko dar, denn es mache es potenziellen Hackern leicht, ein Fahrzeug zu kontrollieren, es zu übernehmen und mitunter eine ganze Flotte lahmzulegen. Funktionen wie das Fernstarten von Autos über Smartphones würden derartige Hackerattacken begünstigen.

»Die Smartphone-Technologie wurde nie für den Schutz sicherheitskritischer Systeme konzipiert und das kann die Basis einer Katastrophe sein«, heißt es in dem Bericht. Ein für die Studienhersteller durchaus plausibles Szenario sei ein flottenweiter Hack während der Hauptverkehrszeit in US-Metropolen. Ein derartiger Vorfall könnte zu etwa 3000 Todesopfern führen, was der Zahl der Toten durch den Terroranschlag am 11. September 2001 entsprechen würde. »Die Firmen sind auf derart schwerwiegende Sicherheitsauswirkungen einer vernetzten Fahrzeugflotte nicht vorbereitet«, sagen die Studienautoren. Und weiter: »Die Unternehmen täuschen die Öffentlichkeit im Hinblick auf die Risiken.« Die Automobilsoftware sei von einem »Schleier der Geheimhaltung« umgeben. Die Möglichkeit, die verbaute Software »über Funk« zu aktualisieren, ohne das Fahrzeug zu berühren, mache es den Autoherstellern leicht, Sicherheitsprobleme und schlampige Testpraktiken zu vertuschen. Die Verbraucher fahren Autos, deren Systeme mit unfertiger und nicht ausreichend getesteter Software laufen. »Obwohl die Autohersteller seit mehr als einem Jahrzehnt an diesem Problem arbeiten, haben sie sich als unfähig erwiesen, Fahrzeuge mit Internetanschluss zu entwickeln, die gegen Hackerangriffe immun sind«, so das harte Urteil der US-Konsumentenschützer.

FERNSTEUERUNG UND SERVICE-MANIPULATIONEN

Im achten Teil der Actionfilmserie *Fast and Furious* mit dem Originaltitel *The Fate of the Furious* ließ Regisseur F. Gary Gray einige Fahrzeuge über deren vernetzte Bordcomputer hacken. Die Autos wurden nicht nur durch die Straßen Manhattans »ferngesteuert«, sondern einige sogar in Parkgaragen aktiviert. Ein Szenario, das IT-Experten zwar als Hollywood-Action bezeichnen, jedoch für machbar erachten.

Selbst das FBI warnt seit 2016 regelmäßig davor, dass Kraftfahrzeuge immer anfälliger für IT-Attacken würden:[14] »Es ist wichtig, dass Verbraucher und Hersteller sich möglicher Bedrohungen bewusst sind und verstehen, wie ein Angreifer in Zukunft versuchen kann, Schwachstellen aus der Ferne auszunutzen«, so das FBI in seinem »Public Service Announcement« vom 17. März 2016. Eine Gefährdung sieht das FBI übrigens auch bei den Werkstätten, in denen es »infizierte« Geräte geben könnte: »Geräte von Drittanbietern mit Internet- oder Mobilfunkzugang, die an Diagnoseports angeschlossen werden, könnten ebenfalls Schwachstellen aufweisen.« Das heißt, wenn sich ein Mechaniker in der Werkstatt mit seinen Geräten an das Auto anschließt, um Fehlermeldungen auszulesen, kann es dazu kommen, dass Schadsoftware vom Analysegerät auf das Auto übertragen wird.

Es ist theoretisch möglich und praktisch durchaus machbar, dass der Mechaniker oder Autohändler, bei dem man seinen Wagen gekauft hat und reparieren lässt, den Wagen selbst manipuliert. Da Werkstätten vor allem durch Serviceleistungen Geld verdienen, könnte ein unseriöser Händler das Auto hacken, um sicherzustellen, dass gewisse Teile schneller verschleißen und er rascher als im Produktionszyklus vorgesehen Ersatzteile verkaufen kann.

Man denke hier beispielsweise an Bremsen: Eine Schadsoftware im Auto könnte dafür sorgen, dass sich die Bremsbeläge schneller abnützen als notwendig. Man weiß, dass Manipulationen dieser Art möglich sind. Es gibt eine Technologie, die bereits seit einigen Jahren in diversen Fahrzeugen verbaut ist – das sogenannte »X-by-Wire«-System. Dieses System ersetzt so manch mechanisches System. Um gewährleisten zu können, dass ein Auto bei Betätigung des Bremspedals auch wirklich bremst, kamen damals herkömmliche Hydrauliksystemen zum Einsatz. Betätigte der Fahrer also das Bremspedal, wurde Bremsflüssigkeit mittels Druck zur Bremse transportiert und diese aktivierte die Bremsbeläge. Bei den neuen Brake-by-Wire-Systemen gibt es diese mechanischen Verbindungen nicht mehr. Das Bremssystem wird über elektrische Leitungen und Servomotoren, beziehungsweise elektromechanische Aktoren, gesteuert. Vor allem aus Kostengründen strebt die Industrie eine Reduktion dieser mechanischen Schnittstellen in Fahrzeugen an. Diese sollen künftig mehr und mehr durch Shift-by-Wire-Systeme ersetzt werden, d. h. die mechanischen Komponenten (z. B. Hydrauliksystem) werden auf ein Minimum reduziert, die Systeme arbeiten also rein elektrisch und meist gar kabellos (wireless). Solche Shift-by-Wire-Systeme sind in den Autos an den sogenannten CAN-Bus (Controller Area Network) angeschlossen, der das Rückgrat von vernetzten Fahrzeugen ist. Zentrale in diesem Bus-System ist ein Hauptcomputer, auch Master-Steuergerät genannt, und an diesem wiederum hängen mehrere Slave-Geräte.

Hat nun jemand Zugriff auf dieses CAN-Bus-System, kann er nicht nur auslesen, wie es um die einzelnen Funktionen im Auto steht, sondern auch die Funktionen vorsätzlich manipulieren und so den Verschleiß vorantreiben – denn mittels Software kann er dafür sorgen, dass die Bremsen stärker abgenutzt werden, weil sie stärker als nötig auf die Bremsscheiben gepresst werden. Er könnte aber auch die Einspritzung des Autos verändern, sodass mehr Treibstoff und mehr Öl verbraucht wird oder die Scheibenreinigungsanlage so programmieren, dass mehr Reinigungsflüssigkeit herausgespritzt wird und vieles mehr.

Er könnte aber noch ganz andere Dinge tun – etwa den Kilometerstand des Autos nach oben oder unten manipulieren. Oder einfach nur dafür sorgen, dass das System meldet, diese oder jene Komponenten seien verschlissen und müssten daher ausgetauscht werden. In so einem Fall kann ein Mechaniker beispielsweise stets damit argumentieren, dass der Sensor im jeweiligen System die Information erhalten habe, dass Bremsen und andere Verschleißteile ersetzt werden müssten, da ansonsten die Herstellergarantie erlischt.

Dass diese Art von Systemen gehackt werden (kann), sollte jedem spätestens seit dem Dieselskandal klar sein. Im September des Jahres 2015 wurde bekannt, dass Volkswagen eine illegale Abschalteinrichtung in der Motorsteuerung seiner Dieselfahrzeuge verwendet hatte, um vorgeschriebene Abgasnormen zu erreichen. Diese Limits wurden nur in einem speziellen Prüfstandmodus nicht überschritten, nicht aber im Alltag. Die Software in den Autos war so programmiert, dass sie sofort erkannte, ob sich ein Fahrzeug auf dem Prüfstand befand oder im Normalbetrieb unterwegs war. Jedem sollte daher bewusst sein, dass es für geschickte Hacker, wenn es gar die Hersteller schaffen, ein System so zu ihren Gunsten zu manipulieren, ein Leichtes ist, in die Fahrzeugsysteme einzudringen. »Ihr Auto wird mit größerer Wahrscheinlichkeit von Ihrem Mechaniker gehackt als von einem Terroristen« titelte das britische Onlinemagazin *The Conversation.*

Bereits im Jahr 2011 haben Wissenschaftler der University of California, San Diego, und der University of Washington in ihrem Paper »Comprehensive Experimental Analyses of Automotive Attack Surfaces«[15] erstmals das Thema »Hacken von Fahrzeuge« unter die Lupe genommen und auf die Gefahr hingewiesen, dass sich Autos etwa durch eine CD im Entertainment-System Schadsoftware einfangen könnten. Die Forscher waren damit möglicherweise die Ersten, die das Thema theoretisch und wissenschaftlich aufbereiteten, praktisch jedoch gilt jemand anderer als Vorreiter auf diesem Gebiet: Omar Ramos-Lopez. Der ehemalige Angestellte einer Filiale des Texas Auto Center in Austin[16] hackte im Jahr 2010 erfolgreich das Vehicle-Immobilization-System »Webtech Plus«, das damals von der Firma Pay Technologies betrieben wurde. Normalerweise wird das System dazu genutzt, Autos nach einem Diebstahl oder sollte der Besitzer seine Finanzierungsraten nicht bezahlen, von der Zentrale aus stillzulegen. Ramos-Lopez arbeitete sich gezielt durch die Datenbank von 1100 Autobesitzern, die das Webtech-Plus-System im Fahrzeug installiert hatten – aus Wut über die Kündigung durch seinen ehemaligen Arbeitgeber. Er schaltete willkürlich die Hupen der Autos ein (auch bei Nacht) oder deaktivierte Motoren (mitten am Tag) und sorgte so für Hupkonzerte und Staus auf den Straßen. Ramos-Lopez konnte schließlich ermittelt und verhaftet werden.

Die Politik, das FBI und White Hats warnen eindringlich davor, dass smarte Autos gehackt werden könnten. Aber einer »Branche« kommen die Sicherheitslücken scheinbar ganz und gar nicht ungelegen: den Geheimdiensten. Dokumente der Enthüllungsplattform WikiLeaks[17] legen den Verdacht nahe, dass sich die CIA für Auto-Hacks interessiert, um nicht nachweisbare Auftragsmorde durchführen zu können.[18] Die *Washington Post* schrieb in einem Bericht vom März des Jahres 2017 über diese »nearly undetectable assassinations«. WikiLeaks stützt seine Behauptungen auf Sitzungsnotizen aus dem Jahr 2014, in denen in der CIA-Abteilung »Embedded Devices Branch« über »potenzielle Einsatzgebiete« smarter Geräte, zu denen auch smarte Autos gehören, diskutiert wurde. Die *Washington Post* konnte die Echtheit der Dokumente nie ganz verifizieren, denn sie erhielt – wenig überraschend – keine Bestätigung vonseiten der CIA. Fakt ist aber, und davon sind IT-Sicherheitsexperten überzeugt, dass jedes Gerät, das einen Computer an Bord hat, auch gehackt werden kann.

Der globale Verkehrsstau

»I can absolutely make a big traffic problem all over the world.«

– so lautete die Ansage des Hackers L&M in einem Interview mit dem Fachmagazin *Vice/Motherboard.* [19] L&M hackte sich in 7000 Benutzerkonten der GPS-App iTrack sowie in 20 000 Konten der App ProTrack und wusste dadurch nicht nur die Standorte zehntausender Fahrzeuge, sondern konnte sogar einige Motoren abstellen. Diese und ähnliche Apps werden vor allem von Unternehmen genutzt, um ihre Fahrzeugflotten zu überwachen. Da die User der Apps quer über den Globus verstreut waren, konnte L&M Fahrzeuge in verschiedenen Ländern attackieren, etwa in Südafrika, Marokko, Indien oder auf den Philippinen. Die gehackten Unternehmen haben es L&M sehr leicht gemacht: Die Betroffenen hatten ihr Standardpasswort »123456«, das sie bei der Anmeldung erhalten hatten, einfach nie geändert. Ein Fehler, den übrigens viele begehen, die ein digitales Gerät nutzen.

Wie bereits erwähnt, sind selbst Autos eines der populärsten E-Autoherstellers der Gegenwart vor Hackerattacken nicht gefeit, im Gegenteil. Da der Anteil der Elektronik in einem Tesla-Modell sehr hoch ist, konzentrieren sich Hacker ebenfalls gerne auf Modelle dieses Herstellers. Das Keen Security Lab von Tencent, einem Technologieunternehmen aus dem chinesischen Shenzhen, hat in den vergangenen Jahren bei den Modellen Tesla X und Tesla S gleich mehrere Sicherheitslücken, aber auch Zero Days entdeckt. Ehe man mit den Informationen an die Öffentlichkeit ging, wurde Tesla darüber in Kenntnis gesetzt.[20] Das Tesla-Produktsicherheitsteam hat daraufhin alle Fehler im Bericht verifiziert, bestätigt und umgehend Software-Updates entwickelt. Da aber die Software eines Autos aus mindestens 100 Millionen Zeilen Code besteht, ist mit hundertprozentiger Sicherheit davon auszugehen, dass in Fahrzeugen aller Hersteller noch viele Sicherheitslücken unterschiedlicher Gefährdungsstufen verborgen sind und erst nach und nach bekannt werden. Oft werden Lücken nicht publiziert, weil sie im Rahmen von vorgeschriebenen Service-Intervallen oder Rückrufaktionen geschlossen werden, manchmal werden sie aber zufällig bekannt – oder von Hackern aufgedeckt.

Bei der Hackerkonferenz »BlackHat USA 2019« zeigten die Experten des Keen Security Lab, wie sie unterschiedliche BMW-Modelle hacken – über verschiedenste Schnittstellen, wie USB, Ethernet oder das On-Board-Diagnose-System (OBD-II). Die Telematik-Steuereinheit konnte über ein gefälschtes Mobilfunknetz ausgetrickst werden.[21]

Im Jahr 2019 demonstrierten Hacker, wie sie über das Unterhaltungssystem eines Subaru in die Bordelektronik eindringen und dort Änderungen vornehmen. [22] Im Oktober desselben Jahres führte ein Systemfehler in der Mercedes me-App von Mercedes-Benz dazu, dass zwei US-Nutzern im Cockpit fremde Kundendaten angezeigt wurden.[23] Ende September 2019 wurden die Werke der Autozulieferersparte von Rheinmetall in Brasilien, Mexiko und in den USA attackiert, wodurch »die regulären betrieblichen Prozesse an diesen Standorten erheblich gestört« wurden.[24] Auch der Autozulieferer Bosch hatte in seinen Systemen bereits eine Sicherheitslücke, diese wurde allerdings vom israelischen Sicherheitsunternehmen Argus Cyber Security entdeckt.[25] In der Bosch Analyseplattform »Drivelog Connector OBD-II«[26] entdeckte das Argus-Team eine Schwachstelle, über die der Motor eines Autos gestoppt werden konnte.

RELAY ATTACKS

In der folgenden Auflistung von 33 Automarken findet sich mit sehr hoher Wahrscheinlichkeit auch die Marke Ihres Wagens:

Alfa Romeo, Audi, BMW, Chevrolet, Citroën, DS Automobiles, Fiat, Ford, Honda, Hyundai, Infiniti, Jaguar, Jeep, KIA, Land Rover, Lexus, Mazda, Mercedes, MINI, Mitsubishi, Nissan, Opel, Peugeot, Renault, Seat, Skoda, Ssang Yong, Suzuki, Subaru, Tesla, Toyota, Volvo und Volkswagen.

Der Deutsche Automobil-Club testet regelmäßig Fahrzeuge auf ihre Fahrsicherheit. Mittlerweile gehört auch die System- und IT-Sicherheit und die

Diebstahlsicherung des Pkw zum Testprogramm. Das ernüchternde Ergebnis gemäß des Testberichts vom 9. Dezember 2019: 99 Prozent der vom ADAC getesteten Autos sind für Autodiebe eine leichte Beute, weil ihr Sperrsystem leicht gehackt werden kann. Von 300 getesteten Modellen mit Funkschlüssel-System konnten 296 innerhalb weniger Minuten entsperrt werden.[27] Die Autodiebe bedienen sich hierbei einer Technologie, die Relay Attack genannt wird. Dabei wird – wie das Video über den Tesla-Diebstahl sehr anschaulich demonstriert – das Signal des Autoschlüssels abgefangen und manipuliert. Über ein Gerät können die Hacker das Signal des Autoschlüssels an das Auto umleiten. Empfängt das Auto das übertragene Funksignal, kann es entriegelt werden und ist fahrbereit. Was die Polizei Besitzern dieser Modelle empfiehlt? Sich ein Lenkradschloss anzuschaffen oder die Autoschlüssel in einer Lade oder Metallbox aufzubewahren, damit sie nicht ausgelesen werden können. Wie einfach eine solche Relay-Attacke funktioniert, demonstrieren auf YouTube einige Hacker, auch solche, die mit dieser Technologie Geld verdienen.[28] Eine »Relay Attack Unit«, die man über die Suchbegriffe »carcode, code auto, door opener, remote control detector, scanner decoding device« findet, kostet etwa 250 Euro.

Wissenschaftler knacken VW-Funkschlüsselsystem

Oft reicht für den Hack eines Pkw lediglich ein Autoschlüssel. Flavio Garcia ist im Automobilbereich kein Unbekannter. Er legte sich mit einem Großen der Branche an. Dem in Großbritannien ansässigen Informatiker der Universität Birmingham wurde die Veröffentlichung seiner wissenschaftlichen Arbeit »Dismantling Megamos Crypto: Wirelessly Lockpicking a Vehicle Immobiliser« untersagt. In diesem Paper hatte er mit zwei Kollegen, Baris Ege and Roel Verdult von der Stichting Katholieke Universiteit in den Niederlanden, beschrieben, wie man das Sicherheitssystem von Porsche, Audi, Bentley und Lamborghini ausschaltet.

Der Volkswagen-Konzern, dem die vier Luxusmarken zugehörig sind, erwirkte daraufhin eine einstweilige Verfügung. Eine Veröffentlichung hätte zum Diebstahl von Millionen von Fahrzeugen führen können, argumentierte das Gericht. Garcia knackte die Verschlüsselung des Zündschlüsselsystems und wollte seine Erkenntnisse beim Usenix Security Symposium in Washington DC präsentieren. Nachdem sich Garcia geweigert hatte, die Studie so zu adaptieren, dass keine Details verraten würden, ging Volkswagen vor Gericht. Die Autos dieser vier Marken werden durch ein System namens Megamos Crypto geschützt, dabei tauschen Auto und Schlüssel einen Code aus, der nach einem bestimmten Algorithmus gebildet wird.[29] Garcia und seine Kollegen waren über die gerichtliche Entscheidung freilich nicht erfreut. »Wir sind verantwortungsbewusste Forscher, die verantwortungsbewusste akademische Arbeit leisten«, sagte Garcia. Ziel sei es gewesen, die Sicherheit für alle zu verbessern, und nicht Lücken bekannt zu machen, die Kriminelle dabei unterstützen sollten, Luxusautos zu hacken. »Die Öffentlichkeit hat ein Recht darauf, Schwächen in der Sicherheit, auf die sie sich verlässt, zu kennen.«

SELBSTFAHRENDE ZUKUNFT

Geht man davon aus, dass sich in der Ära der selbstfahrenden Autos noch mehr Elektronik-Komponenten an Bord befinden werden, muss man kein Visionär sein, um zu prophezeien, dass das IT-Sicherheitsproblem noch bedeutender wird. Denn selbst wenn künftig nur eine kleine Flotte von selbstfahrenden Fahrzeugen manipuliert würde, könnte bereits eine Attacke in einer Großstadt zu völligem Chaos mit Kollisionen, Staus, Verletzten und sogar Toten führen, da – etwa bei Rettungseinsätzen – Patienten nicht rechtzeitig in Krankenhäuser kämen. Jeder weiß, welch umfangreichen Stau bereits ein einzelnes Auto mit einer Panne auf der Autobahn, auf einer Kreuzung oder bei der Auf- oder Abfahrt einer Tiefgarage auslösen kann.

Forscher von Georgia Tech und Multiscale Systems Inc. untersuchten in der Studie »Cyberphysical risks of hacked internet-connected vehicles«[30] die Risken, die von smarten, autonom fahrenden Fahrzeugen ausgehen.[31] Die Forscher wollten damit einen neuen Aspekt in die Sicherheitsdiskussion einbringen: Während die meisten Studien Hacks thematisieren, die durch Manipulation der Funktionen einen Unfall verursachen, warfen sie eine Blick auf den »Chaos-Aspekt«. Sprich, sie analysierten potenzielle Aktionen, durch die Hacker Chaos verursachen könnten. So könnte etwa ein »zufällig« liegengebliebenes Auto zur Stoßzeit eine Stadt wie New York, beziehungsweise einen Stadtteil wie Manhattan lahmlegen.

»Würde man 20 Prozent der Autos während der Hauptverkehrszeit anhalten, käme der Verkehr völlig zum Erliegen«, prognostizieren die Forscher. Anders ausgedrückt hieße das: Auch wenn von 100 Prozent der Fahrzeuge nur 40 Prozent mit Bordcomputern ausgestattet, ans Internet angeschlossen oder selbstfahrend sind, reicht es aus, 10 Prozent der Autos zu deaktivieren, um den Verkehr so stark zu beeinträchtigen, dass Einsatzfahrzeuge wie Rettung, Feuerwehr oder Polizei den Stau nicht umfahren könnten.

Autos als Smartphones auf Rädern

Autos sind längst nicht mehr »nur« Fahrzeuge, mit denen man von A nach B gelangt. Autos sind so etwas wie Smartphones auf Rädern: vernetzte und mobile Computer. Autohersteller erzeugen keine Fortbewegungsmittel mehr, sondern konstruieren Automobile, in denen Elektronik und Digitalisierung dominieren. Und damit sind sie im Grunde Technologieunternehmen, die auf Cybersicherheit einen besonderen Wert legen müssten. Doch darin haben die meisten von ihnen wenig bis gar keine Erfahrung, beziehungsweise sind in diesem Bereich bei Weitem nicht so erfahren wie etwa Microsoft, Cisco, Google oder Facebook.

SAE International*, eine Organisation, die sich mit der Zukunft der Mobilitätstechnologie beschäftigt, hat gemeinsam mit dem Technologieunter-

* Society of Automotive Engineers

nehmen Synopsys die Cybersicherheitspraktiken in der Automobilindustrie untersucht. Im Rahmen der Studie »Securing the Modern Vehicle: A Study of Automotive Industry Cybersecurity Practices«, die das bereits erwähnte Ponemon Institute veröffentlichte, wurde erstmals erhoben, wie die Automotivbranche über das Thema wirklich denkt und wie sie auf die Herausforderungen vorbereitet ist.[32] Die Forscher befragten 593 Fachleute aus der Automobilindustrie und kamen zu dem Schluss: Die Software-Sicherheit hält nicht Schritt mit der Technologieentwicklung. Sowohl die Fahrzeughersteller als auch ihre Zulieferer weisen in diesem Bereich zum Teil grobe Defizite auf. 84 Prozent der Befragten sind der Meinung, dass die Autohersteller und Zulieferer beim Thema Cybersicherheit Nachholbedarf haben und hinterherhinken. 30 Prozent sagen, dass es in ihrem Unternehmen weder ein Produkt-Cybersicherheitsprogramm, noch ein entsprechendes Team gebe, das für diese Themen verantwortlich wäre. Und 63 Prozent gaben an, dass in ihrem Unternehmen weniger als die Hälfte der Hardware, Software und anderer Technologien auf Schwachstellen getestet würden. Der Druck, Lieferzeiten einzuhalten, zähle laut Studie ebenso wie Programmierfehler, mangelnde Schulungen und zu spät stattfindende Überprüfungen zu den häufigsten Faktoren, die Software-Schwachstellen verursachen würden.

Drei Viertel der Befragten gaben in der Studie an, dass sie sehr besorgt über die Cybersicherheit der von Dritten gelieferten Fahrzeugtechnologien, beziehungsweise Fahrzeugkomponenten, seien. Als Bereiche mit dem höchsten Sicherheitsrisiko wurden Hochfrequenztechnologien wie Wi-Fi und Bluetooth, Telematik und autonomes Fahren genannt. Auf diesem Gebiet hätten Hersteller wie Zulieferer den größten Nachholbedarf.

Mit der Vernetzung werden viele Schwachstellen offenkundig. Mussten Autobesitzer vor einem Jahrzehnt noch Zusatzgeräte installieren, um diesen oder jenen Service zu nutzen, so ist mittlerweile nicht nur der Computer- und Sensoranteil in Fahrzeugen weiter gestiegen, sondern auch die Datenmengen, die von einem Auto in ein System geschickt werden, haben enorm zugenommen. Der Anteil der Elektronik an den Gesamtkosten eines Pkw ist von einem Prozent im Jahr 1950 auf 20 Prozent zur Jahrtausendwende gestiegen und wird im Jahr 2025 bei einem Anteil von 35 Prozent liegen. Bis 2030 wird dieser Anteil auf 50 Prozent ansteigen.[33] Und wenn man davon ausgeht, dass es im Jahr 2025 etwa 100 Millionen vernetzte Fahrzeuge weltweit geben wird[34], so ist nicht von der Hand zu weisen, dass Datensicherheit im Auto ein hochbrisantes Thema wird.

Das US-Technologieunternehmen Intel prognostiziert, dass ein selbstfahrendes Auto Datenmengen im Umfang von rund vier Terabyte pro Tag produzieren werde, das sind 4000 Gigabyte. Wie diese Datenmenge zustande kommt, hat Intel in einer kurzen Auflistung zusammengefasst: Kameras werden 20–60 MB Daten pro Sekunde erzeugen, Radar ab 10 kB/s, Sonar 10–100 kB/s, GPS wird mit 50 kB/s arbeiten und LIDAR wird zwischen 10–70 MB/s liegen. Alle Systeme zusammengerechnet werden etwa 4000 GB – also 4 Terabyte – Daten pro Tag erzeugen.[35] Um sich darunter konkret etwas vorstellen zu können: Zum Speichern dieser Datenmenge bräuchte man etwa acht Stück des speichergrößten (512 GB) und teuersten Apple-Smartphones iPhone 11 Pro Max oder acht Exemplare des speichergrößten Samsung Galaxy S10+.

Die Digitalisierung der Welt schreitet ungebremst voran. Immer mehr Geräte werden zu kleinen Rechnern, die mit Sensoren ausgestattet sind. Smarte und KI-Anwendungen werden künftig Unmengen an Daten generieren, die für uns, aber auch gegen uns verwendet werden können. War es im Jahr 2018 ein Volumen von 33 Zettabyte digitaler Daten, die global generiert wurden, so wird angenommen, dass die weltweit anfallende digitale Datenmenge im Jahr 2025 bereit bei 175 Zettabyte liegen wird.[36] Zur Erklärung: 1 Zettabyte sind 1 Billion Gigabyte. Diese Daten müssen einerseits erzeugt, andererseits aber auch entsprechend verarbeitet und gespeichert werden. Und sie müssen vor allem eines – gegen Missbrauch abgesichert werden.

KAPITEL 10

»PLANE HACKING« UND PIRATERIE 4.0 – SO VERWUNDBAR SIND DIE LUFT- UND SCHIFFFAHRT

Sobald das Flugzeug seine Reiseflughöhe erreicht hatte, schnallte er sich ab, griff mit den Händen unter den Sitz des Vordermanns, suchte dort die Aircraft Seat Electronics Box, steckte mit einem Kabel seinen Laptop an einen Steckplatz an und konnte sich in den »Thrust Management Computer« einloggen. Hierzu griff er auf Standard-Logindaten und Passwörter zurück. »15 bis 20 Mal« hat sich Chris Roberts laut eigener Angaben zwischen 2011 und 2015 auf diese Art in Flugzeuge des Typs Airbus A320, Boeing 737 und 757 eingeloggt. Da mittlerweile jeder Flugzeugsitz mit einem Rechner ausgestattet sei, der nicht nur das Inflight Entertainment System (IFE) steuert, sondern über den auch verschiedene Internetdienste angeboten würden, hätten Hacker leichtes Spiel, so Chris Roberts nach seiner Einvernahme im April des Jahres 2015.

Dieser 15. April 2015 ist ein denkwürdiger Tag für die Luftfahrtbranche. Denn Chris Roberts – selbst IT-Sicherheitsexperte und Gründer der mittlerweile insolventen Consultingfirma One World Labs – machte in aufsehenerregender Weise auf Sicherheitslücken im Flugbetrieb aufmerksam. An diesem besagten Tag übernahm er auf einem United-Airlines-Flug von Denver nach Chicago kurz die Kontrolle über das Flugzeug und ließ es seitlich fliegen. Die Attacke kündigte er vorher an: Während des Fluges twitterte er, dass er via Inflight Entertainment System auf die Steuerungssoftware des Flugzeugs zugreifen werde. Tatsächlich überschrieb er den Code für den Schubsteuerungscomputer des Flugzeugs und ließ es steigen. Diesen Befehl führte er nur einmal aus und das Flugzeug steuerte kurzzeitig seitlich. Roberts nutzte überdies auch eine Software, mit der er den Verkehr im Cockpit überwachen konnte.

Das FBI, das Roberts bereits unzählige Male vor seinem Hack auf diese Möglichkeit der Manipulation von Flugzeugen hingewiesen hatte, schickte umgehend Beamte zum Flughafen Philadelphia, dem nächsten Stopp des Flugzeugs nach der Landung in Chicago. Die Agenten kontrollierten die Sitze 2A und 2B, hinter denen Roberts gesessen war: Sie fanden tatsächlich Hinweise dafür, dass jemand an der Seat Electronics Box hantiert haben könnte. Roberts, der in der Zwischenzeit von Chicago nach Syracuse (im US-Bundesstaat New York) geflogen war, wurde dort bei seiner Ankunft festgenommen. Er trug 13 Gegenstände bei sich. Sie alle, vom MacBook Pro über iPad Air bis hin zu SanDisk- und Verbatim-USB-Sticks, Western-Digital-Festplatten, Laufwerken und Bluetooth-Adaptern, wurden beschlagnahmt.[1]

Roberts ist mittlerweile als »Plane Hacker« bekannt und tritt bei einschlägigen Events als Experte auf. Der Luftfahrtbranche stellt er kein gutes Zeugnis aus: »Manchen Industrien ist das Risiko von Cyberattacken bewusst, die Automobilbranche hat die Gefahr bereits erkannt, während die Luftfahrtbranche noch schläft.« Für Boeing sei die Problematik nicht existent und bei Airbus sei man noch unschlüssig. Dabei sollte gerade Boeing – nach dem 737-MAX-Desaster ohnehin im Kreuzfeuer der Kritik – wissen, dass die IT an Bord lebensgefährlich manipuliert werden kann. Nach zwei Abstürzen (Lion Air, Flug 610, am 29. Oktober des Jahres 2018 und Ethiopian Airlines, Flug 302, am 10. März des Jahres 2019) sind sämtliche Flugzeuge dieses Modells aufgrund von Mängeln im »Flight Control System« mit einem Flugverbot belegt, bis entsprechende Sicherheitssysteme implementiert werden.

Robert Hickey, ein Beamter des US-Heimatschutzministeriums, hackte sich mit seinem Team der Cyber Security Division am 21. September 2016 in die Systeme einer Boeing 757, die auf dem Flughafen von Atlantic City, New Jersey, geparkt war.[2] Er hatte weder Insiderwissen noch musste er sich dafür an Bord des Flugzeugs begeben. Der Hack funktionierte ganz einfach drahtlos und mit »typischen Mitteln, die durch eine Sicherheitskontrolle gelangen könnten«.[3] Am 19. September »übergab« man dem ehemaligen Piloten Hickey die Boeing 757, bereits zwei Tage später konnte er den erfolgreichen Hack vermelden. Das Ergebnis, ohne Details zu verraten, präsentierte er einige Zeit später beim CyberSat Summit in Tysons Corner, Virgina. Die Branche war überrascht und schockiert zugleich. Mit Reaktionen, wie »Das wissen wir schon seit Jahren« oder »So ein Hack ist keine große Sache«, versuchten die Betroffenen, den Hack herunterzuspielen. Dennoch wurde Flugzeugherstellern, Airlines, aber auch Flughafenbetreibern schlagartig bewusst, dass die Luftfahrt ins Visier von Cyberkriminellen geraten könnte. Gefährdet seien vor allem ältere Flugzeugmodelle. Bei neueren Typen wie der Boeing 737, Boeing 787 und Airbus A380 oder A350 hätten die Hersteller die Möglichkeit von Cyberattacken bereits mitbedacht, bei älteren Modellen – und das sind laut Hickey immerhin noch etwa 90 Prozent aller derzeit eingesetzten Verkehrsflugzeuge – sehe das jedoch anders aus.

Die Vernetzung und Digitalisierung in der Luftfahrt schreiten rasant voran: Von Flugzeugen, die mit WLAN und Mobilfunknetzen ausgestattet sind, damit die Passagiere diverse Inflight-Services nutzen, bis hin zu Piloten, die das Flight Manual via Tablet lesen können. In den Maschinen arbeiten Computer, die mittlerweile so smart und leistungsfähig sind, dass sie Flugzeuge selbstständig, ohne die Anwesenheit eines Piloten, steuern könnten.

Airbus gab Anfang des Jahres 2020 bekannt, dass man einen Airbus A500 [4] binnen viereinhalb Stunden acht Mal automatisiert habe starten lassen. Autonomes Fliegen ist in der Luftfahrt ein ehrgeiziges Projekt, sowohl was Großraumflugzeuge, als auch kleinere Passagierflugzeuge betrifft. Boeing betreibt hierfür das sogenannte NeXt-Program, das derartige Lösungen für die Zukunft entwickeln soll.[5] Die Herausforderung hierbei ist, dass Systeme dieser Art absolut sicher sein müssen, damit Cyberangriffe künftig ausgeschlossen werden können. Problematisch ist, dass der gesamte Luftverkehr in einem digitalen Korsett steckt und an verschiedene digitale Systeme angeschlossen ist – von der Flugleitzentrale, über Satellitennavigation oder das Traffic Alert and Collision Avoidance System (TCAS), durch das Zusammenstöße verhindert werden, bis hin zu automatisierten Start- und Landehilfen. Für die Nutzung all dieser Systeme sind Rechner nötig, die Daten von A nach B übermitteln. Die Luftfahrtindustrie wird in Zukunft wohl auf ähnliche Systeme setzen wie die Automobilbranche bei der Entwicklung selbstfahrender Autos: Radar-, Lidar- und Lasersysteme. Damit soll sich das selbstfliegende Flugzeug der Zukunft auf dem Boden, aber auch in der Luft orientieren und Informationen sammeln können. Dass die Luftfahrtsysteme in absehbarer Zeit jedoch so sicher sein werden, dass Menschen ihr Leben einem digitalen, beziehungsweise virtuellen Piloten anvertrauen, gilt als eher unwahrscheinlich.

20. August 2008. Unmittelbar nach dem Start auf dem Flughafen Madrid bricht die McDonnell Douglas MD-82 der Spanair (Flugnummer JK 5022) in geringer Höhe seitlich aus, die Maschine prallt rechts der Startbahn auf das Flughafengelände und brennt aus.[6] 154 Menschen sterben an Bord des brennenden Flugzeugs. Als Unfallursache wurde zunächst von einer »Fehlkonfiguration der Auftriebshilfen« ausgegangen – damit sind die Landeklappen oder Flaps gemeint, durch die die Flügelfläche für den Steigflug vergrößert wird.

Im Zuge der Unfallerhebung fanden die Ermittler aber heraus, dass in der Spanair-Zentrale in Palma de Mallorca ein Computersystem, das zur Überwachung technischer Probleme in Flugzeugen eingesetzt wurde, von einem Virus befallen war.[7] Einem internen Bericht der Fluggesellschaft zufolge habe der infizierte Computer drei technische Probleme des Flugzeugs nicht finden können, die, insofern sie entdeckt worden wären, den Start der Maschine verhindert hätten. Ob der vom Virus befallene Rechner in ordnungsgemäßem Zustand die Mängel aber tatsächlich gefunden und den Start dadurch hätte verhindern können, wird von Fachleuten bezweifelt. *ZDnet*-Experte Ed Bott hält dies für eher unwahrscheinlich.[8]

Das US-Heimatschutzministerium warnt besonders auch vor Attacken auf kleine Maschinen: Am 30. Juli 2019 veröffentlichte das Ministerium eine Sicherheitswarnung, die sich besonders an Hobbypiloten richtet.[9] Hacker mit physischem Zugang zu einem Kleinflugzeug könnten mit einem kleinen Gerät, das sie an das Netzwerk des Flugzeugs anschließen, nicht nur Daten zu Höhe und Geschwindigkeit vom Boden aus manipulieren, sondern auch ins System des Autopiloten eindringen. Die Warnung war aber auch eine Botschaft an die Hersteller von Kleinflugzeugen, die mehr tun müssten, um Sicherheitssysteme zu integrieren, die Flugzeug-Hacking verhindern könnten. Die Industrie müsse sich dabei die Automobilbranche zum Vorbild nehmen, die – alarmiert durch zahlreiche Machbarkeitsstudien und aufsehenerregende Hacks – laufend die Cybersicherheit in den Fahrzeugen verbessere. Es sei laut DHS »nur eine Frage der Zeit, bis ein Cybersicherheitsverstoß bei einer Fluggesellschaft auftrete«. Bis dato seien zwar keine ernsthaften Zwischenfälle dokumentiert, doch allein das Wissen darüber, dass Hacker theoretisch in der Lage sind, die Kontrolle über die Triebwerksanzeige, Kompassdaten, Flughöhe und andere für die sichere Luftfahrt entscheidende Messwerte zu erlangen, mache Angst. Das US-Heimatschutzministerium gab in ihrem Risiko-Analyse-Report des Aviation Cyber Initiative Research & Development Program am 10. April 2017 zu bedenken: »Es ist nur eine Frage der Zeit, wann es einen Cybersicherheitsangriff auf eine Airline gibt«. [10]

Im militärischen Bereich ist man hingegen davon überzeugt, dass »der Feind« Kampfjets attackieren kann und wird. Auf dem DefCon Hackerkongress im August 2019 forderte die US Air Force White-Hat-Hacker dazu auf, Schwachstellen in einem McDonnell-Douglas F-15-Eagle-Kampfjet zu finden. Die Hacker drangen in die »Trusted Aircraft Information Download Station« ein, in der die Daten der Videokameras und Sensoren gesammelt werden. »In unseren Flugzeugen befindet sich ein Programmcode, der mehrere Millionen Zeilen umfasst«, so Will Roper, der oberste Beamte der Luftwaffe, zuständig für die Beschaffung bei der Air Force, in einem Interview mit der *Washington Post*. »Wenn eine Zeile davon fehlerhaft ist, könnte sogar ein Land, das keine Kampfflugzeuge bauen kann, dieses Flugzeug mit nur wenigen Tastenanschlägen ausschalten.« [11]

VIREN-WARNSYSTEME FÜR FLUGOBJEKTE

Im Aerospace-Bereich, hierzu zählen Flugzeuge, Hubschrauber, aber auch militärische Fluggeräte wie Abfangjäger, wird die Gefahr eines Angriffs von außen mittlerweile ernst genommen. Raytheon, ein US-amerikanischer Rüstungs- und Elektronikkonzern, präsentierte im Herbst des Jahres 2019 ein System, das Cyberattacken auf Flugzeuge, Drohnen und sogar Raketen erkennen und Piloten oder Navigatoren davor warnen kann. In den firmeneigenen Flugsimulatoren in Arlington, Virginia, bereiten sich Raytheon-Techniker bereits auf derartige Szenarien vor. Sie entwickelten ein Warnsystem namens Cyber Anomaly Detection System (CADS), das Piloten anzeigt, wenn ihr Flugobjekte gehackt worden ist.[12] Ein Szenario, das – und davon sind die Raytheon-Experten überzeugt –, Militärs in Zukunft erwarten könnte.

»Als diese Jets und Plattformen gebaut wurden, war Cybersicherheit noch kein Thema«, sagt Greg Fry, Raytheon CADS-Produktmanager. »Jetzt ist alles miteinander vernetzt, Flugzeuge, Fahrzeuge, Raumfahrzeuge und Waffensysteme können auf vielfältige Weise von Cyberkriminellen attackiert werden.« In den meisten Flugzeugen ist wichtige Elektronik an einen seriellen Datenbus angeschlossen. Diese Datenleitung, beziehungsweise dieses CAN-Bussystem, das in vielen US-Militärflugzeugen verwendet wird, wurde in den 1970er-Jahren entwickelt. GPS, Treibstoffkontrolle, Autopilot und Avioniksysteme kommunizieren über diese Datenleitung. Würde sich ein Hacker, etwa mit einem infizierten Smartphone, an einen der USB-Ports des Flugzeugs anschließen oder sich gar drahtlos verbinden können, könnte er Schadsoftware in das Computersystem des Flugobjekts einschleusen. Dass dies möglich ist, hat der »Plane-Hacker« Chris Roberts ja bereits im Jahr 2015 eindrucksvoll bewiesen.

LEICHTES SPIEL AUF HOHER SEE

Die Piraterie im 21. Jahrhundert

Die alten Römer mussten sich im 3. Jahrhundert vor Christus in der Adria mit illyrischen Piraten auseinandersetzen, die mit Getreide beladene Handelsschiffe angriffen[13]. Im 14. Jahrhundert sorgte einer der berühmtesten Piraten der Geschichte, Klaus Störtebeker, in der Nord- und Ostsee für Nervosität unter den Kapitänen[14]. Im 16. und 17. Jahrhundert haben die Uskoken die Seefahrer an der östlichen Adriaküste in Angst und Schrecken versetzt, weil sie regelmäßig venezianische Schiffe plünderten[15]. Und im 18. Jahrhundert sorgte Edward Thatch, besser bekannt als Blackbeard, für Grauen in der Karibik[16].

Waren einst das Holzbein, die Augenbinde und eine »Buddel voll Rum« die Markenzeichen berühmter Seeräuber, so sind die Piraten der Gegenwart mit Highspeed-Yachten, Maschinengewehren und Cyberwerkzeugen ausgerüstet. Um Schiffe zu entern, Lösegeld für Waren zu erpressen oder Schiffsladungen im Meer verschwinden zu lassen, muss man nicht mehr selbst auf hoher See sein. Hacker können Schiffe heute von überall aus angreifen – ein Internetanschluss ist vollkommen ausreichend. Oder es werden, ganz gezielt, einzelne Frachtschiffe direkt attackiert, weil die Angreifer davor in Erfahrung gebracht haben, was diese Schiffe geladen haben. Ausgestattet mit dem Barcode- oder RFID-Lesegerät holen sich die digitalen Piraten genau das, wonach sie suchen, beziehungsweise was sie in den digitalen Frachtpapieren entdeckt haben. Auch diese Attacken müssen nicht auf hoher See stattfinden, sie können ebenso gut bei der Ankunft oder direkt im Hafen erfolgen.

Das RISK-Team von Verizon berichtete im »Data Breach Digest« von Angriffen auf ein globales Schifffahrtsunternehmen, bei denen die Piraten auf das Know-how von Hackern zurückgegriffen hatten.[17] Bei mehreren Angriffen seien Schiffe des Unternehmens – den Namen gab Verizon nicht bekannt – von bewaffneten Piraten überfallen worden. Den Kapitänen war aber aufgefallen, dass die Kriminellen sehr gezielt vorgingen. Anstatt die Crew tagelang festzuhalten, das Schiff nach Wertgegenständen und der wertvollsten Fracht zu durchsuchen und/oder Lösegeld zu fordern, lief alles ziemlich schnell und gut organisiert ab. Binnen weniger Stunden hatten die Piraten das Schiff wieder verlassen. Als die Crew das Schiff begutachtete, fiel ihr auf, dass die Piraten mit einem Lesegerät vorgegangen sein mussten. Der Reederei war sofort klar, dass die Kriminellen über Hintergrundwissen verfügt haben müssen – sie hatten entweder mit einem Insider der Firma kooperiert oder Zugang zum IT-System des Schifffahrtsunternehmens gehabt.

Die Sicherheitsexperten von Verizon konnten die Sicherheitslücke schließlich ermitteln – es war ein selbst programmiertes Content Management System (CMS) der Reederei, mit dem unter anderem die Schiffsrouten, die Container und die Frachtbriefe verwaltet wurden. Eine Schadsoftware wurde über eine lückenhaft programmierte Upload-Funktion im CMS auf das System geladen und lieferte den Piraten jene Information, die sie für ihre Überfälle brauchten. Aus diesem Grund konnten diese so effektiv agieren.

Laut International Maritime Bureau (IMB) gab es allein im Jahr 2019 weltweit 162 Konfrontationen mit Piraten, wobei die Dunkelziffer weit höher liegen dürfte, da nicht alle Fälle gemeldet werden. Auf der IMB-Seite gibt es übrigens eine Piracy & Armed Robbery Map, die laufend aktualisiert wird.[18] Laut Statistik wurden 2019 vier Schiffe entführt, elf beschossen, 130 geentert und bei weiteren 17 Schiffen erfolgte zumindest der Versuch dazu. Am gefährlichsten ist die Schifffahrt im Golf von Guinea, jenem Teil des Atlantischen Ozeans, der im Norden und Osten von den Küsten Westafrikas umschlossen wird und der an Länder wie Kamerun, Nigeria und Benin grenzt. Die Zahl der entführten Besatzungsmitglieder stieg dort von 2018 bis 2019 um mehr als 50 Prozent, konkret von 78 auf 121. Diese Anzahl entspricht mehr als 90 Prozent der weltweit gemeldeten Entführungen auf See. Die Straße von Singapur, die die Straße von Malakka mit dem Südchinesischen Meer verbindet, zählt ebenso wie die Häfen Indonesiens zu den aktuellen Piraten-Hotspots.

90 000 schwimmende Ziele

Kreuzfahrtschiffe, Fähren, Containerschiffe, Kühlschiffe, Tanker, Massengutfrachter, Fischereischiffe – mehr als 90 000 Schiffe sind auf den Weltmeeren unterwegs.[19] 90 Prozent des gesamten globalen Warenverkehrs werden über den Seeweg transportiert. Das bedeutet, die gesamte Weltwirtschaft ist von der Schifffahrt abhängig, die daher wiederum Einfluss auf die wirtschaftliche, aber auch die politische Stabilität kleinerer Länder nehmen kann. Etwa 90 Prozent des EU-Außenhandels und mehr als 40 Prozent des EU-Binnenhandels erfolgen auf dem Seeweg. Weltweit betrachtet, liegt bei etwa einem Drittel aller Schiffsbewegungen der Ziel- oder Abfahrtshafen innerhalb der EU. Die Nord- und die Ostsee zählen zu den am häufigsten und dichtesten befahrenen Meeren der Welt.[20]

Waren und Rohstoffe müssen pünktlich geliefert werden, damit Menschen mit Lebensmitteln und Produkten des Alltags versorgt werden können; damit produzierende Unternehmen ihre Materialien zur Weiterverarbeitung erhalten; damit Ölprodukte, Chemikalien, Erz, Kohle und Getreide dorthin gelangen, wo sie für die Weiterverarbeitung benötigt werden. Darüber hinaus gelangen viele Menschen mit Fähren zu ihren Arbeitsstätten.

Gibt es Probleme in der Lieferkette – und das wurde nun im Zuge der Covid-19-Pandemie offensichtlich – so können die Herstellung von Waren und Produkten aller Art zum Erliegen kommen und Menschen in der Folge ihre Arbeit verlieren. Die Finanzierung des täglichen Lebensunterhalts wird zunehmend schwierig, sodass irgendwann Unzufriedenheit und Verzweiflung um sich greifen. Das heikle Logistiksystem kann nicht nur durch Krisen wie eine Pandemie aus dem Gleichgewicht gebracht werden, sondern auch durch Cyberattacken – dies zeigt der in Kapitel 12 erläuterte Ransomware-Angriff auf das Rechnersystem der dänischen Unternehmensgruppe Maersk.

Aber es muss nicht immer eine global angelegte Ransomware-Attacke sein, es geht auch einfacher, wie das britische Cybersecurity-Unternehmen Pen Test Partners in einer Studie festgestellt hat. »Das Hacken eines Schiffes im Zuge einer Cyberattacke ist ein relativ leichtes Unterfangen. Durch eine solche Attacke kann sogar der Untergang eines Schiffes herbeigeführt werden«, sagt Ken Munro von Pen Test Partners. Die Gefahr von Cyberangriffen werde total unterschätzt. Wann immer er Kapitäne auf solche Szenarien hinweise, werde er nur belächelt, erzählt Munro. Erst wenn er detailliert erkläre, was alles auf hoher See möglich sei und was davon tatsächlich passiert, gerieten einige Kapitäne sehr wohl ins Grübeln.

LEICHTE BEUTE

Im Jahr 2017 wurde Clarksons, eines der größten britischen Schifffahrtsunternehmen, das weltweit mit 53 Büros in 23 Ländern vertreten ist, Opfer einer Cyberattacke. Am 7. November bemerkten die IT-Verantwortlichen, dass Hacker in ihre Systeme eingedrungen waren. Was die Unternehmensführung zu diesem Zeitpunkt nicht wissen konnte: Die Hacker befanden sich bereits seit 31. Mai 2017 im System, also etwas mehr als fünf Monate. Es wurden Daten wie Namen, Sozialversicherungsnummern, Kontonummern, Kreditkartendetails etc. gestohlen, teilweise verschlüsselt und gegen Lösegeld wieder zum Verkauf angeboten. Clarksons konnte, laut eigenen Angaben, zwar alle Daten rekonstruieren. Ob aber Lösegeld bezahlt worden ist und welcher Schaden durch den Eingriff tatsächlich entstanden ist, gab Clarksons nie bekannt.

Im Sommer des Jahres 2018 wurde die China Ocean Shipping Company (Cosco), das viertgrößte Schifffahrtsunternehmen der Welt, Opfer von Erpressersoftware.[21] Anfangs hieß es, durch die Attacken seien nur einige Standorte in den USA von einem »lokalen Netzwerksausfall« betroffen, diese seien sofort vom System abgekoppelt worden. Die Kommunikation der Mitarbeiter untereinander und die Anfragen der Kunden an das Unternehmen erfolgten via Twitter und Freemail-Adressen wie Yahoo. Angegriffen wurde das System von einer Ransomware, die eine Sicherheitslücke im Windows-

Betriebssystem ausnutzte. Um welche Ransomware es sich konkret gehandelt hatte, gab Cosco nicht bekannt. Kurze Zeit später räumte Cosco aber ein, dass vom Hack nicht nur die Niederlassungen in den USA, sondern auch jene in Argentinien, Brasilien, Kanada, Chile, Panama, Peru und Uruguay betroffen waren – laut *Lloyd's List* übrigens auch Kunden in Großbritannien und der Türkei.[22]

Im Jahr 2013 endete eine eher ungewöhnliche Variante der digitalen Piraterie: Ein niederländischer Drogenring hatte über Jahre hinweg belgische Hacker dafür engagiert, Kokain- und Heroinladungen zu ihm »umzuleiten«.[23] Die Drogendealer versteckten das Kokain und Heroin unter gewöhnlicher Ladung wie beispielsweise Holz oder Bananen, die in Containern aus Südamerika nach Europa verschifft wurde. Die engagierten Hacker verschickten Mails mit Schadsoftware an die Mitarbeiter der zwei Transportunternehmen und hatten Glück: Einige Mitarbeitern öffneten die Benachrichtigung. In der Folge installierten sich Programme, mit denen sich das System der Frachtfirmen überwachen ließ. So wussten die Täter jederzeit genau, wo sich die entsprechenden Container befanden, in denen sich, neben den legalen Waren, auch das Rauschgift befand. Selbst als die Attacke entdeckt wurde, ließen sich die Hacker keineswegs davon abschrecken. Sie brachen tatsächlich in die Büros der Frachtfirmen ein und brachten Keylogger an die Rechner an. Dabei handelt es sich um Geräte, die jede Eingabe in die Tastatur mitprotokollieren. Auf diese Weise konnten die Täter nicht nur die Tastatureingaben der Mitarbeiter speichern, sondern auch Screenshots der Computer-Monitore anfertigen. Mit diesen Informationen gelang es den Drogendealern dann, ihre Abholer noch vor dem Transporteur zu den Containern zu schicken. Aufmerksam wurden das Frachtunternehmen und die Polizei erst dann, als ganze Container verschwanden. Den genauen Wert der Drogen, die auf diese Weise von Südamerika nach Europa geschmuggelt worden waren, bezifferte die Polizei nicht. Sie gab aber damals an, allein im Zeitraum von Januar bis Oktober 2013 Kokain mit einem Straßenwert von 130 Millionen Pfund, also umgerechnet 145 Millionen Euro, beschlagnahmt zu haben. Fazit des Kriminalfalls in Belgien: Die Containerunternehmen, die vom Hafen von Antwerpen aus operieren, machten damals Zusagen, ihre IT-Sicherheit zu verbessern.

Ein Update der IT-Sicherheit mussten wohl auch jene beiden Hongkonger Schifffahrtsunternehmen vornehmen, die von einem White Hacker aus der eigenen Branche vorgeführt wurden: Am 1. April 2019 sorgte Kapitän Ozgur Dogan Gunes – es war kein Aprilscherz – mit seiner Twitter-Meldung für Aufregung in der Schifffahrtsbranche um Hongkong: »I've taken full credentials (passwords) of two Shipowners and dropped them a courtesy call to inform. This would definitely damage reputation and operation if discovered by others. Trust they both will take this serious. This flaw is shockingly so common! #maritime #shipping«*. Kapitän Ozgur Dogan Gunes, der eineinhalb Monate nach diesem Vorfall sein Buch *Sea IT* mit Themenschwerpunkt Maritime Cybersicherheit veröffentlichte, gelang mit diesem White Hack ein echter Coup. Nur fünf Minuten habe es gedauert, bis er die Passwörter geknackt und vollen Zugang auf die Datenbanken der beiden Reedereien hatte. Wie genau er dabei vorgegangen ist, beschreibt Ozgur Dogan Gunes auf seiner Webseite.[24] Die beiden Unternehmen haben ihre Sicherheitslücke mittlerweile geschlossen, aber Gunes ist nach wie vor überzeugt, dass derartige Systemlücken »schockierenderweise sehr häufig« vorkommen und von vielen Schifffahrtsunternehmen nicht geschlossen würden.

Futurenautics, ein Unternehmen, das sich auf die Beratung in Meeresbelangen spezialisiert hat, befragte für seinen aktuellen »Crew Connectivity Survey Report« etwa 6000 aktive Seeleute zu bestimmten schifffahrtsrelevanten Themen. Das Ergebnis war für die Branche ernüchternd, denn es zeigte, wie sehr das Thema Cybersicherheit immer noch unterschätzt wird: 47 Prozent der Befragten gaben an, dass sie auf einem Schiff gearbeitet hätten, welches Ziel einer Cyberattacke war.[25] Damit nicht genug, hatten 85 Prozent der Seeleute kein Cybersicherheitstraining absolviert. Und nur 33 Prozent der Seeleute gaben an, dass das Unternehmen, für das sie zuletzt gearbeitet hatten, eine Richtlinie zur regelmäßigen Änderung von Passwörtern an Bord hatte. Dass dieser leichtsinnige Umgang mit Technologie und IT-Sicherheit schweren Schaden verursachen kann, liegt auf der Hand.

---

* Übersetzung: »Ich bin im Besitz der Zugangsdaten zweier Schifffahrtsunternehmen und habe sie aus Höflichkeit per Anruf darüber informiert. Es würde definitiv ihrem Ansehen und dem Betrieb schaden, wenn andere davon wissen würden. Ich vertraue darauf, dass beide Unternehmen das ernst nehmen werden. Dieser Fehler passiert schockierenderweise so häufig!«

Auf dem Stand von 1993

Erinnern Sie sich noch, was im Jahr 1993 alles geschah?

In Deutschland wurden 5-stellige Postleitzahlen eingeführt, in Frankreich wurde Fußballer Paul Pogba geboren, in Österreich spaltete sich das Liberale Forum von der FPÖ ab und in den USA wurde am 20. Januar Bill Clinton Nachfolger von George Bush Senior. Microsoft brachte in diesem Jahr außerdem Windows NT auf den Markt – und acht Jahre später Windows XP. All das ist lange her. Aber diese veralteten Betriebssysteme sind in vielen Geräten auf zahlreichen Schiffen immer noch im Einsatz. Die Passwörter seien in vielen Fällen gar nicht geändert worden, sagt Ken Munro von Pen Test Partners und ergänzt: »Die Passwortsicherheit und das Patch-Management sind auf See so schlecht, da muss man kein großer Profi sein, um solche Systeme zu hacken.« Es gibt sogar einen dokumentierten Fall, bei dem ein Kind ein Bohrinsel-Steuerungssystem über die IoT-Suchmaschine Shodan (diese wird detaillierter im Kapitel 11 beschrieben) »gehackt« hat. Das Kind hat ein wenig herumgeklickt und dabei das dynamische Positionierungssystem offline geschaltet.[26]

Wie leicht man in einen Voyage Data Recorder (VDR) eindringen kann, beschrieb Ende des Jahres 2015 Ruben Santamarta, Experte beim US-Sicherheitsunternehmen IOActive, für das übrigens auch Steve Wozniak tätig ist.[27] Anlass für diese Analyse war eine Reihe von Cyberattacken auf Schiffe über deren Satelliten-Kommunikationsanlage, das sogenannte Satcom-System, im Jahr zuvor. »Es gibt eine Vielzahl von Einrichtungen, Geräten und Systemen in Häfen und auf Schiffen und im maritimen Bereich im Allgemeinen, die für die Aufrechterhaltung eines sicheren und geschützten Betriebs in mehreren Sektoren und Nationen von entscheidender Bedeutung sind (….) Cyberangriffe auf diesen Bereich werden unterschätzt.«

Davon ist auch das International Maritime Bureau (IMB) überzeugt und hat Schifffahrts- und Seefahrtsunternehmen aufgefordert, mögliche kommerzielle Auswirkungen von Cyberangriffen zu beachten. Das IMB hat erkannt, dass man den Begriff Cybersicherheit sehr breit definieren muss. Es gehe dabei nicht nur um Systeme an Bord von Schiffen, die gehackt werden könnten, sondern auch um die Kommunikation an sich. So könnte etwa der

Mailverkehr mit Schiffen überwacht oder verändert werden, was in der Folge zu schweren wirtschaftlichen Schäden führen könnte. Die Internationale Seeschifffahrtsorganisation (IMO) hat bereits im Jahr 2016 Richtlinien zum Cyberrisikomanagement auf See festgelegt: Die Stakeholder müssten alle Schritte unternehmen, damit »aktuelle und neu auftretende Bedrohungen und Schwachstellen im Zusammenhang mit der Digitalisierung, Integration und Automatisierung von Prozessen und Systemen in der Schifffahrt verhindert werden [...][können].«[28]

Dem Beschluss in der IMO war eine Studie unter der Leitung der Maritime Cyber Threats Research Group der Universität Plymouth vorausgegangen. Gemäß der Studienergebnisse sei die Sicherheit vieler Schiffe in erheblichem Ausmaß von Cyberangriffen bedroht. Viele Schifffahrtsunternehmen würden Software nutzen, die veraltet und gegen Cyberattacken heutigen Niveaus machtlos sei. Die Schifffahrtsunternehmen würden das Gefahrenpotenzial der Piraterie erkennen und ernstnehmen, hätten aber die Gefahr, die von Cyberkriminellen ausgeht, bis dato mehr oder minder verkannt. Womöglich auch deshalb, weil Attacken auf Computersysteme heimlich stattfinden, nicht spürbar sind und meist zu spät erkannt werden. Allerdings sollte man sich darüber bewusst sein, dass Cyberattacken noch deutlich größeren Schaden anrichten können als das Entern eines Schiffs.

»Die Schifffahrt ist eine Multimilliarden-Industrie«, sagt Professor Kevin Jones, Leitender Dekan für Wissenschaft und Technik an der Universität Plymouth, die für das International Maritime Bureau (IMB) das Thema Cybercrime auf hoher See wissenschaftlich begleitet. »Der Großteil der Waren wird über den Seeweg transportiert. Sollte dieses System kompromittiert werden, würde es nicht lange dauern, bis die Wirtschaft unter starken Druck gerät.« Die große Gefahr sei, dass Cyberangriffe von der Crew unbemerkt erfolgen würden beziehungsweise lange Zeit unentdeckt blieben.[29]

Man denke an eine Ransomware, wie sie bei Maersk zum Einsatz kam (siehe Kapitel 12), durch die ein Unternehmen beispielsweise keinen Zugriff mehr auf das eigene System hat. Es könnten aber auch die Schiffe selbst durch Erpressersoftware lahmgelegt werden. »Die meisten Crews auf den Schiffsbrücken sind sich der Risiken von Cyberangriffen nicht bewusst und wissen auch nicht, wie sie auf solche Attacken reagieren müssten«, attestiert Kevin

Jones den Seeleuten mangelndes Problembewusstsein. Viele hätten wegen ihrer Unwissenheit die Einstellung: »Was soll denn schon passieren? Ich befinde mich mitten auf dem Ozean.«

TRAINING FÜR DEN ERNSTFALL

Am Schiffssimulator der Maritime Cyber Threats Research Group der University Plymouth werden bereits unterschiedlichste Hacking-Szenarien durchgespielt und trainiert. Das beginnt etwa bei der Manövrierunfähigkeit eines Schiffs, weil eine Erpressersoftware die Systeme auf der Brücke erfasst haben könnte, und endet bei einer möglichen Attacke auf das ECDIS. Dabei handelt es sich um das Electronic Chart Display and Information System, übersetzt Elektronisches Kartendarstellungs- und Informationssystem. Im ECDIS erfolgt die digitale Darstellung einer Seekarte, versehen mit zusätzlichen objektbezogenen Informationen, wie etwa Schifffahrtszeichen, aber auch angereichert mit Daten des Navigationssystems (GNSS), des Radars, des Automatic Identification Systems, der Schiffsstabilisatoren und Echolote. Auf dieses System verlassen sich Kapitäne und Schiffslotsen, weil auf den ECDIS-Bildschirmen die reale Welt digital abgebildet wird. Wenn diese beiden Welten nicht übereinstimmen, lässt dies darauf schließen, dass ein Hacker am Werk war.

Ein französischer Forscher mit dem Benutzernamen x0rz hat bereits im Jahr 2016 darauf aufmerksam gemacht, dass das ECDIS leicht gehackt werden kann. Er konnte nachweisen, dass viele Schiffe den Standard-Benutzernamen und das Passwort ihrer Satellitenkommunikationsgeräte seit deren Installation nie geändert hatten, und dass es relativ einfach war, via App in diese Systeme einzudringen. Der britische Cybersecurity-Experte Ken Munro demonstrierte sogar, wie man über diese Schnittstelle das ECDIS nicht nur neu, sondern so konfigurieren kann, dass die Navigationsdaten neu interpretiert werden.

Der Standort des Empfängers kann zwar nur um etwa 300 Meter verschoben werden, doch das reiche bereits aus, um ein Unglück herbeizuführen. »Es klingt harmlos, aber bei schlechter Sicht kann genau das den Unterschied ausmachen, ob es zu einem Zusammenstoß kommt oder nicht.«[30] Laut Munro ist es sogar möglich, dass die Schadsoftware das Schiff deutlich größer darstellt, als es tatsächlich ist, und zwar bis zu einem Quadratkilometer. Auch wenn eine optische Überprüfung ergäbe, dass das Schiff kleiner ist, würde dieser Systemfehler Chaos verursachen. Denn auf vielen neuen Schiffen erhalte das Automatische Identifikationssystem (AIS) von dem ECDIS die Daten.

Manuell statt digital

Die Crew muss lernen, Schiffe auch manuell zu steuern, sollten die Systeme – aus welchem Grund auch immer – ausfallen. Das gilt übrigens für alle User von Systemen, ob in der Medizin, im Verkehr oder in der Infrastruktur. Um beurteilen zu können, ob ein Schiff gehackt wurde, muss man davon auf der Brücke Notiz nehmen können. Das ist in der Schifffahrt aber leider selten der Fall. Erfahrene Kapitäne wissen, wie wichtig es ist, ebenfalls einen Blick aus dem Fenster zu werfen. Man benötigt externe Referenzpunkte, um manuell navigieren zu können. Die digitale Welt, die durch die verschiedenen Systeme auf den Bildschirmen abgebildet wird, muss nämlich immer mit der realen Welt abgeglichen werden.

Während ältere Kapitäne noch sehr gut mit den in der Schifffahrt über lange Zeit gebräuchlichen analogen Mitteln und Geräten umgehen können, sind junge Kapitäne und Crew-Mitglieder aus den Generationen Y und Z oft sehr bildschirmfixiert oder vertrauen der Technik blind. Schiffspersonal ist oft nicht nur nachlässig, sondern schläft mitunter sogar ein. Auf den Schiffen gibt es deshalb das »Bridge Navigational Watch and Alarm Systems« (BNWAS), das die Crew im Auge behält und bei Bedarf einen Alarm auslöst. Allerdings dauert das Auslösen des Alarms und des Eskalationsverfahrens im Normalfall mehrere Minuten – genügend Zeit, um einen Hack erfolgreich durchzuführen.

KAPITEL 11

DAS INTERNET DER GEHACKTEN DINGE

»EVERYTHING HACKED« – NICHTS IST SICHER IN DER VERNETZTEN WELT

Der Clownfisch war schuld. Auch die Zitronengrundel und der Paletten-Doktorfisch, der Pinzettfisch und der Kardinalbarsch sowieso. Vermutlich auch die Feuergarnele und der Flammenzwergkaiser. Das Aquarium in einem Casino-Hotel in Las Vegas war nicht nur eine gelungene dramaturgische Inszenierung in der Welt der Automaten, einarmigen Banditen, Poker- und Roulette-Tische. In der Lobby sorgte es bei den Gästen, die eincheckten, bereits für das erste Wow-Erlebnis. Ob seiner Farbenpracht und Artenvielfalt weckte das Aquarium aber nicht nur die Aufmerksamkeit der Touristen und Spieler, sondern auch die der Hacker. Insbesondere deshalb, weil es mit einem Monitoring-System ausgestattet war, das moderner war als alle Systeme, die private Aquarienbesitzer in ihre Anlagen eingebaut haben.

Die ständige Analyse der Wasserqualität, das Messen von Salzgehalt und Temperatur sowie die Lichtsteuerung erledigten Sensoren, die mit einem Computer verbunden waren, in dem die Daten in Befehle umgewandelt wurden. Sollte es zu einer Abweichung kommen, gab es umgehend eine Warnmeldung und das System regelte automatisch, dass die Werte wieder den Normalzustand erreichten. Die smarte Aquarium-Technologie wurde zwar hinter einem VPN (Virtual Private Netzwerk) versteckt, doch diese VPN-Verbindung, mit der man sich anonym im Netz bewegen kann, reichte als Schutz nicht aus. Hacker sahen dies als Angriffspunkt und drangen im Juli des Jahres 2017 über die Aquarium-Anlage in das Computersystem des Casinos ein.

Das Casino beauftragte daraufhin das britische Sicherheitsunternehmen Darktrace – eine Firma, bei der übrigens zahlreiche Ex-Spione von MI5, MI6, GCHQ sowie CIA beschäftigt sind, mit der Untersuchung. In einem *BBC*-Interview vom 30. April 2018 gab Darktrace-CEO Nicole Eagan zwar an, dass kein Schaden entstanden sei und man die Attacke sofort habe stoppen können[1], allerdings widersprach das IT-Security-Unternehmen Kaspersky dieser Aussage in einem Blogbeitrag auf der Firmenwebsite noch am selben Tag.[2]

Die Hacker hätten gezielt nach Informationen gesucht, die sie dann auch gefunden haben dürften, denn immerhin hätten sie 10 GB an Daten abgesaugt, die auf einem Rechner in Norwegen gelandet sein sollen. Welche Daten die

Hacker konkret erbeutet hatten, wurde anfangs nicht bekannt gegeben, kam dann aber im Zuge der Ermittlungen doch ans Tageslicht. Angeblich handelte es sich um die gesamte Datenbank mit Informationen über die sogenannten »High-Roller«, also jene Kunden, die nicht nur regelmäßig das Casino besuchen, sondern auch mit sehr hohen Einsätzen spielen. Diese Hintergründe flogen auf, als die erbeuteten Daten – Namen, Kontaktinformationen, Kreditkartennummern – im Darknet zum Kauf angeboten wurden. Der Name des Casinos wurde zwar nie bekannt gegeben, um einen Imageschaden zu vermeiden, allerdings gibt es Vermutungen, um welches Casino es sich gehandelt haben könnte.

Der Mensch ist Teil des »Everything«

Wir leben in einer digitalen Welt. Smartphones, eMobility, Tablets, Bitcoins, Künstliche Intelligenz, Spracherkennung und Sprachsteuerung erwecken jetzt schon den Eindruck, unsere Welt wäre zur Gänze vernetzt. Aber wir stehen erst am Anfang. 99 Prozent der Dinge, die (miteinander) vernetzt werden können, sind noch nicht digitalisiert und kommunizieren nicht miteinander – das prognostizierte der Technologiekonzern Cisco bereits 2013.[3] Mittlerweile sind einige Jahre vergangen, doch nach wie vor stehen wir bei 99 Prozent, weil mit jedem Jahr Geräte und neue technologische Möglichkeiten hinzukommen. Das beginnt bei vernetzten Mülleimern und endet eben bei – Aquarien.

Das IoT, das früher auch als »Internet der Objekte« bekannt war, ist längst zum »Internet of Everything« avanciert. Und darin spielt auch der Mensch eine Rolle, er ist ein wesentlicher Teil davon. Nicht nur Menschen kommunizieren mit Menschen, sondern auch Dinge mit Dingen, Dinge mit Menschen und umgekehrt. Die Welt wird sich in den kommenden Jahren und Jahrzehnten ändern.

Wenn man bedenkt, wie sehr die Vernetzung jetzt schon Kommunikation, Bildung, Wirtschaft, Wissenschaft, Politik und Gesellschaft sowie unsere Wertvorstellungen verändert hat, kann man sich in etwa vorstellen, wie das Leben ablaufen wird, wenn alles mit allem, jeder mit jedem, alles mit jedem und jeder mit allem vernetzt ist. Im Zeitalter des IoE werden Daten gesammelt, analysiert und in Informationen und Wissen umgewandelt werden. Die Chance, dass sich dadurch die Kluft zwischen Arm und Reich, Ungebildet und Gebildet, Benachteiligt und Bevorzugt verringern könnte, ist gegeben. Auch, dass die Welt durch die Digitalisierung »eine bessere« werde – wir könnten dann etwa Klimaherausforderungen ebenso meistern wie den Kampf gegen Krankheiten. Doch das setzt verantwortungsvolle Politiker, Unternehmen, Wissenschaftler und Nutzer voraus. Ob wir diese Chance also tatsächlich wahrnehmen, hängt von uns Menschen ab.

Es ist eine schöne Zukunftsvision, die wir selbst mitgestalten können, die aber obendrein auch jede Menge Angriffsflächen bietet. Denn im Zeitalter des IoE spielen Sensoren eine wichtige Rolle: Eingebettet in verschiedenste Dinge werden wir diese Objekte nicht mehr direkt wahrnehmen, sie sind ganz selbstverständlich da – weitgehend unbemerkt tun sie das, wozu sie programmiert wurden.

Es begann am 9. Januar 2007 …

Milliarden von Sensoren und mikroelektronische Bauelemente (MEMS) werden Daten liefern, ohne dass wir Menschen davon Notiz nehmen werden. Das Konzept des IoT (Internet of Things) geht auf das Massachusetts Institute of Technology (MIT) zurück, wo sich die im Jahr 1999 gegründete Forschungsgruppe »Auto-ID Labs« sowohl mit Vernetzung im Bereich der Funktechnologie RFID (Radio Frequency Identififkation) als auch mit Sensortechnologien beschäftigt.[4] Das Lab setzt sich aus sieben Forschungsuniversitäten auf vier Kontinenten zusammen. »Für uns ist das IoT jener Zeitpunkt, an dem mehr Dinge oder Objekte mit dem Internet verbunden waren als Menschen«, sagt der ehemalige Futurist des Technologiekonzerns Cisco, Dave Evans[5], im Interview mit dem Autor. Im Jahr 2003 lebten etwa 6,3 Millionen Menschen auf der Erde und es gab 500 Millionen Geräte, die mit dem Internet verbunden waren. Im Jahr 2010 gab es bereits 12,5 Milliarden »Connected Things«.[6] Eine rasante Steigerung. Was war in diesen Zeitraum von sieben Jahren geschehen?

Am 9. Januar 2007 präsentierte der damalige Apple-CEO Steve Jobs im Rahmen der Macworld in San Francisco das iPhone. Apple läutete damit nicht nur das Smartphone-Zeitalter ein, sondern startete den Turbo in das Zeitalter der Vernetzung. Ab diesem Zeitpunkt entwickelten nicht nur andere Hersteller Smartphones, auch Computer- und Technologiehersteller bauten Geräte, die ebenfalls vernetzt werden konnten. Waren es anfangs vor allem Telefone und Notebooks, so kamen in den vergangenen Jahren Uhren, Brillen und verschiedene andere Gegenstände hinzu, die plötzlich ebenfalls mit anderen Geräten drahtlos kommunizieren konnten – vom Drucker, den man mit dem Smartphone ansteuern konnte, über die Körperwaage bis hin zum Haustier-Tracking-System.

Bis 2023, so prognostiziert Cisco in seinem »Cisco Annual Internet Report 2018–2023« wird die Zahl der Geräte, die ans Internet angeschlossen sind, auf 29,3 Milliarden Geräte steigen. Das bedeutet, dass jeder Mensch[7] statistisch betrachtet 3,7 Geräte besitzen wird, die mit dem Internet verbunden sind und Daten verschicken können. Zum Vergleich: 2018 waren es im Schnitt 2,4 vernetzte Geräte pro Person.

Um welche »Geräte«, beziehungsweise »Dinge« es sich dabei handeln könnte? Anbei eine kleine Produktauswahl: Samsung Galaxy Watch, Amazon Echo.dot, ein WLAN-Rauchmelder für Küche oder Schlafzimmer von Google nest protect, die Kinderroboter Cozmo oder Sphero BB-8, die Netatmo-Wetterstation, das Miyo Smart Garden Bewässerungssystem, der Petcare Futterautomat für Haustiere mit integrierter Webcam oder der Upright Go Haltungssensor, der den Nutzer per App daran erinnert, gerade zu gehen/zu sitzen/zu stehen. Es gibt mittlerweile Tausende vernetzte Dinge und es werden in den kommenden Jahren noch Tausende mehr hinzukommen – Vernetzungsmöglichkeiten, die wir heute nur erahnen können. Vor 20 Jahren hätte auch niemand gedacht, dass eines Tages Bäume mit Mikrochips versehen würden.[8]

»MACHINE-TO-MACHINE«

Spannend ist vor allem auch jener Bereich, der als »Machine-to-Machine«-Kommunikation (M2M) bezeichnet wird, denn im Jahr 2023, so prognostiziert Cisco, wird M2M für die Hälfte aller Verbindungen verantwortlich sein. Im Falle von M2M kommunizieren Sensoren mit Rechnern, Bordcomputern oder Servern, ohne dass der Mensch Notiz davon nimmt. Das kann der Drucker im Büro sein, der laufend Betriebsdaten an die Service-Abteilung des Druckerherstellers meldet und auch Fehlermeldungen schickt. Oder der Getränkeautomat, der digital nach Auffüllung verlangt, wenn Coca-Cola, Fanta oder Wasser zu Ende gehen. Oder der Firmen-Lkw, der nicht nur zurückgelegte Kilometer, Tempo und Fahrerpausen in Echtzeit via Mobilfunknetz an die Zentrale sendet, sondern bei dem auch die im Fahrzeug integrierte Elektronik den Bordcomputer mit Informationen versorgt: Sensoren messen Temperatur, Vibrationen, Reifendruck, Tempo und Treibstoffverbrauch, senden die Daten an den Bordcomputer und dieser überträgt sie dann weiter an den Fuhrparkmanager.

Wenn Maschinen nicht mehr mit Menschen, sondern Maschinen mit Maschinen kommunizieren, bedeutet dies, dass der Mensch die entsprechenden Voraussetzungen dafür geschaffen haben muss. Denn nur so kann er die Verantwortung dafür, dass alles zuverlässig und sicher funktioniert, beruhigt abgeben. Konkret heißt das: Sicherheitskonzepte müssen im Vorfeld so realisiert worden sein, dass man den Maschinen vertrauen kann. Das System, das Netzwerk, muss ebenso sicher sein wie sämtliche Verbindungen. So die Anforderung, so die Theorie. Die Praxis sieht leider anders aus.

DIE SUCHMASCHINEN DES IOT

Shodan und Censys sind die bekanntesten Suchmaschinen des IoT. Im Prinzip funktionieren Shodan und Censys wie Google, Bing, Baidu (China) und Yandex (Russland).

Allerdings durchsuchen ihre Bots* nicht den Text von Webseiten, sondern durchforsten Ports – das sind genau die Adressen, über die Rechner erreichbar sind. Über diese Ports (theoretisch gibt es davon 65 535) gelangen

* Das sind selbstständig agierende Computerprogramme, die quasi wie Roboter im Web unterwegs sind.

Datenpakete in einen Rechner, beziehungsweise aus einem Rechner, damit eine entsprechende Anwendung funktionieren kann. Denken wir hier beispielsweise an eine E-Mail: Um eine Mail senden und empfangen zu können, müssen diese digitalen Nachrichten über spezielle Mailserver geleitet werden, und für diese sind bestimmte Ports reserviert; das wäre etwa der Port 110 bei POP3, 143 bei IMAP, 25 oder 587 bei SMTP – klingt kompliziert, doch diese Begriffe könnte jeder Nutzer schon mindestens einmal kurz beim Einrichten der Mail-Funktion auf dem Smartphone gesehen haben.

Um die Funktionsweise dieser IoT-Suchmaschinen zu erklären, ist ein kurzer Ausflug in die technische Welt unerlässlich.

Shodan und Censys sammeln Daten meist auf Webservern: HTTP/HTTPS über die Ports 80, 8080, 443, 8443; FTP über Port 21; SSH über Port 22; Telnet über Port 23; SNMP über Port 161; SIP über Port 5060 und Real Time Streaming Protocol (RTSP, Port 554). Letztere werden übrigens von Webcams genutzt. All das lässt sich aber auch in einfachen Bildern veranschaulichen. Sehr treffend drückte es etwa das IT-Sicherheitsunternehmen Kaspersky aus:[9] Shodan und Censys solle man sich als jemanden vorstellen, der durch die Stadt laufe und an alle Haustüren klingele. Nur geht es im Falle des IoT weder um Türen noch um eine Stadt, sondern um Ports und die ganze Welt. Shodan und Censys wissen nicht nur, welche Türentypen es in welchem Stadtteil gibt, sie wissen auch, welche Türen verschlossen und welche offen sind – und welche Türen Kriminelle nicht daran hindern, Wertgegenstände mitzunehmen oder Dinge zu platzieren, mit denen sie die Bewohner überwachen können, wenn sie das Haus oder die Wohnung erst einmal betreten haben.

Beim Durchforsten der Ports finden Shodan und Censys eine Menge Systeme, in denen die Kommunikation über diese Ports nicht abgesichert ist. Der Datenverkehr findet daher unverschlüsselt statt. Man kann also quasi lauschen oder – noch gefährlicher – einfachen Zugriff auf die Systeme haben. Oder etwa durch eine Webcam beobachten, was sich vor dem Objektiv tut. Hier es gibt noch wesentlich komplexere Anwendungen. Da jedes vernetzte Gerät über einen Port kommuniziert, haben sich Shodan und Censys darauf spezialisiert, anstelle von Webseiten Geräte zu finden, die mit dem Internet verbunden sind: Ampelschaltungsanlagen, Heizungs- und Sicherheitssysteme von Banken, Überwachungskameras, Herzmonitore, Hauptstromschalter von Krankenhäusern, die Enteisungsanlage eines Eislaufplatzes, Babyphones oder gar die Schaltzentrale eines Wasserkraftwerks. Mithilfe der Suchmaschinen des Internet of Things findet man so ziemlich alles, was es an vernetzten Geräten gibt – jene, die gut abgesichert sind, aber auch jene, deren Türen weit offenstehen. Und diese Informationen nutzen White Hats, um die Daten weiterzugeben und Black Hats, um Straftaten zu begehen.

Nun stellt sich die Frage, wer Shodan und Censys eigentlich nutzt. Für Geheimdienste zum Beispiel ist Shodan eher weniger interessant – weil diese ohnehin am Unternehmen und seinen Projekten beteiligt sind oder mit Shodan kooperieren. Warum man davon ausgehen kann? Shodan, das durchaus als Google der vernetzten Geräte verstanden werden kann, braucht, um seinen Service anbieten zu können, eine umfangreiche, aufwendige Infrastruktur mit Servern, Cloud und Rechenzentren. Betrachtet man den Aufbau Shodans, so wird schnell klar, dass immense Betriebskosten anfallen. Es gibt 4,3 Milliarden IP-Adressen weltweit, allein die Scan-Vorgänge aller oben beschriebenen Ports sind extrem zeit- und datenaufwendig. Und die Daten, die wieder zurück laufen, müssen verarbeitet werden. Das bedeutet wiederum einen enormen Rechneraufwand und verursacht zugleich hohe Energiekosten. Daher gehen Experte davon aus, dass kräftige Geldgeber dahinterstecken müssen. Allein mit den Einnahmen der monatlichen Gebühren (je nach Vertrag zwischen 59 und 899 US-Dollar) könnte man derartige Betriebskosten nicht stemmen.[10]

Auf die Syntax kommt es an

Wer Shodan oder Censys nutzen will, muss über technisches Know-how verfügen. Anders als bei Google können Nutzer hier nicht einfach Suchbegriffe wie »Webcam«, »Babyphone« oder »Nuclear Power Plant« eintippen (können freilich schon, aber sie werden nicht die gewünschten Ergebnisse erhalten). Shodan setzt vom Suchenden voraus, dass er die Syntax der Suchanfrage versteht. »Wir haben Shodan für Ingenieure und IT-Entwickler gebaut, damit diese die Daten, die sie zum Verständnis der Suchanfrage-Syntax benötigen, optimal nutzen können«, ist im Shodan Help Center zu lesen.[11] IoT-Suchanfragen setzen IT-Wissen voraus, denn nur mit der richtigen »Frage« bekommt man die Nummern der Ports, IP-Adressen, Server, ETag, Content-type etc. angezeigt. Nur wer weiß, wie und wonach er sucht, wird hier fündig.

Shawn Merdinger, ein US-Sicherheitsforscher, entdeckte bereits 2013 via Shodan einige Caterpillar-Lastwagen, deren Onboard-Systeme mit einer derart leicht zu erratenden Benutzername/Passwort-Kombination zugänglich waren, dass er das US-CERT informierte. Das »United States Computer Emergency Readiness Team« CERT ist Teil der Cyber Security Agency, die im Heimatschutzministerium angesiedelt ist. Als White Hat, der Unternehmen und Behörden auf Sicherheitslücken aufmerksam macht, bevor Black Hats daraus Kapital schlagen können, war Merdinger einer jener Experten, die sich um die Sicherheit der Geräte im IoT sorgten. Vor allem vernetzte medizinische »Dinge« müssten besonders gut gesichert sein, forderte er bereits damals. Im Zuge seiner Recherchen hatte er nicht nur »offene« Herzmonitore auf Kinderstationen in Krankenhäusern entdeckt, sondern sogar den Netzschalter, mit dem man die neurochirurgische Abteilung eines Krankenhauses mit nur einem Klick ausknipsen kann.

Das US-CERT publizierte bereits 2017 einen »Security Tip (ST17-001)« mit an sich logischen Empfehlungen:[12]

> *»Stellen Sie sicher, dass Sie über aktuelle Software verfügen. Wenn Hersteller auf Schwachstellen in ihren Produkten aufmerksam werden, geben sie Patches zur Behebung des Problems heraus. Stellen Sie sicher, dass Sie die relevanten Patches so schnell wie möglich anwenden, um Ihre Geräte zu schützen (…) Überlegen Sie, ob eine ständige Verbindung zum Internet erforderlich ist … Verwenden Sie sichere Passwörter … Einige internetfähige Geräte sind mit Standardpasswörtern konfiguriert, um die Einrichtung zu vereinfachen. Diese Standardpasswörter sind online leicht auffindbar, bieten also keinen Schutz. Wählen Sie starke Passwörter, um Ihr Gerät zu sichern.«*

Auch Billy Rios sucht nach Dingen im Web, die nicht gesichert sind. Im Laufe seiner Tätigkeit hat er Tausende Gebäudeverwaltungssysteme entdeckt, die – wenn man die IP-Adresse kennt – ganz einfach »übernommen« und gesteuert werden können. Eine seiner skurrilsten Entdeckungen war ein Krematorium, das man aus der Ferne aktivieren konnte. Aber auch der Teilchenbeschleuniger des CERN[13], die Kontrollstation eines Wasserparks oder die Heizung einiger Wohnblöcke in Finnland konnte man über die Shodan-Suche finden und hacken. Einige Tage von Ende Oktober bis Anfang November des Jahres 2016 griffen Hacker das computergesteuerte Heizungssystem zweier Wohnblöcke in der 73 000-Einwohner-Stadt Lappeenranta in Finnland mittels einer Denial-of-Service-Attacke (DDoS) an. Dabei wird ein Computersystem durch ständige Anfragen überlastet, bis es nicht mehr reagieren kann – daher die Bezeichnung Denial-of-Service. Der Rechner der Heizung versuchte offenbar, die Angriffe abzuwehren und startete immer wieder neu, bis das System zusammenbrach.[14]

»Trump hat Herpes«

Man möchte glauben, dass Unternehmen und Organisationen die Sicherheit im Griff haben und alles daransetzen, dass Hacks nicht möglich sind. Oftmals wird in diesem Buch bereits darauf hingewiesen, dass dem nicht so ist. Es gibt immer noch Tausende Firmen, Organisationen und auch Behörden, die ihre Systeme nicht abgesichert haben. Kameras von Ampelüberwachungsanlagen (Red-Light-Cams) sind ebenso im offenen Netz zu finden wie ganze Verkehrsleitzentralen von Städten. Am 5. Juli 2016 manipulierten Hacker Verkehrssicherheitsschilder entlang der U.S. Route 40 in Hamilton Township, Atlantic County, im US-Bundesstaat New Jersey. In großen orange-gelben Buchstaben war »Poop« (Kacka) zu lesen. Ein Scherz, der nur deshalb möglich war, weil die Baufirma die digitalen Straßenschilder nicht abgesichert hatte.[15]

Das IT-Sicherheitsunternehmen Trendmicro deckte in seinem Forschungsbericht »Cyberattacks Against Intelligent Transportation Systems« mehrere Attacken auf IoT im Verkehrsbereich auf.[16] Eine davon zeigte auf besonders eindrucksvolle Weise, wie unsicher Verkehrsleitsysteme sind: Am 23. Mai 2016 hackte der Texaner Geoffrey Eltgroth ein Autobahnschild und schickte die Botschaft »Drive Crazy Yall*«. Nach seiner Festnahme gab er an, dass er die

* Übersetzung: »Fahrt wie die Irren!«

Anmeldedaten für das Schild erraten hatte und die Originalnachricht, in der vor einer Baustelle gewarnt wurde, überschrieben hatte.[17]

»Donald Trump is a shape shifting lizard!», »Trump has herpes«, »Bernie for President« oder »Work is cancelled – go back home« – am 6. Juni 2016 wurden dann auch in Dallas Hinweisschilder gehackt und aktuelle Verkehrsmitteilungen durch Botschaften über Donald Trump und Bernie Sanders ersetzt. Der Cybersecurity-Experte Brian Krebs meinte: »Untersuchungen solcher Hacks haben gezeigt, dass es oft gar nicht schwierig ist, einzubrechen. Die werkseitigen Standardpasswörter wurden nie geändert oder die Hacker benutzten einen einfachen Passwortknacker, um sich Fernzugriff zu verschaffen.«[18]

Am 26. November 2016 wurden in San Francisco die Verkehrsbetriebe (San Francisco Municipal Transportation Agency) durch eine Ransomware lahmgelegt.[19] Am 9. April 2017 um 11.40 Uhr aktivierten Hacker alle 156 Notsirenen von Dallas. Die Notsirenen nutzten ausschließlich den Funkverkehr, nicht die Internetverbindung, zwischen dem Kontrollzentrum und den einzelnen Sireneneinheiten. Die Hacker manipulierten den Funkverkehr und konnten sich so in das System einloggen. Besorgte Bürger verstopften daraufhin alle Hotlines.[20] Am 17. Mai 2017 wurden die Infoscreens von Union Station in Washington, D.C., gehackt und darauf Pornhub-Videos abgespielt. Die Behörden konnten die Bildschirme abschalten, die Hacker wurden nie gefunden.[21]

Wenn die Regierung ihre Bürger hackt

Wenn eine Regierung ausgewählten Beamten die Lizenz zum Hacken der eigenen Bevölkerung erteilt, geht man davon aus, dass es sich dabei um eine Überwachungsmaßnahme in einem totalitären Staat wie etwa Nordkorea handeln muss. Erfährt man aber, dass sich dies in einer Demokratie zugetragen hat, bekommt die Nachricht besondere Brisanz.

Im März des Jahres 2019 startete die japanische Regierung eine Kampagne, die nicht nur in Japan, sondern auch international höchst umstritten war.[22] Mitarbeiter des National Institute of Information Communications Technology durften im Regierungsauftrag versuchen, mit Standardpasswörtern die IoT-Geräte japanischer Bürger zu hacken.[23] Auf der Liste standen mehr als

200 Geräte, von Webcams über Router bis hin zu vernetzten Druckern und diversen Smart-Home-Anwendungen. Die Regierung wollte mit dieser Aktion das Land auf die ein Jahr später geplanten Olympischen Sommerspiele 2020 (diese wurden dann aber Ende März 2020 wegen der Covid-19-Pandemie auf Sommer 2021 verschoben) vorbereiten und Japan IT-sicher machen. Der Plan war, einerseits eine Liste mit Geräten zu erstellen, die leicht zu hacken sind, und andererseits eine Auflistung aller verwendeten schwachen Passwörter anzufertigen.* Die japanische Regierung hatte sich nach einer Analyse der eigenen Cybercrimestatistik zu dieser Aktion entschlossen. Da im Jahr 2016 zwei Drittel aller Cyberangriffe auf IoT-Geräte abzielten, wollte man mit dem Regierungshack Bürger, Behörden und Internetdienstleister wachrütteln.

Denn man ging davon aus, dass die Olympischen Spiele 2020 von Hackern ins Visier genommen würden. Und diese Angst war berechtigt, denn bei den Olympischen Winterspielen 2018 im südkoreanischen Pyeongchang gab es bei der Eröffnungsfeier einen Hackerangriff, den die gesamte Sportwelt live miterlebte.[24] Unbekannte Hacker attackierten Router und Server zur Übertragung der Eröffnungsfeier und zur Ausgabe von Besuchertickets, weshalb viele Besucher nicht rechtzeitig zur Eröffnungszeremonie kamen. Die Malware mit der Bezeichnung »Olympic Destroyer« legte die Webseite der Olympischen Winterspiele sowie das WiFi-Netzwerk im Stadion lahm. Letzteres hatte zur Folge, dass dadurch die Live-Übertragung beeinträchtigt wurde.[25]

Nordkorea war freilich der erste Verdächtige – immerhin gilt Nordkorea als der Erzfeind Südkoreas und ist bekannt für seine staatlichen Hacker, wie im Kapitel 3 beschrieben. Nach den Nordkoreanern fiel der Verdacht auf die Russen, weil ja einige russische Sportler wegen Doping-Verdachts vorab von den Spielen ausgeschlossen worden waren und die russische Flagge bei der Eröffnungsfeier nicht ins Stadion getragen werden durfte.[26] Als Ermittler dann aber in der Malware Olympic Destroyer Ähnlichkeiten zu einer Schadsoftware aus China entdeckten, wurde der Hack schließlich den Chinesen angelastet. Das IT-Sicherheitsunternehmen Kaspersky analysierte den Angriff und stieß dabei auf die russische Hackergruppe Sofacy (auch bekannt als APT28 und Fancy Bear – diese wurde bereits in Kapitel 3 näher vorgestellt).

* Man kann nur hoffen, dass derartige Listen Hackern nicht in die Hände fallen.

»Wir können jedoch die Möglichkeit nicht ausschließen, dass es sich auch in diesem Fall um fälschliche Beweise handelt. Wenn es um hochkarätige Cyberspionage geht, kann man nie hundertprozentig sicher sein«, so Kaspersky.[27]

Aufgrund dieser Vorgeschichte kann man das Vorgehen der japanischen Regierung besser verstehen. Denn Olympische Sommerspiele sind in puncto Zuseher- und Besucherzahlen ein Großereignis, größer als die Winterspiele. An den Winterspielen 2018 nahmen 93 Nationen mit 2914 Sportlern teil,[28] bei den Sommerspielen 2016 waren es 207 Nationen mit 11 238 Athleten. Selbstverständlich ist es sinnvoll, Präventivmaßnahmen zu ergreifen, um Hackerattacken zu verhindern. Weniger sinnvoll ist es jedoch, Bürger vorsätzlich zu hacken sowie deren Persönlichkeitsrechte und Privatsphäre zu verletzen. Durch einen Regierungshack würden die betroffenen Geräte nicht sicherer, es wurde lediglich ihre Angreifbarkeit dokumentiert. Will man diese Produkte wirklich unangreifbar machen, müssten zum einen die Hersteller daran arbeiten und zum anderen die Nutzer lernen, Default-Passwörter, also jene Codes, mit denen Geräte beim Kauf standardmäßig abgesichert sind, rasch und effektiv zu ändern. Das aber schafft man nur mit Bewusstseinsbildung, Sicherheitswarnungen und einer breiten Passwortkampagne – und sicher nicht in Form von Hacks.

»HALL OF SHAME«

Arthur »Code Curmudgeon« Hicken ist »Evangelist« (Vordenker) beim amerikanischen Software-Testing-Unternehmen Parasoft, wo er sich vor allem um die Themenbereiche Qualität, Sicherheit und Schutz kümmert. Abseits dieser Tätigkeit arbeitet er an einer der vermutlich spannendsten digitalen IoT-Kollektionen der Gegenwart: er hat die »IoT-Hall-of-Shame« ins Leben gerufen. Darin sammelt er Berichte über schlechte IoT-Geräte sowie IoT-Hacks.[29] »Vor allem während diverser Sicherheitskonferenzen wird meine Sammlung immer größer«, erzählt Hicken. »Manchmal wird für ein, zwei Monate nur ein Gerät pro Woche in die Sammlung aufgenommen, dann wiederum kommen über Wochen mehrere pro Tag hinzu.« Für seine Sammlung erntete Hicken auch Kritik, weil er »den bösen Buben« einen Überblick über die zu hackenden Geräte quasi frei Haus liefere. »Ich verstehe diese Besorgnis, aber wir können die Sicherheit nicht verbessern, indem wir die Probleme ausblenden oder verstecken.«

592 IoT-Geräte wurden bisher in Hickens »Hall of Shame« aufgenommen[30], das Produktranking führen Web- und Überwachungskameras an. »Es ist auf ironische Weise amüsant, dass genau jene Sicherheitsvorrichtungen, die uns eigentlich schützen sollen, dazu verwendet werden können, uns auszuspionieren.« Auf dem zweiten Rang finden sich die verschiedenen Geräte, mit denen wir ins Internet kommen, also Router, Modems, WiFi-Hotspots etc. Besorgniserregend ist die Produktkategorie auf Platz 3 – vernetzte Kinderspielzeuge. »Offensichtlich haben jene, die solche Spielzeuge herstellen, nicht viel über Sicherheit nachgedacht«, kritisiert Hicken. »Wenn ein Babyphone Bilder an einen Unbekannten verschickt, ein Fremder über ein solches Phone mit dem Kind reden kann oder wenn der süße IoT-Teddybär das Kind beschimpft, fragt man sich, ob in diesem Bereich IoT tatsächlich sein muss.« Hicken ist überzeugt, dass es in seiner Sammlung der Schande auch in den kommenden Jahren ausreichend neue Exponate geben werde, weil sich einerseits die Anbieter und Hersteller einfach nicht genug um die Sicherheit kümmern würden und es andererseits keine entsprechenden Vorschriften und Normen für IoT-Geräte gebe.

Zwar sind in diesem Bereich sehr wohl Standards vorgesehen; so soll das UL 2900-2-3 dabei helfen, das IoT-Cybersicherheitsrisiko zu mindern, bis dato aber nicht verpflichtend. Beim UL 2900 handelt es sich um ein Normenprogramm der Underwriters Laboratories (UL), in dem Produkt- und Prozesstests von IoT-Produkten festgelegt werden.[31] [32] Während in der Luftfahrt, im Automotive-Bereich und bei medizinischen Geräten strenge Regeln gelten (wobei es auch hier Verbesserungsbedarf gibt, wie in den Kapiteln 5, 9, 10 und 11 zu lesen ist), sind diese im IoT-Bereich nicht verpflichtend. Vermutlich auch deshalb, weil viele Kunden Sicherheit (noch) nicht als wichtiges Kriterium beim Kauf ansehen. IoT-Geräte sind meist keine teuren, hochwertigen Geräte, verglichen mit autonom fahrenden Pkw, Hightech-Geräten im Medizinbereich oder modernen in Flugzeugen, aber gewisse Sicherheitsstandards sollten für jedes Gerät, das sich ins Internet einloggen kann, gelten. So auch für Sexspielzeug.

Internet of Dildos – wenn Sex Toys gehackt werden

Dass alles, wirklich alles, was mit dem Internet verbunden werden kann, tatsächlich auch gehackt werden kann, demonstrierten IT-Sicherheitsforscher von SEC Consult. Sogar Sexspielzeug ist vor Hackern nicht sicher. »Panty Buster« heißt eines davon, es handelt sich um einen Slip-Vibrator des Herstellers Vibratissimo. IT-Sicherheitsforscher Werner Schober, einer der Experten bei SEC Consult, hat im Zuge seiner Masterarbeit, im Studiengang Information Security der Fachhochschule St. Pölten in der Nähe von Wien, die IT-Sicherheit und den Umgang mit persönlichen Daten bei Sexspielzeugen und begleitenden Apps untersucht und sein Ergebnis im Jahr 2018 präsentiert.[33] Er prüfte einige der vernetzten Sexspielzeuge auf deren digitale Verwundbarkeit und fand dabei drei Geräte, die alles andere als sicher sind – neben Panty Buster weisen auch der Flamingo von Magic Motion und Lydia von Realov (ebenfalls Vibratoren) Sicherheitslücken auf. [34] Werner Schober entdeckte bei diesen Geräten gleich mehrere Schwachstellen, nämlich solche, die die Privatsphäre, die Datensicherheit und sogar die Gesundheit der User gefährden könnten.

Kommen wir zurück zu unserem Beispiel Panty Buster: Laut Beschreibung wird das Sex Toy, das im Slip platziert wird, mithilfe einer speziellen App gesteuert. »Es gibt 100 Vibrationsprogramme … man kann seinen eigenen ›Love-Rhythmus‹ kreieren und diesen mit Freunden über die App teilen … Der Panty Buster kann auch via SMS oder E-Mail benutzt werden und von überall auf der Welt gesteuert werden … So kann Dein Partner die Kontrolle über Deine Lust übernehmen und bei erotischen Stunden zu zweit, aus dem Büro oder im Ausland, den Panty Buster steuern und ihn das machen lassen, was ihm gefällt.«[35] Der Vibrator hat eine integrierte Video-Chat- und Video-Control-Funktion, und man kann »dank seiner Sensoren« die Temperatur des Geräts während des Liebesspiels bestimmen.

SEC Consult stellte den Geräten kein gutes Zeugnis aus. Alle Kundendaten waren über das Internet frei zugänglich, sodass explizite Bilder, Chat-Protokolle, sexuelle Orientierung, E-Mail-Adressen und Passwörter im Klartext sichtbar waren – »Panty Buster« konnte auch so gehackt werden, dass Fremde aus der Ferne Zugriff auf den Vibrator bekamen. »Außerdem war es einem Angreifer möglich, ohne Zustimmung der Betroffenen die Geräte zu aktivieren und diese fernzusteuern. Dieser Angriffsvektor ist sowohl ausnutzbar, wenn sich ein Angreifer in der Nähe befindet (in Bluetooth-Reichweite des Geräts), als auch über das Internet.«[36] Bezugnehmend auf die offiziellen Statistiken aus dem Google Play Store und dem Apple App Store könnte eine sechsstellige Anzahl an Benutzern betroffen sein, so die Sicherheitsforscher.

Die Rache der Sex-Roboter

Zum Tod wird ein gehackter Vibrator hoffentlich niemals führen, aber eine gehackte Sexpuppe könnte sehr wohl töten. »Revenge of the Sex Bots« titelte die britische Boulevardzeitung *The Sun* einen Artikel, der vor Künstlicher Intelligenz im Sex-Business warnte. »Wie Sexroboter gehackt werden können, um Sie im Terminator-Stil zu ermorden.« Sex-Puppen sind im Internetzeitalter schon lange nicht mehr nur aufblasbar, sie können auch sprechen, sehen, Arme und Beine bewegen, Orgasmen vortäuschen und sind obendrein mit dem Web verbunden. Harmony heißt etwa das Spitzenmodell von Hersteller Realbotix – 20 000 Dollar kostet diese Sexpuppe, die starke Ähnlichkeit mit dem weiblichen Androiden Ava aus Film *Ex Machina* von 2015 hat.[37]

Nicht nur die Nutzer, sondern viele IT-Experten sind mittlerweile – aus technischer Sicht – begeistert, wie lebensecht Sex-Roboter bereits konstruiert wurden und wie weit die Künstliche Intelligenz fortgeschritten ist. Doch genau das mache sie auch ziemlich gefährlich, warnt Nick Patterson, Dozent für Cybersicherheit an der australischen Deakin University in Melbourne.[38] Hacker könnten leicht in deren Systeme eindringen und die volle Kontrolle übernehmen. Auf der einen Seite stellen KI-Sex-Roboter eine moralische Bedrohung für die Gesellschaft dar, weil sich die Käufer ihre Puppen so gestalten und auch programmieren lassen können, wie sie sie gerne hätten – manche sehen aus wie Kinder, manche sind auf Protest programmiert, damit sexuelle Akte Vergewaltigungen gleichkommen. Genau davor warnt Christine Ogilvie Hendren, Sozialwissenschaftlerin an der Duke University, North Carolina, in einem *BBC*-Interview.[39] Andererseits können die Geräte ihren Besitzern auch technischen Schaden zufügen. So wie regelmäßig Smartphones gehackt werden, können auch Roboter von Cyberkriminellen übernommen werden. Im Falle von Sex-Robotern würden Fotos und Videos mit kompromittierenden Inhalten entstehen, denn diese Geräte sind mit Sensoren, Kameras und auch Mikrofonen ausgestattet und können, wie es auch im Falle von Amazons smarten Echo-Lautsprechern möglich ist, abgehört werden. Es könnten aber auch vorsätzlich Fehlfunktionen oder Befehle neu programmiert werden, die dann das humanoide Sex-Spielzeug in »Chucky, die Mörderpuppe« verwandeln. Denn, so warnt Nick Patterson, »Hacker klinken sich in einen solchen Roboter ein und übernehmen die volle Kontrolle über die Verbindungen, Arme und Beine. Damit können sie auch über den Roboter Werkzeuge greifen, wie etwa Messer oder schwere, zum Zuschlagen geeignete Gegenstände«[40]. Puppen können so gefährlich werden.

Die Spionagepuppe Cayla

»Cayla« hat weder mit Harmony noch mit Chucky etwas gemein, sie sieht weder wie ein humanoider Roboter aus, noch ist sie furchteinflößend oder wurde programmiert, um jemandem körperlichen Schaden zuzufügen. Aber sie konnte die Privatsphäre von Menschen verletzen und war für Datenspionage einsetzbar. Zudem stellte die Puppe eine »unerlaubte funkfähige Sendeanlage« dar.[41] Aus diesen Gründen hat die deutsche Bundesnetzagentur Anfang 2017 die Zerstörung der Kinderpuppe Cayla angeordnet und eine 25 000-Euro-Strafandrohung für jene Eltern ausgesprochen, die diese Puppe nicht nachweislich vernichten würden.

> *»Gegenstände, die sendefähige Kameras oder Mikrophone verstecken und so Daten unbemerkt weiterleiten könnten, gefährden die Privatsphäre der Menschen. Das gilt auch und gerade für Kinderspielzeug. Die Puppe Cayla ist in Deutschland verboten«, verkündete der Präsident der Bundesnetzagentur Jochen Homann am 17. Februar 2017. »Es geht hier zugleich um den Schutz der Schwächsten in der Gesellschaft.«*

Warum war die Aufregung um eine Puppe so eskaliert? Weil Cayla als Spionagegerät benutzt werden konnte – zum einen von Eltern, um das Kind zu überwachen, zum anderen aber auch von Hackern, die ohne Kenntnis der Eltern hätten Gespräche des Kindes, aber auch Gespräche anderer anwesender Personen aufnehmen und weiterleiten können.

Doch wieso war ausgerechnet um Cayla die Aufregung so groß? Anfang Dezember des Jahres 2016 warnte die norwegische Konsumentenschutzorganisation Forbrukerradet vor der sprechenden Puppe »My Friend Cayla« und dem Spielzeug-Roboter »i-Que«, die beide vom US-Unternehmen Genesis Toys hergestellt werden.[42]

Cayla kann Fragen beantworten, Geschichten vorlesen und mit dem Kind verschiedene Spiele spielen, sie kann aber leider noch mehr. Die Kombination aus Web-Anbindung, Sprachsteuerung, Sicherheitsmängeln, fragwürdigen Datenschutzklauseln sowie die Datenübertragung an ein Drittunternehmen in den USA hat zuerst Forbrukerradet und dann die deutsche Bundesnetzagentur auf den Plan gerufen. Hacker könnten über die Puppe zuerst digital in Wohnungen, Häuser und Familien eindringen und durch ihre Spionage nicht nur digitalen Schaden anrichten, sondern auch analogen. Die Aufregung um Cayla war in Deutschland so groß, dass die Bundesnetzagentur sich bei den Spielzeughändlern die Namen der Käufer geben ließ, um die Zerstörung der Schnüffelpuppen tatsächlich zu kontrollieren. Denn selbst wenn man sich genau an die Instruktionen hielt, die der Hersteller empfahl, um Cayla sicher zu machen, war es möglich, die Puppe weiterhin zu hacken.[43] Fakt ist, dass die Puppe – zumindest offiziell – weltweit nicht mehr verkauft wird. Selbst die myfriendcayla-Webseite des US-Herstellers Genesis Toys wurde inzwischen gelöscht.

Cayla ist übrigens kein Einzelfall, es gibt viele Kinderspielzeuge, die gehackt und als Spionagetool verwendet werden können, sobald sie vernetzt sind – das beginnt beim sprechenden Kuscheltier (Furby Connect)[44], geht über das elektrische Spielzeugauto und endet bei der Smartwatch für Kinder (TicTocTrack)[45]. Sobald ein Gerät vernetzt ist und per App gesteuert werden kann, steigt das Hacking-Risiko. Nur dann, wenn die Entwickler Sicherheit als Teil des Designs mitbedacht haben und wenn Eltern entsprechende Vorkehrungen treffen, indem sie die Sicherheitseinstellungen aktivieren, können solche Spielzeuge sicher genutzt werden. Und wer denkt, ihm könne so etwas nicht passieren, sollte sich nicht in Sicherheit wiegen. Im Jahr 2015 ereignete sich die größte Attacke auf Kinderspielzeug. Cyberkriminelle hackten die Geräte des bekannten Herstellers VTech Holding, der sich auf elektronisches Lernspielzeug für Kinder spezialisiert hat. Die Daten von 6,4 Millionen Menschen, die meisten davon Kinder, gelangten in die Hände der Hacker – darunter Namen, Geburtsdaten, Geschlecht und teilweise auch Adressen.[46] Zwei Jahre dauerten die Erhebungen zu dem Fall. Am 9. Januar 2018 veröffentlichte Vtech schließlich die Einigung mit der US-Federal Trade Commission.[47] Mit 650 000 Dollar Strafe kam das Unternehmen relativ glimpflich davon.

DAS SCHLOSS IM BROWSER HEISST »SICHER« – ODER ETWA NICHT?

Viele Menschen unterliegen dem Irrtum, das Schlosssymbol in einem Browser bedeute, dass die Seite sicher sei. Was übrigens auch dazu führt, dass viele auf Phishing-Mails klicken, weil sie sich durch das Schlüssel-Symbol in Sicherheit wiegen. Manche Internet-User schaffen es leider nicht einmal, eine URL richtig zu lesen. Diese Unsicherheit, beziehungsweise dieses Unwissen, wird häufig auch beim Kauf von technischen Geräten offensichtlich.

Aber auf welchem Weg könnte man Konsumenten vermitteln, dass ein IoT-Produkt sicher, beziehungsweise unsicher ist? Verkäufer verfügen oft nicht über ausreichend Kompetenz und die vertrauenerweckende Aufschrift »Military grade encrypted« auf der Verpackung sagt noch lange nichts über die Sicherheit des Geräts aus. Übrigens ist auch der Slogan »Verschlüsselung auf Bankebene« weit verbreitet, weil Militär und Banken Musterbeispiele für Organisationen sind, die die besten Sicherheitsstandards nutzen. Doch Verschlüsselungen haben absolut nichts mit Sicherheit zu tun. Der Kunde entscheidet so gut wie nie auf Basis von Sicherheitsaspekten, ob er ein Gerät kauft, sondern fast immer auf Basis von gelungenen Marketingkampagnen – und beide Sicherheitsversprechen sind nichts anderes als Marketing-Slogans oder Werbesprüche.

Aber werfen wir einen Blick auf die Bezeichnung »Military grade encryption«. Was bedeutet dieser Slogan? »Die Bezeichnung lässt vermuten, dass auch das Militär mit dieser Technologie arbeitet, was dem Kunden wiederrum suggeriert, dass die Sicherheitsstandards des Geräts wohl für den Privatgebrauch ausreichend sein sollten«, sagt IT-Sicherheitsexperte Tobias Zillner. Grundsätzlich stimmt diese Annahme, aber »Militärstandard« oder Military grade encryption bedeutet häufig lediglich, dass die Ver- und Entschlüsselung des Informations- und Datenflusses auf einer AES-256-Verschlüsselung (Advanced Encryption Standard) mit einer Schlüssellänge von 256 Bit basiert, wie etwa der Anbieter der Passwortmanagement-Software »Dashlane« seine »Military grade encryption« verargumentiert.[48] Die Zahl 256 bezieht sich auf die Schlüssellänge von 256 Bit. Je länger der Schüssel, desto höher die Anzahl der möglichen Schlüssel. Mit einer Schlüssellänge von 256 Bit übersteigt die Anzahl der möglichen Kombinationen von Schlüsseln die Anzahl der Sterne im Universum (eine Quadrillion oder 1024 Sterne). Laut IT-Sicherheitsunternehmen Avira würden Milliarden von Computern 13,8 Milliarden Jahre benötigen, um diesen Code zu knacken.[49] Avira setzt die AES-256-Verschlüsselung ein, damit kritische Kundendaten sicher sind.

Doch die Verschlüsselung alleine reicht nicht aus. »Computernutzer glauben einerseits, dass damit ihre Daten sicher sind und andererseits, dass sie ausreichend auf Sicherheit bedacht sind, wenn sie nur auf gewisse ›Merkmale‹ achten«, sagt Zillner. »Ein weitverbreiteter Irrglaube ist beispielsweise, dass auf einer https-Webseite nichts passieren kann, weil die ja ohnehin verschlüsselt wird.« Das »Hypertext Transfer Protocol Secure«, kurz https, ist ein Kommunikationsprotokoll im World Wide Web, mit dem Daten abhörsicher übertragen werden können. Wer sich aber hier mit einem Passwort anmeldet, seine Bankdaten oder eine Kreditkartennummer angibt, kann Opfer von Hackern werden, wenn sich auf dem Rechner bereits ein Trojaner oder ein Keylogger befindet, der die Zugangsdaten protokolliert, speichert und an die Kriminellen weiterleitet oder wenn man einfach auf einer Phishing-Seite landet. Als Nutzer sollte man sich also stets der Tatsache bewusst sein, dass man dennoch gehackt werden kann, sobald man Grundlegendes vergisst: Die Zugangsdaten sofort zu ändern, ein sicheres Passwort auszuwählen und skeptisch zu bleiben, um nicht jede Datei, die man per Mail zugeschickt bekommt, anzuklicken.

Die Kryptografie ist bereits Abertausende Jahre im Einsatz. Schon im alten Rom wurden per Reiterboten verschickte Nachrichten so unkenntlich gemacht, dass sie – sollte der Bote gefangen werden – von den Feinden nicht ausgelesen werden konnten. Unter Julius Cäsar wurden die Cäsar-Chiffren, beziehungsweise der Cäsar-Algorithmus bekannt, eine Verschlüsselung, die heute jedes Kind errät, weil das Alphabet einfach um einige Zeichen verschoben wurde. Das Alphabet begann daher nicht mit A, sondern mit D. Aus dem Wort »Crime« würde im Cäsar-Algorithmus »Fulph«. Über das Wissen, wie man eine Nachricht zu lesen hat, verfügte damals nur der Empfänger. Im Zweiten Weltkrieg setzten die Nationalsozialisten Enigma ein, eine Rotor-Schlüsselmaschine, mit der der Nachrichtenverkehr der Wehrmacht verschlüsselt wurde. Die Alliierten konnten allerdings den Code knacken. Bis 1992 stand Kryptografie übrigens auf der United States Munitions List (USML) und durfte als »Auxiliary Military Equipment« (Hilfsmilitärausrüstung) nicht exportiert werden. Erst mit dem Siegeszug des Internets wurde diese Regelung langsam gelockert. Noch lange vor Chrome, Internet Explorer und Firefox gab es ab Oktober 1994 Netscape – einen Browser, von dem eine amerikanische und eine internationale Version existierte. In der US-Version verschlüsselte der Browser mit 128 Bit, in der internationalen Version war maximal eine 40-Bit-Verschlüsselung erlaubt.[50] Damit man Nicht-Amerikaner leichter hacken konnte.

KAPITEL 12

CYBERHACKER IM AEROSPACE

Anne McCain kennen viele Amerikaner nicht nur deshalb, weil sie in der Rugby-US-Nationalmannschaft spielte, sondern weil sie unter anderem Astronautin war. Am 3. Dezember 2018 flog McCain gemeinsam mit dem russischen Kosmonauten Oleg Kononenko und dem kanadischen Astronauten David Saint-Jacques in einer russischen Sojus MS-11 zur Internationalen Raumstation ISS und blieb dort für 204 Tage.[1] Spätestens seit 23. August 2019 ist sie aber weit über die Grenzen der USA hinweg bekannt – als diejenige Frau, die die erste Weltraumkriminelle hätte werden können.

Zeitungen rund um den Globus, von der *New York Times*[2] , über *El Pais*[3] und *Die Welt*[4] bis hin zu *Le Figaro*[5] brachten die Geschichte, die ein echter Knüller zu sein versprach. McCains Ex-Partnerin, Summer Worden, warf ihr vor, von der ISS aus illegal auf ihr Bankkonto zugegriffen zu haben.

Es war ein Kampf NASA gegen NSA, Weltraum gegen Geheimdienst. Summer Worden arbeitete bei der Air Force und zugleich für die NSA und betrieb außerdem selbst ein »Intelligence-Business», was diesen Streit um eine spannende Facette bereicherte. Bei ihrer Vernehmung gab McCain an, sie habe sich lediglich vergewissern wollen, ob mit den – trotz Trennung – immer noch gemeinsamen Finanzen alles in Ordnung sei. Man habe ein gemeinsames Kind, um dessen Wohlergehen sie sich sorge. Der »illegale« Zugriff flog deshalb auf, weil die Bank Worden darüber informierte, dass die Zugriffe auf das Konto von einem NASA-Netzwerk erfolgt seien – zu einer Zeit, als sich McCain gerade im All befand. Der Streit wurde zwar noch Ende des Jahres 2019 beigelegt, im April 2020 kam es aber dennoch zu einer Anklage – allerdings gegen Summer Worden. Die Ex-Partnerin der Astronautin dürfte offenbar gelogen haben. McCain habe zwar tatsächlich auf das Bankkonto zugegriffen, allerdings hatte Worden McCain nie den Zugriff auf das Konto untersagt. Worden ist mit einer Klage wegen Falschaussage konfrontiert. Es drohen fünf Jahre Haft und eine 250 000-Dollar-Strafe.[6].

Abgesehen von den Lehren, die man daraus ziehen kann – wie im Falle einer Trennung sein Passwort zu ändern und nicht zu vergessen, dass selbst Astronauten im Weltraum zu Tätern werden könnten –, sollte man wissen: Es gibt noch weit größere Gefahren, denn die unendlichen Weiten des Weltalls sind ein spannendes Betätigungsfeld für Hacker. Die Satelliten-systeme, die unsere Erde umspannen, sind zu attraktiven Zielen geworden. Satelliten kreisen entweder auf einer energiearmen Strecke im Low Earth Orbit (LEO) in einer Höhe zwischen 200 und 2000 Kilometern oder sind im Medium Earth Orbit (MEO) zwischen 2000 und 36000 Kilometern unterwegs oder sind im geostationären Orbit, 35786 Kilometer über dem Äquator, positioniert. Manche bewegen sich gar im Highly Elliptical Orbit, also auf elliptischen Routen von 200 bis 15000 oder gar 50000 bis 400000 Kilometern Höhe. Satelliten werden inzwischen häufiger angegriffen, als viele vermuten würden. Denn wer glaubt, ein Satellit sei schwer zu hacken, nur weil er sich weit weg, irgendwo im LEO, GEO, HEO oder MEO befindet, der irrt.

So faszinierend es ist, Satelliten als leuchtende Punkte am Nachthimmel zu beobachten: Selbst die Modernsten unter ihnen sind im Prinzip einfach nur Geräte, die mit Software ausgestattet sind. Und diese ist so gestaltet, dass man sie von der Erde aus adaptieren, updaten und neu programmieren kann, während der Satellit um den Globus kreist, beziehungsweise sich, im Fall von geostationären Satelliten, mit der Erdrotation bewegt.

Tausende Satelliten umkreisen die Erde und erleichtern uns Erdenbürgern das Leben, weil sie uns wertvolle Informationen beschaffen. Mit ihrer Hilfe finden wir den kürzesten und schnellsten Weg von A nach B, sie liefern uns die neuesten Filme ins Wohnzimmer, sie sorgen dafür, dass wir an Bord eines Flugzeugs E-Mails verschicken und Duty-Free-Ware per Kredikarte bezahlen können. Manche von ihnen haben die Felder der Bauern im Auge, damit Subventionen richtig vergeben werden, andere messen mit Sensoren den CO_2-Wert in der Atmosphäre oder vermessen Polkappen, die Meeresflächentopografie und die Gletscherschmelze. Ende des Jahres 2019 befanden sich 2218 aktive Satelliten im All und ihre Zahl steigt ständig an. In den kommenden Jahren werden tausende neue Satelliten dazustoßen. Rechnet man die ausgedienten Satelliten hinzu, die ebenfalls noch in ihrer Umlaufbahn kreisen, sind es mehr als 5000 Fluggeräte, die derzeit im All unterwegs sind. Elon Musk will im Rahmen des SpaceX Starlink- Programms nicht weniger als 11943 Satelliten – jeder 260 Kilogramm schwer[23] – in den Orbit schießen. 4425 davon werden im LEO und 7518 im sehr niedrigen Erd-Orbit in einer Höhe zwischen 335 bis 346 Kilometern um die Erde kreisen.[24] Es wird eng am Himmel, denn neben all den Flugkörpern gibt es ja auch 670 000 Müllteile, die in ihrem Umfang jeweils größer als ein Zentimeter sind.

DAS ALL IST KEIN HINDERNIS

Nur weil sich Satelliten hoch oben im Orbit befinden, bedeutet das noch lange nicht, dass sie außerhalb der Reichweite von Hackern liegen – darüber waren sich Sicherheitsexperten auf der RSA-Konferenz in San Francisco schon im Jahr 2019 einig. Bill Malik zählt zu den renommiertesten Experten, wenn es um Cyberattacken auf Satelliten geht. »Satelliten sind einfache IoT-Geräte, also typische Vertreter der Internet-of-things-Generation«, sagt Malik, Vice President »Infrastructure Strategies« beim Sicherheitsunternehmen Trend Micro. Der große Unterschied zu Geräten, die wir auf der Erde nutzen, liegt darin, dass Satelliten zum Teil sehr lange im All bleiben. Das bedeutet, dass sie mit Betriebssystemen ausgestattet sind, die alles andere als aktuell und zeitgemäß sind.

So erklärt sich, warum die Piep-Signale des sowjetischen Satelliten »Sputnik«, der am 4. Oktober 1957 ins All geschossen wurde und in einer Höhe von 900 Kilometern um die Erde kreiste, für jeden, der ein Kurzwellenradio besaß, zu empfangen war.[7] Jeder technisch Versierte konnte sich selbst auf die erste Raumstation, das Skylab[8], einem frühen von der NASA gebauten Orbitalaußenposten, schalten. »Die Übertragungen waren nicht verschlüsselt; man konnte hören, was da oben vor sich ging«, so Bill Malik.

Auch Raumstationen und Satelliten im All haben irdische Probleme. Die Bandbreite an Schwachstellen, die es bei Satelliten gäbe, ist laut Malik »beachtlich«. Kaum ein Satellit verfügt über eine On-Board-Sicherheitssoftware, bis auf einige wenige High-End-Militärsatelliten. Sogar die Internationale Raumstation ISS hatte sich »einen Virus eingefangen«. Im Zuge einer Veranstaltung im Herbst 2013 berichtete Eugene Kaspersky, Chef des gleichnamigen Virenschutz-Herstellers, dass die Internationale Raumstation Opfer einer Malware-Attacke geworden sei.[9] Der Schädling kam dabei nicht über die Kommunikationsverbindung an Bord, sondern wurde unabsichtlich von einem Astronauten eingeschleust, wie die *International Business Times* berichtet.[10] Laut Kaspersky hatte der Mann einen infizierten USB-Stick dabei. Wie stark welche Systeme von dem Virus befallen waren, gab der Firmenchef nicht bekannt. Allerdings merkte er an, dass es sich hierbei nicht um einen Einzelfall handele.

Nehmen wir ein anderes Beispiel: Die Voyager 1-Sonde, die mit ihren 721,9 Kilogramm am 5. September 1977 ins All geschossen wurde und demnächst 43 Jahre unterwegs ist,[11, 12] verfügt über so wenig Rechenkapazität, dass sie sechs Tage brauchen würde, um einen SSL-Link aufzusetzen, also einen solchen zu kalkulieren. Die Voyager-Rechner sind so schwach (ihr Speicher ist gerade einmal 0,25 MB groß), dass sie fast eine Woche Zeit für Rechenleistungen benötigen, die unsere heutigen Geräte in Sekundenbruchteilen durchführen.

Neben der veralteten technischen Ausrüstung gibt es noch ein weiteres Problem. Die Satellitenkonstrukteure ahnten damals nicht, dass eine Zeit kommen würde, in der Menschen von der Erde aus versuchen werden, Signale zu stören, zu ändern, Satelliten in andere Umlaufbahnen zu schicken oder gar Teile von Satelliten zu beschädigen. Die Sicherheitskonzepte zu überdenken und neu zu konfigurieren, ist vor allem jetzt extrem wichtig, weil gegenwärtig über die Einführung von 5G-Netzwerken diskutiert wird. Im Hinblick auf diese Mobiltechnologie ist damit zu rechnen, dass in den kommenden Jahren Hunderte Millionen neuer vernetzter Geräte des Internet of Things auf den Markt kommen und auch untereinander vernetzt sein werden.

Warum den Satelliten in der 5G-Ära eine besonders große Bedeutung zukommt, hat den Grund, dass Satellitenanbieter glauben, dass sie manche Kommunikationssatelliten für einige Anwendungen zum Zwecke des Backhaul nutzen könnten, sozusagen als Rückkanal für die Funksignale. Als 5G wird jener neue Mobilfunkstandard bezeichnet, der die Welt nachhaltig verändern wird, weil dadurch das Internet der Dinge wirklich möglich wird. Die Datenübertragung wird künftig um bis zu 100-mal schneller sein – wir reden hier von Datenübertragungsraten von 1 Gbit/Sekunde und mehr*. Die

* Heute freuen wir uns über mobile Geschwindigkeiten von 20 Mbit/Sekunde.

Datenkapazitäten steigen um den Faktor 1000. Die Latenzzeiten, so wird der Zeitraum zwischen einer Aktion und seinem Eintreten bezeichnet, sind unmerklich. Das heißt, ein Gerät kann über 5G theoretisch 600-mal schneller einen Film laden, als das heute möglich ist. Ein Spielfilm in bester HD-Qualität ist in wenigen Sekunden geladen. Der Stromverbrauch ist minimal. So sind die funkenden Sensoren, die künftig in der »Smart City«-Ära eine Stadt mit Informationen versorgen, etwa zehn Jahre energieautark und können über diesen Zeitraum über das 5G-Netz ständig Informationen verschicken.

Die geringen Latenzzeiten sind ein Vorteil von 5G, denn diese liegen im Sub-Millisekunden-Bereich. Wenn wir aber jetzt davon ausgehen, dass ein Satellit auf der niedrigsten Umlaufbahn auf einer Höhe von etwa 322 Kilometer unterwegs ist, dann ist klar, dass Satelliten vermutlich nicht für alle der derzeit so propagierten 5G-Funktionalitäten (selbstfahrende Autos, telemedizinische Anwendungen, Industrieroboter, Logistiksysteme und vieles mehr) geeignet sein werden. Warum? Licht bewegt sich mit fast 300 Kilometer pro Millisekunde[13]. Bei etwa 640 Kilometern, die ein Satellit auf seiner Strecke von der Erde und wieder retour zurücklegen würde, bräuchte das Lichtsignal also etwa 2 Millisekunden. Das ist für einige der 5G-Anwendungen schnell genug, aber für einige wie etwa selbstfahrende Autos dann doch zu langsam.

Hubble-Attack!

Einen Satelliten zu hacken, war früher eine große Sache, war mit Aufwand verbunden, den ein Durchschnittshacker für gewöhnlich nicht auf sich nahm. Doch das hat sich geändert, seit Hightech-Zubehör und diverse technologische Komponenten äußerst günstig zu erwerben sind und der Bau einer Antenne, mit der man im All »zwischenfunken« kann, dank entsprechender Tutorials kein Hindernis mehr darstellt. Hochleistungsantennen, die man braucht, um einen Satelliten anzusprechen, kosten nur noch wenig. »Man kann sich heute eine ziemlich ausgeklügelte Antenne für ein paar Hundert Dollar bauen«, sagt Experte Malik dem Autor. Dies stelle eine beängstigend niedrige Eintrittsbarriere ins Cybersatellitenhacking dar. Ein Angreifer könnte zum Beispiel auf die Systeme des Hubble-Teleskops zugreifen, dessen Kameraklappe öffnen, während das Objektiv auf die Sonne gerichtet ist, und dabei die empfindliche Optik regelrecht ausbrennen lassen. Oder er könnte die Solarmodule so in Richtung Sonne positionieren, dass die Batterien zerstört würden.

ERFOLGREICHE SATELLITEN-HACKS

Es gibt einige bekannte Beispiele erfolgreicher Satelliten-Hacks. 1998 übernahmen russische Hacker die Kontrolle über den amerikanisch-deutschen Astronomie-Satelliten ROSAT. Sie entwendeten davor noch einige Daten und richteten dann die Solarpaneele direkt auf die Sonne, wodurch die Batterie überladen und der Satellit unbrauchbar wurde. Ende Oktober des Jahres 2011 sollte der Satellit im All verglühen, allerdings landeten Teile davon auf der Erde – »außerhalb Russlands«, wie die russische Nachrichtenagentur *TASS* damals berichtete.[14] Kontrolle über den Satelliten erlangten die Hacker, indem sie sich in das Goddard Space Flight Center in Maryland/USA hackten, von wo aus sie den Satelliten attackierten.

Lösegeldforderungen im Cybercrime-Bereich gibt es nicht erst seit den berühmten Angriffen mit Ransomware wie WannaCry oder Stuxnet. Im Februar 1999 wurde das damalige Skynet-System gehackt. »Skynet« war ein Kommunikationssystem für das britische Militär und die NATO und wurde Ende der 1960er-Jahre installiert. Bis 2003 wurde das System von der Royal Air Force betrieben, gegenwärtig heißt es Astrium Services. Hacker erlangten die Kontrolle über das System, veränderten in James-Bond-Manier die Flugbahn und forderten daraufhin Lösegeld.[15] Das britische Militär dementierte den Hack[16], über den die Nachrichtenagentur *Reuters* berichtet hatte – sie hatte aus Geheimdienstkreisen davon erfahren. Der Hack gilt mittlerweile auch für Bill Malik als erwiesen.

Im Oktober 2007 und Juli 2008 haben Hacker zwei NASA-Satelliten übernommen, einen für etwa zwei und den anderen für etwa neun Minuten. Ein Bericht der 12-köpfigen »U.S.-China Economic and Security Review Commission« erachtete das chinesische Militär, beziehungsweise deren staatlich finanzierte Hacker, als Hauptverdächtige.[17] Die Satelliten wurden über eine Bodenstation in Norwegen gestört. Die Hacker seien seinerzeit nicht bis nach China zurückverfolgt worden, allerdings seien Techniken zur Anwendung gelangt, die »mit maßgeblichen chinesischen Militärschriften übereinstimmten«. Wie beim Hacken üblich, verschleierten die Täter ihre Spuren, indem sie die Attacken über Rechner leiteten, die auf mehreren Kontinenten stationiert sind, um den Angriff so aussehen zu lassen, als käme er aus einem Drittland.

Im Jahr 2009 stießen zwei Kommunikationssatelliten – der ausgediente russische Militärsatellit Kosmos-2251 und der Satellit Iridium 33 – in einer Höhe von etwa 789 Kilometern Seehöhe über der Taymyr-Halbinsel in Sibirien frontal zusammen. Beide Satelliten wurden dabei zerstört und treiben seither in 2000 Einzelteilen als Weltraummüll durchs All. Die Teile gefährdeten nach der Kollision sogar die Internationale Raumstation ISS, die ein Ausweichmanöver einleiten musste. Die Ermittler sprachen offiziell von einem Unfall, weil ein inaktiver Satellit einen aktiven rammte. Der Unfall macht deutlich, was passieren kann, wenn die Kontrolle über einen Satelliten verloren geht, wie im Falle von Kosmos-2251. Er zeigt aber auch, wie anfällig das System ist. Denn die Trümmerteile und der Weltraumschrott in der Erdatmosphäre stellen eine große Gefahr für die Raumfahrt dar. Durch 200 Explosionen und fünf Kollisionen entstanden etwa 670 000 Müllteile[18], die größer als ein Zentimeter Durchmesser sind und mit einer Geschwindigkeit von bis zu 12 Kilometern pro Sekunde, gefährlich wie Geschosse, durch die Umlaufbahn rasen.

Im Sommer des Jahres 2018 hat das IT-Sicherheitsunternehmen Symantec von China ausgehende Hackerattacken auf Satellitenkommunikations- und Telekommunikationssysteme in den USA und in Südostasien aufgedeckt. Die Attacken konnten mithilfe einer Methode, die auf Künstlicher Intelligenz basiert und Targeted Attack Analytics (TAA) genannt wird, einer Gruppe namens Thrip zugeordnet werden. Der Angriff wirkte zunächst harmlos. Dem KI-System fiel aber eine Ungereimtheit auf und es schlug Alarm. Daraufhin wurden die Satelliten-Systeme genauer unter die Lupe genommen und man stieß auf eine Gruppe namens Thrip.[19] »Die Thrip-Gruppe beobachten wir seit 2013, sie verwendet Standardbetriebssystem-Tools, sodass die attackierten Unternehmen ihre Anwesenheit nicht bemerken«, sagte Symantec-CEO Greg Clark. Das wahrscheinliche Motiv der Gruppe ist laut Symantec Spionage, allerdings sei auch eine bewusste Störung oder Zerstörung der Systeme ein mögliches Ziel. Spannend ist diese Attacke auch unter dem Aspekt, dass die USA und ihre Verbündeten die von chinesischen Unternehmen produzierte Telekommunikationsinfrastruktur, wie sie beispielsweise bei 5G-Netzen etwa von Huawei angeboten wird, als nicht vertrauenswürdig einstufen. Die USA befürchten, dass in diesen Netzwerkkomponenten Abhörmöglichkeiten technisch integriert sein könnten.

Im September des Jahres 2015 wurde eine der weltweit raffiniertesten Hackergruppen, die mit der russischen Regierung in Verbindung steht, beschuldigt, über Bodenstationen in Afrika und im Nahen Osten kommerzielle Satellitenkommunikationen zu kapern und westliche Militär- und Regierungsnetzwerke zu attackieren. 2014 wurde die Tätigkeit der Gruppe, die vom IT-Sicherheitsunternehmen Kaspersky Turla-APT-Gruppe, Snake und Uroboros genannt wird,[20] bekannt, nachdem sie mehr als ein Jahrzehnt Cyberspionage gegen die Ukraine, die USA und eine Reihe anderer europäischer Staaten betrieben hatte.[21]

> »*Was die Turla-Gruppe so besonders gefährlich und schwer zu fassen macht, ist nicht nur die Komplexität der von ihr genutzten Tools, sondern der besondere Satelliten-basierte Command-and-Control-Mechanismus (C&C), der in der Endphase eines Angriffs implementiert wird*«, erklärt Kaspersky.

Die C&C-Server stellen die Basis für eine hoch entwickelte Cyberattacke dar, sie werden daher von Ermittlern gesucht und durchforstet. Denn wenn es gelingt, diese Server abzuschalten, sind nicht nur die Aktivitäten der Cyberkriminellen gestört oder vorläufig beendet, man kann durch sie auch die Täter aufspüren. Deshalb versuchen Cyberkriminelle ihre C&C-Server so gut wie möglich zu verstecken. Die Turla-Gruppe hat dafür einen effektiven Weg gefunden: Die IP-Adressen der Server wurden im Himmel versteckt. Kaspersky identifizierte einen »einzigartigen« Angriffskanal, der von dieser Gruppe benutzt worden war und bis dahin nicht zurückverfolgt werden konnte.[22]

Kaspersky beschreibt eindrucksvoll, wie einfach diese Attacke funktionierte. Eine der verbreitetsten und günstigsten satellitenbasierten Internetverbindungen ist eine reine Downstream-Verbindung. In diesem Fall wird der vom Nutzer ausgehende Datenverkehr (Upstream) über konventionelle Wege gesendet (Kabel oder drahtlos), während der eingehende Datenverkehr (Downstream) über einen Satelliten kommt. Allerdings hat diese Technologie eine Eigenheit: Der gesamte eingehende Datenverkehr gelangt unverschlüsselt vom Satelliten zum PC. Dadurch kann jeder den Datenverkehr abhören. Die Hacker hören also den Downstream des Satelliten ab, um aktive IP-Adressen von satellitenbasierten Internet-Nutzern zu identifizieren, die in diesem Moment online sind, und wählen, ohne Wissen der Nutzer, eine Reihe aktiver IP-Adressen aus, die dann als Versteck für illegale Aktivitäten dienen. Da satellitengestütztes Internet vor allem in Afrika und im Nahen Osten üblich ist, hatte sich die Hackergruppe auf diese beiden Regionen fokussiert.

Fakt ist, dass das Stören von Satelliten schwere Schäden bei zivilen und militärischen Einrichtungen verursachen kann, da wir in verschiedensten Bereichen extrem abhängig von Satellitendaten sind.

DIE BEDEUTUNG SICHERER SATELLITEN-DESIGNS

Der Sicherheitsexperte Bill Malik ist der Meinung, dass ein Satellitendesign künftig besonders auf einem guten Sicherheitskonzept gründen sollte. Es gebe schon jetzt relativ einfache Möglichkeiten, um Systeme sicherer zu gestalten. Er empfiehlt beispielsweise »Frequency-Hopping«, einen ständigen Frequenzwechsel, um es Hackern schwerer zu machen, das Signal zu stören.

Im Falle von GPS sollten die Systeme am Boden einen größeren Nutzen von »GPS-Authentication« machen, damit immer nachvollzogen werden kann, ob Signale authentisch oder noch von einem Angreifer manipuliert sind. Die unkomplizierteste Methode des GPS Authentication ist die »Navigation Message Authentication«, kurz NMA.

Bei einem Navigationssatellitensystem GNSS (Global Navigation Satellite System) wie GPS (USA), GLONASS (Russland), GALILEO (EU), BEIDOU (China), QZSS (Japan), NAVIC (Indien) werden zur Bestimmung der Position und zur Navigation auf der Erde, auf den Meeren oder in der Luft

Systemsignale von Navigationssatelliten klar, also unverschlüsselt, empfangen. Ein Empfänger, wie er etwa beispielsweise in einem Smartphone integriert ist (er ist etwa so groß wie eine 5-Cent-Münze), akzeptiert jedes Signal, das der Schnittstellenspezifikation, die im öffentlichen Raum verfügbar ist, entspricht und behandelt es so, als käme es über einen Satelliten. In Kombination mit den extrem niedrigen Leistungspegeln der GNSS-Signale ist es relativ einfach, Signale zu fälschen.

Der Authentication-Prozess, beziehungsweise in diesem Fall der Message Authentication Process, soll einerseits gewährleisten, dass der Empfänger genau die Nachricht erhält, die mit der übertragenen Nachricht identisch ist. Und auf der anderen Seite sicherstellen, dass das Signal beziehungsweise die Nachricht von einer vertrauenswürdigen Quelle stammt. Der Absender verwendet einen geheimen Schlüssel, um aus der Nachricht eine Authentifizierungssignatur zu generieren. Es werden dann die Nachricht und die Signatur an den Empfänger übertragen, der wiederum auf einen Schlüssel zurückgreift, der sich möglicherweise von dem des Senders unterscheidet, um überprüfen zu können, ob die Nachricht und die Authentifizierungssignatur übereinstimmen.[23]

Von Spoofing und Pseudoliten

Gegenwärtig vertrauen die meisten den ausgegebenen GPS-Daten blind, auch wenn sie uns manchmal in die Irre führen.[24] Das »GPS-Spoofing«, das Aussenden von Störsignalen, die das Signal eines Navigationssatelliten imitieren, ist bei Hackern ein sehr bewährtes System, um falsche Positionsdaten zu erzeugen und zu übertragen. Diese Störsender werden übrigens, eben weil sie keine echten Daten liefern, als »Pseudoliten« bezeichnet.

Pseudoliten sind eigentlich Bodenstationen, die errichtet werden, um Signale auszusenden, die einen Satelliten nachahmen. Sie liefern beispielsweise zusätzliche Entfernungsmesssignale, wodurch die Genauigkeit der Koordinationsdaten verbessert werden kann.[25] Man kann praktisch diese bekannten Koordinaten mit jenen des Navigationssystems vergleichen und schätzen, wie groß die Abweichungen – meist handelt es sich nur um wenige Meter oder Dezimeter – sind.[26]

GPS-Spoofing ist sowohl im zivilen als auch im militärischen Bereich üblich. Aber eine Ausrüstung, mit deren Hilfe man Navigationsdaten fälschen konnte, war bereits Jahr 2012 schon für 1.000 Dollar zu haben.[27] Im Sommer 2013 ist es einem Forscherteam der Universität von Texas in Austin gelungen, mit einer 2000 Dollar teuren Ausstattung von der Größe einer kleinen Aktentasche das GPS-System einer 80-Millionen-Euro-Yacht zu hacken, die zu dem Zeitpunkt von Monaco nach Rhodos unterwegs war. Damit wollten die Forscher demonstrieren, wie einfach es ist, Navigationssysteme zu kapern.[28]

Über uns sind nicht nur Sterne

Das Center for Advanced Defense (C4ADS) hat in ihrem Bericht »Above Us Only Stars«[29] von 2019 insgesamt 9883 Spoofing-Attacken auf Navigationssysteme aus den Jahren 2016 und 2018 analysiert. Die Conclusio: Spoofing-Angriffe sind eine ernstzunehmende strategische Bedrohung. Allein auf die zivile Schifffahrt wurden 1311 Attacken verübt.

Man analysierte außerdem das russische Glonass-System[30], das vom Verteidigungsministerium der russischen Föderation betrieben wird, und kam zu dem Schluss, dass es einen »engen Zusammenhang zwischen den Bewegungen des russischen Staatsoberhauptes und den GNSS-Spoofing-Ereignissen« gibt. Entweder wird das Signal also absichtlich von den russischen Behörden gestört, damit sich potenzielle Angreifer lokal nicht orientieren können oder – aber eher unwahrscheinlich – die Signale werden von Regierungsgegnern gestört, um damit ihrem Protest Ausdruck zu verleihen. Das C4ADS hat in seiner Analyse außerdem entdeckt, dass Spoofing-Technologien in Moskau, an der Küste Russlands und an der Krim im Schwarzen Meer zum Schutz ihrer Einrichtungen eingesetzt werden. Am Schwarzen Meer wurde ein »mehrere Millionen Dollar teurer Palast« entdeckt, der sich früher im Besitz von Familienmitgliedern hoher FSO*-Offiziere befand und heute angeblich Präsident Putin als Sommerresidenz dient. In diesem Palast, besser bekannt als Residenz am Kap Idokopas[31], wurde ebenfalls eine Spoofing-Anlage geortet.

* Federalnaja Sluschba Ochrany/Föderaler Dienst für Bewachung

GNSS-Spoofing ist übrigens auch Thema in aktiven russischen Kampfzonen. So kommt es besonders in Syrien zum Einsatz, um dort den feindlichen Kampftruppen die Navigation zu erschweren. Dieses Verfälschen der Navigationsdaten ist aber auch für die Zivilluftfahrt in der Region mit erheblichen Problemen verbunden. Laut C4ADS-Analyse befindet sich der Spoofing-Sender auf dem russischen Militärstützpunkt Hmeimim im nördlichen Bereich des Internationalen Flughafens Basil al-Assad von Latakia im Westen von Syrien. Doch wie orientieren sich die Spoofer, wenn sie zivile oder militärische Ziele verfolgen?

Ihnen sind die Abweichungen, die ihre Störungen verursachen, bekannt, sie können diese in ihr System integrieren. Wenn man nämlich weiß, wie falsch ein System kalibriert ist, kann man diesen Kalibrierungsfehler in den eigenen Berechnungen berücksichtigen.

10×10×10 Zentimeter

Ältere Satelliten, die ab und an ebenfalls Ziel von Spoofern werden, wiegen etwa zwei Tonnen. Satelliten der neuesten GPS-Generation sind etwa so groß und so schwer wie eine Flasche Champagner. Sie werden in eine Metallbox gesteckt, an deren Boden eine Sprungfeder montiert ist. Dieser Metallkasten, mit Deckel und Schnalle, wird an der Seite des Hauptsatelliten befestigt, in einer bestimmten Höhe beziehungsweise Umlaufbahn wird der Deckel geöffnet und der Satellit hüpft praktisch raus ins All.

Das Programm wurde 1999 von der California Polytechnic State University (Cal Poly) gestartet[32], damit andere Universitäten und private Unternehmen kostengünstige Satelliten herstellen und diese auch kostengünstig ins All bringen können. Die Hersteller dieser kleinen »CubeSats«, verwenden Standardtechnologie, um die Kosten niedrig zu halten. Hier gibt es jedoch einen Haken: Diese Komponenten sind praktisch überall verfügbar und können von Hackern auf Schwachstellen analysiert werden. Darüber hinaus setzen die Satellitenbauer genau in diesem Bereich auf sogenannte Open-Source-Technologien, also auf frei verfügbare Technologie, die gerade deshalb so preisgünstig erstanden werden kann. Hier besteht aber die Gefahr, dass Hacker Hintertürchen und andere Schwachstellen in die Software der Satelliten einschleusen könnten.

Die kleinste Standardgröße eines CubeSat ist 1U (one unit), hat die Maße 10×10×10 Zentimeter und darf nicht schwerer als 1,33 Kilogramm sein. Es gibt auch größere Standardgrößen wie 2U (20×10×10 Zentimeter) und 3U (30×10×10 Zentimeter). Am verbreitetsten ist aber die Größe 6U (10×20×30 Zentimeter). Ähnlich wie der PC den Computerbereich revolutioniert hatte, weil Rechner frei konfiguriert werden konnten, gelten auch CubeSats als Revolution im Satelliten-Business. Ein Satellit kostet »einige Hunderttausend« Euro und ist mit einer speziellen Batterie, die im Vakuum funktioniert, mit Funkkomponenten und vielem anderen ausgestattet. Ein Launch mit einer Rakete kostet »deutlich weniger« als eine Million Dollar und pro Launch können, wie etwa beim Satellitensystem von Spire, zwischen 2 und 12 Satelliten ins All transportiert werden.[33]

Eines der großen Probleme jener Satelliten, die schon seit vielen Jahren oder Jahrzehnten im Orbit unterwegs sind, ist, dass sie zu einer Zeit ins All geschossen wurden, in der Speicherplatz teuer und die Datenübertragungsgeschwindigkeit niedrig waren. An das Verschlüsseln von Daten dachte damals niemand – vor allem auch aus Praktikabilitätsgründen, denn der Satellit wäre dadurch, da ja ein größerer Speicher notwendig gewesen wäre, viel schwerer geworden. Das wiederum hätte den Transport verteuert. Bei den neuen CubeSats ist das anders, hier müssen jetzt die entsprechenden Sicherheitsdesigns beschlossen werden.

WARUM GESETZESREFORMEN DRINGEND NOTWENDIG SIND

Einige Experten haben bereits erkannt, dass das Hacken von Satelliten künftig zu einem Problem werden könnte. Sie fordern daher Regierungen dazu auf, Cybersicherheitsstandards für Satelliten und andere Weltraumressourcen zu entwickeln. »Die Bemühungen um Cybersicherheit sind hinter jenen anderer Hochtechnologiebereiche zurückgeblieben«, zu diesem Schluss kommt Gregory Falco von der Harvard University, Cambridge, Massachusetts, in seinem

Paper »Cybersecurity Principles for Space Systems«. Er fordert Gesetze, die Satellitenhersteller zur Entwicklung einer gemeinsamen Cybersicherheitsarchitektur verpflichten.[34]

Regierungen und Militärs sind sich, vor allem angesichts der jüngsten Vorfälle, der Problematik bewusst, die sich in den kommenden Jahren noch verschärfen wird. Bereits im Jahr 2019 hat die United States Air Force (USAF) angekündigt, bei der größten Hackermesse der Welt, der DEFCON 2020, einen Satelliten und/oder eine Bodenstation zur Verfügung zu stellen, die die Teilnehmer hacken sollen.[35] Man wolle Technologien herausfordern, um ihre Verteidigung zu verbessern, argumentiert man bei der Air Force. Nach zahlreichen Sicherheitsverletzungen sei es besser, jetzt zu testen als später. Der Hack eines Satelliten sei keine Utopie mehr, sondern eine reale Gefahr, die die Gesellschaft teuer zu stehen kommen könne. Auf Satelliten kann man wegen der Distanz zwar nicht einfach Updates oder ein neues Betriebssystem aufspielen, aber wenn jemand Zugriff auf das Design des Satelliten hätte und entsprechende Energie aufwende, könnte er einen Satelliten manipulieren, ohne dass der Betreiber diese Manipulation sofort abschalten könnte.

Wissenschaftler der NSA haben nun damit begonnen, das Hacken von Satelliten zu studieren, dabei setzen sie auch Künstliche Intelligenz ein, die seltsame Verhaltensweisen bei kleinen Satelliten charakterisieren soll. Man will erkennen und verstehen, wie Satelliten, die sich aus Sicht des Betreibers nach wie vor normal verhalten, agieren, sobald sie von Hackern kontrolliert werden. »Wir suchen nach einer Möglichkeit, Telemetriedaten zu charakterisieren, damit wir neue Satelliten dahin gehend verbessern können«, sagte Aaron Ferguson, der technische Direktor des Büros für Verschlüsselungslösungen der NSA bei einer Veranstaltung im Herbst 2019 von Defense One.[36] Man wolle wissen, »wie wir eine Art von Malware über eine Bodenstation auf einem kleinen Satelliten installieren können, damit wir Bedrohungen besser beurteilen können.« Das sei extrem wichtig, denn in den kommenden Jahren würden riesige Mengen an Kleinstsatelliten à la CubeSat ins All geschossen. Diese kleinen Satelliten übertragen eine riesige Datenmenge auf die Erde. Es ist demnach sehr schwierig festzustellen, ob sie von einem Gegner kompromittiert wurden, also echt oder gefälscht sind. Was auch immer wir an Geräten in die Umlaufbahn senden, es werden Daten zurückgeschickt. Wir müssen aber dafür sorgen, dass es echte und nicht manipulierte Informationen sind. Und dies lässt sich nur garantieren, wenn die Übertragung an beiden Enden geschützt ist.

KAPITEL 13

INTERNET OF FOOD

Seit Jahrtausenden versucht der Mensch, die Umwelt durch den Einsatz von Technik zu kontrollieren. Schon die alten Ägypter entwickelten hierzu vor fast 5000 Jahren Bewässerungssysteme[1], um das Wasser des Nils auf trockene und unfruchtbare Flächen umzuleiten. Dafür bauten sie beispielsweise das »Schaduf«, eine Art Hebebaum mit einem 20-Liter-Eimer auf der einen und einem Gegengewicht auf der anderen Seite[2]. Außerdem gab es bereits vor Tausenden von Jahren sogenannte »Nilometer«, mit welchen der Wasserstand des Nils gemessen werden konnte. Anhand des Messergebnisses konnten die Beamten im Alten Ägypten die Ernte prognostizieren und die Steuern vorab festlegen[3].

Ein weiteres Beispiel dafür, dass der Mensch schon immer sein Wissen und daraus resultierende technische Errungenschaften zu seinem Vorteil nutzte, zeigen außerdem die bekannten Reisterrassen in Banaue auf der philippinischen Insel Luzon. Durch die Terrassenbauweise konnten die austronesischen Einwohner dieser Gegend die Felder nicht nur besser bearbeiten, sie bot gleichzeitig auch Schutz vor Bodenerosion. Bis heute bewirtschaften die Einheimischen die Terrassen und bauen hier Reis und Gemüse an.[4]

Ein weiteres Beispiel wäre außerdem die Entwicklung der »Schneckenpumpe« vor etwas mehr als 2200 Jahren durch den bekannten Mathematiker Archimedes. Bei dieser »Schraube des Archimedes« handelt es sich um ein Holzrohr, in dessen Innerem sich eine Spirale befindet. Durch das Drehen der Schraube konnte man Wassermengen über eine geringe Höhe von unten nach oben transportieren. Diese Förderanlage kam besonders zu Bewässerungs- und Entwässerungszwecken zum Einsatz.

In der Landwirtschaft verwendete man immer schon Geräte, um die Arbeit zu erleichtern und die Erträge zu optimieren, wie beispielsweise Pflugscharen, Mähdrescher und Traktoren. Doch in der Landwirtschaft braucht es künftig mehr Innovation, denn die Welt verzeichnet einen Anstieg des Bevölkerungswachstums. Wir benötigen künftig immer mehr Nahrung, kostengünstig produziert, mit maximal möglichem Ertrag und schnell verteilt.

URBAN FARMING UND INDOOR-GARDENING

Wenn man wissenschaftlichen Hochrechnungen Glauben schenkt, werden im Jahr 2050 etwa zehn Milliarden Menschen auf der Erde leben. Wie soll diese große Anzahl an Menschen, von denen zwei Drittel in Städten leben, künftig ernährt werden? Woher sollen sie ihre Nahrungsmittel beziehen? Zusätzliche landwirtschaftliche Flächen sind (Stichwort »Global Warming«) keine Option, da die Vieh- und die Landwirtschaft hauptverantwortlich sind für klimaschädliche Rodungen, um etwa Palmöl- und Sojaplantagen oder Rinderweiden anzulegen. Weltweit werden jährlich etwa 300 000 Quadratkilometer Wald abgeholzt oder abgebrannt.[5]

Es gibt verschiedenste Ansätze, die sich der Lösung des Problems der künftigen Nahrungsmittelknappheit annehmen. So befinden sich bereits heute einige Produktionsstätten nicht mehr nur auf dem Land, sondern auch in den Städten. »Urban Farming« ist ein Trend, mit dem wir künftig immer öfter in Kontakt kommen werden. Der Pflanzenanbau auf dem Dach eines Hochhauses, Gewürzplantagen an der Fassade, Salatproduktion in Reinräumen, die einst der IT-Industrie gedient haben, oder »Indoor-Gardening«-Systeme für die Küche daheim werden bald keine Seltenheit mehr sein

Ein weiterer Ansatz widmet sich der Nahrungsmittelverschwendung. Möchte man den ständig steigenden Lebensmittelbedarf stillen, ist es dringend nötig, diese in den Griff zu bekommen. Die Food and Agriculture Organization of the United Nations (FAO) schätzt, dass etwa ein Drittel der weltweiten Lebensmittelproduktion weggeworfen wird.[6] Das entspricht 1,3 Milliarden Tonnen pro Jahr. Vor allem in den Industrieländern landen viele Lebensmittel im Müll oder werden gar nicht erst geerntet, weil ihr Aussehen nicht der Norm entspricht.[7] In Entwicklungsländern treten die größten Verluste in der Landwirtschaft und in der Produktion auf, weil nach der Ernte und bei den folgenden Schritten Lebensmittel unzureichend gelagert, verpackt oder gekühlt werden.

Man hofft nun mithilfe der Digitalisierung gegensteuern zu können. So wird schließlich bereits eine Optimierung der einzelnen Bereiche der Landwirtschaft mithilfe von technischen Innovationen angestrebt.[8]

Dennoch muss man hier bedenken, dass die Digitalisierung der Landwirtschaft auch Hackern Tor und Tür öffnet. Konnte man – rein theoretisch – im Alten Ägypten den Holzeimer eines Schadufs manipulieren, indem man ein Loch hineinbohrte, so sind heute Attacken auf Mais- und Sojafarmen, Tierzuchtanlagen, aber auch Firmen, die Dünge- oder Futtermittel herstellen, vorstellbar. Es wird Attacken auf jene Systeme geben, mit denen wir die Historie eines Steaks oder von Bio-Gemüse rückverfolgen können. Auch Logistiksysteme, mit denen Nahrungsmittel von A nach B transportiert werden, sind angreifbar.

DIE SCHADUFS DES 21. JAHRHUNDERTS

Ob im Alten Ägypten oder im 21. Jahrhundert – in der Landwirtschaft ging es immer schon darum, mit technologischer Hilfe den Ertrag zu steigern. Mehr Mais, mehr Weizen, mehr Fisch, mehr Fleischertrag, mehr Milch, mehr Eier und so weiter. Die smarten Geräte der Gegenwart und Zukunft sind die Schadufs des 21. Jahrhunderts. Hierbei handelt es sich beispielsweise um Temperatur-, Ammoniak- und Feuchtigkeitssensoren, Kameras, Mikrofone, Scanner und Infrarotsysteme. Die Investment-Banking-Experten von Goldman Sachs prognostizieren, dass »Smart Farming« den Ertrag der Landwirtschaft um 70 Prozent steigern wird. Allein in den USA sei das bis zum Jahr 2050 ein zusätzlicher Markt in der Größenordnung von 250 Milliarden US-Dollar. [9]

Diese Entwicklung macht den bislang vielfach unterschätzten Bereich »Agriculture« plötzlich auch für Cyberkriminelle hochinteressant. Nicht nur für jene, die sich in Systeme hacken oder per Ransomware ein Unternehmen erpressen wollen, sondern auch für Hacker, die im Auftrag von Staaten agieren. Wer die Lebensmittelindustrie erfolgreich attackieren und beispielsweise Versorgungsketten lahmlegen kann, kann dadurch einem feindlichen Staat enormen Schaden zufügen. Ein einfaches Beispiel: In Asien ist es bei Unternehmen üblich, ihren Mitarbeitern kostenlose Mahlzeiten zur Verfügung zu stellen. Ein Ausfall der Lebensmittelversorgung in Fabriken würde zu einem Exodus der Arbeiter führen und so die Produktion lahmlegen.

Ein mögliches Angriffsziel wären etwa auch Hühnerfarmen, weil Hühner und Eier, global betrachtet, zu den wichtigsten Lebensmitteln zählen. Weltweit gibt es etwa 25 Milliarden Hühner, pro Jahr werden 126 Millionen Tonnen Geflügelfleisch verzehrt, mit einer jährlichen Wachstumsrate von etwa fünf Prozent.[10]

Der Journalist Christopher Leonard hat für *Bloomberg Businessweek* eines der mysteriösesten »Mordrätsel der Landwirtschaft« aufgearbeitet:[11]

Im Jahr 2015 wurden auf mehreren Farmen im US-Bundesstaat South Carolina systematisch Hunderttausende Hühner getötet – von einem oder mehreren Tätern, die genau wussten, wie die industrielle Hühnerzucht funktioniert. Ausgewachsene Hühner benötigen kühle Luft, die zirkulieren muss, damit Wärme und Dampf abgeleitet werden. Jungtiere wiederum benötigen zusätzliche Wärme, damit sie zu gesunden erwachsenen Hühnern heranwachsen. Die Altersgruppen werden aufgrund der unterschiedlichen Anforderungen getrennt gehalten.

Durch einen internen Hack und Temperaturmanipulationen in den Hühnerställen konnten die Angreifer 320 000 Hühner töten.

Aber auch andere Szenarien sind denkbar. Die ideale Bruttemperatur für Hühnereier beträgt etwa 38 Grad Celsius (Experten geben einen Schwankungsbereich zwischen 37,2 und 38,9 Grad Celsius an)[12]. Wird diese Temperatur in einem Brutkasten über mehrere Tage unter- oder überschritten oder gibt es heftige Ausschläge nach oben oder unten, hat das enorme Auswirkungen auf die Brutfähigkeit. Das heißt, es schlüpfen weniger oder gar keine Küken. Was passiert, wenn ein solcher Betrieb von Hackern übernommen wird und die Thermostate auf unter 37,2 oder über 38,9 Grad eingestellt werden? Es schlüpfen keine Küken mehr – die Folge sind massive Umsatzeinbußen.

Laut den Referenten der RSA-Conference 2019[13] in San Francisco handelt es sich hierbei um ein plausibles Szenario, mit dem Farmer künftig rechnen müssen. Wer als Täter in Frage käme? Ryan Flores und Akira Urano, Experten des japanischen IT-Sicherheitsunternehmens Trend Micro haben das in ihrem Vortrag »Internet of Food: How IoT Threatens Fields, Farms and Factories« bei der RSA-Conference 2019 so beantwortet: Es könnten Hacker sein, die Attacken auf die smarte Landwirtschaft aus Jux und Tollerei ausüben, es könnte sich aber auch um ganz gezielte Angriffe handeln, um einem Konkurrenten wirtschaftlich zu schaden oder in einem Land für Unruhe zu sorgen.

Cyberattacken auf Fischzuchtbetriebe wären ebenso vorstellbar. Etwa 50 Millionen Tonnen Fisch und Meeresfrüchte (das ist fast die Hälfte des weltweit konsumierten Speisefischs) werden jährlich in Süßwasser- und Meereszuchten erzeugt.[14] Aquakulturen zählen mit jährlichen Steigerungsraten von durchschnittlich neun Prozent zu den schnellstwachsenden Wirtschaftszweigen in der globalen Ernährungswirtschaft[15]. Die meisten Fische, die auf unseren Tellern landen, wurden nicht in Seen oder Meeren gefangen, sondern stammen – da man ja die Überfischung der Meere verhindern will – aus Aquakulturen. Man unterscheidet hier Durch- und Kreislaufanlagen. Im Zuge des »Aquafarming« werden viele verschiedene Fischarten, von Forellen über Saiblinge, Lachs und Zander bis hin zu Tilapias, aber auch Shrimps und Muscheln gezüchtet. Dabei müssen laufend alle Wasserparameter kontrolliert werden. Der Fischbestand ist in Aquakulturen nicht nur vor Fressfeinden geschützt, sondern auch vor Krankheiten, weil dem Wasser Medikamente beigemengt werden. Verschaffen sich Hacker Zugriff auf die Systeme, können sie nicht nur Thermostate manipulieren, sondern beispielsweise auch den Wasserqualitätsmonitor angreifen, der die verschiedenen Parameter misst, und – noch dramatischer – die Dosieranlage, die dem Wasser Chemikalien und Medikamente beimengt.

Hierzu hat das FBI bereits im Jahr 2016 sein Cyber Bulletin »Smart Farming May Increase Cyber Targeting Against US Food and Agriculture Sector« veröffentlicht.[16] Die amerikanische Bundespolizei ist überzeugt davon, dass die smarte Landwirtschaft künftig ein Angriffsziel von

Cyberkriminellen sein wird. Auch das US-Heimatschutzministerium warnt im Paper »Threats to Precision Agriculture« vor Hack-Attacken.[17] Der Nahrungsmittel- und Landwirtschaftssektor wurde neben 16 weiteren Infrastrukturen vom US-Heimatschutzministerium als »kritisch« eingestuft. »Ausrüstung, die mit landwirtschaftlichen Betrieben, Verarbeitungsanlagen, Bewässerung und anderen Operationen verbunden ist, könnte zur Zielscheibe werden«, sagt Professor Bob Norton, der an der University Auburn die Arbeitsgruppe »Food and Water Defense« leitet. Das wahrscheinlichste Szenario wäre, dass Malware (aus Russland) industrielle Steuerungssysteme zerstört, was die Nahrungsmittelproduktion für eine gewisse Zeit zum Erliegen bringen würde.[18]

Zu den Technologien, die die Landwirtschaft zur »Präzisionslandwirtschaft« machen sollen, gehören GPS, Kommunikationsnetzwerke wie 5G und diverse Geräte wie Sensoren und smarte Kameras, die unter dem Begriff IoT zusammengefasst werden. Diese Geräte generieren große Datenmengen, die von maschinellen Lernsystemen mit dem Ziel, die Ernteerträge zu verbessern, die Gesundheit der Tiere zu überwachen und die Zuchtergebnisse zu erhöhen, analysiert und ausgewertet werden. Haben Hacker oder Onlineerpresser Zugang zu diesen Daten, beziehungsweise Systemen, entsteht binnen kürzester Zeit ein enormer wirtschaftlicher Schaden.

Das Hauptproblem bringen Wissenschaftler im Jahr 2019 publizierten White Paper »Cyber Risk and Security Implications in Smart Agriculture and Food Systems« auf den Punkt: Niemand weiß derzeit, was durch die Digitalisierung der Landwirtschaft in Zukunft passieren wird, da diese bisher weitestgehend analog war. Die Bauern sind auf Cyberattacken relativ schlecht vorbereitet. Ihre Hauptgegner waren bisher Stürme, Überschwemmungen, Trockenheit, Heuschrecken- oder Schädlingsplagen. Sie haben keine Erfahrungswerte mit Cyberrisiken, da sich der Bereich »smart farming« noch in der Entwicklung befindet. Hinzu kommt, dass die vernetzten Geräte, die zum Einsatz kommen, oft schlecht gesichert sind, weil auch den Entwicklern von Hightech-Geräten noch nicht bewusst ist, wie ergiebig der Agrarmarkt für Cyberattacken sein kann. Doch Angriffe in diesem Bereich könnten sehr schnell zum globalen Problem werden.[19]

ATTACKEN AUF DIE NAHRUNGSKETTE

Verschiedene Risikoszenarien für die Landwirtschaft sind wahrscheinlich. Der Markt für Wearables boomt, und zwar nicht nur der mit Wearables für Menschen. Was bei uns die Smartwatch, die intelligente Brille oder das Fitness-Armband ist, entspricht bei Tieren dem GPS-Tracker, der Bolus- oder RFID-Ohrmarke, oder dem Beinband, das die Bewegungen trackt. Im Jahr 2019 war der »Wearables-für-Tiere« Markt bereits etwa 900 Millionen US-Dollar schwer.[20] Bis zum Jahr 2027 soll er schon auf 4,6 Milliarden Dollar angewachsen sein.[21]

Mit diesen Wearables können die Tiere nicht nur identifiziert und lokalisiert werden, es werden auch Gesundheitsparameter überwacht: Schweißbestandteile, Körpertemperatur, Bewegung, Stress, Schall oder etwa pH-Wert. Da Gesetze in den verschiedensten Ländern vorgeben, dass die Entstehung von Lebensmitteln rückverfolgbar sein muss, wird der Landwirtschaft nichts anderes übrigbleiben, als ebenfalls auf neueste Technologien zu setzen.

Wenn Massentierhaltung biologisch wird

Das »Smart Monitoring« hat viele Vorteile für Landwirte, weil Krankheiten früh erkannt und im Keim erstickt werden können. Allerdings sind die tierischen Wearables auch ein spannendes Betätigungsfeld für Angreifer aller Art. So könnten theoretisch Überwachungsdaten gestohlen oder auch marktadäquat manipuliert werden: Aus einem Massentierhaltungsprodukt würde so »Bio-Fleisch« und die in einer Nährstofflösung gezogene Tomate könnte dann als »in Edelerde gewachsen« verkauft werden.

Die diversen Sensoren kommunizieren auf dem modernen Bauernhof oder Verarbeitungsbetrieb über ein Netzwerk mit ihren Servern. Auf diesen können Daten gesammelt, gespeichert und dann von den verschiedensten Stakeholdern abgefragt und ausgewertet werden. Das Sicherheitsunternehmen Trend Micro hat herausgefunden, dass bei 10 Prozent der Basisstationen, die solche Daten sammeln, keine Authentifizierung notwendig ist, die Daten also unverschlüsselt übertragen werden. Und bei 90 Prozent der

Basisstationen werden die – ohnehin unsicheren – Standardpasswörter nie geändert. Hier muss man sich insofern Sorgen machen, als dass derartig offene Geräte über verschiedene Plattformen auffindbar sind und Hacker die Konfiguration ohne Wissen des Bauern ändern könnten.[22]

Lösegeld für die gehackte Kuh

Einen Bio-Bauern, der seine Milchkühe auf einer grünen Alm in den Tiroler Bergen grasen lässt, wird die Cybercrime-Gefahr eher kalt lassen. Japanische Rinderzüchter beispielsweise dürften dies ein wenig anders sehen. Denn dort setzt man mit Nachdruck auf die Digitalisierung der Landwirtschaft. Schon 2015 hat Fujitsu im Rahmen des Projekts »GYUHO SaaS« oder »connected cows« 40 000 Kühe mit Schrittsensoren ausgestattet.[23] Man ging davon aus, dass sich eine Kuh in der Östrus-Phase, also in der paarungs- und empfängnisbereiten Zeit, mehr bewegt. Die Schrittzähler schickten die Daten über ein WLAN-Netzwerk an ein System, das diese auswertet. Kam das System zu dem Schluss, dass sich die Kuh mit dem Schrittzähler X im Östrus befindet, wurde diese Kuh künstlich besamt. Tatsächlich stieg dadurch die Besamungserfolgsrate, beziehungsweise die Paarungseffizienz. Im Durchschnitt hat das GYUHO-System eine Befruchtung auf 1,58 Versuche erbracht, auf »natürliche« Art waren für einen Erfolg 2 bis 2,5 Versuche notwendig.

Die »vernetzte Kuh« wird bald Alltag sein, denn Landwirte können ihre vernetzten Rinder ständig überwachen und werden laufend über die Gesundheit und das Verhalten der Tiere informiert. Eine einzelne »connected cow« generiert pro Tag etwa 120 Datenpunkte. Die erhobenen Daten – sie reichen von der Nahrungsmittelaufnahme bis zum Schlafverhalten – liefern wichtige Informationen. Sensoren in und an der Kuh messen nicht nur die Schrittfrequenz, sondern auch die Körpertemperatur, Aktivität, den Wiederkäurhythmus oder den pH-Wert im Pansen.

Dass auch elektrische Geräte, beispielsweise in der Melktechnik, inzwischen mit Sensoren ausgestattet sind, ist naheliegend. Im Agri-Epi Center in Somerset haben die britische Regierung und das US-Technologieunternehmen Cisco ein spannendes Projekt gestartet[24]: Die Kühe tragen dort Halsbänder, die über das 5G-Netzwerk Daten an die Smartphone-App Me+Moo senden. Nicht nur die Landwirte haben Zugriff auf diese Informationen, sie können auch mit Tierärzten und Futtermittellieferanten geteilt werden.

Ein Hackerangriff auf solche Speichersysteme könnte etwa verhindern, dass Krankheiten rechtzeitig erkannt werden, das wiederum kann erheblichen wirtschaftlichen Schaden anrichten oder – im schlimmsten Fall – zur Verbreitung von Seuchen beitragen. Ein solcher Angriff könnte aber auch mit dem Ziel erfolgen, die Identität der Tiere zu löschen oder zu stehlen, damit diese digital nicht mehr existent sind und es keine Aufzeichnungen über sie gibt. Damit wären sie mit einem Schlag unverkäuflich, weil ihre Lebensgeschichte einfach gelöscht worden ist. Ein Unternehmen könnte auch selbst die Daten manipulieren. Bei Tieren werden sogenannte »Temperatursignale« oft als Vorboten schwerer Krankheiten interpretiert. Würden solche Temperaturaufzeichnungen manipuliert, könnten bereits erkrankte Tiere noch rasch als gesund verkauft werden.

Die Nahrungsmittellogistik

Supermarktketten, aber auch Hersteller verlagern nicht nur den Transport, sondern auch die Lagerung und die Bevorratung der Lebensmittel auf spezialisierte Logistikunternehmen. Handel und Produzenten vertrauen darauf, dass die Produkte immer verfügbar sind, rechtzeitig geliefert werden und die Kühlkette nie unterbrochen wird. Doch jedes Produkt braucht unterschiedliche Lager- und Transportbedingungen. Müssen Tiefkühlprodukte bei minus 25 Grad gelagert und transportiert werden, so sollten Frischelieferungen, also Transporte von Fleisch- und Wurstwaren, Molkereiprodukten, Obst und Gemüse, bei Temperaturen zwischen 4 Grad (Fleisch) und 8 Grad (Milchprodukte) erfolgen.[25]

Logistik ist mittlerweile ein hochkomplexes System, denn Waren müssen immer in ausreichender Menge zur exakt richtigen Zeit frisch am Zielort ankommen – per Schiff, Zug, Lkw, Transporter oder Botendienst. Logistikunternehmen haben deshalb künftig besondere Herausforderungen zu meistern und sollten sich auf Attacken vorbereiten, denn ein Angriff auf ihre Systeme hätte weitreichende Folgen. »In vielen Fällen sind die umfangreichen IT-Systeme von

Logistik- und Transportunternehmen veraltet und wurden nicht zum Schutz vor Cyberbedrohungen konzipiert.« – Zu diesem besorgniserregenden Schluss kommen die Experten im schon vorhin erwähnten White Paper »Cyber Risk and Security Implications in Smart Agriculture and Food Systems«.

Ein hartes Urteil, das die Studienersteller über die Logistikbranche fällen. Sie untermauern dieses Urteil mit einem Vorfall, der sich im Juni 2017 ereignete und ein Unternehmen betraf, bei dem man angenommen hätte, dass es das Problem der Cybersicherheit besonders ernst nehmen würde: die A. P. Moller-Maersk Group. Mit Maersk-Containern beladenen Lastwagen begegnet man laufend auf fast allen Transitstraßen. Maersk ist für etwa 15 Prozent des globalen Frachtaufkommens verantwortlich und generiert etwa 45 Milliarden Euro Umsatz pro Jahr.[26] Im Juni 2017 schleuste sich der Erpressungstrojaner NotPetya in das IT-System des Konzerns und legte das komplette Unternehmen lahm. Von einem Moment zum anderen konnte kein einziges Transportschiff der Maersk-Flotte geortet werden, ebenso konnte kein einziges Schiff, das bereits an einem der großen Transporthäfen der Welt angelegt hatte, entladen werden – weil niemand mehr wusste, was sich in den Containern befand. Es dauerte 10 Tage, bis das Unternehmen alle Systeme reaktivieren und mehr als 4000 Server, 45 000 Computer und 2500 Applikationen wieder zum Laufen bringen konnte.[27]

Die Attacke, für die US-Geheimdienste das russische Militär verantwortlich machten, verursachte einen geschätzten Schaden von 300 bis 500 Millionen Dollar. Eine genaue Summe gab Maersk nie bekannt. Betroffen waren neben den Warenströmen der Lebensmittelindustrie auch andere Bereiche. Der Schaden hätte sogar noch höher ausfallen können, wären die Daten nicht von Maersk-Kunden und Tag-und-Nacht-Arbeit durch Maersk-Mitarbeiter in Kopenhagen relativ rasch rekonstruiert worden.

VON SPEKULATIONSHACKERN BIS HACKTIVISTEN

Erpressungstrojaner wie NotPetya, die unter dem Begriff Ransomware zusammengefasst werden, sind eine nicht zu unterschätzende Gefahr in der digitalisierten Welt. Lösegelderpressungen sind zu einer massiven Bedrohung für Unternehmen und Einzelpersonen geworden. Die Täter verwenden Schadsoftware, um wichtige Dateien eines Benutzers zu verschlüsseln und diese bis zur Zahlung eines Lösegelds unlesbar zu machen.

Abseits der Möglichkeit zur Stilllegung einer Farm oder eines Logistikunternehmens sind die Daten aber auch anderweitig interessant für Kriminelle. Datendiebe können – attackieren sie etwa ein Lebensmittelunternehmen – das Nahrungsmittelangebot abschätzen und an der Börse auf entsprechende Kursentwicklungen spekulieren. Damit könnte man viel Geld verdienen. Das amerikanische FBI warnt unter anderem auch vor Hacktivisten, die aus ethischen Gründen handeln und beispielsweise versuchen könnten, Betriebe stillzulegen, weil diese beispielsweise gentechnisch veränderte Lebensmittel produzieren.[28]

Die wichtigste Schutzmaßnahme gegen diese Bedrohung ist die Implementierung eines robusten Datensicherungs und -wiederherstellungsplans. Die Datensicherungen sollten an einem separaten und sicheren Ort aufbewahrt werden, damit böswillige Akteure nicht von lokalen Netzwerken aus darauf zugreifen können. Gänzlich verhindern lassen sich Attacken auf das Lebensmittelsystem zwar kaum, aber Ansätze, wie bessere Schulungen des Personals, die Verbesserung politischer und rechtlicher Standards oder eine Zertifizierung durch Dritte, können dazu beitragen, dass sich eine Sensibilität für diese Thematik entwickelt. Dies würde das Risiko definitiv minimieren.

ÜBER DEN AUTOR

Gerald Reischl ist gefragter Tech- und IT-Security-Experte, Journalist und Buchautor. Er war Redakteur für diverse österreichische Tageszeitungen, baute das führende Technologie-Nachrichtenportal Österreichs auf und war Geschäftsführer im öffentlich-rechtlichen Rundfunk. Heute ist er Kommunikationschef eines der führenden Technologie-Unternehmen Österreichs.

www.internetofcrimes.com

ENDNOTENVERZEICHNIS

Vorwort

1 *2017 Cybercrime Report*, Herjavec Group
2 Cisomag: *Cybercrime Will Cost the World US$6 Trillion by the End of the Year*: Study, URL: https://www.cisomag.com/cybercrime-will-cost-the-world-us6-trillion-by-the-end-of-the-year-study/
3 Cern, URL: http://info.cern.ch/
4 Cern: *The world's first browser/editor, website and server go live at CERN*, URL: https://timeline.web.cern.ch/worlds-first-browsereditor-website-and-server-go-live-cern
5 Websitehostingrating: *100 + Internet-Statistiken und Fakten zu 2020*, URL. https://www.websitehostingrating.com/de/internet-statistics-facts/
6 Data Age 2025 – *The Digitization of the World From Edge to Core*, IDC White Paper, 2018
7 Techcrunch: *Global wearables Market to grow 17% in 2017, 310M devices sold, $30.5 BN revenue*: Gartner, URL: https://techcrunch.com/2017/08/24/global-wearables-market-to-grow-17-in-2017-310m-devices-sold-30-5bn-revenue-gartner/
8 Cisco: *Thanks to IoE, the Next Decade Looks Positively ›Nutty‹*, URL: https://blogs.cisco.com/digital/thanks-to-ioe-the-next-decade-looks-positively-nutty
9 IT Wissen: *IoE (Internet of everything)*, URL: https://www.itwissen.info/IoE-Internet-of-everything.html
10 Kaspersky: *IoT under fire: Kaspersky detects more than 100 million attacks on smart devices in H1 2019*, URL: https://www.kaspersky.com/about/press-releases/2019_iot-under-fire-kaspersky-detects-more-than-100-million-attacks-on-smart-devices-in-h1-2019
11 Khan Academy, URL: https://de.khanacademy.org/
12 Coursera, URL: https://de.coursera.org/
13 Singularity University: *Global Grand Challenges*, URL: https://su.org/about/global-grand-challenges/
14 E&T: *Cybercrime will be exacerbated by 5G, McAfee experts say*, URL: https://eandt.theiet.org/content/articles/2019/02/cybercrime-will-be-exacerbated-by-5g-mcafee-experts-say/

15 Symantec: *Cyber Security Predictions: 2019 and Beyond*, URL: https://symantec-blogs.broadcom.com/blogs/feature-stories/cyber-security-predictions-2019-and-beyond?om_ext_cid=biz_social_LAM_linkedin_LAM%20Events
16 RSA Concerence: *The Future of Companies and Cybersecurity Spending*, URL: https://www.rsaconference.com/industry-topics/blog/the-future-of-companies-and-cybersecurity-spending
17 Palo Alto Networks: *Cybersecurity: More Threats, But Also More Opportunities*, URL: https://blog.paloaltonetworks.com/2016/06/cybersecurity-more-threats-but-also-more-opportunities/
18 Wikipedia: *Hackerangriffe auf den Deutschen Bundestag*, URL: https://de.wikipedia.org/wiki/Hackerangriffe_auf_den_Deutschen_Bundestag
19 FM4: *Vorläufige Bilanz des Cyberangriffs auf das Außenministerium*, URL: https://fm4.orf.at/stories/2998771/
20 Avast: Ransomware, URL: https://www.avast.com/de-de/c-ransomware
21 Bundeskriminalamt: *Cybercrime: Die zentrale Herausforderung der Zukunft*, URL: https://www.bundeskriminalamt.at/news.aspx?id=5779486D566E5A2B3050773D
22 Steve Morgen: *Humans On The Internet Will Triple From 2015 To 2022 And Hit 6 Billion*, Cybercrime Magazin, URL: https://cybersecurityventures.com/how-many-internet-users-will-the-world-have-in-2022-and-in-2030/
23 Internet World Stats, URL: https://www.internetworldstats.com/stats.htm

Prolog

1 Sars-CoV-2 steht für »Severe Acute Respiratory Syndrome Coronavirus 2«: schweres akutes Atemwegssyndrom Coronavirus. Covid-19 steht für »Coronavirus Disease 2019«: Coronavirus Krankheit 2019, weil 2019 das Jahr des ersten Auftretens war.

2 Kleine Zeitung: *Kommt das Corona-Virus vom Schuppen-Tier oder der Fledermaus?* , URL: https://www.kleinezeitung.at/service/topeasy/5793913/Kommt-das-CoronaVirus-vom-SchuppenTier-oder-der-Fledermaus-
3 Wikipedia: *Akutes Atemwegssyndrom*, URL: https://de.wikipedia.org/wiki/Schweres_Akutes_Atemwegssyndrom
4 South China Morning Post: *Coronavirus: China's first confirmed Covid-19 case traced back to November 17*, URL: https://www.scmp.com/news/china/society/article/3074991/coronavirus-chinas-first-confirmed-covid-19-case-traced-back
5 World Health Organization: *Rolling updates on coronavirus disease* (COVID-19), URL: https://www.who.int/emergencies/diseases/novel-coronavirus-2019/events-as-they-happen
6 Telepolis: *Coronavirus:»Made in China« oder»Made in the USA«?*, URL: https://www.heise.de/tp/features/Coronavirus-Made-in-China-oder-Made-in-the-USA-4682880.html
7 FMPRC: *Foreign Ministry Spokesperson Zhao Lijian's Regular Press Conference on March 4, 2020*, URL: https://www.fmprc.gov.cn/mfa_eng/xwfw_665399/s2510_665401/2511_665403/t1752172.shtml
8 YouTube: *February 16, 2020: Senator Cotton Joins Sunday Morning Futures with Maria Bartiromo*, URL: https://www.youtube.com/watch?time_continue=1&v=ytGIkcCh7T8&feature=emb_title
9 COVID-19: *Further Evidence that the Virus Originated in the US*. URL: https://www.globalresearch.ca/covid-19-further-evidence-virus-originated-us/5706078

10 Vaping beschreibt das Einatmens von Dampf, der durch eine E-Zigarette oder einen sogenannten Vaporizer erzeugt wird.

11 Army Times: *The CDC shut down an Army lab that's working on an Ebola vaccine*, URL: https://www.armytimes.com/news/your-army/2019/08/08/the-cdc-shut-down-an-army-lab-thats-working-on-an-ebola-vaccine/

12 Zeit Online: *Wie riskant sind E-Zigaretten?*, URL: https://www.zeit.de/wissen/gesundheit/2019-09/vaping-e-zigarette-juul-landgericht-duesseldorf

13 Er ist der Autor des betreffenden Artikels.

14 Telepolis: *Coronavirus:»Made in China« oder»Made in the USA«?*, URL: https://www.heise.de/tp/features/Coronavirus-Made-in-China-oder-Made-in-the-USA-4682880.html

15 Virological: *The Proximal Origin of SARS-CoV-2*, URL: http://virological.org/t/the-proximal-origin-of-sars-cov-2/398

16 Fullfact: *A study has not claimed the new coronavirus was 'genetically engineered for efficient spread in humans'*, URL: https://fullfact.org/health/new-coronavirus-not-genetically-engineered/

17 Die Welt: *Der vielleicht skurrilste Moment in Trumps Amtszeit*, URL: https://www.welt.de/wirtschaft/article196558215/Trump-ueber-Klimawandel-Der-wohl-skurrilste-Moment-seiner-Amtszeit.html

18 Chainalysis: *Covid-19 is Changing the Relationship Between Bitcoin Price and Bitcoin Spending*, URL: https://blog.chainalysis.com/reports/covid-19-bitcoin-price-bitcoin-spending

19 Vice: *Sinaloa Cartel Drug Traffickers Explain Why Coronavirus Is Very Bad for Their Business*, URL: https://www.vice.com/en_us/article/bvgazz/sinaloa-cartel-drug-traffickers-explain-why-coronavirus-is-very-bad-for-their-business

20 Nokia: *Network traffic insights in the time of COVID-19: March 16-March 22 update*, URL: https://www.nokia.com/blog/network-traffic-insights-time-covid-19-march-16-march-22-update/

21 Die Universität hat ein eigenes Covid-19-Research-Center aufgebaut und erfasst die Pandemie statistisch.

22 IT Daily News: *Wie Cyberkriminelle die Coronakrise für sich nutzen*, URL: https://www.it-daily.net/it-sicherheit/cyber-defence/23732-wie-cyberkriminelle-die-coronakrise-fuer-sich-nutzen

23 Trend Micro: *Emotet Uses Coronavirus Scare in Latest Campaign, Targets Japan*, URL: https://www.trendmicro.com/vinfo/mx/security/news/cybercrime-and-digital-threats/emotet-uses-coronavirus-scare-in-latest-campaign-targets-japan

24 The New York Times: *Hackers Attack Health and Human Services Computer System*, URL: https://www.nytimes.com/2020/03/16/us/politics/coronavirus-cyber.html

25 Domaintools: *CovidLock: Mobile Coronavirus Tracking App Coughs Up Ransomware*, URL: https://www.domaintools.com/resources/blog/covidlock-mobile-coronavirus-tracking-app-coughs-up-ransomware

26 Domaintools: CovidLock: *Mobile Coronavirus Tracking App Coughs Up Ransomware*, URL: https://www.domaintools.com/resources/blog/covidlock-mobile-coronavirus-tracking-app-coughs-up-ransomware

27 TNW: *Hackers are spreading fake Android coronavirus trackers to steal your Bitcoin*, URL: https://thenextweb.com/security/2020/03/13/hackers-are-spreading-fake-android-coronavirus-trackers-to-steal-your-bitcoin/

28 Kaspersky Daily: *Ginp-Trojaner lockt mit Identifizierung von Corona-Erkrankten im Umkreis*, URL: https://www.kaspersky.de/blog/ginp-trojan-coronavirus-finder/23450/

29 Europol: *How criminals profit from the COVID-19 pandemic*, URL https://www.europol.europa.eu/newsroom/news/how-criminals-profit-covid-19-pandemic

30 Finra: *Fraud and Coronavirus (COVID-19)*, URL: https://www.finra.org/investors/insights/fraud-and-coronavirus-covid-19

31 Eiropean Banking Authority: *EBA provides additional clarity on measures to mitigate the impact of COVID-19 on the EU banking sector*, URL: https://eba.europa.eu/eba-provides-additional-clarity-on-measures-mitigate-impact-covid-19-eu-banking-sector

32 *COVID-19: Further Evidence that the Virus Originated in the US*, URL: https://www.globalresearch.ca/covid-19-further-evidence-virus-originated-us/5706078

Kapitel 1: Fakeworld

1 Gabler Wirtschaftslexikon: *Deepfake*, URL: https://wirtschaftslexikon.gabler.de/definition/deepfake-120960

2 Wikipedia: *Deepfake*, URL: https://de.wikipedia.org/wiki/Deepfake

3 Techopedia: *Deepfake*, URL: https://www.techopedia.com/definition/33835/deepfake

4 ELLE: *Deepfake Porn Nearly Ruined My Life*, URL: https://www.elle.com/uk/life-and-culture/a30748079/deepfake-porn/

5 YouTube: *Sexual predators edited my photos into porn – how I fought back | Noelle Martin | TEDxPerth*, URL: https://www.youtube.com/watch?v=PctUS31px40

6 Omnicore: *Facebook by the Numbers: Stats, Demographics & Fun Facts*, URL: :https://www.omnicoreagency.com/facebook-statistics/

7 Deutsches Kindeshilfswerk: *Deutsches Kinderhilfswerk startet Facebook-Kampagne zu Persönlichkeitsrechten von Kindern im digitalen Raum*, URL: https://www.dkhw.de/presse/pressemitteilungen/presse-details/deutsches-kinderhilfswerk-startet-facebook-kampagne-zu-persoenlichkeitsrechten-von-kindern-im-digital/

8 The Parliament of the Commonwealth of Australia, *Enhancing Online Safety* (Non-consensual Sharing of Intimate Images) Bill 2018, A Bill for an Act to amend the Enhancing Online Safety Act 2015, and for other purposes

9 YouTube; *Australian of the Year: Noelle Martin, feminist, activist and law reformist #AOTY2019*, URL: https://www.youtube.com/watch?v=4UcQndlSUJY

10 Vice: *How it Feels to Find Your Face Photoshopped Onto Internet Porn*, URL: https://www.vice.com/en_au/article/gy4p47/how-it-feels-to-find-your-face-photoshopped-onto-internet-porn

11 ELLE: *Deepfake Porn Nearly Ruined My Life*, URL: https://www.elle.com/uk/life-and-culture/a30748079/deepfake-porn/

12 Forschungsprojekt M i K A D O – *Missbrauch von Kindern: Ätiologie, Dunkelfeld und Opfer – Von Mikado lernen – Prävention verbessern*, Zentrale Ergebnisse des Forschungsprojekts, Universität Regensburg, Mikado, März 2015.

13 Kein Täter werden: *lieben sie kinder mehr, als ihnen lieb ist?*, URL: https://www.kein-taeter-werden.de/

14 Kein Täter werden: FAQ, URL: https://www.kein-taeter-werden.de/journalistinnen/#faq

15 Cornell University: Showing 1–50 of 2,576 results for all: »Generative Adversarial Network«, URL: https://arxiv.org/search/?query=%22Generative+Adversarial+Network%22&searchtype=all&abstracts=show&order=announced_date_first&size=50

16 YouTube: *Face2Face: Real-time Face Capture and Reenactment of RGB Videos (CVPR 2016 Oral)*, URL: https://www.youtube.com/watch?v=ohmajJTcpNk

17 YouTube: *You Won't Believe What Obama Says In This Video!*, URL: https://www.youtube.com/watch?v=cQ54GDm1eL0

18 YouTube: *In Event of Moon Disaster – Nixon Deepfake Clips* , URL: https://www.youtube.com/watch?v=yaq4sWFvnAY

19 YouTube: *Doctored Pelosi video highlights the threat of deepfake tech*, URL: https://www.youtube.com/watch?v=EfREntgxmDs

20 YouTube: *Nothing is real: How German scientists control Putin's face* , URL: https://www.youtube.com/watch?v=ttGUiwfTYvg

21 Süddeutsche Zeitung: *Fälscher macht »Wonder Woman« Gal Gadot zur Porno-Darstellerin*, URL: https://www.sueddeutsche.de/digital/technologie-faelscher-macht-wonder-woman-gal-gadot-zur-porno-darstellerin-1.3788295

22 *THE STATE OF DEEPFAKES* – Landscape, Threats and Impact, Deeptracelab, September 2019

23 MIT Technology Review: *AI Could Set Us Back 100 Years When It Comes to How We Consume News*, URL: https://www.technologyreview.com/2017/11/07/147903/ai-could-send-us-back-100-years-when-it-comes-to-how-we-consume-news/

24 This Person does not exist, URL: https://www.thispersondoesnotexist.com/

25 Open Access Government: *Fake news: Debunking and defeating deepfake audio*, URL: https://www.openaccessgovernment.org/deepfake-audio/71770/

26 Symantec: *Aspen Security Forum: Malware Gets Smarter, Faster and More Destructive*, URL: https://symantec-blogs.broadcom.com/blogs/feature-stories/aspen-security-forum-malware-gets-smarter-faster-and-more-destructive?om_ext_cid=biz_social3_AMS_NAM-US_twitter_us,blogs-social,FY20-Q1,Aspen%20Security,Blog,Blog%20Feature%20Stories,Event,org

27 BBC: *Fake voices ›help cyber-crooks steal cash‹*, URL: https://www.bbc.com/news/technology-48908736

28 Research Gate: *Idlak Tangle: An Open Source Kaldi Based Parametric Speech Synthesiser Based on DNN* , URL: https://www.researchgate.net/publication/307889494_Idlak_Tangle_An_Open_Source_Kaldi_Based_Parametric_Speech_Synthesiser_Based_on_DNN

29 Open Access Government: *Fake news: Debunking and defeating deepfake audio*, URL: https://www.openaccessgovernment.org/deepfake-audio/71770/

30 eRecht24: *Kindesmissbrauch: Ermittler sollen Deepfakes nutzen dürfen*, URL: https://www.e-recht24.de/news/strafrecht/11760-deepfake-kindermissbrauch-ermittlungen.html

31 Golem: *Polizei soll kinderpornografische Fake-Inhalte nutzen dürfen*, URL: https://www.golem.de/news/deep-fake-polizei-soll-kinderpornografische-fake-inhalte-nutzen-duerfen-1911-145142.html

32 eRecht24: *Kindesmissbrauch: Ermittler sollen Deepfakes nutzen dürfen*, URL: https://www.e-recht24.de/news/strafrecht/11760-deepfake-kindermissbrauch-ermittlungen.html

33 Deeptrace: *The antivirus for deepfakes*, URL: https://deeptracelabs.com/

34 Google News Initiative: *Building a stronger future for journalism*, URL: https://newsinitiative.withgoogle.com/

35 *The State of Deepfakes* – Landscape, Threats an Impact, Deeptracelab, September 2019

36 Techcrunch: *Google confirms its acquisition of data science community Kaggle*, URL: https://techcrunch.com/2017/03/08/google-confirms-its-acquisition-of-data-science-community-kaggle/

37 Kaggle: *Competitions*, URL: https://www.kaggle.com/competitions

38 Besonders im Falle von Facebook stellt sich aber dennoch die Frage, wie ernst das Thema dort tatsächlich genommen wird, wenn man bedenkt, dass sich auf Facebook Fake News meist am schnellsten und weitesten verbreiten.

39 Kaggle: *Deepfake Detection Challenge*, URL: https://www.kaggle.com/c/deepfake-detection-challenge

40 *The State of Deepfakes* – Landscape, Threats and Impact, Deeptracelab, September 2019

41 YouTube: *Gabon President Ali Bongo 2019 New Years Message*, URL: https://www.youtube.com/watch?v=YABdm-12PQo

42 Mother Jones: *The Bizarre and Terrifying Case of the»Deepfake« Video that Helped Bring an African Nation to the Brink*, URL: https://www.motherjones.com/politics/2019/03/deepfake-gabon-ali-bongo/

43 New Straits Times: *Of sex videos, Azmin and deepfake ›nuclear bombs‹* , URL: https://www.nst.com.my/opinion/columnists/2019/06/495911/sex-videos-azmin-and-deepfake-nuclear-bombs

44 Today Online: *M'sia's Attorney-General confirms closing sex video case due to inconclusive identification*, URL: https://www.todayonline.com/world/msias-attorney-general-confirms-closing-sex-video-case-due-inconclusive-identification

45 Spiegel Online: *Haben Sie es übertrieben, Frau Jourová?*, URL_ https://www.spiegel.de/wirtschaft/datenschutz-grundverordnung-dsgvo-haben-sie-es-uebertrieben-frau-jourova-a-00000000-0002-0001-0000-000161498524

46 Facebook: *Enforcing Against Manipulated Media*, URL: https://about.fb.com/news/2020/01/enforcing-against-manipulated-media/

47 Vice: *Facebook Just Announced $10 Million ›Deepfakes Detection Challenge‹*, URL: https://www.vice.com/en_us/article/8xwqp3/facebook-deepfake-detection-challenge-dataset

48 Europäische Geschichte Online: *Der Dreißigjährige Krieg als europäisches Medienereignis*, URL: http://ieg-ego.eu/de/threads/europaeische-medien/europaeische-medienereignisse/esther-beate-koerber-der-dreissigjaehrige-krieg-als-europaeisches-medienereignis

49 Zeit Online: *Schlacht der Lügen*, URL: https://www.zeit.de/zeit-geschichte/2017/03/erster-weltkrieg-propaganda-wahrheit-luegen

50 ebd.

51 Wikipedia: *Begründung des Irakkriegs*, URL: https://de.wikipedia.org/wiki/Begr%C3%BCndung_des_Irakkriegs

52 The Guardian: *Trump inauguration crowd photos were edited after he intervened*, URL: https://www.theguardian.com/world/2018/sep/06/donald-trump-inauguration-crowd-size-photos-edited

53 New York Intelligencer: *Trump Insists Real Photo Revealing His Fake Tan Is Fake*, URL: https://nymag.com/intelligencer/2020/02/trump-real-photo-orange-tan-skin.html

54 The Guardian: *AP Twitter hack causes panic on Wall Street and sends Dow plunging*, URL: https://www.theguardian.com/business/2013/apr/23/ap-tweet-hack-wall-street-freefall

55 Washington Post: *Syrian hackers claim AP hack that tipped stock market by 136 billion is it terrorism*, URL: https://www.washingtonpost.com/news/worldviews/wp/2013/04/23/syrian-hackers-claim-ap-hack-that-tipped-stock-market-by-136-billion-is-it-terrorism/

56 Statista: *Entwicklung der durchschnittlichen täglichen Nutzungsdauer des Internets in Deutschland in den Jahren 2000 bis 2018 (in Minuten)*, URL: https://de.statista.com/statistik/daten/studie/1388/umfrage/taegliche-nutzung-des-internets-in-minuten/

Kapitel 2: Das Darknet

1 Wikipedia: *Tim Berners-Lee*, URL: https://de.wikipedia.org/wiki/Tim_Berners-Lee

2 CNBC: *The ›deep web‹ may be 500 times bigger than the normal web. Its uses go well beyond buying drugs*, URL: https://www.cnbc.com/2018/09/06/beyond-the-valley-understanding-the-mysteries-of-the-dark-web.html

3 Wikipedia: *Darknet*, URL:https://en.wikipedia.org/wiki/Darknet

4 The Tor Project: *Thank You, Edward Snowden*, URL: https://blog.torproject.org/thank-you-edward-snowden-tor

5 FAZE Mag: *Drogen-Briefe aus den Niederlanden kursieren im deutschen Grenzgebiet*, URL: https://www.fazemag.de/drogen-briefe-aus-den-niederlanden-kursieren-im-deutschen-grenzgebiet/

6 Wikipedia: *Dream Market*, URL: https://de.wikipedia.org/wiki/Dream_Market

7 Spiegel Online: *Ermittler nehmen Betreiber von »Wall Street Market« fest* , URL: https://www.spiegel.de/netzwelt/netzpolitik/darknet-razzia-festnahme-von-wall-street-market-betreibern-a-1265551.html

8 Il Sole 24: *Armi, droga, documenti falsi: bloccato»Berlusconi market», l'emporio italiano del dark web*, URL: https://www.ilsole24ore.com/art/la-gdf-blocca-supermarket-italiano-dark-web-ACb9lLx

9 Wired: *Operation Bayonet: Inside the Sting That Hijacked an Entire Dark Web Drug Market*, URL: https://www.wired.com/story/hansa-dutch-police-sting-operation/

10 YouTube: *AlphaBay Alex Cazes Arrest Video*, URL: https://www.youtube.com/watch?time_continue=2&v=HXrXD1M6kXk&feature=emb_logo

11 Wikipedia: *Darknet-Markt*, URL: https://de.wikipedia.org/wiki/Darknet-Markt

12 Wikipedia: *Silk Road (Marketplace)*, URL: https://en.wikipedia.org/wiki/Silk_Road_(marketplace)

13 Wikipedia: *Ross Ulbricht*, URL: https://de.wikipedia.org/wiki/Ross_Ulbricht

14 Konstantin Richter: *Vom Pfadfinder zum Paten des Internets*, WELT online, 2015, URL: https://www.welt.de/kultur/article137345173/Vom-Pfadfinder-zum-Paten-des-Internets.html

15 *Collective Dynamics of Dark Web Marketplaces*, Abeer ElBahrawy et al, (University of London, Chainalysis Inc, Technical University of Denmark, Department of Economics, Institute for New Economic Thinking, and St. Catherine's College, University of Oxford; eUCL Centre for Blockchain Technologies, University College London, The Alan Turing Institute, British Library, 2019

16 GDPO Situation Analysis, *The Growing Industry of Darknet Marketing*, Swansea University, Alois Afilipoaie und Patrick Shortis, January 2015

17 Free Ross Ulbricht, URL: https://freeross.org/

18 ebd.

19 Techradar: *More and more Americans are using the Dark Web*, URL: https://www.techradar.com/news/more-and-more-americans-are-using-the-dark-web

20 Dark.fail: *Is a darknet site online?*, URL: https://dark.fail/

21 *Selling drugs on darkweb cryptomarkets: differentiated pathways, risks and rewards*, PRE PROOF VERSION OF: Martin, J., Munksgaard, R., Coomber, R., Demant, J. and Barratt, M. (2019), British Journal of Criminology.

22 All things Vice: *Behind the Casefiles: »Mark and John«*, URL: https://allthingsvice.com/

23 *Die Weisheit der Vielen: Warum Gruppen klüger sind als Einzelne und wie wir das kollektive Wissen für unser wirtschaftliches, soziales und politisches Handeln nutzen können*, James Surowiecki, Bertelsmann, München, 2004

24 *The Rise and Challenge of Dark Net Drug Markets*, Julia Buxton and Tim Bingham, Policy Brief 7, Page 14, January 2015, Swansea University,

25 Wikipedia: *Denial of Service*, URL: https://de.wikipedia.org/wiki/Denial_of_Service

26 Deep Onion Web: *Dread – The Reddit of the Dark Net*, URL: https://www.deeponionweb.com/dread-forum/

27 Wikipedia: *Dread (forum)*, URL: https://en.wikipedia.org/wiki/Dread_(forum)

28 Reason: *›Drop Gangs‹ the Latest Evolution in Darknet's Avoidance of Law Enforcement*, URL: https://reason.com/2019/01/22/drop-gangs-the-latest-evolution-in-darkn/

29 Hostings.info: *BulletProof (DMCA ignored) hosting*, URL: https://hostings.info/hostings/rating/bulletproof-hosting

30 Zeit Online: *Dunkle Geschäfte im Cyberbunker*, URL: https://www.zeit.de/digital/2019-09/darknet-cyberbunker-cyberverbrechen-mosel

31 Vice: *NATO-Bunker und Hochseefestungen: Die spektakulärsten Datenverstecke der Welt*, URL: https://www.vice.com/de/article/wnxmvw/bunker-und-off-shore-plattformen-die-spektakulaersten-datenbunker-der-welt-254

32 Wikipedia: *CyberBunker*, URL: https://de.wikipedia.org/wiki/CyberBunker

33 Kapsch: *earthDATAsafe als zentraler Bestandteil der Kapsch Cloud-Strategie*, URL: https://www.kapsch.net/kbc/press/kbc_120504_pr?lang=de-at

34 Spiegel Online: *»Cyberbunker« wurde trotz Warnung verkauft*, URL: https://www.spiegel.de/netzwelt/web/cyberbunker-landeskriminalamt-warnte-vor-kaeufer-a-1290527.html

35 Wikipedia: *Telegram*, URL: https://de.wikipedia.org/wiki/Telegram

36 Telegram: FAQs, URL:https://telegram.org/faq/de

37 256-bit symmetrische AES Verschlüsselung, RSA 2048 Verschlüsselung und Diffie-Hellman Schlüsselaustauschverfahren.

38 Telegram: FAQ » F: Reagiert ihr auf Datenanfragen?«, URL: https://telegram.org/faq/de#f-reagiert-ihr-auf-datenanfragen

39 Telegram: *Location-Based Chats, Adding Contacts Without Phone Numbers and More*, URL: https://telegram.org/blog/contacts-local-groups

40 Telegram: *Crypto Contest Ends*, URL: https://telegram.org/blog/cryptocontest-ends

41 t3: *Durch Whatsapp-Ausfall: Telegram wächst binnen 24 Stunden um 3 Millionen Nutzer*, URL: https://t3n.de/news/durch-whatsapp-ausfall-telegram-waechst-binnen-24-stunden-um-3-millionen-nutzer-1150546

42 Vice: Heute wieder frisches Koks, URL: https://www.vice.com/de/article/wjvkpy/schwarzmarkt-auf-telegram-dealer-bieten-drogen-filme-geknackte-accounts (11.03.2020)

43 Cp<r>: *Telegram: Cyber Crime's Channel of Choice*, URL: https://research.checkpoint.com/2018/telegram-cyber-crimes-channel-choice/

Kapitel 3: It's a Hacker's World: die Guten und die Bösen

1 A Medium Corporation: *Black Hats, White Hats und Grey Hats — Hacker bedeutet nicht gleich Hacker*, URL: https://medium.com/cody-akademien/black-hats-white-hats-und-grey-hats-hacker-bedeutet-nicht-gleich-hacker-7afab731ba5b

2 HackerOne Inc.: *Hacktivity*, URL: https://hackerone.com/try_to_hack

3 HackerOne Inc.: *Hack for Good*, URL: https://www.hackerone.com/de

4 HackerOne: *Teen Becomes World's First $1 Million Bug Bounty Hacker on HackerOne*, URL: https://www.hackerone.com/press-release/teen-becomes-worlds-first-1-million-bug-bounty-hacker-hackerone

5 *The 2019 Hacker Report*, August 2019, URL: https://www.hackerone.com/resources/reporting/the-2019-hacker-report

6 Wikipedia: *Black and white hat symbolism in film*, URL: https://en.wikipedia.org/wiki/Black_and_white_hat_symbolism_in_film

7 Norton: *What is the Difference Between Black, White and Grey Hat Hackers?*, URL: https://us.norton.com/internetsecurity-emerging-threats-what-is-the-difference-between-black-white-and-grey-hat-hackers.html

8 Spiegel Online: *Grinsemaske ohne Botschaft*, URL: https://www.spiegel.de/netzwelt/netzpolitik/anonymous-und-guy-fawkes-grinsemaske-ohne-botschaft-a-795927.html

9 Fandom: Grey Hats, URL: https://hackers.fandom.com/wiki/Grey_Hats

10 ZDNet: *Round 4: Hacker returns and puts 26Mil user records for sale on the Dark Web*, URL: https://www.zdnet.com/article/round-4-hacker-returns-and-puts-26mil-user-records-for-sale-on-the-dark-web/

11 The Register: *620 million accounts stolen from 16 hacked websites now for sale on dark web*, seller boasts, URL: https://www.theregister.co.uk/2019/02/11/620_million_hacked_accounts_dark_web/

12 Security Affairs: *gnosticplayers offers 26 Million new accounts for sale on the Dark Web*, URL: https://securityaffairs.co/wordpress/82539/data-breach/gnosticplayers-4-round.html

13 YouTube: *Dubsmash with Penélope Cruz*, URL: https://www.youtube.com/watch?v=JYMFiwekAKo

14 The Register: *620 million accounts stolen from 16 hacked websites now for sale on dark web, seller boasts*, URL: https://www.theregister.co.uk/2019/02/11/620_million_hacked_accounts_dark_web/

15 Abc News: *Los Angeles man who pleaded guilty in Wichita 'swatting' incident that left father dead sentenced to 20 years in prison*, URL: https://abcnews.go.com/US/los-angeles-man-pleaded-guilty-wichita-swatting-incident/story?id=62039656

16 Radware Blog: *The State-Sponsored Cyberthreat Landscape*, URL: https://blog.radware.com/security/2019/12/the-state-sponsored-cyberthreat-landscape/

17 Verizon: 2019 *Data Breach Investigations Report*, URL: https://enterprise.verizon.com/resources/reports/dbir/

18 Institut for Security and Development Policy: *Made in China 2025*, URL: https://isdp.eu/publication/made-china-2025/

19 BBC: *Huawei finance chief Meng Wanzhou arrested in Canada*, URL: https://www.bbc.com/news/business-46462858

20 Council on Foreign Relations: *Is 'Made in China 2025' a Threat to Global Trade?*, URL: https://www.cfr.org/backgrounder/made-china-2025-threat-global-trade

21 Der Aktionär: *Microsoft und Apple mit Umsatzwarnung – darauf gilt es jetzt zu achten!*, URL: https://www.deraktionaer.de/artikel/medien-ittk-technologie/microsoft-und-apple-mit-umsatzwarnung-darauf-gilt-es-jetzt-zu-achten-20197295.html

22 Alex Stamos, »*Challenges in Cybersecurity*«, University Stanford, URL: https://cisac.fsi.stanford.edu/people/alex-stamos-0

23 Radware Blog: *The State-Sponsored Cyberthreat Landscape,* URL: https://blog.radware.com/security/2019/12/the-state-sponsored-cyberthreat-landscape/

24 APT 28: *A Window into Russia's Cyber Espionage Operations?,* Special Report, FireEye, 2014

25 Kaspersky: *Sofacy shifts focus to include Far East defense and diplomacy, overlaps with advanced cyberespionage groups,* URL: https://www.kaspersky.com/about/press-releases/2018_sofacy

26 Welivesecurity: *Sednit-Backdoor: Eine Reise ins Zebrocy-Land,* URL: https://www.welivesecurity.com/deutsch/2019/05/23/sednit-backdoor-eine-reise-ins-zebrocy-land/

27 Dark Reading: *Russian Cyber Espionage Under The Microscope,* URL: https://www.darkreading.com/vulnerabilities---threats/russian-cyber-espionage-under-the-microscope/d/d-id/1317643

28 Microsoft: *New cyberattacks targeting sporting and anti-doping organizations,* URL: https://blogs.microsoft.com/on-the-issues/2019/10/28/cyberattacks-sporting-anti-doping/

29 Fireeye: *Die Hackergruppen hinter Advanced Persistent Threats,* URL: https://www.fireeye.de/current-threats/apt-groups.html

30 Kaspersky: *Equation Group: The Crown Creator of Cyber-Espionage,* URL: https://www.kaspersky.com/about/press-releases/2015_equation-group-the-crown-creator-of-cyber-espionage

31 Cryptron Security: *EternalBlue – der NSA Exploit, zwei Jahre danach,* URL: https://www.cryptron.ch/eternalblue-der-nsa-exploit-zwei-jahre-danach/

32 Mitre Attack: *Lazarus Group,* URL: https://attack.mitre.org/groups/G0032/

33 Computerwoche: *Hacker-Gruppe »Lazarus«. Sony-Hacker seit Jahren aktiv,* URL: https://www.computerwoche.de/a/sony-hacker-seit-jahren-aktiv,3224169

34 ZDNet: *Kaspersky: WannaCry könnte von der Lazarus-Gruppe stammen,* URL: https://www.zdnet.de/88296689/kaspersky-wannacry-koennte-von-der-lazarus-gruppe-stammen/

35 APT1: *Exposing One of China's Cyber Espionage Units, Report,* Mandiant, 2013

36 The New York Times: *Chinese Army Unit Is Seen as Tied to Hacking Against U.S,* URL: https://www.nytimes.com/2013/02/19/technology/chinas-army-is-seen-as-tied-to-hacking-against-us.html

37 *›Operation Oceansalt‹ Attacks South Korea, U.S., and Canada With Source Code From Chinese Hacker Group*, Report, McAfee, Oktober 2018

38 Fireeye: *Threat Research. Insights into Iranian Cyber Espionage: APT33 Targets Aerospace and Energy Sectors and has Ties to Destructive Malware,* URL: https://www.fireeye.com/blog/threat-research/2017/09/apt33-insights-into-iranian-cyber-espionage.html

39 THREAT GROUP CARDS: *A THREAT ACTOR ENCYCLOPEDIA,* Compiled by ThaiCERT, Version 1.01 (19 June 2019)

40 Reuters: *Community Health says data stolen in cyber attack from China,* URL: https://www.reuters.com/article/us-community-health-cybersecurity/community-health-says-data-stolen-in-cyber-attack-from-china-idUSKBN0GI16N20140818

41 The Hacker News, *Dragonfly 2.0: Hacking Group Infiltrated European and US Power Facilities,* URL: https://thehackernews.com/2017/09/dragonfly-energy-hacking.html

42 Fireeye: *Threat Research. APT39: An Iranian Cyber Espionage Group Focused on Personal Information;* URL: https://www.fireeye.com/blog/threat-research/2019/01/apt39-iranian-cyber-espionage-group-focused-on-personal-information.html

43 ClearSky Cyber Security: *Jerusalem Post and other Israeli websites compromised by Iranian threat agent CopyKitten,* URL: https://www.clearskysec.com/copykitten-jpost/

Kapitel 4: Waffen der Hacker und Geheimdienstwelt

1 Visual Capitalist: *How Many Millions of Lines of Code Does It Take?*, Url: https://www.visualcapitalist.com/millions-lines-of-code/

2 Wired: Linux: F*ewer Bugs Than Rivals,* URL: https://www.wired.com/2004/12/linux-fewer-bugs-than-rivals/

3 Wired: *The Next Big OS War Is in Your Dashboard,* URL: https://www.wired.com/2012/12/automotive-os-war/

4 Wikipedia: *Zero-Day (computing),* URL: https://en.wikipedia.org/wiki/Zero-day_(computing)

5 Wikipedia: *Exploit,* URL: https://de.wikipedia.org/wiki/Exploit

6 Kaspersky: *Was ist ein Zero-Day-Exploit?* URL: https://www.kaspersky.de/resource-center/definitions/zero-day-exploit

7 Carsten Dopschat: *Die NSA, Zero-Day-Exploits, ein Bot-Netz, ein Anruf bei der NSA und die Hoden von Edward Snowden*, URL: https://www.mobilegeeks.de/die-nsa-zero-day-exploits-ein-bot-netz-ein-anruf-bei-der-nsa-und-die-hoden-von-edward-snowden/

8 Attack.Mitre: *Elderwood,* URL: https://attack.mitre.org/groups/G0066/

9 Security Insider: *Token für die Multi-Faktor-Authentifizierung (MFA),* URL: https://www.security-insider.de/token-fuer-die-multi-faktor-authentifizierung-mfa-a-709132/

10 New York Times: *Stolen Data Is Tracked to Hacking at Lockheed,* URL: https://www.nytimes.com/2011/06/04/technology/04security.html

11 Security Insider: *So knackten Hacker die Sicherheit bei RSA und Lockheed Martin,* URL: https://www.security-insider.de/so-knackten-hacker-die-sicherheit-bei-rsa-und-lockheed-martin-a-393338/

12 Security Insider: *Erfolgreiche Hackerangriffe,* URL: https://www.security-insider.de/index.cfm?pid=7540&pk=2222&fk=531952&type=gallery

13 Cyberscoop: *L3 Technologies acquires two hacking companies,* URL: https://www.cyberscoop.com/l3-acquires-azimuth-and-linchpin/

14 Business Insider: *Five Eyes Alliance: Everything You Need to Know,* URL: https://www.businessleader.co.uk/five-eyes-alliance-everything-you-need-to-know/73523/

15 Lucas Matney: *Uncovering ECHELON: The Top-Secret NSA/GCHQ Program That Has Been Watching You Your Entire Life,* URL: https://techcrunch.com/2015/08/03/uncovering-echelon-the-top-secret-nsa-program-that-has-been-watching-you-your-entire-life/

16 Wikipedia: *EternalBlue,* URL: https://de.wikipedia.org/wiki/EternalBlue

17 Vice: *How a Tiny Startup Became the Most Important Hacking Shop You've Never Heard Of,* URL: https://www.vice.com/en_us/article/8xdayg/iphone-zero-days-inside-azimuth-security

18 Tarjei Mandt, Mathew Solnik, and David Wang: *Demystifying the Secure Enclave Processor,* Offcell Research/Azimuth Security, 2016

19 Spiegel Online: *Der perfekte iPhone-Hack kostet zwei Millionen Dollar,* URL: https://www.spiegel.de/netzwelt/netzpolitik/zero-day-exploits-perfekte-iphone-hacks-kosten-zwei-millionen-dollar-a-1192465.html

20 Zerodium: *Our Exploit Acquisition Program,* URL: https://zerodium.com/program.html)

21 FBI: *Going Dark,* URL: https://www.fbi.gov/services/operational-technology/going-dark

22 Electronic Frontier Foundation: *Congressmembers Raise Doubts About the »Going Dark« Problem,* URL: https://www.eff.org/de/deeplinks/2018/04/congressmembers-raise-doubts-about-going-dark-problem

23 Electronic Frontier Foundation: *Protecting Civil Liberties During a Public Health Crisis,* URL: https://www.eff.org/

24 Vice: *Cops Around the Country Can Now Unlock iPhones, Records Show,* URL: https://www.vice.com/en_us/article/vbxxxd/unlock-iphone-ios11-graykey-grayshift-police

25 Heise: *FBI-Mitarbeiterin: Wir nutzen Zero-Day-Lücken aus,* URL: https://www.heise.de/newsticker/meldung/FBI-Mitarbeiterin-Wir-nutzen-Zero-Day-Luecken-aus-3041577.html

26 Zeit Online: *Amerikas geheimer Cyberwar-Plan gegen Iran,* URL: https://www.zeit.de/digital/internet/2016-02/zero-days-berlinale-stuxnet-israel-iran

27 Welt Online: *Stuxnet-Wurm befällt iranisches Atomkraftwerk,* URL: https://www.welt.de/wirtschaft/webwelt/article9884891/Stuxnet-Wurm-befaellt-iranisches-Atomkraftwerk.html

28 David Kushner: *The real story about Stuxnet,* URL: https://spectrum.ieee.org/telecom/security/the-real-story-of-stuxnet

29 Computerwoche: *Computerwurm Stuxnet wurde nicht über USB-Stick verbreitet,* URL: https://www.computerwoche.de/a/computerwurm-stuxnet-wurde-nicht-ueber-usb-stick-verbreitet,3071344

30 Wikipedia: *Turnschuhnetzwerk,* URL: https://de.wikipedia.org/wiki/Turnschuhnetzwerk

31 Der Herausgeber der Studie ist die Rand-Corporation ist. Ein nach dem Zweiten Weltkrieg gegründeter Think Tank, der den Streitkräften der USA beratend zur Seite steht, weshalb man nicht hundertprozentig sicher sein kann, dass die Informationen objektiv sind.

32 Lillian Ablon, Andy Bogart: *Zero Days, Thousands of Nights – The Life and Times of Zero-Day Vulnerabilities and Their Exploits,* 2017 – RAND Corporation

Kapitel 5: Internet of health

1 Journal of forensic Sciences: *Why We Need Postmortem Analysis of Cardiac Implantable Electronic Devices,* URL: https://www.ncbi.nlm.nih.gov/pubmed/27364278 (2016)

2 Jama Internal Medicine: *Sudden Death in Patients With Cardiac Implantable Electronic Devices,* URL: https://www.ncbi.nlm.nih.gov/pubmed/26098676 (2015)

3 Wikipedia: *Dick Cheney,* URL: https://de.wikipedia.org/wiki/Dick_Cheney

4 CBS News: *Dick Cheney's Heart,* URL: https://www.cbsnews.com/video/dick-cheneys-heart/

5 Scientific American: *Heart-Stopper: Could Hackers Hit Pacemakers, Other Medical Implants?,* URL: https://www.scientificamerican.com/article/heart-stopper-med-device-hack/

6 Vice: *Barnaby Jack Could Hack Your Pacemaker and Make Your Heart Explode,* URL: https://www.vice.com/en_us/article/avnx5j/i-worked-out-how-to-remotely-weaponise-a-pacemaker

7 YouTube: *BlackHat 2011 – Hacking Medical Devices for Fun and Insulin: Breaking the Human SCADA System,* URL: https://www.youtube.com/watch?v=avf5XF8yS60

8 Cnet: *Researcher battles insulin pump maker over security flaw,* URL: https://www.cnet.com/news/researcher-battles-insulin-pump-maker-over-security-flaw/

9 Rapid7 Blog: *R7-2016-07: Multiple Vulnerabilities in Animas OneTouch Ping Insulin Pump,* URL: https://blog.rapid7.com/2016/10/04/r7-2016-07-multiple-vulnerabilities-in-animas-onetouch-ping-insulin-pump/

10 U.S. Federal Food and Drug Administration: *Firmware Update to Address Cybersecurity Vulnerabilities Identified in Abbott's (formerly St. Jude Medical's) Implantable Cardiac Pacemakers: FDA Safety Communication,* URL: https://www.fda.gov/medical-devices/safety-communications/firmware-update-address-cybersecurity-vulnerabilities-identified-abbotts-formerly-st-jude-medicals

11 U.S.: Federal Food and Drug Administration: *Medtronic, Inc. Recalls Dual Chamber Implantable Pulse Generators (IPGs) Due to Possible Circuit Error,* URL: https://www.fda.gov/medical-devices/medical-device-recalls/medtronic-inc-recalls-dual-chamber-implantable-pulse-generators-ipgs-due-possible-circuit-error

12 U.S. Federal Food and Drug Administration: *Update – St. Jude Medical Recalls Implantable Cardioverter Defibrillators (ICD) and Cardiac Resynchronization Therapy Defibrillators (CRT-D) Due to Premature Battery Depletion,* URL: https://www.fda.gov/medical-devices/medical-device-recalls/update-st-jude-medical-recalls-implantable-cardioverter-defibrillators-icd-and-cardiac

13 U.S. Federal Food and Drug Administration: *Medical Device Recalls,* URL: https://www.accessdata.fda.gov/scripts/cdrh/cfdocs/cfres/res.cfm

14 SRF Mediathek: *Hacker-Angriffe, Pascal Lamia, Kinderarbeit, Hundeliebe,* URL: https://www.srf.ch/play/tv/rundschau/video/hacker-angriffe-pascal-lamia-kinderarbeit-hundeliebe?id=069f87c7-ebe1-4441-89f0-c759fed1009e

15 BBC: *Ransomware cyber-attack threat escalating – Europol,* URL: https://www.bbc.com/news/technology-39913630 (2017)

16 Kaspersky: *Was ist die WannaCry-Ransomware?,* URL: https://www.kaspersky.de/resource-center/threats/ransomware-wannacry

17 Microsoft: *MS17-010: Sicherheitsupdate für Windows-SMB-Server:* 14. März 2017, URL: https://support.microsoft.com/de-at/help/4013389/title

18 Wikipedia: *Eternal Blue,* URL: https://de.wikipedia.org/wiki/EternalBlue

19 National Audit Office – Investigation: *WannaCry cyberattack and the NHS,* April 2018

20 The New England Journal of Medicine: *Delays in Emergency Care and Mortality during Major U.S. Marathons,* URL: https://www.nejm.org/doi/full/10.1056/NEJMsa1614073

21 Researchgate: *Figure 2-- uploaded by Brian J Greer,* URL: https://www.researchgate.net/figure/Bayer-Medrad-MRI-device-infected-with-WannaCry-ransomware-Reprinted-from-Medical_fig2_325746918

22 Armis: *Two Years In and WannaCry is Still Unmanageable,* URL: https://www.armis.com/resources/iot-security-blog/wannacry/

23 Roland Berger: *Krankenhausstudie 2017,* Juli 2017

24 Kaspersky: *Jedes fünfte digitale Gerät im Healthcare-Bereich wurde 2019 angegriffen,* URL: https://www.kaspersky.de/blog/jedes-funfte-digitale-gerat-im-healthcare-bereich-wurde-2019-angegriffen/21700/

25 Tagesschau: *Patienteninformationen. Millionen Daten ungeschützt im Netz,* URL: https://www.tagesschau.de/investigativ/br-recherche/patientendaten-101.html

26 Süddeutsche Zeitung: *Fälschung von DNA-Spuren – »Jeder Biologiestudent könnte das machen«,* URL: https://www.sueddeutsche.de/wissen/faelschung-von-dna-spuren-jeder-biologiestudent-koennte-das-machen-1.178872

27 *Authentication of forensic DNA samples,* Dan Frumkin, Juli 2009

28 Health IT Security: *11.9M Quest Diagnostics Patients Impacted by AMCA Data Breach,* URL: https://healthitsecurity.com/news/11.9m-quest-diagnostics-patients-impacted-by-amca-data-breach

29 Health IT Security: *The 10 Biggest Healthcare Data Breaches of 2019, So Far,* URL: https://healthitsecurity.com/news/the-10-biggest-healthcare-data-breaches-of-2019-so-far

30 CT-GAN: *Malicious Tampering of 3D Medical Imagery using Deep Learning,* Yisroel Mirsky, 6. Juni 2019

31 *The CyberMed Summit,* URL: https://www.cybermedsummit.org/events/the-cybermed-summit
32 *I am the Calvary: Hippocratic Oath for Connected Medical Devices,* URL: https://www.iamthecavalry.org/domains/medical/oath/
33 Los Angeles Times: *Hollywood hospital pays $17,000 in bitcoin to hackers; FBI investigating,* URL: https://www.latimes.com/business/technology/la-me-ln-hollywood-hospital-bitcoin-20160217-story.html
34 azcentral: *Can medical devices be hacked? Arizona doctors prepare for possibility of cyberattacks,* URL: https://eu.azcentral.com/story/news/local/arizona-health/2018/12/27/ethical-hackers-warn-physicians-cyberattacks-christian-dameff-arizona-college-medicine-jeff-tully/2277625002/
35 Steve Curren: *Better Protecting the Healthcare System – and, Ultimately, Patient Care – Against Cyberattacks,* URL: https://www.hhs.gov/blog/2017/06/02/better-protecting-healthcare-system-against-cyberattacks.html (2017)
36 UCL Home: *Google Flu Trends is dead – long live Google Trends?,* URL: https://blogs.ucl.ac.uk/pcph-blog/2018/01/23/google-flu-trends-is-dead-long-live-google-trends/
37 Google, URL: https://www.google.org/flutrends/about/
38 *Origins of Robotic Surgery: From Skepticism to Standard of Care,* Evalyn I. George et al. 2018
39 *To Make a Robot Secure: An Experimental Analysis of Cyber Security Threats Against Teleoperated Surgical Robots,* Tamara Bonaci et al. Mai 2015
40 Golem: *Merkwürdige Theorie. Das böse Tierchen auf dem iphone,* URL: https://www.golem.de/news/merkwuerdige-theorie-das-boese-cyber-tierchen-auf-dem-iphone-1603-119581.html
41 The Register: *Wi-Fi baby heart monitor may have the worst IoT security of 2016,* URL: https://www.theregister.co.uk/2016/10/13/possibly_worst_iot_security_failure_yet/
42 DARPA: *DARPA and the Brain Initiative,* URL: https://www.darpa.mil/program/our-research/darpa-and-the-brain-initiative
43 Brain Initiative: *Advancing Our Understanding Of The Brain,* URL: https://www.braininitiative.org/
44 Forbes: *Elon Musks's Neuralink is Scifi made real,* URL: https://www.forbes.com/sites/jonmarkman/2019/08/30/elon-musks-neuralink-is-sci-fi-made-real/#56dde2a24e2f

Kapitel 6: Digitale Assistenten – wie Siri, Alexa & Co. uns ausspionieren

1 Independent: *Amazon Echo speakers may have witnessed suspected murder at couple's home, police say,* URL: https://www.independent.co.uk/news/world/americas/amazon-echo-florida-murder-adam-reechard-crespo-silvia-galva-police-a9183226.html
2 Abc News: Audio from Amazon *Echo Dot could sway investigation into woman killed by spear,* URL: https://abcnews.go.com/US/audio-amazon-echo-dot-sway-investigation-woman-killed/story?id=66700090
3 CNN: *Arkansas judge drops murder charge in Amazon Echo case,* URL: https://edition.cnn.com/2017/11/30/us/amazon-echo-arkansas-murder-case-dismissed/index.html
4 The New York Times: *Motorola Hopes Mya Will Link the Real World With the Virtual One,* URL: https://archive.nytimes.com/www.nytimes.com/library/financial/columns/042500motorola-adcol.html
5 Crunchbase: *Siri,* URL: https://www.crunchbase.com/organization/siri#section-overview

6 YouTube: *iPhone 4S Siri Apple Keynote October 2011,* URL: https://www.youtube.com/watch?v=AU2uhG5es2E

7 Voicebot.ai, *Amazon Alexa Now Has 50,000 Skills Worldwide, works with 20,000 Devices, Used by 3,500 Brands*, September 2018.

8 Wikipedia: *CALO,* URL: https://en.wikipedia.org/wiki/CALO

9 *Light Commands: Laser-Based Audio Injection Attacks on Voice-Controllable Systems,* Takeshi Sugawara et al, November 2019

10 *Taschenlampenform: Acebeam W30,* URL: https://www.taschenlampen-forum.de/threads/passaround-review-acebeam-w30.70427/

11 YouTube: *Breaking Into a Smart Home With A Laser – Smarter Every Day 229,* URL: https://www.youtube.com/watch?time_continue=6&v=ozIKwGt38LQ&feature=emb_logo

12 *Light Commands: Laser-Based Audio Injection on Voice-Controllable Systems,* URL: https://lightcommands.com/

13 Capgemini Research Institute, *Smart talk – How organizations and consumers are embracing voice and chat assistants,* September 2019

14 Amazon: *Häufig gestellte Fragen zu Alexa und Alexa-Geräten,* URL: https://www.amazon.de/gp/help/customer/display.html?nodeId=201602230

15 Google Play: *Google Übersetzer,* URL: https://play.google.com/store/apps/details?id=com.google.android.apps.translate&hl=de_AT

16 WaverlyLabs: *Find out how we're breaking down language barriers,* URL: https://www.waverlylabs.com/blog

17 Datenschutz Hamburg: *Sprachassistenzsysteme auf dem Prüfstand – Datenschutzbehörde eröffnet Verwaltungsverfahren gegen Google,* URL: https://datenschutz-hamburg.de/pressemitteilungen/2019/08/2019-08-01-google-assistant

18 Die Welt: *Amazon schickt Alexa-Gespräche an Heimarbeiter in Polen,* URL: https://www.welt.de/wirtschaft/article197916397/Alexa-Amazon-laesst-Mitschnitte-von-Zeitarbeitern-in-Polen-auswerten.html

19 Bloomberg: *Amazon Workers Are Listening to What You Tell Alexa,* URL: https://www.bloomberg.com/news/articles/2019-04-10/is-anyone-listening-to-you-on-alexa-a-global-team-reviews-audio

20 Bloomberg Businessweek: *Silicon Valley is listening to your most intimate moments,* URL: https://www.bloomberg.com/news/features/2019-12-11/silicon-valley-got-millions-to-let-siri-and-alexa-listen-in

21 Amazon: *Häufig gestellte Fragen zu Alexa und Alexa-Geräten,* URL: https://www.amazon.de/gp/help/customer/display.html?nodeId=201602230

22 BBC News: Google chief: *I'd disclose smart speakers before guests enter my home,* URL: https://www.bbc.com/news/technology-50048144

23 Meedia: *Alphabet-Bilanz: YouTube erzielt 2019 bereits Werbeumsatz von mehr als 15 Milliarden Dollar,* URL: https://meedia.de/2020/02/03/alphabet-quartalszahlen-die-google-mutter-verbucht-rekordgewinn-von-107-milliarden-dollar/

24 Heise: Alexa, *wer hat meine Daten? Amazon gibt intime Sprachdateien preis.* URL: https://www.heise.de/select/ct/2019/1/1546323197251453

Kapitel 7: Follow the money – Attacke auf unser Geld

1 The New York Times: *Russia Rebukes Estonia for Moving Soviet Statue*, URL: https://www.nytimes.com/2007/04/27/world/europe/27cnd-estonia.html

2 Carnegie Stiftung für Internationalen Frieden: *Timeline of Cyber Incidents Involving Financial Institutions*, URL: https://carnegieendowment.org/specialprojects/protectingfinancialstability/timeline

3 Toward a Global Norm Against Manipulating the Integrity of Financial Data – Cyber Policy Initiative Working Paper Series | »*Cybersecurity And The Financial System*« #1, Carnegie Endowment for International Peace, March 2017

4 *FUTURE ATTACK SCENARIOS AGAINST AUTHENTICATION SYSTEMS, COMMUNICATING WITH ATMS*, Kaspersky 2017

5 Kaspersky: *ATM malware is being sold on Darknet market*, URL: https://securelist.com/atm-malware-is-being-sold-on-darkweb-market/81871/

6 Vice: *Jackpotting: So lassen Cyberkriminelle Geldautomaten Scheine spucken*, URL: https://www.vice.com/de/article/7x5ddg/malware-leert-geldautomaten-cyberkriminalitaet-hacking-geld

7 YouTube: SecurityWeek.Com – Barnaby Jack Hacks ATM At Black Hat, URL: https://www.youtube.com/watch?v=qwMuMSPW3bU

8 Westfälische Nachrichten: *Nikolaus räumt Bankautomat aus*, URL: https://www.wn.de/Muensterland/4069018-Zweiter-Jackpotting-Fall-im-Kreis-Borken-Nikolaus-raeumt-Bankautomat-aus

9 Vice: *Malware That Spits Cash Out of ATMs Has Spread Across the World*, URL: https://www.vice.com/en_us/article/7x5ddg/malware-that-spits-cash-out-of-atms-has-spread-across-the-world

10 Bank Security Info: *Hackers Practice Unauthorized ATM Endoscopy*, URL: https://www.bankinfosecurity.com/hackers-practice-unauthorized-atm-endoscopy-a-10369

11 ATM logic attacks: *scenarios*, 2018 – Positive Technologies, 14. November 2018

12 ATM Marketplace: *Number of ATMs worldwide set for a slow decline through 2024*, URL: https://www.atmmarketplace.com/news/number-of-atms-worldwide-set-for-a-slow-decline-through-2024/

13 YouTube: *Watch these hackers crack an ATM in seconds*, URL: https://www.youtube.com/watch?v=a2A5Ld-QWnU&feature=emb_logo

14 Wikipedia: *Near Field Communication*, URL: https://de.wikipedia.org/wiki/Near_Field_Communication

15 C't Magazin: *Mit 29-Euro-Zahlterminal: So leicht kann man Kontaktlos-Karten abfischen*, URL: https://www.heise.de/ct/artikel/Mit-29-Euro-Zahlterminal-So-leicht-kann-man-Kontaktlos-Karten-abfischen-4116985.html

16 Sumup: *SumUp Air Kartenterminal*, URL: https://sumup.de/air-nfc-lesegeraet/

17 Stand April 2020

18 Futurezone: *Warum NFC-blockende Geldbörsen hinausgeschmissenes Geld sind*, URL: https://futurezone.at/produkte/warum-nfc-blockende-geldboersen-hinausgeschmissenes-geld-sind/400071611

19 Mont Blanc: *shield technology*, URL: https://www.montblanc.com/de-de/home.html?v=r&n=shield%20technology&f=N4IgZglgNgLgpgJwM4gFwDsCuUoBoRID2CMAQg-J5ogJwBucUAhugMZwj5JyMIsAWAZQgAvdqgCMAJgC%2BQA#result_0

20 An APT Blueprint: *Gaining New Visibility into Financial Threats*, Bitdefender, Juni 2019

21 Spiegel Online: *Polizei fasst den Eine-Milliarde-Euro-Mann*, URL: https://www.spiegel.de/netzwelt/web/carbanak-cyber-bande-stahl-1-milliarde-euro-festnahme-a-1199993.html

22 *BANK ATTACKS*, Positive Technologies, Mai 2018

23 Positive Technologies: *How hackers rob banks*, URL: https://www.ptsecurity.com/ww-en/analytics/banks-attacks-2018/

24 Kaspersky: *Number of users attacked by banking Trojans grew by 16% in 2018 reaching almost 900,000*, URL: https://www.kaspersky.com/about/press-releases/2019_number-of-users-attacked-by-banking-trojans-grew

25 AVG Signal: *Was ist Phishing? Der ultimative Leitfaden zu Phishing-E-Mails und -Betrügereien*, URL: https://www.avg.com/de/signal/what-is-phishing

26 It-daily.net: *Zwei Drittel nutzen eine App fürs Mobile-Banking*, URL: https://www.it-daily.net/analysen/21945-zwei-drittel-nutzen-eine-app-fuers-mobile-banking

27 Kaspersky: *Die Evolution von Acecard*, URL: https://de.securelist.com/the-evolution-of-acecard/70965/

28 Kaspersky Daily: *Android trump card: Acecard*, URL: https://www.kaspersky.com/blog/acecard android-trojan/11368/

29 Watson: *Eine Untergrund-Industrie plündert Banking-Apps wie Revolut – so gehen die Betrüger vor*, URL: https://www.watson.ch/digital/schweiz/388365482-phishing-angriffe-so-pluendern-betrueger-revolut-konten#h4_15

30 Money Today: *Vom Revolut-Hack, der keiner war – und von Phishing-Attacken, die alle treffen können*, URL: https://www.moneytoday.ch/news/vom-revolut-hack-der-keiner-war-und-von-phishing-attacken-die-alle-treffen-koennen/

31 Stand 13. April 2020

32 Coinmarketcap: *All Cryptocurrencies*, URL: https://coinmarketcap.com/all/views/all/

33 Graphsense: *Supported currencies*, URL: https://graphsense.info/

34 Etwa blockchain.info oder bitpanda.com.

35 Statista: *Anzahl der sich im Umlauf befindlichen Bitcoins von Oktober 2016 bis März 2020*, URL: https://de.statista.com/statistik/daten/studie/283301/umfrage/gesamtzahl-der-bitcoins-in-umlauf/

36 Forbes Magazin: *Hamas Military Wing Crowdfunding Bitcoin*, URL: https://www.forbes.com/sites/yayafanusie/2019/02/04/hamas-military-wing-crowdfunding-bitcoin/#de91d6b4d7fb

37 Heise Online: *Warum sich Bitcoin-Verbrechen nicht mehr lohnen*, URL: https://www.heise.de/tr/artikel/Warum-sich-Bitcoin-Verbrechen-nicht-mehr-lohnen-3835889.html

38 AIT: *Französisch-Österreichische Kooperation im Kampf gegen Kryptowährungs- und Finanzkriminalität*, URL https://www.ait.ac.at/news-events/single-view/detail/6234/

39 Mirko Dölle: *Spurensicherung: Wie die Blockchain Kriminelle überführt*, c't, URL: https://www.heise.de/ct/artikel/Spurensicherung-Wie-die-Blockchain-Kriminelle-ueberfuehrt-4427702.html

40 Golem: *Wie »Lucky« demaskiert wurde*, URL: https://www.golem.de/news/deutsche-darkweb-groesse-wie-lucky-demaskiert-wurde-1811-137709.html

41 CoinMarketCap, URL: https://coinmarketcap.com/currencies/monero/

42 Crypto-News-Flash: *Europol confirms: Monero transactions cannot be traced*, URL: https://www.crypto-news-flash.com/europol-confirms-monero-transactions-cannot-be-traced/

43 MyCryptopedia: *Monero Ring Signature Explained*, URL: https://www.mycryptopedia.com/monero-ring-signature-explained/

Kapitel 8: Social Engineering

1 Box Office Mojo: *Catch me if you can,* URL: https://www.boxofficemojo.com/release/rl2672330241/

2 Trusona, URL: www.trusona.com

3 YouTube: *Real Future What Happens When You Dare Expert Hackers To Hack You Episode 8,* URL: https://www.youtube.com/watch?v=F78UdORll-Q

4 Computerwoche: *Die Psychologie der E-Mail-Scams,* URL: https://www.computerwoche.de/a/die-psychologie-der-e-mail-scams,3067073

5 *Ghost in the Wires: My Adventures as the World's Most Wanted Hacker,* Kevin Mitnick, Little, Brown and Company, 5. August 2011

6 Wikipedia: *Kevin Mitnick,* URL: https://de.wikipedia.org/wiki/Kevin_Mitnick

7 The Press Enterprise: *Riverside student accused of hacking school computer, changing grades,* URL: https://www.pe.com/2019/08/02/riverside-student-accused-of-hacking-school-computer-changing-grades/

8 Wikipedia: *Enkeltrick,* URL: https://de.wikipedia.org/wiki/Enkeltrick

9 Die Welt: *Enkeltrick-Erfinder soll eine Milliarde ergaunert haben,* URL: https://www.welt.de/vermischtes/article163057270/Enkeltrick-Erfinder-soll-eine-Milliarde-ergaunert-haben.html

10 Wikipedia. *Vorschussbetrug,* URL: https://de.wikipedia.org/wiki/Vorschussbetrug

11 Cyber-Kriminalität: *Nigeria Connection, 0190-Dialer und andere Abzocker,* Miriam Aschenbrenner, November 2002, Diplomarbeit im Fach Informationsnetze, Kommunikationstechnik, Netzwerkmanagement, Studiengang Informationsmanagement der Fachhochschule Stuttgart, Hochschule der Medien

12 Wikipedia: *Trojanisches Pferd,* URL: https://de.wikipedia.org/wiki/Trojanisches_Pferd

13 Mailfence: *Social Engineering: Was bedeutet »Baiting« (Ködern)?,* URL: https://blog.mailfence.com/de/social-engineering-was-bedeutet-baiting-koedern/

14 *Users Really Do Plug in USB Drives They Find,* Matthew Tischer et al, 2016

15 Taipeh Times: *Infected USB sticks handed out at data security event,* URL: http://www.taipeitimes.com/News/taiwan/archives/2018/01/08/2003685393

16 *Threat Landscape Survey 2017,* SANS Institute 2017

17 The Upside Down: *The Roles and Responsibilities of Cybercrime Syndicates*, 7. März 2019

18 The Times of Israel: *French court jails Franco-Israeli pair who posed as top minister in scam,* URL: https://www.timesofisrael.com/french-court-sentences-franco-israeli-pair-who-posed-as-top-minister-in-scam/

19 Süddeutsche: *Der falsche Minister,* URL: https://www.sueddeutsche.de/panorama/frankreich-kriminalitaet-vor-gericht-betrug-jean-yves-le-drian-1.4841442

20 FBI: *2019 INTERNET CRIME REPORT,* URL: https://pdf.ic3.gov/2019_IC3Report.pdf

21 OÖ Nachrichten: *Schadenersatzprozess nach Betrug bei FACC: Klage abgewiesen,* URL: https://www.nachrichten.at/wirtschaft/schadenersatzprozess-nach-betrug-bei-facc-klage-abgewiesen;art15,3192855

22 The Guardian: *Company loses $17m in email scam,* URL: https://www.theguardian.com/technology/2015/feb/05/company-loses-17m-in-email-scam

23 Automobilwoche: *Betrugsfall Leoni: Gelder flossen auf Konten in China und Hongkong,* URL: https://www.automobilwoche.de/article/20170323/AGENTURMELDUNGEN/303239921/betrugsfall-leoni-gelder-flossen-auf-konten-in-china-und-hongkong

24 Handelsblatt: *CEO-Betrug: Auf der Jagd nach den falschen Chefs,* URL: https://www.handelsblatt.com/unternehmen/mittelstand/kriminalitaet-ceo-betrug-auf-der-jagd-nach-den-falschen-chefs-/24456786.html?ticket=ST-1410285-tSoYKF4Vnd1Nj11ePZhS-ap2

25 National Geographic: *A Recent History of Diamond Heists,* URL: https://www.nationalgeographic.com/news/2013/5/130509-diamond-heist-crime-jewel-thief/

26 *Trick with treat – Reciprocity increases the willingness to communicate personal data,* May 12, 2016, Université du Luxembourg https://www.sciencedaily.com/releases/2016/05/160512085123.htm

27 *Bellingcat*, URL: https://www.bellingcat.com/category/resources/how-tos/

28 Poynter: *A 5-point guide to Bellingcat's digital forensics tool list,* URL: https://factcheckingday.com/articles/15/a-5-point-guide-to-bellingcats-digital-forensics-tool-list

29 YouTube: *Cameroon: Anatomy of a Killing – Documentary – BBC Africa Eye,* URL: https://www.youtube.com/watch?v=XbnLkc6r3yc

30 Marc Goodman: *Future Crimes,* Penguin Random House, 2015

31 *MyShipTracking,* URL: https://www.myshiptracking.com/de/?mmsi=450568000

32 *Mindmup*, URL: https://atlas.mindmup.com/digintel/digital_intelligence_training/index.html

33 YouTube: *Sudan's Livestream Massacre – Documentary – BBC Africa Eye*, URL :https://www.youtube.com/watch?v=dR56qxM4kHA&t=

34 YouTube: *Turkey's Ghost Ships – BBC Africa Eye documentary*, URL: https://www.youtube.com/watch?v=yW8f9ptdY_o

35 Techcrunch: *In a first, FAA allows PrecisionHawk to fly drones where pilots can't see them*, URL: ttps://techcrunch.com/2016/08/29/in-a-first-faa-allows-precisionhawk-to-fly-drones-where-pilots-cant-see-them/

36 Tim Aper: *North Korea 'Used LinkedIn, Telegram' in USD 7m Crypto Exchange Hack*, Cryptonews, URL: https://cryptonews.com/news/north-korea-used-linkedin-telegram-in-usd-7m-crypto-exchange-5705.htm

37 Interpol: *View and search public Red Notices for wanted persons*, URL: https://www.interpol.int/How-we-work/Notices/View-Red-Notices

38 FBI: *Most Wanted*, URL: https://www.fbi.gov/wanted

39 Europol: *Stop Child Abuse – Trace an Object*, URL: https://www.europol.europa.eu/stopchildabuse

40 *Unter Kontrolle*, Gerald Reischl, Ueberreuter – Redline Wirtschaft, 2002

41 Fortune: *Thomson Reuters buying crime prevention company for $530 million*, URL: https://fortune.com/2011/05/17/thomson-reuters-buying-crime-prevention-company-for-530-million/

42 Der Standard: *Sicherheitspanne: ARD-Doku verrät Adresse von Kanzler Kurz,* URL: https://www.derstandard.at/story/2000097259454/sicherheitspanne-ard-doku-verraet-adresse-von-kanzler-kurz

43 *Passwordless Authentication – The next breakthrough in secure digital transformation,* World Economic Forum, 2020

44 Carnegie Mellon University: *Password Research Group's Password Guessability Service,* URL: https://pgs.ece.cmu.edu/Controller

45 *The 2019 State of Password and Authentication Security Behaviors Report,* Research sponsored by Yubico Independently Conducted by Ponemon Institute LLC, Januar 2019

Kapitel 9: Connected Cars – selbstfahrend, autonom und datenunsicher

1 YouTube: *Hackers Remotely Kill a Jeep on a Highway* | WIRED, URL: https://www.youtube.com/watch?v=MK0SrxBC1xs

2 *Adventures in Automotive Networks and Control Units,* by Dr. Charlie Miller & Chris Valasek, Januar 2013

3 *Uconnect*, URL: https://www.driveuconnect.com/support/software-update.html

4 Ed Markey: *As Wireless Technology Becomes Standard, Markey Queries Car Companies about Security, Privacy,* URL: https://www.markey.senate.gov//news/press-releases/as-wireless-technology-becomes-standard-markey-queries-car-companies-about-security-privacy

5 *Tracking & Hacking: Security & Privacy Gaps Put American Drivers at Risk,* Februar 2015, A report written by the staff of Senator Edward J. Markey (D-Massachussetts), URL: https://www.markey.senate.gov//imo/media/doc/2015-02-06_MarkeyReport-Tracking_Hacking_CarSecurity%202.pdf

6 Roadshow: *Tesla hackers explain how they did it at Defcon,* URL: https://www.cnet.com/roadshow/news/tesla-hackers-explain-how-they-did-it-at-def-con-23/

7 McAfee: *Model Hacking ADAS to Pave Safer Roads for Autonomous Vehicles,* URL: https://www.mcafee.com/blogs/other-blogs/mcafee-labs/model-hacking-adas-to-pave-safer-roads-for-autonomous-vehicles/

8 YouTube: *Markey on CNBC Discussing Car Security Report Feb. 10. 2015,* URL: https://www.youtube.com/watch?v=uaAC79Pue4Q&feature=emb_logo

9 Upstream: https://www.upstream.auto/research/automotive-cybersecurity/; URL: https://www.upstream.auto/research/automotive-cybersecurity/

10 *UPSTREAM SECURITY GLOBAL AUTOMOTIVE CYBERSECURITY REPORT 2019 – RESEARCH INTO SMART MOBILITY CYBER ATTACK TRENDS*

11 *The 2019 Strategy& Digital Auto Report, Time to get real: opportunities in a transforming market,* PwC 2019

12 Upstream: Press Release: *Global Automotive Cybersecurity Report 2019,* URL: https://www.upstream.auto/news/press-release-global-automotive-cybersecurity-report-2019/

13 *Kill Switch – Why Connected Cars Can Be Killing Machines And How To Turn Them Off,* Consumer Watchdog, Juli 2019

14 FBI: *Motor Vehicles Increasingly Vulnerable to Remote Exploits,* URL: https://www.ic3.gov/media/2016/160317.aspx

15 *Comprehensive Experimental Analyses of Automotive Attack Surfaces*, Stephen Checkoway et al, University of California, San Diego, University of Washington, 2011

16 Wired: *Hacker disabled more than 100 Cars,* URL: https://www.wired.com/2010/03/hacker-bricks-cars/

17 Dort werden geheime, vertrauliche Dokumente anonym veröffentlicht, um Skandale aufzudecken, vgl. URL: https://wikileaks.org/What-is-WikiLeaks.html

18 Washington Post: *What we know about car Hacking, the CIA and Wikileaks Claims,* URL: https://www.washingtonpost.com/news/innovations/wp/2017/03/08/what-we-know-about-car-hacking-the-cia-and-those-wikileaks-claims/

19 Vice: *Hacker Finds He Can Remotely Kill Car Engines After Breaking Into GPS Tracking Apps,* URL: https://www.vice.com/en_us/article/zmpx4x/hacker-monitor-cars-kill-engine-gps-tracking-apps

20 Keen Security Lab Blog, URL https://keenlab.tencent.com/en/tags/CarHacking/

21 Black Hat USA: *0-days & Mitigations: Roadways to Exploit and Secure Connected BMW Cars*, URL: https://www.blackhat.com/us-19/briefings/schedule/#0-days--mitigations-roadways-to-exploit-and-secure-connected-bmw-cars-15313

22 Jenny List: *Rooting Your Ride: Jailbreaking A Subaru QNX*, URL: https://hackaday.com/2019/04/16/jailbreaking-a-subaru-qnx/

23 Techcrunch: *Mercedes-Benz app glitch exposed car owners' information to other users*, URL: https://techcrunch.com/2019/10/19/mercedes-benz-app-glitch-exposed/

24 Die Welt: *Hacker stören Autozulieferer-Produktion bei Rheinmetall*, URL: https://www.welt.de/regionales/nrw/article201037502/Hacker-stoeren-Autozulieferer-Produktion-bei-Rheinmetall.html

25 Argus Cyber Security: *A Remote Attack on the Bosch Drivelog Connector Dongle*, URL: https://argus-sec.com/remote-attack-bosch-drivelog-connector-dongle/

26 Bosch: N*eu: Drivelog Connect bringt Informationen rund ums Auto auf das Smartphone*, URL: https://www.bosch-presse.de/pressportal/de/de/neu-drivelog-connect-bringt-informationen-rund-ums-auto-auf-das-smartphone-60160.html

27 ADAC: *Leichte Beute: Autos und Motorräder mit Keyless*, URL: https://www.adac.de/rund-ums-fahrzeug/ausstattung-technik-zubehoer/assistenzsysteme/keyless/?redirectId=quer.keyless

28 YouTube: *Relay attack against a Jeep*, URL: https://www.youtube.com/watch?v=Z-JfFjEaOag&feature=emb_logo

29 The Guardian: *Scientist banned from revealing codes used to start luxury cars*, URL: https://www.theguardian.com/technology/2013/jul/26/scientist-banned-revealing-codes-cars

30 *Cyberphysical risks of hacked internet-connected vehicles*, Skanda Vivek et al., Published 30 July 2019

31 Georgia Tech: *Hackers Could Use Connected Cars to Gridlock Whole Cities*, URL: https://www.news.gatech.edu/2019/07/29/hackers-could-use-connected-cars-gridlock-whole-cities

32 *Securing the Modern Vehicle: A Study of Automotive Industry Cybersecurity Practices*. Ponemon Institute, 2018

33 Car-it: *Elektronik-Anteil in Fahrzeugen nimmt zu*, URL: https://www.car-it.com/elektronik-anteil-in-fahrzeugen-nimmt-zu/id-0068027

34 *AECC, General Principle and Vision*, White Paper Version 2.0.0, April 25, 2018

35 Intel: *Data is the New Oil in the Future of Automated Driving*, URL: https://newsroom.intel.com/editorials/krzanich-the-future-of-automated-driving/#gs.0nztk5

36 Statista: *Prognose zum Volumen der jährlich generierten digitalen Datenmenge weltweit in den Jahren 2018 und 2025*, URL: https://de.statista.com/statistik/daten/studie/267974/umfrage/prognose-zum-weltweit-generierten-datenvolumen/

Kapitel 10: »Plane hacking« und Piraterie 4.0 – so verwundbar sind die Luft- und Schifffahrt

1 *Application for a search warrant*, Case 5:15-mj-00154-ATB, 17. April 2015

2 Financial Times: *Can your flight be hacked?*, URL: https://www.ft.com/content/2e416eca-4e3d-11e8-ac41-759eee1efb74

3 Calvin Biesecker: *Boeing 757 Testing Shows Airplanes Vulnerable to Hacking, DHS Says, Avionics*, URL: https://www.aviationtoday.com/2017/11/08/boeing-757-testing-shows-airplanes-vulnerable-hacking-dhs-says/

4 BR 24: *Ohne Pilot: Airbus lässt Flugzeug autonom abheben,* URL: https://www.br.de/nachrichten/wirtschaft/ohne-pilot-airbus-laesst-flugzeug-autonom-abheben,Ro1vUp9
5 Boeing: *Boeing Autonomous Passenger Air Vehicle Completes First Flight,* URL: https://boeing.mediaroom.com/2019-01-23-Boeing-Autonomous-Passenger-Air-Vehicle-Completes-First-Flight
6 Die Welt: *Der Sitzplatz entschied über Leben und Tod,* URL: https://www.welt.de/vermischtes/article2342974/Der-Sitzplatz-entschied-ueber-Leben-und-Tod.html
7 Leslie Meredith: *Malware implicated in fatal Spanair plane crash,* NBC News, URL: http://www.nbcnews.com/id/38790670/ns/technology_and_science-security/t/malware-implicated-fatal-spanair-plane-crash/#.XnmbSW5Cc6g
8 ZDNet: *Fact check: malware did not bring down a passenger jet,* URL: https://www.zdnet.com/article/fact-check-malware-did-not-bring-down-a-passenger-jet/
9 Homeland Security: *ICS Alert (ICS-ALERT-19-211-01) CAN Bus Network Implementation in Avionics,* URL: https://www.us-cert.gov/ics/alerts/ics-alert-19-211-01
10 *ACI Risk Summary & Report,* 10. April 2017, Seite 31
11 The Cybersecurity 202: *Hackers just found serious vulnerabilities in a U.S. military fighter jet,* URL https://www.washingtonpost.com/news/powerpost/paloma/the-cybersecurity-202/2019/08/14/the-cybersecurity-202-hackers-just-found-serious-vulnerabilities-in-a-u-s-military-fighter-jet/5d53111988e0fa79e5481f68/
12 Raytheon: *Get off the ›bus‹. Two systems to deal with possible cyber tampering,* URL: https://www.raytheon.com/cyber/news/feature/get-bus
13 Wikipedia: *Die Geschichte der Piraterie,* URL https://de.wikipedia.org/wiki/Geschichte_der_Piraterie#Die_Illyrer_in_der_Adria
14 Hartmut Roder: *Piraten – Die Herren der Sieben Meere.* Edition Temmen, Bremen, 2000
15 Wikipedia: *Friauler Krieg,* URL: https://de.wikipedia.org/wiki/Friauler_Krieg
16 Spektrum: *Ein Mann, ein Bart,* URL: https://www.spektrum.de/news/ein-mann-ein-bart/1609436
17 *Data Breach Digest, Scenarios from the field,* 2016, Seite 55
18 ICC: *IMB Piracy & Armed Robbery Map 2020,* URL: https://www.icc-ccs.org/piracy-reporting-centre/live-piracy-map
19 Schiffpositionen, URL: https://schiffspositionen.net/
20 Umweltbundesamt: *Wie viele Schiffe sind weltweit auf den Meeren unterwegs?,* URL: https://www.umweltbundesamt.de/service/uba-fragen/wie-viele-schiffe-sind-weltweit-auf-den-meeren
21 BBC: *Chinese shipping firm infected by ransomware,* URL: https://www.bbc.com/news/technology-44965163
22 World Maritime News: *COSCO Shipping Lines Back to Normal after Cyber Attack,* URL: https://worldmaritimenews.com/archives/257916/cosco-shipping-lines-back-to-normal-after-cyber-attack/
23 BBC: *Police warning after drug traffickers' cyber-attack,* URL: https://www.bbc.com/news/world-europe-24539417
24 Ozgur Dogan Gunes: *How shipping is so vulnerable to hackers,* URL: http://www.ozgurdogangunes.com/blog_read.php?id=51
25 *2018 Crew Connectivity Survey Report,* Futurenautics, 2018

26 PenTestPartners: *Hacking, tracking, stealing and sinking ships*, URL: https://www.pentestpartners.com/security-blog/hacking-tracking-stealing-and-sinking-ships/

27 IOaktive: *Maritime Security: Hacking into a Voyage Data Recorder (VDR)*, URL: https://ioactive.com/maritime-security-hacking-into-a-voyage-data-recorder-vdr/

28 International Maritime Organization: Maritime Safety Committee (MSC), 96th session, 11-20 May 2016, URL: http://www.imo.org/en/MediaCentre/MeetingSummaries/MSC/Pages/MSC-96th-session.aspx

29 YouTube: *Prof. Kevin Jones Interview on Maritime Cyber*, URL: https://www.youtube.com/watch?v=U-xjiD9ZYM0

30 *BBC News:* Ship hack 'risks chaos in English Channel', URL: https://www.bbc.com/news/technology-44397872

Kapitel 11: Das Internet der gehackten Dinge

1 BBC: *›It's a hacker's paradise out there‹*, URL: https://www.bbc.com/news/business-43879931

2 Kaspersky Daily: *Leck im Casino-Aquarium*, URL: https://www.kaspersky.de/blog/leaking-fish-tank/16572/

3 Cisco: *Thanks to IoE, the Next Decade Looks Positively ›Nutty‹*, URL: https://blogs.cisco.com/digital/thanks-to-ioe-the-next-decade-looks-positively-nutty

4 Auto ID-Labs: *ADVANCING THE IOT FOR GLOBAL COMMERCE*, URL: https://www.autoidlabs.org/

5 Dave Ewans ist aktuell in der Position des CIO des Computer History Museum im Silicon Valley tätig.

6 *Das Internet der Dinge – So verändert die nächste Dimension des Internet die Welt*, Dave Evans, April 2011

7 Es werden 2023 vermutlich etwa acht Milliarden Menschen auf der Erde leben.

8 Wiener Zeitung: *Wiens digitalisierte Bäume*, URL: https://www.wienerzeitung.at/nachrichten/chronik/wien/605707_Wiens-digitalisierte-Baeume.html

9 Kaspersky Daily: *Shodan und Censys: gefährliche Suchmaschinen des Internet der Dinge*, URL: https://www.kaspersky.de/blog/shodan-censys/7133/

10 Shodan Developer, URL: https://developer.shodan.io/pricing

11 Shodan Help Center: *What is Shodan?*, URL:https://help.shodan.io/the-basics/what-is-shodan

12 CISA: *Securing the Internet of Things*, URL: https://www.us-cert.gov/ncas/tips/ST17-001

13 Die Welt: *Hackerangriff auf Teilchenbeschleuniger*, URL: https://www.welt.de/wissenschaft/urknallexperiment/article2440598/Hackerangriff-auf-Teilchenbeschleuniger.html

14 IoT News: *Another IoT-based DDoS attack leaves Finnish properties without heating*, URL: https://iottechnews.com/news/2016/nov/08/another-iot-based-ddos-attack-leaves-finnish-properties-without-heating/

15 nj: *This hacked traffic sign on Jersey Shore route may make you stop*, URL: https://www.nj.com/atlantic/2016/07/atlantic_county_poop_sign.html

16 *Cyberattacks Against Intelligent Transportation Systems* – Assessing Future Threats to ITS, Trendmicro, 2017

17 Gephardt Daily: *Texas Man Hacks Electronic Road Sign To Read 'Drive Crazy Y'all*, URL: https://gephardtdaily.com/what-the/texas-man-hacks-electronic-road-sign-read-drive-crazy-yall/

18 Washington Post: *Somebody keeps hacking these Dallas road signs with messages about Donald Trump, Bernie Sanders and Harambe the gorilla*, URL: https://www.washingtonpost.com/news/morning-mix/wp/2016/06/06/somebody-keeps-hacking-these-dallas-road-signs-with-messages-about-donald-trump-bernie-sanders-and-harambe-the-gorilla/

19 Examiner: *›You Hacked‹ appears at Muni stations as fare payment system crashes*, URL: http://www.sfexaminer.com/hacked-appears-muni-stations-fare-payment-system-crashes

20 Gizmodo: *156 Hacked Emergency Sirens Show Dallas Officials That They Have A Security Problem*, URL: https://www.gizmodo.com.au/2017/04/156-hacked-emergency-sirens-show-dallas-officials-that-they-have-a-security-problem

21 NBC Washington: *Porn Aired on Video Ad Screen at Union Station*, URL: http://www.nbcwashington.com/news/local/Porn-Aired-on-Video-Ad-Screen-at-Union-Station-422592524.html

22 Umriss des Antrags auf Genehmigung des Plans zur Durchführung der in Artikel 8 Absatz 2 der ergänzenden Bestimmungen des Nationalen Instituts für Informations- und Kommunikationstechnologie vorgeschriebenen Arbeiten (Gesetz Nr. 162, 1999), Januar 2019, MIC Cyber Security Office, Originaltext (Japanisch): 国立研究開発法人情報通信研究機構法(平成11年法律第162号) 附則第8条第2項に規定する業務の実施に関する計画の認可申請の概要, 平成31年1月 総務省 サイバーセキュリティ統括官室

23 ZDnet: *Japanese government plans to hack into citizens' IoT devices*, URL: https://www.zdnet.com/article/japanese-government-plans-to-hack-into-citizens-iot-devices/

24 YouTube: *PyeongChang 2018 Opening Ceremony | PyeongChang 2018 Replays*, URL: https://www.youtube.com/watch?v=u7eiNnw6Kwc

25 Kaspersky Daily: *Olympic Destroyer: Wer steckt hinter dem Angriff auf die Olympischen Spiele?*, URL: https://www.kaspersky.de/blog/olympic-destroyer/16058/

26 Zeit Online: *Olympia-Sperre für 13 russische Athleten bleibt gültig*, URL: https://www.zeit.de/sport/2018-02/pyeongchang-olympische-winterspiele-russland-cas-ioc-sperre

27 Kaspersky Daily: Olympic Destroyer: *Wer steckt hinter dem Angriff auf die Olympischen Spiele?*, URL: https://www.kaspersky.de/blog/olympic-destroyer/16058/

28 Wikipedia: *Olympische Winterspiele 2018*, URL: https://de.wikipedia.org/wiki/Olympische_Winterspiele_2018

29 Code Curmudgeon: *IoT Hall-of-Shame*, URL: https://codecurmudgeon.com/wp/iot-hall-shame/

30 Stand 8. April 2020.

31 UL: *UL 2900-2-3 Helps Mitigate IoT Cybersecurity Risk*, URL: https://www.ul.com/news/ul-2900-2-3-helps-mitigate-iot-cybersecurity-risk

32 UL setzt neue Standards für die Cybersecurity, UL International Germany GmbH, Neu-Isenburg, 2017

33 Internet der Dinge: Masterarbeit zu IT-Sicherheit, *Sexspielzeuge verraten Daten der BenutzerInnen*, FH St. Pölten, 2018

34 SEC Consult: *Internet of Dildos: A Long Way to a Vibrant Future – From IoT to IoD*, URL: https://sec-consult.com/en/blog/2018/02/internet-of-dildos-a-long-way-to-a-vibrant-future-from-iot-to-iod/

35 Amorelie: *Panty Buster*, URL: https://www.amorelie.at/vibratissimo-panty-buster/

36 SEC Consult: *Internet of Dildos – a long way to a vibrant future*, URL: https://sec-consult.com/blog/2018/02/internet-of-dildos-a-long-way-to-a-vibrant-future/

37 YouTube: *You can soon buy a sex robot equipped with artificial intelligence for about $20,000*, URL: https://www.youtube.com/watch?time_continue=11&v=-cN8sJz50Ng&feature=emb_logo

38 Deakin University: *Meet your Course Director, Dr Nick Patterson*, URL: https://leadership.deakin.edu.au/blog/meet-your-course-director-nick-patterson

39 BBC: *Sex robots may cause psychological damage*, URL: https://www.bbc.com/news/science-environment-51330261

40 The Sun: *REVENGE OF THE SEX BOTS How sex robots could be hacked to MURDER you in Terminator-style executions*, URL: https://www.thesun.co.uk/news/7979425/sex-robots-hacked-murder-terminator-executions/

41 Zeit Online: *Vernichten Sie diese Puppe*, URL: https://www.zeit.de/digital/datenschutz/2017-02/my-friend-cayla-puppe-spion-bundesnetzagentur

42 Forbrukerradet: *Connected toys violate European consumer law*, URL: https://www.forbrukerradet.no/siste-nytt/connected-toys-violate-consumer-laws/

43 PenTestPartners: *No Genesis Toys, My Friend Cayla can be hacked even if you do follow the instructions!*, URL: https://www.pentestpartners.com/security-blog/no-genesis-toys-my-friend-cayla-can-be-hacked-even-if-you-do-follow-the-instructions/

44 YouTube: *Furby Connect Bluetooth Protocol Hack – he says whatever you want!*, URL: https://www.youtube.com/watch?v=FkblA_CxHgU

45 YouTube: *How to Track Your Kids (and Other People's Kids) With the TicTocTrack Watch*, URL: https://www.youtube.com/watch?time_continue=2&v=aAux7qW1EIw&feature=emb_logo

46 Reuters: *Toymaker VTech hit by largest-ever hack targeting kids*, URL: https://www.reuters.com/article/us-vtech-cyberattack/toymaker-vtech-hit-by-largest-ever-hack-targeting-kids-idUSKBN0TK5ML20151201

47 Vtech: *FAQ about Cyber Attack on VTech Learning Lodge (last updated: 19:30, January 9, 2018, HKT)*, URL: https://www.vtech.com/en/press_release/2018/faq-about-cyber-attack-on-vtech-learning-lodge/

48 Dashlane: *DASHLANE EXPLAINS: Military Grade Encryption*, URL: https://blog.dashlane.com/dashlane-explains-military-grade-encryption/

49 Avira: *AES-256-Verschlüsselung*, URL: https://www.avira.com/de/security-wordbook/aes-256-bit-encryption

50 Wikipedia: *Server-Gated Cryptography*, URL: https://en.wikipedia.org/wiki/Server-Gated_Cryptography

Kapitel 12: Cyberhacker im Aerospace

1 Nasa: *NASA Astronaut Anne McClain, Crewmates Return from Space Station Mission,* URL: https://www.nasa.gov/press-release/nasa-astronaut-anne-mcclain-crewmates-return-from-space-station-mission

2 New York Times: *NASA Astronaut Anne McClain Accused by Spouse of Crime in Space,* URL: https://www.nytimes.com/2019/08/23/us/nasa-astronaut-anne-mcclain.html

3 El Pais: *El primer delito cometido en el espacio?,* URL: https://elpais.com/elpais/2019/08/26/ciencia/1566806743_543750.html

4 Die Welt: *Nasa-Astronautin soll erste Straftat im Weltall begangen haben,* URL: https://www.welt.de/vermischtes/article199113905/ISS-Nasa-Astronautin-Anne-McClain-mit-erster-Straftat-im-All.html

5 Le Figaro: *La Nasa enquête sur l'éventuel premier délit dans l'espace,* URL: https://www.lefigaro.fr/flash-actu/la-nasa-enquete-sur-l-eventuel-premier-delit-dans-l-espace-20190826

6 The New York Times: *Space Crime Allegation Leads to Charges Against Astronaut's Ex-Wife,* URL: https://www.nytimes.com/2020/04/06/us/space-crime-allegation-indictment.html

7 Das Bundesarchiv: *Neue Deutsche Wochenschau,* URL: 402/1957https://www.filmothek.bundesarchiv.de/video/586298?topic=doc6wv8e6v85fa18c5aa87&start=00%3A00%3A13.12&end=00%3A01%3A22.00

8 Donald C. Elder: *The Human Touch: The History of the Skylab Program,* URL: https://history.nasa.gov/SP-4219/Chapter9.html

9 David Gilbert: *International Space Station Infected With USB Stick Malware Carried on Board by Russian Astronauts,* International Business Times, 2013, URL: https://www.ibtimes.co.uk/international-space-station-infected-malware-russian-astronaut-521246

10 ebd.

11 NASA Science: *Voyager 1,* URL: https://solarsystem.nasa.gov/missions/voyager-1/in-depth/

12 NASA, Jet Propulsion Laboratory: *Mission Status,* URL: https://voyager.jpl.nasa.gov/mission/status/

13 Entspricht 299 792 458 m/Sekunde.

14 Tass, Russian News Agency: *Pieces of German ROSAT satellite fall outside Russia, Space Troops say,* URL: https://tass.com/archive/663026

15 Time: *Did Hackers Hijack a British Military Satellite?,* URL: http://content.time.com/time/magazine/article/0,9171,20673,00.html

16 BBC News: *Sci/Tech. Satellite hijack ›impossible‹,* URL: http://news.bbc.co.uk/2/hi/science/nature/288965.stm

17 Reuters: *China key suspect in U.S. satellite hacks: commission,* URL: https://www.reuters.com/article/us-china-usa-satellite-idUSTRE79R4O320111028

18 ESA: *Was ist Weltraummüll?,* URL: https://www.esa.int/Space_in_Member_States/Germany/Was_ist_Weltraummuell

19 cNet: *China-based espionage campaign targets satellite, defense companies,* URL: https://www.cnet.com/news/china-based-espionage-campaign-targets-satellite-defense-companies/

20 Kasperksy: *Russischsprachige Cyber-Spione missbrauchen Satelliten,* URL: https://www.kaspersky.de/blog/turla-apt-exploiting-satellites/6131/

21 Kaspersky: *The Epic Turla Operation,* URL: https://securelist.com/the-epic-turla-operation/65545/

22 Financial Times: *Russian group accused of hacking satellites,* URL: https://www.ft.com/content/50b1ff84-571d-11e5-9846-de406ccb37f2

23 Inside GNNS: *What is navigation message authentication*?, URL:https://insidegnss.com/what-is-navigation-message-authentication/

24 https://www.welt.de/reise/Fern/article138454717/Die-sechs-schraegsten-GPS-Pannen-der-Welt.html

25 Wikipedia: *Pseudolit,* URL: https://de.wikipedia.org/wiki/Pseudolit

26 FIS: *GNSS-Ergänzungssysteme Pseudolites,* URL: https://www.forschungsinformationssystem.de/servlet/is/126058/

27 BBC: *Researchers use spoofing to 'hack' into a flying drone,* URL: https://www.bbc.com/news/technology-18643134

28 UT News: *Austin: UT Austin Researchers Successfully Spoof an $80 million Yacht at Sea,* URL: https://news.utexas.edu/2013/07/29/ut-austin-researchers-successfully-spoof-an-80-million-yacht-at-sea/

29 *Above Us Only Stars,* Report 2019, C4ADS,

30 Wikipedia: *Glonass,* URL: https://de.wikipedia.org/wiki/GLONASS

31 BBC: *Putin's palace? A mystery Black Sea mansion fit for a tsar,* URL: https://www.bbc.com/news/magazine-17730959

32 Cubesat: *The CubeSat Program,* URL: https://www.cubesat.org/about

33 Spire: *Cubesat,* URL: https://spire.com/spirepedia/cubesat/

34 Aerospace Research Central: *Cybersecurity Principles for Space Systems,* URL: https://arc.aiaa.org/doi/abs/10.2514/1.I010693?journalCode=jais

35 Wired: *The Air Force Will Let Hackers Try to Hijack an Orbiting Satellite,* URL: https://www.wired.com/story/air-force-defcon-satellite-hacking/

36 Defense One: *The NSA Is Studying Satellite Hacking,* URL: https://www.defenseone.com/technology/2019/09/nsa-studying-satellite-hacking/160009/

Kapitel 13: Internet of food

1 Wikipedia: *Bewässerungsmethoden am Nil,* URL: https://de.wikipedia.org/wiki/Bew%C3%A4sserungsmethoden_am_Nil

2 Wikipedia: *Schaduff,* URL: https://de.wikipedia.org/wiki/Schaduff

3 Palent Wissen: *Nilometer,* URL: https://www.planet-wissen.de/natur/fluesse_und_seen/der_nil/pwienilometer100.html

4 Wikipedia: *Reisterrassen von Banaue,* URL: https://de.wikipedia.org/wiki/Reisterrassen_von_Banaue

5 Rettet den Regenwald e.V.: *30 Millionen Hektar pro Jahr: Weltweite Abholzung auf Rekordniveau,* URL: https://www.regenwald.org/news/8950/30-millionen-hektar-pro-jahr-weltweite-abholzung-auf-rekordniveau

6 *State of Food and Agriculture 2019,* FAO

7 Mutter Erde: *Fakten zu Lebensmittelverschwendung,* URL: https://www.muttererde.at/fakten/

8 Bundesministerium für Landwirtschaft und Ernährung: *Digitalisierung in der Landwirtschaft,* URL: https://www.bmel.de/SharedDocs/Downloads/Broschueren/DigitalpolitikLandwirtschaft.pdf?__blob=publicationFile

9 Goldman Sachs: *Precision Farming: Harnessing Technology to Feed the World,* URL: https://www.goldmansachs.com/insights/pages/precision-farming.html

10 Statista: *Projected poultry meat consumption worldwide from 2019 to 2028,* URL: https://www.statista.com/statistics/739951/poultry-meat-consumption-worldwide/

11 Bloomberg Businessweek: *Who's Murdering Thousands of Chickens in South Carolina?,* URL: https://www.bloomberg.com/news/features/2015-06-02/who-s-murdering-thousands-of-chickens-in-south-carolina-

12 Poultry Hub: *Climate in poultry houses,* URL: http://www.poultryhub.org/production/husbandry-management/housing-environment/climate-in-poultry-houses/

13 *RSAC 2019 USA,* URL: https://www.rsaconference.com/usa/2019

14 WWF: *Ist Aquakultur die Lösung?,* URL: https://www.wwf.de/themen-projekte/meere-kuesten/fischerei/nachhaltige-fischerei/aquakulturen/

15 World Ocean Review: *Aquakultur – Proteinlieferant für die Welt,* URL: https://worldoceanreview.com/de/wor-2/aquakultur/

16 FBI Cyber Bulletin: *Smart Farming May Increase Cyber Targeting Against US Food and Agriculture Sector,* April 2016

17 *Threats to Precision Agriculture, 2018 Public-Private Analytic Exchange Program,* United States. Department of Homeland Security

18 Auburn: *Bob's Norton's Food & Water Defense Blog – AUFSI Food Defense,* URL: https://aufsi.auburn.edu/blog/

19 *Cyber Risk and Security Implications in Smart Agriculture and Food Systems,* Jahn Research Group, University of Wisconsin–Madison College of Agriculture and Life Sciences, January 2019

20 *Wearable Technology for Animals 2017–2027: Technologies, Markets, Forecasts,* Dr Peter Harrop et al.

21 Grand View Research: *Pet Wearable Market Size Worth $4.6 Billion By 2027 | CAGR: 14.3%,* URL: https://www.grandviewresearch.com/press-release/global-pet-wearable-market

22 *RSA Conference 2019, SESSION ID: SBX1-W1, Internet of Food: How IoT Threatens Fields, Farms and Factories*

23 Fujitsu: F*ujitsu to Rollout Global Sales of »GYUHo« SaaS,* URL: https://www.fujitsu.com/global/about/resources/news/press-releases/2013/1015-01.html

24 *Agriepicentre,* URL: https://agri-epicentre.com/projects/

25 TÜV Thüringen: *Kühlkette nicht abreißen lassen,* URL: https://www.tuev-thueringen.de/unternehmen/presse/texte/artikel/kuehlkette-nicht-abreissen-lassen/

26 *The Hacker and the State: Cyber Attacks and the New Normal of Geopolitics,* von Ben Buchanan, Page 296

27 Wired: *The Untold Story of NotPetya, the Most Devastating Cyberattack in History,* URL: https://www.wired.com/story/notpetya-cyberattack-ukraine-russia-code-crashed-the-world/ (22.08.2018)

28 FBI Cyber Bulletin: *Smart Farming May Increase Cyber Targeting Against US Food and Agriculture Sector,* April 2016

STICHWORTVERZEICHNIS

5G 13, 15, 205, 236 f., 240, 255, 258
1984 136

A

Abagnale jun., Frank W. 172, 175, 182
Ablon, Lillian 105, 296
Acecard 161
Airbus 218 ff., 305
al-Assad, Bashar 55
Alexa 133 ff., 140 ff., 298 f.
Algorithmus 39 ff., 43, 48, 213, 281
Ali, Azmin 50
AlphaBay 64, 150
Al-Sadaqah 166
Amazon 49, 63, 65, 71, 75, 134 f., 138, 140 ff., 167, 197, 265, 298 f.
Ambitious Buyers 89
Ametsreiter, Hannes 185
AmirHack 79
Anonymous 84
Apple 41, 128, 137 f., 141, 144, 152, 161, 175, 197, 216, 265, 276, 293, 298
APT 91, 155, 240, 293, 300
APT28 91, 272
APT33 93, 294
Aquafarming 254
Archimedes 250
Artificial Intelligence (AI) 15
Assistenten, digitale 133, 136, 144
AutoML 106, 296
Autos, smarte 204, 209
Aylett, Matthew 42, 44

B

Backhaul 237
Baidu 266
Baiting 174, 181, 302
Bankräuber 155, 158
Barriss, Tyler 87
Bates, James 135
Bellingcat 189 f., 302
Berners-Lee, Tim 10, 60
Betrug 24, 28, 88, 159, 172, 176, 185, 302
Bickert, Monika 51
Big Data 15
Bing 266
Bitcoin 15, 63, 66, 125, 163 ff., 287
Bitdefender 155, 300
Bixby 136

Black Hat 82, 84, 111, 150, 152, 268 f., 292, 304
Blockchain 15, 22, 163 ff., 301
Blockninjas 169
BlockSeer 166 f.
Boeing 96, 218 ff., 305
Bogart, Andy 105, 296
Bonaci, Tamara 127, 298
Bongo, Ali 49 f.
Bott, Ed 221
Buffet, Warren 175
Bug-Kopfgeld 83
Bulletproof-Hosting-Services 74
Bush, George 38, 229
Bush sen., George 229

C

Carbanak 155 ff.
Cäsar, Julius 281
Cayla 277 f.
Cazes, Alexandre 64
Censys 266 ff.
Chainalysis 22, 166 f., 287
Cheney, Dick 110, 296
Chikli, Gilbert 184
Cisco 11, 214, 257, 263 ff.
Clark, Greg 240
Clark, Jessica 173
Clinton, Bill 229
Cobalt 158
Coinbase 166
Collins, Victor 135
Computervirus 121, 123
Connected Cars 199, 205, 304 f.
Connected Cow 257
Coronavirus 9, 17 ff., 25 f., 89, 286 ff.
Cortana 136, 138, 141
Cotton, Tom 19
Covid-19 17 f., 20 ff., 126, 164, 225, 272, 286 f.
Covid-19 Tracker 26
Crespo, Adam Reechard 134
CubeSats 245 f.
Cutlet Maker 149 f.
Cyberbullying 35
Cybergrooming 47
Cyberkrieg 103
Cybermobbing 35
Cybermoney 164
Cybersatellitenhacking 238
Cybersecurity 13, 114, 122, 125, 148, 205, 215, 226, 231, 246, 271, 293, 296, 299, 304 ff., 308, 311
Cybersicherheit 100, 125, 204, 214 f., 221 f., 228 f., 246, 259, 276

D

Dameff, Christian 122
Darknet 22, 24, 47, 59, 61 ff., 72, 75 ff., 82, 84 f., 102, 119 f., 149, 154, 157, 183, 300
Dark Web 60 f., 67, 293
Datenleck 119, 121
Datensicherheit 202, 216, 275
DaVinci-Roboter 127
DDoS-Angriffe 148
Deepfake 32 f., 38 ff., 44 ff., 55, 120, 177
Deep Web 60, 168
Defcon 111, 173, 203, 303
Denial-of-Service 270
DiCaprio, Leonardo 172
Diebold Nixdorf 151
Dieselskandal 208

Digitalisierung 10 ff., 48, 54, 105, 113, 197, 214, 216, 220, 230, 251 f., 255, 257, 264, 308
Dinhobl, Erhard 169
Dogan Gunes, Ozgur 228, 306
Dölle, Mirko 168
DoS-Attacken 72
Doublicat 39
Dread 66, 72
Dream Market 63
Drogenhandel 69 f.
Drop-Gang-Services 73
Drop-Off-Gangs 22
Dubsmash 85, 293
Durow, Nikolai 76
Durow, Pawel 76

E

Eagan, Nicole 262
Early Adopter 40
Ege, Baris 212
eGovernment 164
Elsea, Chuck 185
Eltgroth, Geoffrey 270
Emotet 25, 287
Empire Market 67
e-Nigma 167
Enigma 281
Enkeltrick 28, 179, 302
Epidemien 126
Equation Group 91, 294
Erpressungstrojaner 123, 259
Estonian DDos Attacks 148
EternalBlue 92, 101, 116, 294 f., 297
Ethereum 164, 168
Ethernet 211
Ethical Hacker 84
Evans, Dave 264
exit-scam 66 f.

F

FACC 185, 302
Face2Face 38 f.
FaceApp 39
Facebook 10, 33 f., 49, 51, 53 f., 56, 75 f., 138, 144, 180, 189, 214, 290
Face Swapping 32
Facetune 54
Fake News 21, 51
Falco, Gregory 246
Farook, Syed 128
Fast and Furious 206
Ferguson, Aaron 247
Five Eyes 90, 100, 295
Fliegen, autonomes 220
Flomenbaum, Carlos Hector 186
Flores, Ryan 254
Fortnite 93
Fraud-Detection-Systeme 156
Frumkin, Dan 120, 297
Fry, Greg 222
Fujitsu 257, 309

G

Gadot, Gal 39
Galva, Silvia 134
Garcia, Flavio 212
Gates, Bill 175
GCMAN 158
Generative Adversarial Network (GAN) 38
Gnosticplayers 85
Going Dark-Problem 103
Goldman Sachs 252

Goodfellow, Ian 41
Google 10, 35, 41, 48 f., 54, 75 f., 78, 99, 106, 126, 136, 138, 140 f., 143 f., 189 f., 195, 214, 265 f., 268, 276, 296, 298 f.
Google Earth 189 f., 192
Google Earth 3D-View 189
Google Flu Trends 126, 298
Google Übersetzer 141, 299
GPS 210, 216, 222, 242 f., 245, 255 f., 304, 307
Graninger, Wolfgang 19
GraphSense 165, 167, 169
Gray, F. Gary 206
GrayKey 103
GRG Banking 151

H

Hackerattacke 162, 200
HackerOne 82 f., 292
Hadnagy, Chris 173
Hanks, Tom 172
Hanratty, Carl 172
Hansa 64 f.
Hardy, Oliver 149
Harmony 276 f.
Haslhofer, Bernhard 165
Hawking, Stephen 46
Hebbecker, Christoph 150
Henderson, Charles 152
Hendren, Christine Ogilvie 276
Hicken, Arthur 273
Hickey, Robert 219
High-Roller 263
Homann, Jochen 277
Homeland 110, 305, 309
Horowitz, Maya 183
Huawei 88, 240, 293
HugBunter 73
HUMINT 90

I

IBM 152
Identitätsdiebstahl 34, 126, 172
Ilias 180
Inaugurationslüge 53
Infotainment 97
Instagram 56, 162
Intel 139, 204, 216, 305
Internet of everything (IoE) 11, 285
Internet of Things (IoT) 11, 13, 118, 129 f., 229, 235, 237, 264, 266 ff., 270 ff., 279, 298, 309
iPhone 11 Pro Max 216
i-Que 278

J

Jack, Barnaby 111, 150, 296
Jackpotting 149 ff., 300
Jakubcek, Jarek 168
Jobs, Steve 265
Jones, Kevin 230, 306
Jourová, Věra 50

K

Kaggle 49
Kamphuis, Sven Olaf 74 f.
Kapadia, Apu 196
Kardashian, Kim 39
Kaspersky 13, 91, 100, 104, 118 f., 150, 155, 160 f., 240 f., 262, 267, 272, 293 ff., 297, 299, 307
Kaspersky, Eugene 236
Keylogger 156, 160 f., 227, 280

Kinderpornografie 46
King, Ross 56
Klestil, Thomas 19
Klinikhack 122
Kononenko, Oleg 234
Krebs, Brian 271
Künstliche Intelligenz (KI) 41, 45, 106, 137 f., 175, 240, 247, 263, 276
Kurz, Sebastian 195

L

Lakatosz, Roma Arkadiusz \»Hoss\« 179
Landwirtschaft 164, 250 ff., 308
Lazarus 92, 158, 294
Le Drian, Jean-Yves 184
Leonard, Christopher 253
Leppan, David 193
Levin, Jonathan 166
Lijian, Zhao 19 f., 286
L&M 210
Lopez, Santiago 82 f.

M

Machine Learning 296
MachineTube 39
Maersk 225, 230, 259
Mahaffey, Kevin 203
Malik, Bill 235 f., 239, 242
Malware 91, 150, 180, 182, 236, 247, 255, 272, 294, 300, 305, 307
Manipulation 23, 41, 48 f., 108, 172 f., 179, 204, 214, 218, 247
Markey, Ed 202, 303
Marktplatz 63, 66 ff., 72, 167 f.
Martin, Noelle 32 ff., 37
McCain, Anne 234
McMurtry, Keith 185
Melzer, Andre 188
Merdinger, Shawn 269
Metel 158
Mickos, Mårten 83
Microsoft 49, 91f., 105, 115 f., 136, 138, 152, 214, 229, 293 f., 297
Miller, Charlie 200 f., 303
Mirsky, Yisroel 121, 297
Mitnick, Kevin 176, 301
MobilEye EyeQ3 203 f.
Moe, Marie 125
Monero 168 f.
Money Mules 156
Monitoring-System 262
Montblanc 154
Most Wanted-Liste 193
Motorola 137, 298
Mühlbauer, Henning 186
Munro, Ken 226, 229, 231
Musk, Elon 131, 242, 307
Mya 137, 298

N

N26 162
Nahrungsmittelverschwendung 251
NCR 151
Neffentrick 2.0 179
Netflix 78
Netscape 281
Neutrino 166
NFC 152 ff.
Nixon, Richard 39
Norton, Bob 255
Notified Bodies (NBs) 114
NotPetya 259, 309
Nvidia 41

O

Obama, Barack 39, 53 ff., 131
Onlinebanking 148, 159 f., 198
Open Source Intelligence (OSINT) 191 ff.
Operationsroboter 126
Organisierte Kriminalität 193
Ormsby, Eileen 69
Orwell, George 136
Osint Mindup 191
Osterloh, Rick 143
O'Toole, Christopher 134

P

Pädophilie 36
Patient Zero 17 f., 21
Patrini, Giorgio 48
Patterson, Nick 276 f.
Peele, Jordan 39
Pelosi, Nancy 38 f.
Penetrationstests 82, 100, 121
Phishing 24, 55, 92 f., 121, 149, 155, 157, 160 ff., 173 f., 176 f., 179, 182 f., 197, 279
Phishing-Kampagne 24, 92, 149, 160, 183
Piraterie 223, 227, 230, 306
PlaceRaider 194, 196
Plane Hacker 219
Pogba, Paul 229
Pornhub 40, 271
Pornoindustrie 39 f.
Povolny, Steve 203
Pretexting 173, 178 f.
Privacy Coin 168
Pseudoliten 243
PUBG 93
Putin, Wladimir 39, 244, 308

Q

Quid pro quo 174, 188

R

Racheporno-Verbotsgesetz 37
Radcliffe, Jay 111
Ramos-Lopez, Omar 204, 209
Ransomware 15, 24 ff., 87, 92, 98, 115, 117, 122 f., 149, 152, 166, 176, 183, 189, 197, 225 f., 230, 238, 252, 259, 271, 286 f., 297
Rapid Risers 89 f.
Raven II 127
Reddit 38, 40, 72
Reed, Oliver 40
Relay Attack 212
Revenge Porn 37
Revolut 162, 301
Rios, Billy 269
Ritter Sport 186
Roberts, Chris 218, 223
Rogers, Marc 203
Romanoff, Larry 21
Roper, Will 222
RSA-Conference 183, 254
RTM-Banking-Trojaner 160

S

Saint-Jacques, David 234
Sanders, Bernie 271
Santamarta, Ruben 229
Satelliten 152, 229, 234 ff., 245 ff., 307
Scamming 174, 179 f.

Schadsoftware 24 f., 79 f., 90 f., 99, 111, 149 ff., 155 f., 160 f., 182 f., 194, 196 f., 207, 209, 223 f., 227, 232, 260, 272
Schmid, Fabian 195
Schober, Werner 275
Seasalt 93
Shadow Brokers 92, 116
Shift-by-Wire-Systeme 207
Shodan 191, 229, 266 ff., 310
Silk Road 65 ff., 69
Siri 133, 136 ff., 141, 144, 298
Skynet-System 238
Slatis, Ruthy Hope 142
Smart Farming 252, 254, 309
Smart Monitoring 256
Smartphone 12, 26, 53 f., 56, 73, 76, 80, 96 f., 128, 130, 153, 161 f., 174, 194 ff., 206, 223, 242, 258, 265, 267, 304
Smith, Nathan 135
Snapchat 56
Snowden, Edward 62, 103, 295
Social Engineering 24, 28, 79, 171 ff., 176, 178, 302
Social Media 33 f., 37, 62, 156, 177, 190
SpaceX 242
Spear-Phishing 183
Spielberg, Steven 172
Spire 246, 308
Spoofing 161, 243 f.
Spotify 60, 78
Spracherkennung 263
Sprachsynthese 44
Sputnik 235
Sterba, Jaroslav 25
Störtebeker, Klaus 223
Strick, Benjamin 191
Stuxnet 104, 181, 238, 296
SumUp 154
Superpowers 89 f.
Surowiecki, James 71, 193
Swatting 86

T

Tailgating 174, 186 f., 189
Taschendieb 2.0 153 f.
Telegram 22, 70, 76 ff., 166
TerraServer 192
Terrorangriff 190
Tesla 203 f., 210 ff., 303
Thatch, Edward 223
The Onion Router 61
The Peloton 89
Thispersondoesnotexist 41
Thompson, Hugh 42
Thrip 240
TikTok 56
Tomek, Andreas 14
Tor-Browser 61 f., 68, 78, 102, 168
Trivedi, Shivangee 203
Trump, Donald 39, 52 f., 181, 271
try_to_hack 82, 292
Tseng, Zian H. 109
Tully, Jeff 122 f.
Twitter 20, 53, 55 f., 83, 162, 166, 226, 228

U

Uconnect 201, 303
Ulbricht, Ross 66, 68, 291
Umkehrbildsuche 33
Urano, Akira 254

Urban Farming 251
USB 104, 149 f., 152, 181 f., 202, 211, 219, 223, 236, 296, 302, 307
US Secret Service 151

V

Valasek, Chris 201, 303
Vanunu, Oded 183
Verdult, Roel 212
Verizon 83, 88, 198, 224, 293
virtual actors 40
Vishing 173 f.

W

Wainwright, Rob 115
Walker, Paul 40
Wallet 158, 168
Wallpaper 162
WannaCry 25, 92, 98, 101, 111, 115 ff., 122, 125, 152, 166, 238, 294, 297
Wanzhou, Meng 88, 293
Watson, Emma 39
Wearables 11, 123, 256
Whaling 183
WhatsApp 50, 76, 78, 162
Whistleblower 62, 159
White Hacker 202, 228
White Hat 82 ff., 203, 209, 268 f., 292
Wichita Swatting 86
Wietlisbach, Oliver 162
WikiLeaks 209, 304
Wincor Nixdorf 150
Windows XP 96, 105, 152, 229
Worden, Summer 234
World-Check 193
Wozniak, Steve 229

X

x0rz 231
Xennt, Herman Johan 74 f.

Y

Yahoo 176, 226
Yandex 266
YouTube 12, 18, 38 f., 50, 54, 56, 60, 180, 189, 203, 212, 286, 293, 298 ff.

Z

Zao 39
Zdziarski, Jonathan 128
Zero Day 97 ff., 104 f.
Zero Day Exploit Attack (ZETA) 98
Zero Days 97 ff., 102 f., 105, 210, 296
Zwei-Faktor-Authentifizierung (2FA) 159